LA FAYETTE

À la mémoire de Jean-Charles Lessay,

À Ketty Maisonrouge
À Céleste Owen-Jones

À Daniel Filipacchi
À Victor Saint Bris

SOMMAIRE

Avant-propos 9
1. Fin de partie : un cadavre encombrant 15
2. *Nature boy* 31
3. Un orphelin millionnaire 41
4. Les débuts heureux d'un règne tragique 49
5. Le Versailles du plaisir 61
6. La rafle de Metz 67
7. Un jeune homme rancunier. 75
8. Honneur à l'espion 83
9. Figaro et l'Amérique. 89
10. L'étonnement du « cher papa ». 95
11. Triste plaine 103
12. Le roi-marin 109
13. Charleston avant le charleston 117
14. Des galons ? Quels galons ? 119
15. La taverne du destin. 125
16. L'épreuve du feu 133
17. Les premiers va-nu-pieds superbes 137
18. Le général Kayewla. 143
19. Une déception venue de la mer 147

20. Un prisonnier très gâté 153
21. L'été indien de la victoire 159
22. Le doux parfum du succès. 175
23. Du fluide animal au chaussures élastiques 183
24. Des rois pour tous les goûts 189
25. Excès de pouvoir, excès de table. 199
26. L'édifice était-il si vermoulu ? 207
27. Le « blondinet ». 213
28. Le général Morphée 219
29. La dernière fête 235
30. Impossible duo 243
31. Quand l'histoire est tirée par les cheveux. 253
32. Le jeu interrompu 263
33. Une victoire ou une énigme ? 275
34. Un retour en France sur la pointe des pieds. 279
35. La volupté de dire « non ». 293
36. Le retour sans gloire d'une dynastie 303
37. Quand la parole est au silence 307
38. Un régicide qui roule pour le roi 313
39. De la fragilité des complots. 317
40. « Où peut-on être mieux qu'au sein de sa famille ? ». 329
41. Quand l'Histoire se répète. 341
42. La saison des adieux. 353
43. La Fayette, franc-maçon exemplaire 363
Conclusion. L'espace du désir 367
Annexes 377
Les grandes dates de la vie de La Fayette. 384
Bibliographie. 385
Index. 395
Remerciements 405

AVANT-PROPOS

> *« Je plains quiconque n'aurait pas cinquante pour cent de fayettisme dans son cœur. »*
>
> Joseph Delteil

Aujourd'hui, les relations franco-américaines subissent les effets d'une double méprise. Comme chaque fois que l'on s'est tant aimé quand on commence à croire que l'on ne se comprend plus, l'écart creusé par la divergence d'opinions, augmenté par l'inéquation et agrandi par la disparité, paraît sans limite. D'un côté de l'Atlantique nos alliés de toujours, engagés dans l'action, considèrent avec stupéfaction une France ingrate qu'ils perçoivent comme couarde tandis que nous, de l'autre rive, les voyons comme des va-t-en-guerre qui avancent dans la mauvaise direction en cassant tout sur leur passage.

Quelle différence avec le siècle des Lumières où La Fayette incarnait ce qu'il y a de mieux : l'esprit de perfection quand il s'allie à l'esprit de progrès, un vrai courage communiant avec une vraie passion et un désir sincère de faire avancer les choses autant sur le plan politique que philosophique. Alors, de part et d'autre de l'océan, nous vivions la version belle de notre échange ; du côté des *Insurgents*, la bravoure des pionniers et la construction d'un nouveau monde, du côté du royaume de France, l'audace incarnée et la fougue d'un jeune marquis libertaire remarquable par son absence d'esprit de caste qui était pressé d'aller combattre pour cet idéal commun bientôt baptisé Philadelphie c'est-à-dire « amour fraternel ». C'était le temps heureux du Héros des Deux Mondes, du *go-between*, quand l'Amérique tournait un vrai regard vers l'Europe et que chacun allait puiser en face ce qu'il y avait de mieux, y compris l'esprit de liberté uni à la volonté d'entreprendre, pour réussir ce modèle inédit de démocratie jusqu'à rédiger, sous des influences croisées, une Constitution qui, pour la première fois, fixait comme objectif : « la poursuite du bonheur ». Depuis, l'amitié séculaire a été secouée et l'alliance, plus que bicentenaire, fortement ébranlée. D'abord, alors que les deux guerres mondiales nous avaient encore rapprochés dans la fraternité et le sacrifice, on assistait à une sorte de désertification progressive des rapports franco-américains à laquelle un grain de sable, venu d'Orient semblait menacer de mettre comme un point final. Mais l'horizon 2007 remet tout en perspective avant de pouvoir tout remettre en place. C'est l'occasion rêvée de se rendre compte qu'il est absurde de continuer à se préparer à un divorce inutile alors que l'on n'est jamais que des cousins éloignés par les chocs de l'actualité ou des frères provisoirement séparés par les interprétations de l'Histoire. Nous avons tant à nous apporter, des leçons d'une société de mixité et de libre entreprise où chacun a la possibilité de réussir, à celles d'une vieille nation qui est toujours restée jeune parce qu'elle ne cesse de croire à la réalité et à l'avenir de ses rêves : « liberté, égalité, fraternité ». Avec nos racines communes tellement puissantes et si profondément mêlées, la France et l'Amérique sont unies d'une façon congénitale.

La Fayette incarne par la richesse incroyable de son parcours, aujourd'hui de nouveau et demain plus encore, cette « Stature de la Liberté ». C'est dans ses pas que nous retrouvons en 2007, deux cent cinquante ans après sa naissance, le rythme de l'amitié et la cadence du cœur.

À l'orée d'une année d'élection présidentielle en France, quelle est la situation de La Fayette dans l'opinion ? Aux États-Unis d'Amérique, sa renommée est immense ; quarante villes, sept comtés et même une montagne portent son nom. Aujourd'hui, en France, la tendance indiquée dès les célébrations du Bicentenaire de la Révolution ne cesse de se confirmer en sa faveur.

Un sondage Sofres/*Figaro* montrait qu'il était déjà plébiscité par 57 % des citoyens. À la question : « Parmi les personnages de la période révolutionnaire française, quels sont ceux qui vous inspirent le plus de sympathie ? », La Fayette, en véritable star, dépasse tous les héros de l'époque et même largement la cote du cependant légendaire général Bonaparte. Plus tard, une enquête d'opinion authentifiait sa position privilégiée. La Fayette non seulement garde la première place, mais laisse loin derrière lui, dans un ordre de déroute, Danton et Saint-Just à égalité avec 21 % des voix, suivis de Mirabeau avec 17 % et enfin Louis XVI qui, sans avoir fait beaucoup de mal, se trouve bon avant-dernier avec 15 %, précédant Marat-le-Maudit dont la carrière s'arrête une seconde fois, après le coup de couteau de Charlotte Corday, sur le fil du rasoir de l'opinion publique avec 8 % seulement. Si La Fayette, dont le score est exceptionnel, n'a que 6 % d'opinions défavorables, Danton et Robespierre par contre ont deux fois plus d'ennemis que d'amis.

En vérité, la Révolution, dans ses principes apparaît comme mythe fondateur de la conscience nationale – 70 % des Français estiment qu'il s'agit d'un événement positif à long terme –, alors que les violences qui en ont résulté sont maintenant profondément rejetées par nos contemporains. Les vedettes du Comité de salut public n'ont plus la cote. L'idée même de la terreur comme moyen de gouvernement a traumatisé le peuple français. Si La Fayette l'emporte dans toutes les classes d'âge et toutes les familles politiques, c'est parce qu'il est justement apprécié autant par ce qu'il représente que par ce qu'il exclut. À travers lui, nos compatriotes saluent le héros de l'Indépendance américaine, le champion des droits de l'homme, un symbole de l'unité nationale et de la liberté, mais aussi un ennemi de la violence et de l'intolérance. Dans ce sondage, les Français sanctionnent le sang versé ; le consensus national se fait sur l'an I de la Révolution et non sur les débordements de la période jacobine. Au moment des célébrations de 1989, l'opinion intérieure du pays avait rejoint dans son jugement l'opinion internationale, car les étrangers ont toujours eu 1789 comme référence de la Révolution française et non 1793.

Deux cent cinquante ans après sa naissance, le moment est donc venu de présenter La Fayette tel qu'il fut et de le montrer aussi dans tout l'éclat de sa modernité, car il était en tout point un homme en avance sur son temps. Si aujourd'hui l'opinion fait de lui une idole des foules, ce n'est pas sans raison, La Fayette retrouve cette popularité prodigieuse et cet engouement extraordinaire qu'il avait connus de son vivant. Il est à la fois le champion des droits de l'homme, qui défend les Indiens et les Noirs en Amérique, les protestants et les juifs en France, mais aussi celui qui prend fait et cause pour les Italiens, les Irlandais, les Polonais, les Belges, les Hollandais. Avec l'éveil des nations, il montre son amour de l'idée européenne. Il préfigure un nouveau prototype politique ; l'homme de la synthèse. Ni extrême gauchiste, ni conservateur borné, il est un libéral ouvert et un centriste dynamique. Sa précocité a marqué le destin de celui qui fut major général dans l'armée des États-Unis dès dix-neuf ans et demi.

La Fayette, comme un personnage de notre enfance, a été un héros de sept à soixante dix-sept ans ; sa célébrité n'a d'égale que sa longévité dans l'action. Homme des médias avant les médias, La Fayette se comporte devant les foules comme un grand communicateur. Toute sa vie, il préférera la popularité au pouvoir. Il choisira ce qu'il appelle lui-même « la délicieuse sensation du sourire de la multitude ». Cet aspect de sa personnalité n'a pas toujours été compris ni expliqué et pourtant, il n'a cessé de se comporter comme le chargé de relations publiques de la cause de la liberté. Mon vœu est de rendre justice à ce grand homme dont l'histoire a escamoté le rôle d'une façon à peine compréhensible. Pourquoi La Fayette est-il généralement incompris, largement sous-estimé et perpétuellement critiqué ? Cet homme entre deux rives, entre deux régimes, entre deux mondes est le prodigieux passeur que l'on oublie de remercier de ses mérites alors que les plus grands esprits de son temps ont tenu à témoigner de l'importance magistrale de son action. Il était de cette génération prémonitoire qui allait accoucher d'un nouveau monde. Dans la présentation que faisait Voltaire à l'Académie française de Benjamin Franklin et de John Adams, il les appelait : « Les précurseurs en Europe de l'Astre de la Liberté qui se levait en Amérique. » Et il faut que ce soit la voix d'une femme, celle de madame de Staël – peut-être le plus grand esprit de son temps –, qui s'élève pour la défense du Héros des Deux Mondes. Quand La Fayette est taxé de naïveté, voici ce qu'elle proclame : « Si c'est ainsi qu'on peut encourir le reproche de niaiserie, puissent nos hommes d'esprit le mériter une fois ! »

Autour du sujet de cette biographie, je me suis efforcé de faire les portraits polychromes d'une galaxie de personnages qui ont animé de leurs caractères singuliers et fascinants les deux révolutions. Un siècle étonnant semble éclore entre les XVIIIe et XIXe siècles : celui de La Fayette accompagné de ses contemporains riches en contrastes. À cet égard, le portrait de Louis XVI fait par Benjamin Franklin mérite une seconde d'attention : « C'est l'homme que j'ai connu dont le regard justifie l'expression de Shakespeare : "le lait de la tendresse humaine". » Dans une distribution historique sans pareille, aidée par le choc des circonstances, on voit éclater la palette des paradoxes sous le vernis de l'Histoire. Aussi, si l'acteur principal est passionnant, je n'ai pu me défaire, en parcourant sa vie – cinq rois, deux révolutions, deux républiques et un empire – de l'impression d'assister en direct à la superproduction d'une époque.

1.

FIN DE PARTIE : UN CADAVRE ENCOMBRANT

Château de Versailles. 10 mai 1774. Quinze heures trente. Un valet bleu s'approche d'une bougie qui brûle sur le rebord d'un balcon donnant sur la cour de Marbre depuis le matin et souffle la flamme.

C'est un signal, et plus qu'un signal, un message. Des centaines d'yeux aux aguets l'ont enregistré et vont le transmettre aux quatre coins du palais et de la ville. Ce soir, Paris tout entier sera au courant : un des règnes les plus longs de l'histoire de France, cinquante-neuf ans, vient de s'achever avec la mort de Louis XV. Mort affreuse ! Le 27 avril, le souverain, alors qu'il se trouvait au petit Trianon, haut lieu de ses plaisirs, avec sa favorite, Madame Du Barry, née Jeanne Bécu, et quelques courtisans, avait connu les premiers signes d'un malaise qui ne cessera pas de s'aggraver. On parle d'indigestion, de fièvre, et, jusqu'au 3 mai, rien ne sera dit au roi sur la nature véritable de son mal. Le chirurgien La Martinière en a pourtant mesuré la gravité dès le 28 avril, puisqu'il n'a pas craint de déclarer avec une rudesse impensable en toute autre circonstance :

« Sire, c'est à Versailles qu'il faut être malade ! »

À Versailles, sous-entendu dans un cadre digne d'abriter l'agonie du monarque le plus important d'Europe. À Versailles, la mort elle-même sera empreinte de majesté. Au petit Trianon, elle serait honteuse, furtive. S'il y a un temps pour tout, il y a aussi un endroit pour tout. Le roi l'a compris. L'heure des symboles a sonné. Ils compteront davantage, désormais, que les réalités, et surtout que les sentiments. L'éloignement de la favorite est décidé sur-le-champ. La Du Barry, qui représente à elle seule, pour l'opinion, toutes les faiblesses du roi, n'a plus sa place à Versailles. Le vice parti, la vertu entre dans la chambre où le souverain va connaître à son tour les épreuves dégradantes que la variole inflige à ses victimes. La vertu, c'est-à-dire ses filles : Madame Adélaïde, Madame Victoire et Madame Sophie, vieilles demoiselles acariâtres, intrigantes ; la dernière, Madame Louise, qui est au Carmel de Saint-Denis les rejoint. Elles veilleront sur les derniers jours de leur père avec un tel dévouement qu'elles tomberont elles-mêmes malades, une fois le roi enterré. Le Dauphin, la Dauphine, les princes, les princesses sont tenus à l'écart, à cause du risque de contagion. Le roi a voulu avoir une fin chrétienne, édifiante. Il a confessé ses fautes, il s'est repenti publiquement par la bouche du cardinal de la Roche-Aymon, aumônier en chef de Versailles, d'avoir « scandalisé son peuple », ce dont « il est bien fâché ». Les deux derniers jours, son corps s'est couvert de croûtes et a dégagé une odeur de plus en plus fétide, épouvantable, horrible et insoutenable.

Dieu merci, cette odeur intolérable n'atteint pas à Paris le nez le plus fin de France. Ce nez éduqué par une province si odorante sous le soleil du Midi qu'on l'appelle « la gueuse parfumée ». Ce nez, bien né, en Provence, parmi les champs d'orangers, de citronniers, de bergamotiers. Ce nez bien élevé dans la ville parfumée de Grasse, ce nez accompagné d'une figure spirituelle, d'un verbe alerte, d'un entrain passionné, ce nez d'un homme rond mais fringant. Ce nez qui respire la sensualité et reçoit tous ces parfums telles des invites. Ce nez polisson, policé, ce nez roué. Ce nez qui a connu l'atelier de Boucher, rue Grenelle-Saint-Honoré, ce nez qui est entré chez le peintre Chardin, rue Princesse. Ce nez qui respire la peinture, qui a humé la cour. Ce nez qui voyage dans la société frivole parmi les fêtes galantes, les abbés licencieux, découvre dans le cou des marquises le parfum du plaisir de vivre. Ce nez sensuel et baladeur qui trouve son bonheur dans les fragrances des fêtes pastorales comme dans les odeurs mêlées des scènes érotiques, ce nez chasseur d'images dont les narines sont comme deux yeux. Ce nez délicieux, audacieux, parfois grivois, mais ô combien sensible ! aux variations des odeurs, à leurs charges successives, à leurs intimes colorations. Ce nez d'artiste, ce nez de peintre. Le nez le plus fin de France, celui de Jean-Honoré Fragonard.

C'est à Grasse, la capitale des senteurs, que Fragonard voit la lumière pour la première fois en 1732, cette lumière qui sera la compagne de sa vie, la galanterie de son âme, l'objet aimé de son pinceau. À sa naissance, on dirait que ses narines s'ouvrent avant ses yeux. Six ans plus tard, son père, négociant, s'installe à Paris avec sa famille. À treize ans, il est placé comme clerc chez un notaire. Il noircit du papier, mais plus avec des dessins qu'en recopiant des actes. Devant ce talent plein de promesses, les parents, qui eux aussi ont du nez, l'envoient auprès d'un maître, Jean-Simeon Chardin pour qui les natures mortes sont toujours des plus vivantes. Bientôt Fragonard place son jeune talent à l'ombre d'un peintre de grand style, le fameux François Boucher. Ce dernier lui souffle de tenter l'académie de Rome. Et, surprise, Fragonard est reçu dès sa première tentative, nous sommes en 1752 et il vient de présenter son *Jéroboam sacrifiant aux idoles.* Nouveau protecteur, Van Loo, qui dirige l'École royale. L'ascension du jeune prodige prend la forme d'un voyage. C'est à Rome que Fragonard plante son chevalet, passant devant les œuvres de Michel-Ange et frôlant celles de Raphaël pour préférer aux seigneurs de la Renaissance les maîtres du baroque Tiepolo ou Pietro di Cortone. L'Italie, ce sont des villes et encore des villes. Sa campagne d'Italie, Fragonard la fait avec le jeune peintre Hubert Robert, ami d'académie et compagnon de voyage. Leurs crayons dessinent d'abord la campagne de Rome, puis Bologne, Venise et Gênes. Ils partagent une même passion douce pour ce qui est léger et doré, amoureux et rose, libertin et bleu comme un ruban. Ils cisèlent en orfèvres, sous un ciel clément, la beauté des instants. Quand Fragonard revient en France en 1761, le public parisien applaudit son talent, même si son tableau d'agrément, par la grâce d'une commande royale, se métamorphose en tapisserie des Gobelins. La France vit les délices d'une décadence nouvelle qui a encore le parfum de la Régence, mais où le goût des excès pousse le ton un peu plus loin. Face à l'effondrement du système des banques et aux ruines soudaines, comment mieux réagir que par la chasse aux plaisirs ? Les mots courent après l'audace des caresses et de la pensée contemporaine, l'esprit libertin a trouvé ses champions : Crébillon, Restif de La Bretonne et Duclos. La volupté est partout, mais c'est dans les peintures de Fragonard qu'elle se sent souveraine, régnant avec subtilité dans le vent de la liberté. Fêtes galantes, rires des masques, parties de colin-maillard, étreintes fougueuses cachées par les bosquets, conversations libertines dans des cabinets secrets, on prépare la mise en scène des « liaisons dangereuses ». L'alcôve devient le théâtre de cette société qui élève l'esthétique du plaisir à la hauteur d'un art. Dans *L'Adoration des bergers*, Fragonard peint la nature, mais surtout la nature brute, un théâtre de verdure pour le ballet des désirs. Il n'a pas son pareil, poète de l'érotisme, pour métamorphoser un décor naturel en une couche de la sensualité. Le sommet de ce paradis terrestre ce sera bien sûr son tableau, *Le Verrou* entre réalité et fantasme, interdit et permis. Est-il fermé avant l'amour, ou ouvert après les ébats délicieux ? Pour la dernière favorite du roi séducteur, la comtesse du Barry, il compose cette pièce destinée à orner son pavillon de Louveciennes, en quatre panneaux plus excitants les uns que les autres : *La Poursuite, La Surprise, L'Amant couronné, l'Amour-Amitié.* L'ensemble s'intitule : *Les Progrès de l'amour dans le cœur d'une jeune fille.* On dirait ses derniers mots doux, son adieu aux enlacements volés, son ultime baiser à la dérobée, avant la tempête qui va tout emporter y compris la maîtresse royale aux cheveux dorés.

L'année de la mort du Roi, l'artiste s'apprête à peindre *La Fête à Saint-Cloud*, commande pour le Duc de Penthièvre – fils légitimé de Louis XIV et de Madame de Montespan. C'est l'époque de ses toiles les plus tendres, les plus familiales. Fragonard ne connaît alors encore que le bonheur.

La France tout entière s'enivre de parfums. Ninon de Lenclos, la Pompadour, la Du Barry se couvrent d'eau de senteur, les dames aiment la violette ou la rose, et Jean-Jacques Rousseau sacre cet engouement d'une sentence frappante : « L'olfactif est le sens de l'imagination. » Les grandes familles de la cour font fleurir dans leurs arbres généalogiques des senteurs merveilleuses. Les Gontaut, les Gramont, les Matignon, les Choiseul et les Maisonrouge font de la cour un bouquet qui sent bon. L'ivresse odoriférante est telle, en ce siècle, que Marie-Antoinette, qui aime la violette et la rose, l'impose dans son caprice, elle la souveraine du beau sexe, au genre masculin. Les hommes s'y mettent, et même le clergé y va de son concert : c'est la grande messe des effluves. Tandis que l'abbé d'Osmon se poudre, le curé de Tilleul choisit la lavande. Poudre pour perruques, extrait aux Mille-Fleurs, pommade à la Duchesse, eau de bergamote, pommade musquée, savonnette au néroli, eau d'Arquebusade, huile antique à l'héliotrope, crème de roses, pommade de Cythère, savons des Sultanes sont les folies du jour. Les capiteuses émanations font perdre la tête aux gourgandines ; les plus délirantes d'entre elles prennent des bains de fraises et de framboises. Elles se servent, pour leur peau, d'éponges imprégnées de lait. Pendant que les folles de musc vivent leur caprice, le rouge monte au front de l'Histoire. L'appétit de la fête fait que bientôt les dieux ont soif. En pleine Révolution, apparaîtra un parfum insolemment nommé : « Élixir de guillotine ».

Le nez de Fragonard, trop loin de Versailles pour avoir perçu la mort de Louis XV dont l'odeur était si obsédante qu'on raconte, au palais, que les bougies s'éteignaient d'elles-mêmes, va cependant rencontrer la Révolution sous la pression d'un signal olfactif. Le nez de Fragonard a senti venir le vent. Que sont devenus les aimables compagnons d'antan, les danseuses rieuses, les princes légers, les dames aux manières badines et au tempérament téméraire, et les heureux favoris des dérèglements de la cour ? Fragonard a vu la Révolution anéantir la finesse de son décor. Beaucoup de ses amis ont été guillotinés ou vont l'être : le musicien Papillon de la Ferté ou Madame Chalgrin, la sœur de Carle Vernet. Ses clients appartiennent déjà à un monde décapité : les Conti, les Veri, les Breteuil. Même le charmant Hubert Robert est désormais derrière les barreaux d'une prison. Le nez de Fragonard surnage dans la tourmente. Cheveux gris, houppelande sans agrafe, Frago continue de peindre, mais il est démodé. Seule la protection de David lui maintient la vie sauve et un logement au Louvre. Picturalement, Jean-Honoré Fragonard n'est plus rien. Un an avant 1789, le malheur le frappe comme un avertissement. Sa fille Rosalie, fort douée elle aussi pour la peinture et destinée de l'avis de tous à une éclatante carrière, meurt à dix-huit ans. Le peintre est atterré et tombe malade d'un choléra morbus. Lorsqu'on l'interpelle comme jadis sur son bonheur de vivre, il lève le nez au ciel, ce nez humeur d'azur, d'infini et de nuages de rêve, de brume matinale et de soir parfumé et il dit : « Tire-toi d'affaire comme tu pourras, m'a dit la nature en me poussant à la vie. » La Révolution a choqué les formes et révolutionné les couleurs : « Les rayons, les fumées, tout se mêle ; le temple fume ; la nuit roule sur le jour du ciel ; le soleil tombe dans l'ombre et fait des ricochets de flamme. Les réverbérations d'un feu de souffre illuminent les visages et la foule. Les nuages, les étoffes tourbillonnent, l'horreur tremble dans les poses, sur les bouches, et il y a comme un grand cri qui se lève de tout ce temple. Ce cri si nouveau pour le XVIIIe siècle, c'est la Passion. La fantasmagorie de Callirhoé fait remonter l'art à Euripide ; elle montre à la peinture française un avenir : le pathétique », écrivent les Goncourt.

Ce cri, Fragonard l'entend de la fenêtre du Louvre où il s'est penché, le 8 décembre 1793. Ce pathétique annoncé par son art est devenu quotidien à Paris avant le Noël de la terrible année. Chaque matin, deux ou trois charrettes quittent les prisons d'État pour aller abreuver une guillotine devenue folle et, ce jour-là, c'est le joli cou d'une femme – couvert de baisers par Louis XV – qui vient d'être tranché. Fragonard a perçu l'odeur du sang de la Du Barry comme un choc effrayant et fatal, ses narines sont révulsées par cette certitude que vient de finir d'exister le plaisir de vivre, au moment même où la machine infernale tranchait le col de celle qui fut sa protectrice. La décapitation de la Du Barry, qui, il y a quelques secondes, suppliait : « Encore une minute, Monsieur le bourreau », signe la fin d'un siècle dédié au charme des jours pastel. À la fenêtre du Louvre, Fragonard a failli vaciller sous le coup. Tout son odorat tente de nier la réalité. Il est comme ces chevaux de la Révolution qui, à Paris, refusent d'avancer sur les pavés parce que leurs naseaux ont perçu l'épouvantable odeur des abattoirs. À partir de ce moment, Fragonard ne fait plus rien, il se considère lui-même comme mort, effacé de la vie. Le nez le plus fin de France a cessé d'être un chasseur subtil. Le peintre le plus doux de France refuse même de regarder la toile. La fin d'un monde parfumé s'est annoncée par une tenace odeur de mort.

La même odeur de mort, dix-neuf ans auparavant, au château de Versailles. C'est l'agonie de Louis XV. Le roi se meurt dans la pourriture.

Toutes les portes et les fenêtres doivent rester ouvertes. Du visage noir, enflé, la chair se détachera par lambeaux. Pour les quelques fidèles qui approcheront l'agonisant, l'épreuve sera à la limite du supportable. On ira chercher le Dauphin Louis, duc de Berry, et son épouse, Marie-Antoinette, pour qu'ils jettent, d'une distance calculée, un regard sur celui dont la destinée terrestre se termine. Ils se seront retirés dans leurs appartements lorsque leur parviendra la fatale nouvelle qui fait d'eux un nouveau roi et une nouvelle reine de France, et ils se rendront, immédiatement, dans la résidence royale de Choisy.

À peine ce décès proclamé, les prêtres encore en prière, on enferme d'urgence – l'embaumement est impossible en raison de la décomposition – le cadavre dont l'odeur est vraiment pestilentielle – autre symbole – dans un double cercueil de plomb garni d'esprit de sel [1], pour le transporter au plus vite dans la crypte de Saint-Denis, le tombeau des rois de France. Mais la dépouille de celui qui restera dans l'Histoire, par une étrange dérision, sous le surnom de Louis le Bien-Aimé, n'aura pas le droit de traverser sa capitale. Ce cadavre qui empeste en dépit de la protection du cercueil est transporté de nuit, à la sauvette, jusqu'à sa sépulture, dans une voiture de chasse. Le cortège funèbre en compte deux autres seulement, une pour les ducs d'Aumont et d'Ayen, l'autre pour l'aumônier et un prêtre de Versailles. Des pages, mouchoir sur le nez, portant des flambeaux, et une cinquantaine de gardes forment la suite.

Une route a été choisie, qui permet d'aller du palais à Saint-

1. Et de chaux vive, selon certaines sources.

Denis en contournant Paris. Encore un symbole : elle s'appelle la route de la Révolte.

*

* *

La décision d'escamoter les funérailles de Louis XV a été sage. La traversée de Paris risquait de donner lieu à des manifestations fâcheuses, dont le prestige de la France, en tant que puissance, aurait pu souffrir. Car Louis le Bien-Aimé, n'est plus aimé par son peuple depuis belle lurette. Ce n'est point tant la perte de l'Inde et du Canada, à la suite de sa désastreuse guerre de Sept Ans, qu'on lui reproche, ni sa querelle avec les parlements, ni l'expulsion des jésuites : sur ces matières l'opinion est divisée. Ce qui a fait perdre au roi l'estime de la majorité des Français, surtout du peuple de Paris qui est le mieux informé du royaume, c'est le scandale de sa vie privée. Dominé par ses sens, le monarque sacrifie à la recherche du plaisir les devoirs de sa tâche. Qu'il ait des maîtresses, passe ; tous les rois en ont eu ; mais qu'il impose ses favorites à la cour, et qu'elles se mêlent de politique, tout en procurant elles-mêmes à leur illustre amant des compagnes de lit de plus en plus jeunes, souvent recrutées dans les maisons de prostitution de la capitale, cela passe les limites de la tolérance, c'est le cas de le dire. Par la dernière en date des *sultanes*, cette Du Barry à qui la Dauphine elle-même est obligée de faire des grâces, n'est-ce pas le « milieu » tout court, comme on dirait aujourd'hui (le monde du proxénétisme et de l'escroquerie), qui est introduit dans les antichambres du pouvoir, via le Parc-aux-Cerfs et ses fameux « petits soupers » ?

Malgré son appellation écologique, le Parc-aux-Cerfs a alimenté les fantasmes des historiens, si bien que certains dans l'opinion pensent qu'il s'agissait d'un véritable château cerné d'un parc. De cette rumeur, Lacretelle s'était fait l'écho : « On prétend que le roi y faisait élever des jeunes filles de neuf ou dix ans. Le nombre de celles qui y furent conduites est immense. Elles étaient dotées et mariées à des hommes vils et crédules. » Si cela convient à l'imagerie d'un roi prince des plaisirs et souverain de la sexualité, cela est parfait. Mais la rumeur est bien loin de la réalité. Le roi, à cette époque, n'était plus un foudre de guerre et s'il avait bon nombre de maîtresses, le Parc-aux-Cerfs n'était tout de même pas le château de Barbe-Bleue.

Le nom du Parc-aux-Cerfs n'est pas celui d'un château ni d'un parc datant du règne de Louis XV, mais d'un enclos bâti par Louis XIII pour y élever des cerfs. Les murs furent abattus à la fin du règne du Roi-Soleil, lorsque le vieux Versailles fut rempli d'hôtels particuliers. On traça alors des avenues et l'on bâtit des demeures. Un nouveau quartier de la ville était né, et toutes les maisons construites en ce lieu gardèrent le nom de Parc-aux-Cerfs. C'est un huissier du Châtelet nommé Vallet qui acheta pour le compte de Louis XV, en 1755, la petite maison au fond d'une impasse dont il déclara devant notaire que l'acte était signé « pour et au profit du roi ». Un historien de Versailles, J. A. Leroy, fait remarquer la modestie des dimensions de la demeure : « Il était impossible que dans une si petite maison, séjourna plus d'une demoiselle à la fois avec sa dame de compagnie et un domestique. » Et il note : « Il faut admettre qu'elles y demeurèrent au moins une année, puisque la plupart n'en sortaient que pour devenir mère. » Il n'en reste pas moins que c'est par cette maison que transitaient les filles du roi, cet amateur suprême. Si l'on dit que la Du Barry est passée « d'un lieu de débauche à la couche royale[2] », c'est au regard de ses activités avant de connaître Louis XV. Elle se prostituait pour le compte de Jean du Barry, comme ne manquent pas de le relever les frères Goncourt. On pense qu'elle était aussi entre les mains de deux maquerelles, la Brissault et sans doute la Gourdan, quelques jours même avant de rencontrer le roi de France. À l'époque, chacun veut plaire au roi, et lui fournir de la chair fraîche. Ceux qui le font s'adressent aux matrones. La Dhosmont se voit demander par Monsieur de Calabre « une fille qui fût bonne pour le roi » et, grand seigneur, il lui dit : « Qu'importe le prix, on donnera ce qu'il faudra. » Dans le milieu galant, on connaît l'existence du Parc-aux-Cerfs. Les

2. *La Prostitution et la police des mœurs au XVIIIe siècle*, de Erica-Marie Benabou (Librairie Académique Perrin, 1988).

jeunes femmes qui y ont séjourné comme Mademoiselle David, voient leur cote monter sur le marché du plaisir ; elles sont plus désirées et recherchées que les autres. Les intrigues royales avec des filles de moindre condition sont nombreuses. Dans l'entourage du souverain, on cherche la discrétion mais des accidents surviennent. Ainsi dans l'affaire La Chalotais, apparaît la peur : on craint qu'une correspondance secrète et amoureuse du roi avec Mademoiselle de Romans puisse être révélée, créant ainsi un scandale politique. Malgré tous ces dangers, l'activité continue au Parc-aux-Cerfs. En 1753, Marie-Louise Murphy devient la maîtresse du roi à l'âge de 14 ans. Elle est la fille d'un savetier et d'une revendeuse. Ses sœurs ont de l'expérience dans le métier, d'après les services de police. Elles sont toutes galantes. Deux ont fait des campagnes en Flandre comme « filles à soldats » et trois ont participé à des parties chez les Richardot, la Duval, la Baudoin, nous révèlent les Archives nationales. C'est à travers Le Bel, valet de chambre du roi, que se remplit le Parc-aux-Cerfs. On s'agite pour présenter des filles à cet intermédiaire, et celles qui lui plaisent ont de grandes chances de connaître le souverain. Marais parle de Madame de Montréal qui agit dans ce sens. Elle a avec elle « une jeune fille de 14 ans et voudrait mettre cette jeune personne au Parc-aux-Cerfs. Elle cherche tous les moyens d'y réussir ». Les maquerelles, comme la demoiselle Fleurey, viennent vers Le Bel car c'est lui l'acquéreur. Même Casanova entre dans le bal et se vante d'offrir au roi Louison, « une petite souillon que l'on débarbouilla pour l'amour ». À partir de 1755, les filles se succèdent au Parc-aux-Cerfs à un rythme accéléré ; c'est la décadence du roi, pris dans l'engrenage de la prostitution la plus basse. Tout un réseau s'est constitué pour servir ses plaisirs. Rabatteurs, maquerelles, mais aussi grands seigneurs comme Richelieu, travaillent à amener à Versailles femmes et filles pour le roi. Même d'Argenson ose écrire le 20 mai 1756 : « Le roi se livre à la nature et cherche à se ragoûter par de petites filles très neuves qu'on lui fait venir de Paris, il se pique d'emporter des p... de 15 ans. On lui amena il y a quelques jours une petite de cet âge qui était à peine vêtue. »

Aussi, la mort du roi n'inspire-t-elle aux gens du peuple, écrasés d'impôts, que des sarcasmes, des quolibets, des couplets d'un goût douteux, comme celui-ci qui connaît un grand succès :

« La vérole par un bienfait
A mis Louis XV en terre,
En dix jours la petite a fait
Ce que pendant vingt ans la grosse n'a pu faire. »

Des badauds ricanent jusque sur le parvis de l'abbatiale de Saint-Denis, quand pénètre le cercueil. On entend : « Voilà le plaisir des dames qui arrive... » Curieux jour de deuil : à Paris, par un beau soleil de printemps, cabarets et guinguettes regorgent de clients.

*
* *

Dans un somptueux château de Touraine où il est confiné depuis la fin de 1770, bien qu'il y mène grand train, le maître de céans a appris la nouvelle de la mort du roi sans verser une larme ; on peut même ajouter qu'il l'a accueillie avec une secrète jubilation. Ce grand seigneur, fastueux, dispendieux, génial, ami de Voltaire et des Encyclopédistes, baptisé par la tsarine de Russie « le cocher de l'Europe », adoré par l'impératrice d'Autriche et quelques autres souverains, redouté par les autres, c'est le duc de Choiseul, qui fut l'homme le plus puissant du royaume, après le roi, pendant douze ans, accumulant les ministères, nouant les fils de la politique internationale, à l'insu parfois de son maître, jusqu'au jour où ce dernier, poussé par une coterie regroupant, étrangement, les amis des jésuites et ceux de la favorite, excédé par la soif de pouvoir et les initiatives de son principal collaborateur, décida de l'exiler, sans limite de durée, dans son domaine de Chanteloup, près d'Amboise, afin qu'il puisse méditer, se livrer à son goût des jardins et de la décoration, de la lecture, sans parler de celui de la musique, puisqu'il possédait un orchestre destiné à charmer ses invités [3].

3. Dans le splendide parc de Chanteloup, Choiseul a construit une pagode chinoise, tarabiscotée, de six étages, sur les murs de laquelle il fait graver un remerciement à ceux qui ont eu le courage de lui rendre visite au cours de son

Ayant servi avec un incontestable éclat – ne doit-on pas mettre à son crédit l'acquisition de la Lorraine, de la Corse et le mariage du Dauphin ? – avant d'être appelé, par un geste de majestueuse ingratitude, à prendre, à cinquante et un ans, une retraite dorée, Choiseul a porté sur le roi, dans ses *Mémoires*, les jugements les plus sévères, si sévères qu'aucun historien ne les reprendrait, aujourd'hui, entièrement à son compte :

« Après une étude suivie dont rien ne m'a jamais distrait, je voyais le roi, un homme sans âme et sans esprit, aimant le mal comme les enfants aiment faire souffrir les animaux, ayant tous les défauts de l'âme la plus vile et la moins éclairée, mais manquant de force à l'âge où il était pour faire éclater ses vices autant que la nature l'aurait porté à les montrer ; par exemple, il aurait été enchanté de voir brûler Paris de Bellevue, mais il n'aurait pas eu le courage d'en donner l'ordre... Il a une vanité incomparable, la vanité des valets, poussée aussi loin qu'il est possible, mais il n'a pas la force de la faire valoir, car il a le mérite de sentir qu'il n'est capable de rien, et il convient intérieurement que son caractère malheureux est au-dessous de tous les caractères de la nature. Je lui ai entendu dire qu'il était l'inconséquence même et qu'il ne serait pas étonné d'être fou ; certes, il est inconséquent ; car étant, par la plus sotte vanité, jaloux de son autorité, il n'a pas de volonté et est abandonné par faiblesse à celle des différents ministres qui travaillent avec lui ; il leur marque l'indifférence la plus dégoûtante pour toute espèce

---

exil forcé. Cette merveilleuse pagode, monument de gratitude, est haute de quarante mètres. Œuvre de l'architecte Le Camus, c'est le plus bel édifice de style chinois de France. Elle domine un étang plein d'ajoncs, à l'orée de la forêt d'Amboise.

Avant la période d'exil, c'est-à-dire avant la Du Barry, les personnes qui allaient solliciter une faveur du ministre dans sa propriété de campagne, faisaient un détour par le château de Ménars, agréable domaine sur la route de Paris à Chanteloup, où résidait souvent Madame de Pompadour, dont les conseils, avant d'aborder Choiseul, étaient toujours pertinents. Ce château devait devenir la propriété, au XIXe siècle, de la célèbre Thérésia Cabarrus, d'abord épouse Tallien, et dite, à ce titre, Notre-Dame de Thermidor, avant d'épouser un prince de Caraman.

d'affaires, comme pour toute espèce de personnes ; sa vanité lui fait croire qu'il suffit, pour conserver son autorité, qu'il renvoie de temps à autre les ministres auxquels il a marqué de la confiance, car il leur en marque toujours infiniment puisqu'il fait tout ce qu'ils veulent.

« Il croit que l'éclat qu'il met dans ses amours est une preuve de son autorité et la bassesse qui en résulte une marque de soumission ; il regarde la résistance contre l'objet de sa fantaisie comme un manque de respect pour la personne royale ; il ne connaît, à cet égard, ni décence ni rang, ni considération ni honnêteté ; il croit que tout doit plier devant sa maîtresse parce qu'il l'honore de son intimité.

« La faiblesse de son âme, son air timide qui tient beaucoup à sa bêtise, sa belle figure qui a le caractère de la décence, son âge, l'exemple qu'il devrait donner à des enfants aussi jeunes que les siens, le prochain mariage de son petit-fils, tout concourait pour faire rejeter le bruit d'une action aussi méprisable que celle de la présentation d'une fille supposée mariée, contre toutes bonnes mœurs, à l'infâme frère d'un homme de rien, qui tenait école publique d'escroquerie et de prostitution dans Paris. »

On peut comprendre que la rancœur ait inspiré des lignes aussi impitoyables à un haut dignitaire qui avait fait preuve de loyauté et d'efficacité. Mais ses qualités d'homme d'État mises à part, la moralité de Choiseul n'était pas à ce point élevée qu'il pût parler sur ce ton de hauteur de son ancien maître. N'avait-il pas essayé lui-même de glisser sa propre sœur, Madame de Gramont, dans le lit du monarque, pour augmenter son emprise sur lui ? N'entretenait-il pas des maîtresses, lui aussi, tout en dépensant joyeusement la fortune de sa tendre, intelligente et patiente épouse, la fille du fermier général et financier Crozat ? Mais n'oublions pas que l'époque est marquée par le libertinage qui a partie liée avec l'intelligentsia et la culture. L'heure de l'austère vertu n'a pas encore sonné, si tant est qu'elle sonnera jamais vraiment.

Il y a un point, cependant, sur lequel le roi défunt et Choiseul étaient tout à fait d'accord et qu'il aurait pu rappeler : la nécessité de prendre une revanche sur l'arrogante Angleterre, et, pour cela, de reconstituer une marine de guerre puissante. Une autre conviction liée à la première unissait, en outre, le souverain et son ministre : celle d'un inévitable conflit entre la monarchie anglaise et les colons d'Amérique du Nord. Depuis quatre ans, les événements n'ont cessé de leur donner raison, à l'un comme à l'autre, sans les réconcilier pour autant. Cinq mois avant la mort de Louis XV, en décembre 1773, à Boston, des Américains excédés, déguisés en Indiens, ont jeté par-dessus bord la cargaison de thé d'un navire britannique, le *Darmouth*. À cette « *tea-party* », George III a répondu par une série de mesures répressives très dures, qui vont être baptisées par ses sujets d'outre-Atlantique « les actes intolérables ». Le port de Boston est fermé, la justice locale est dessaisie des procès relatifs aux offenses contre la Couronne. En mai, quand le roi de France meurt, l'effervescence a gagné la plupart des colonies d'Amérique du Nord (Canada excepté). Si la nouvelle lui en était parvenue à temps, ces événements auraient pu constituer une de ses dernières joies. Dans moins de quatre mois, le premier Congrès continental va se réunir à Philadelphie. Dans onze mois, à Concord et à Lexington (Massachusetts) les premiers affrontements sanglants éclateront entre troupes anglaises et miliciens américains. Une ère nouvelle va naître.

Cette ère nouvelle, alors qu'on enterre à la va-vite le cadavre puant de son ennemi, Choiseul espère bien qu'il va la vivre sur le devant de la scène, au tout premier rang. La nouvelle reine, Marie-Antoinette, dont il a l'intelligence de louer publiquement les qualités et surtout l'esprit politique, ne le porte-t-elle pas dans son cœur ? N'est-il pas l'ami de Voltaire, et les patriotes américains ne travaillent-ils pas pour lui, qui les a vu venir de loin ?

Ce qu'il adviendra de cette espérance de Choiseul, nous le constaterons plus loin.

Allons maintenant à la rencontre d'un adolescent de seize ans et demi à qui la mort de ce roi donne à réfléchir, en ce mois de mai 1774. Sur la fin du monarque, ce petit jeune homme, au demeurant fort grand de taille, a l'avantage de tout savoir. Il dispose, en effet, du témoignage d'un des hommes les plus respectés et les plus influents de la cour, qui a eu l'insigne et redoutable privilège d'accompagner le cercueil royal de Versailles à Saint-Denis et de supporter plus souvent qu'à son tour l'horrible odeur de cadavre en décomposition. Ce haut personnage, c'est le duc François d'Ayen, et le jeune homme, malgré son âge, n'est autre que le gendre de ce dernier, le mari depuis un mois de sa fille Adrienne qui n'a que quatorze ans et demi.

Descendant lui-même d'une très illustre famille d'Auvergne, fils d'un colonel des grenadiers du roi, tombé à la bataille de Minden, en 1759, le jeune époux est fort intéressé par ce qui se passe à Versailles. Il a d'ailleurs eu l'honneur d'être passé en revue par le défunt monarque lorsqu'il était élève de l'Académie militaire.

Le duc d'Ayen, bien que parfait courtisan, est un esprit éclairé, un homme de grande culture, passionné de sciences, proche par certains côtés des philosophes et des aristocrates libéraux qu'il côtoie dans les loges maçonniques.

Fils du maréchal Louis de Noailles, le duc d'Ayen a épousé le 25 février 1755 Anne Louise Henriette d'Aguesseau. Ils ont huit filles dont cinq seulement atteignent l'âge adulte et deux garçons morts en bas âge. Marie Adrienne Françoise est la troisième, c'est elle l'épouse du marquis de La Fayette. Le futur héros peut regarder son beau-père avec une sincère considération. Militaire, ses états de service sont impressionnants. À seize ans, il est déjà le colonel du régiment de dragons Noailles cavalerie. Il est maréchal de camp en 1770 et lieutenant général en 1784. Il a combattu à Fontenoy, à Kehl et à Hastembeck. Il finira maréchal de France. De plus c'est un être très humain qui, lorsqu'il était au Conseil supérieur de la guerre, a proposé des réformes pour améliorer la condition de vie des soldats. Reçu à l'Académie royale des sciences en 1777, il y présente des mémoires de physique et de chimie. Mais ce n'est pas tout, Louis de Noailles a aussi le rare privilège d'être un ami du roi. Excellent courtisan, il sait se faire admettre dans les bonnes grâces du souverain dont il devient l'intime. Partageant la passion du roi pour la botanique, il lui fait souvent les honneurs de son jardin expérimental à Saint-Germain-en-Laye. Il est également à ses côtés en deux circonstances essentielles : comme aide de camp à la bataille de Fontenoy et comme capitaine des gardes du corps de service le soir de l'attentat de Damiens. Pourvu d'une jolie voix, il était le seul courtisan que Madame de Pompadour admettait à jouer avec elle de petits opéras. Ses bons mots et ses saillies amusent Louis XV, même lorsqu'ils s'exercent à ses dépens. On rapporte ainsi que le roi, lui disant au début de sa liaison avec Madame du Barry : « Je sais que je succède à Sainte-Foye », Noailles lui répondit : « Oui, Sire, comme Votre Majesté succède à Pharamond. »

Le Duc d'Ayen parle avec une certaine liberté de ton à ce gendre qui voit en lui un père. Le jeune homme saura tout de l'épouvantable et nauséabonde agonie du souverain, et sur son ensevelissement quasi clandestin.

Il saura tout des intrigues, des cabales qui agitent la cour, du rôle joué durant les dernières semaines par Mesdames Sophie et Adélaïde, filles du roi, farouches ennemies de la favorite, qui, si bigotes qu'elles soient, n'en protègent pas moins un certain horloger devenu célèbre, après avoir réparé les pendules de Versailles, grâce à son talent de dramaturge et son don pour les relations publiques, un horloger tout à fait hors du commun, qui n'est autre que Pierre-Augustin Caron de Beaumarchais, l'auteur de *Figaro*. Ce Beaumarchais jouera bientôt un grand rôle dans un conflit international auquel le jeune homme en question, de son côté, devra de connaître une gloire durable.

Pour l'instant, il ne peut le prévoir ; et pour cause. Il peut, en revanche, réfléchir sur le passé immédiat, et même sur un passé qui remonte à près de soixante ans.

Si Louis XV, en effet, a eu un bien triste départ, son arrière-grand-père et prédécesseur sur le trône, Louis XIV, n'a guère été pleuré, non plus, par le bon peuple, à qui sa mort, selon Saint-Simon, fit l'effet « d'une délivrance ardemment désirée ».

Ces deux épisodes funèbres n'ont-ils pas de quoi faire réfléchir ce jeune marquis de La Fayette sur le caractère relatif de la monarchie absolue ?

2.

NATURE BOY

Si la fin du règne de Louis XV peut, sans exagération, être symbolisée par l'horrible odeur du cadavre royal, il est permis, par contre, de placer le début du règne de son petit-fils et successeur, Louis XVI, ex-duc de Berry, et de sa sémillante épouse sous le signe des parfums. On en raffole à la cour, et comme on en raffole à la cour, on en raffole à la ville. Le jeune parfumeur-créateur Houbigant ouvre sa boutique, *À la Corbeille de fleurs*, faubourg Saint-Honoré. On y accourt de tous les quartiers chics, on y vient de province, et les belles étrangères – déjà ! – de passage à Paris, font un détour par le faubourg Saint-Honoré. C'est un « must » pour les Anglaises, les Allemandes, les Autrichiennes, les Russes, les Espagnoles, les Italiennes et leurs admirateurs. On sait que la reine de France a une préférence marquée pour l'eau de violette et l'eau de rose, aux effluves légères, fraîches, qui font frissonner sans griser. On recherche moins les parfums lourds, capiteux, associés à la perversité, aux philtres d'amour, à la sorcellerie, sœur de l'érotisme. Les fleurs les plus simples sont à la mode. Les Français ont retrouvé le goût de la nature. Jean-Jacques Rousseau triomphe. Foin des lieux clos, des cabinets mystérieux, des atmosphères confinées. Le bonheur d'exister est dans les bois, les champs, près des sources, des ruisseaux.

Moulins et bergeries deviennent des endroits hautement poétiques. Les fleurs, que les jolies femmes mettent partout, et d'abord dans leurs coiffures, où elles rivalisent avec les plumes multicolores, ne sont-elles pas évocatrices de la jeunesse, de la beauté, du rêve ? Et Dieu sait qu'on rêve, en France, sous le règne de Louis XVI ! Le roi a vingt ans lorsqu'il monte sur le trône, la reine, dix-neuf. Pour la monarchie, comme pour la nation, n'est-ce pas le signe d'un nouveau printemps ? Si l'exotisme a tant de succès dans la littérature, les arts, la mode, c'est parce que la nature, dans les îles, et en Amérique surtout, passe pour être plus riche, plus favorable aux hommes, plus parfaite, plus naturelle, en somme, que dans les régions les plus favorisées d'Europe.

*

* *

S'il y a quelqu'un, en tout cas, dont le goût très vif, presque violent, pour la nature ne doit rien à la mode ni aux fantasmes qui dominent l'imaginaire des classes privilégiées et cultivées, rien à la chose écrite, c'est le grand adolescent qui porte le beau nom de marquis de La Fayette. Il a beau être à Paris depuis six ans déjà lorsque Louis XVI monte sur le trône, il a beau avoir fait des études (assez courtes) dans un collège réservé aux jeunes gens de la noblesse qu'on prépare à de grandes tâches, il reste par bien des côtés un garçon de la campagne, au sens le plus fort du terme, ce que les Anglo-Saxons appellent un *nature boy*.

Il est né au château de Chavaniac, un coin perdu du Velay (aujourd'hui en Haute-Loire), dans les montagnes d'Auvergne, le 6 septembre 1757, sous le signe de la Vierge dont les natifs auraient une prédilection pour la terre et les bois. Sa mère insiste, d'ailleurs, pour que son premier prénom dans l'acte de baptême, établi par l'abbé Bourgois, soit Marie. Il sera donc Marie Joseph Paul Roch Yves Gilbert Motier de La Fayette, baron de Saint-Romain, de Vissac et autres lieux, mais c'est surtout le dernier prénom, Gilbert, qui, dans la pratique, sera retenu. C'est aussi le prénom de son père, colonel des grenadiers de France, à vingt-cinq ans, qui, au moment de la naissance de son premier et unique enfant, se bat en Allemagne. La guerre de Sept Ans a commencé en 1756. Le jeune colonel n'a plus que deux ans à vivre. En 1759, il trouvera une mort glorieuse à la bataille de Minden, tué par un boulet anglais. L'officier ennemi qui commande le feu meurtrier s'appelle Philips, un nom que l'enfant, qui n'aura aucun souvenir de son père, n'oubliera pas. La mémoire, d'ailleurs, ne lui fera jamais défaut. Il n'oublie rien. Ni les bienfaits, ni les offenses, même s'il sait pardonner. C'est parmi ceux qui présentent ce trait de personnalité que se recrutent les hommes de très grande fidélité, une vertu qu'au soir de sa vie personne ne contestera au marquis de La Fayette. Quant au colonel Philips, le destin le lui servira sur un plateau, si on peut dire, vingt-deux ans après la mort de son père, à plusieurs milliers de kilomètres de son Auvergne natale, comme nous le verrons.

Pour l'heure, au château de Chavaniac, c'est la fête. La naissance d'un garçon est toujours une bénédiction à l'époque, surtout dans un foyer qui, bien que seigneurial, n'est composé que de quatre femmes : la jeune accouchée, née Marie-Louise-Julie de La Rivière, la grand-mère, Marie-Catherine Motier de La Fayette, née de Chavaniac, et les deux filles de cette dernière, tantes du nouveau-né : Madame de Chavaniac (tante Charlotte), qui a épousé un cousin, et Mademoiselle du Motier (tante Madeleine), qui est demeurée célibataire.

Les quatre nobles dames se penchent avec la joie qu'on devine sur le berceau de celui qui, dans deux ans seulement, à la suite d'un deuil qui les frappera toutes, deviendra le chef de nom et d'armes d'une des plus anciennes familles de France, alliée aux Bourbon-Busset et aux La Trémoille. Cette famille compte parmi ses illustrations un maréchal de France qui s'appelait également Gilbert et qui se couvrit de gloire au XVe siècle en combattant les Anglais aux côtés du roi Charles VII, et, au XVIIe siècle, une femme, Madame de La Fayette, auteur d'un des premiers et des plus grands romans de l'histoire de la littérature française, *La Princesse de Clèves*, sans oublier une Mademoiselle de La Fayette qui opposa victorieusement une vertu farouche aux assauts répétés de Louis XIII.

Cette illustre famille est cependant relativement pauvre, dans une région elle-même pauvre et rude, qu'on désigne parfois sous le nom de « pays des vaches rouges » parce que ses vaches portent une belle robe couleur acajou.

Chavaniac (canton de Paulhaguet) est un petit village composé, au XVIIIe siècle, de maisons qui ressemblent à des huttes, avec leur toit de chaume, situé à l'est des gorges de l'Allier, à trente kilomètres au sud de Brioude. Par temps clair, du château, construit sur une hauteur, à sept cent cinquante mètres d'altitude, on peut voir la plaine de Chaliergues, au nord, et, au sud, la chaîne de la Margeride, avec ses montagnes dénudées.

Sol volcanique, climat venteux, pluvieux, neigeux, ce pays a modelé une race d'hommes solides, résistants, têtus, sobres, économes, qui ne s'endorment pas sur la tâche et qui ont beaucoup de peine à faire pousser du seigle pour eux-mêmes, de l'avoine et de l'orge pour leurs troupeaux. Ces Auvergnats, prudents mais droits, honnêtes, sont pacifiques ; ils savent aussi, quand il le faut, se transformer en rudes combattants. Ils ne manquent pas, non plus, d'astuce ; le cardinal de Richelieu, qui s'y connaissait en populations, ne les appelait-il pas des « Gascons à tête de fer » ?

Au château, apporté aux La Fayette par les Suat de Chavaniac, règne la grand-mère, Marie-Catherine, issue précisément de cette dernière lignée.

Ce n'est pas une forteresse, ni un chef-d'œuvre d'architecture, plutôt une grosse bâtisse qui ne compte qu'une vingtaine de pièces et qui ne mérite son nom de château qu'en raison de son emplacement, de ses tours, et surtout de son histoire. À l'époque dont il est question, il n'avait pas l'allure qu'il possède aujourd'hui grâce à des restaurations successives, notamment celle qui fut confiée à Vaudoyer lui-même, un des grands architectes du XVIIIe siècle, et, plus près de nous, en 1920, à l'architecte Achille Proy. Chavaniac est une très ancienne construction puisque certaines parties avaient dû être restaurées déjà au XIVe siècle. En 1701, après un incendie qui l'a ravagé, il a été reconstruit presque entièrement. Le bâtiment, en forme de parallélogramme, a vingt mètres de largeur et douze mètres de hauteur. Son toit est en ardoise et il est flanqué de tours rondes, hautes de vingt mètres. La fondation américaine La Fayette Memorial, qui veille aujourd'hui sur ce haut lieu avec beaucoup de soin, a transformé le jardin en terrasses en un parc délicieux qui descend doucement jusqu'à une grande pièce d'eau.

Madame de Chavaniac, la grand-mère, est une femme de caractère. Sévère et bonne. Elle a une haute idée de ses devoirs de châtelaine. Si elle reçoit avec beaucoup de grâce quand on vient la visiter, elle ne perd pas son temps en mondanités. Elle dirige son monde, celui des paysans, comme le ferait à la fois un maire, un administrateur, un chef d'entreprise ; et, quand il le faut, elle joue le rôle du médecin. Madame de Chavaniac contrôle la distribution des graines, plants, engrais et autres produits pour la culture, afin que nul ne soit lésé ; elle défend les faibles contre les méchants, remonte le moral de ceux qui sont abattus par des épreuves familiales ou autres. Elle n'a pas honte de voir son petit-fils, Gilbert, partager les jeux des enfants des familles paysannes et porter des pantalons rapiécés qu'elle a ravaudés elle-même. Pour diriger le village comme le château, ses filles l'assistent. L'aînée, Charlotte, veuve de Guérin de Chavaniac, baron de Montoleoux, mère d'une fillette âgée d'un an de plus que Gilbert qui la considère à l'égal d'une sœur, est une femme autoritaire, comme sa mère, toujours coiffée d'un bonnet tuyauté. Sa cadette, Madeleine, n'est pas moins énergique. Mais toutes deux sont des femmes cultivées qui s'intéressent au mouvement des idées. Elles lisent Jean-Jacques Rousseau, qui n'est pas un modèle de vertu chrétienne mais qui parle si bien des choses simples qui les entourent. Gilbert, entre sa grand-mère et ses tantes – sa mère ne réside à Chavaniac que l'été –, ne se sent pas abandonné. Ces dames adorent bavarder avec lui ; elles lui lisent des histoires, et, dès l'âge de cinq ans, un précepteur, choisi chez les jésuites, lui apprend le latin. Le soir, à la chandelle, dans sa chambre tapissée de toile de Jouy rose à motifs pourpres, il aime lire son Plutarque, *La Vie des hommes illustres*, le maître-livre qui a donné aux garçons de plusieurs générations le goût de l'action. Les jésuites ayant été expulsés de France en 1762, Gilbert est ensuite confié à un excellent homme, l'abbé Fayon, modeste, érudit, très attaché à son élève à qui il fera faire de grands progrès. L'enfant apprend l'histoire le calcul, la géographie et il se débrouille fort bien en latin, pour son âge.

L'essentiel de ses années d'enfance se passe cependant hors de la salle d'études, dans les champs, les bois et sur les montagnes environnantes. Il éprouve un goût très vif à battre la campagne à la tête d'une bande de garnements, à grimper aux arbres, à escalader les rochers les plus hauts, les pentes les plus abruptes, à explorer les forêts voisines dont il connaît les moindres recoins, à descendre au fond des ravins. Il éprouve un tel besoin de se dépenser physiquement qu'on le compare, dans le village, à un cheval rebelle qui a rompu son licol. Excellent nageur, il aime traverser les cours d'eau en défiant les courants. Les ruses des braconniers n'ont pas de secrets pour lui. Souvent, sa leçon terminée, il disparaît pour de longues heures, prolongeant ses sorties au-delà des limites du raisonnable. Il va se repaître de solitude au fond d'un bois ou au sommet d'une colline, abîmé dans la contemplation du lointain, comme un héros romantique.

De là, il découvre, posté comme un éclaireur, la ligne ondulée qui monte doucement de la vallée, profilant sur le ciel ses collines et ses bois. L'air de l'Auvergne est très pur. Sombre et vert est le décor qui l'entoure dans la fraîcheur des bruits d'eau sous la hauteur des horizons. Le brouillard sommeillant sur les plaines au milieu des volcans fait monter dans la vallée les flots solidifiés d'un océan d'azur. Le jeune La Fayette contemple ce grand bleu d'Auvergne qui le prépare à une immensité marine dont il n'a pas encore l'idée. Après un dernier regard jeté au sommet découpé sous les feux du midi, il regagne par un chemin au relief accidenté le village de Chavaniac. Dans ce modeste terroir, en basse Auvergne, planté de fayards, se dresse une ancienne maison-forte cernée d'un très beau parc. Le château de Chavaniac entre Langeac et Paulhaguet donne au nord sur les terres à blé de la Limagne et au midi vers le Gévaudan, les montagnes à vaches et les forêts pleines de loups. Malgré la sévérité du décor naturel, Chavaniac, avec ses terrasses protégées sur la vallée, a un petit air provençal ou même parfois, avec ses jardins, italien. Le jeune La Fayette, qui fut baptisé au lendemain de sa naissance, y connaît à la fois la douceur de la rêverie et le désir de grandeur. Adolescent, il met à ses chiens des colliers avec piquants pour les protéger des loups nombreux dans la région. Il ressent une grande tendresse pour les animaux familiers, n'éprouvant de plaisir à chasser que pour détruire les prédateurs.

En dehors de ces moments de méditation, de rêverie ou d'exercices de caractère sportif, la campagne n'est pas pour lui un simple espace de loisirs. Il n'approche pas le monde rural avec les yeux d'un fils de bonne famille qui va se reposer au village. Tant s'en faut. À la période des moissons, quand il faut mettre les épis en gerbes, à l'étable, à l'écurie, à la basse-cour, Gilbert est toujours volontaire pour donner un coup de main. On ne l'en respecte pas moins pour cela. Au contraire. Il est très aimé par les habitants de la région qui lui manifesteront de l'attachement et de la sympathie au cours de toutes les épreuves qu'il subira.

De même que le château est construit sur une hauteur, non pour défier mais pour monter la garde, protéger, Gilbert se veut le protecteur des paysans de Chavaniac et des environs. Il entend veiller avec tout son courage, toute sa jeune force, à la sauvegarde de leur tranquillité. Quand, encore enfant, il participe à des battues aux loups, ce n'est pas pour le seul plaisir, c'est pour défendre la sécurité et les biens des habitants. Ainsi affirme-t-il ce sens chevaleresque qui est un des traits profonds et constants de sa nature. Il n'a pas dix ans lorsqu'il rêve de jouer un grand rôle dans la recherche et la mise hors d'état de nuire de la célèbre « bête » du Gévaudan, animal monstrueux qui, depuis 1765, dévore bergers et bergères, en même temps que leurs moutons et agneaux, quand ce ne sont pas de jeunes bœufs et des vaches. Quelle occasion ce serait pour lui, le tout jeune chef du nom, de faire preuve d'héroïsme, comme son père, comme ses aïeux ! Car de la « bête », on parle bien au-delà des limites de la province. Ses sinistres exploits sont l'objet de commentaires à

Marseille, à Lyon, à Paris, à Versailles, à l'étranger. La presse de Londres lui consacre régulièrement des colonnes.

C'est un événement à l'échelle internationale, parti d'une rumeur. Cette rumeur, l'évêque de Mende, Mgr de Choiseul-Beaupré est le premier qui l'a rendue crédible, en janvier 1765, lorsqu'il a attiré l'attention, en chaire, sur la gravité du danger représenté par cet animal anthropophage, demandant aux fidèles des prières publiques pour sa disparition. Inconnu sous nos climats, apparu comme par miracle, le monstre ne serait-il pas l'expression de la colère divine contre les péchés des habitants de cette région qui englobe la Lozère et une partie de la Haute-Loire actuelle ? L'effroi est tel que la première victime, une vachère des environs de Langogne, Jeanne Boulet, est enterrée sans les sacrements. Les agressions mortelles se multiplient et les battues les mieux organisées ne donnent aucun résultat. Même blessée, la « bête » réussit toujours à s'enfuir. On devra faire appel à la troupe. Des dragons sont dépêchés. Quarante hommes à pied et dix-sept à cheval, sous les ordres d'un capitaine Duhamel, passent le Gévaudan au peigne fin. La population tremble, car les exactions commises par les dragons lors de la répression ayant suivi la révocation de l'édit de Nantes, les sinistres « dragonnades », ont laissé des souvenirs encore très vivants. Mais les malheureux huguenots étaient des proies autrement plus faciles que la « bête ». Les dragons font bombance dans les fermes où les paysans apeurés n'osent rien leur refuser, mais de monstre, point. Plusieurs personnes qui l'ont vu et ont réussi à lui échapper sont rassemblées. Sur la base de leurs témoignages, en écartant ceux qui paraissent fantaisistes, on dresse une sorte de portrait-robot de l'animal. Il ressemblerait à la fois à un dragon (celui de la mythologie, pas celui de l'armée royale) et à une hyène, avec une grande raie noire sur le dos. On fait appel au plus grand chasseur de loups du royaume, M. Denneval, qui a mille deux cents de ces prédateurs à son actif. Pas de résultat. La « bête » s'attaque même à un cheval monté par son cavalier. L'émotion grandit. Le roi envoie son propre porte-arquebuse, M. de Beauterne, à la tête d'une équipe éprouvée. Ce dernier finira par avoir raison de cet animal mystérieux, ce qui lui vaudra la croix de saint Louis.

Empaillée, la « bête » sera présentée à Louis XV, à Versailles. Son aspect n'a que très peu de rapports avec le portrait-robot. C'est un loup géant. Une monstruosité de la nature. Il pèse cent trente livres, alors que le poids d'un loup moyen est de cinquante livres, et il mesure un mètre quarante-trois centimètres de l'extrémité du museau à l'arrière-train. Seul élément du portrait-robot confirmé : l'animal porte bien une raie noire sur le dos.

Une seconde « bête » se manifestera dans la Margeride, en 1767, qui sera abattue par un chasseur émérite, J. Chastel, aidé de ses trois fils. Ayant vu ses restes, Buffon [1] confirmera qu'il s'agit bien d'un loup. L'hypothèse a été sérieusement avancée par la suite, qu'un criminel sadique aurait profité de la vague d'agressions prêtée à la « bête » pour commettre des meurtres en toute impunité.

Quoi qu'il en soit, Gilbert était bien trop jeune pour se mêler aux milliers de chasseurs mobilisés dans la région pour traquer le monstre. Il le regrettera. Et quand une autre occasion de conquérir la gloire se présentera, il ne la laissera pas passer.

Pour l'heure, il est question de quitter sa chère campagne. Sa mère, qui passe le plus clair de son temps dans la capitale auprès de son père, le marquis de La Rivière – un vieillard richissime mais extrêmement avare – insiste pour qu'il entreprenne des études sérieuses à Paris, car, consciente des possibilités qu'offre le fait de porter un nom aussi glorieux que celui de La Fayette, elle a des ambitions pour son fils. Ses tantes le laissent partir, le cœur gros, en espérant qu'il pourra revenir bientôt au pays, au moins pour des vacances, bien que le voyage jusqu'à Paris dure alors huit jours, en voiture de poste.

1. Georges Louis Leclerc, comte de Buffon, âgé de soixante ans, membre de l'Académie des sciences et intendant du Jardin du roi – futur Muséum d'histoire naturelle –, a commencé dix-huit ans plus tôt la parution de son *Histoire naturelle*, qui comprendra 36 volumes et connaîtra un immense succès.

*
* *

Gilbert a onze ans. Le bon et naïf mentor qu'est l'abbé Fayon l'accompagne. Son bagage intellectuel n'est pas très lourd. La vie qu'il a menée à la campagne lui a cependant permis d'acquérir deux atouts qui pèseront sur sa destinée. Les exercices physiques, parfois violents, auxquels il s'est livré ont formé son corps. Il a acquis le sens du terrain, de l'orientation ; il peut s'adapter aisément à des conditions de vie extrêmement dures. Dormir sur un lit de mousse ou de feuilles mortes, tenir plusieurs jours avec un minimum de provisions, affronter de grands froids, traverser des torrents glacés, maîtriser un cheval emballé, rien de tout cela ne lui fait peur ou ne le rebute. Aussi ne sera-t-il pas le moins du monde dépaysé dans quelques années, au milieu des combattants américains : trappeurs, pionniers, coureurs de brousse, à qui il montrera qu'il n'a rien de ces officiers en perruque, poudrés, aux manches garnies de dentelles, qui gagnent, en Europe, leurs galons dans des intrigues de cour.

De plus, son expérience précoce de la vie rurale sous toutes ses formes le préparera à devenir, le moment venu, un exploitant agricole modèle, lorsque les vicissitudes de la politique l'obligeront à se retirer sur ses terres pour ne pas renoncer à ses idées.

3.

UN ORPHELIN MILLIONNAIRE

À Paris, où elle s'efforce d'humaniser son père, le marquis de La Rivière, seigneur de Keraufrait, Saint-Michel et autres lieux, gentilhomme breton qui habite un hôtel proche de l'actuel Palais du Luxembourg, Julie de La Fayette a réservé une place pour Gilbert au collège du Plessis, l'ancêtre du Lycée Louis-le-Grand, rue Saint-Jacques. Il n'est pas question de laisser son fils devenir un grand seigneur campagnard, si vif que soit son amour de la nature. La jeune femme, qui ne se doute pas qu'elle est condamnée à mourir bientôt, se voit avec Gilbert, grandi en âge et en distinction, à la cour de Versailles, au milieu des membres les plus brillants de la noblesse, remarquée par le roi et la reine. Nul doute qu'en raison de son nom une fonction flatteuse sera offerte à son fils, mais il faut que celui-ci soit préparé à affronter le monde.

En attendant, l'enfant est prêt à subir l'existence qui sera la sienne au collège. Gilbert découvre d'abord un bâtiment assez sombre et plutôt lugubre. Il est d'autant plus pénible pour lui d'y être enfermé, qu'il a connu depuis sa naissance une entière liberté, que sa mère n'habite qu'à quelques centaines de mètres et qu'elle vit dans un milieu qu'il doit être intéressant d'approcher. Mais puisque ces salles de classe, toutes les mêmes, ces couloirs sombres, ces interminables séances de conjugaisons latines doivent constituer son univers quotidien pendant quelques années, autant se mettre au travail avec courage. Il se console de sa mélancolie avec la poésie et traverse même une phase de ferveur religieuse qui ne durera pas et qu'il ne retrouvera jamais. Il se montre bon camarade avec des garçons déjà frottés de vie mondaine, qui regardent avec quelque condescendance ce gringalet roux, venu de la campagne... Sans être un fort en thème, il suit convenablement le programme, se distingue en latin, en littérature, en histoire, et regrette qu'on n'ait pas voulu de lui en classe de grec. C'est un élève moyen dont les responsables des études se disent satisfaits, et il a conscience de porter avec honneur l'uniforme du collège : habit bleu marine, à parements bleu azur, toque orangée, culottes très collantes, bottes vernies. Toute sa vie, il aura d'ailleurs la passion des beaux uniformes.

*

* *

La marquise de La Fayette n'accompagnera pas son fils unique à Versailles. Elle n'assistera pas à son premier bal, ne recueillera pas des compliments de la part de princes et de duchesses sur ce grand jeune homme pris pour son frère ou pour son époux. L'hiver de 1769-1770 est fatal à cette charmante jeune femme, aux bronches fragiles, qui laisse à Paris un collégien de treize ans, orphelin de père et de mère.

Gilbert combat-il son chagrin par un surcroît de travail ? On peut le supposer, car il ne trouve guère de réconfort auprès de son grand-père. Ce dernier, sous le choc que constitue la mort de sa fille, pourrait évoluer, mais il n'en a pas le temps puisqu'il la suit dans la tombe, quelques mois plus tard.

De ce vieillard dur et austère, Gilbert n'aurait que peu de souvenirs si ce dernier ne lui avait légué, en dépit de son jeune âge, toute sa fortune, qui est considérable et qu'il s'était efforcé, avec succès, de cacher. Elle se compose de vastes terres, de forêts, de fermes en Bretagne et dans le Val-de-Loire, d'actions de la Compagnie des Indes et d'autres entreprises, de droits de créances diverses. Tous ces biens, réunis, fournissent un revenu de cent vingt mille livres par an, soit l'équivalent d'environ quatre cent soixante mille de nos euros.

Une pareille fortune, quand elle tombe de façon très inattendue dans la tirelire d'un garçon de treize ans, qui trois ans plus tôt portait encore des pantalons rapiécés, a de quoi lui faire tourner la tête. Celle de Gilbert ne tournera pas du tout. Ce don du Ciel ne le console ni de la perte de sa mère ni de la perte de ce grand-père qu'il connaissait si peu mais qu'il aimait. Elle ne le console pas non plus tout à fait de sa nostalgie du Velay, mais peut-être devine-t-il que le destin vient de lui adresser un signe. En l'affranchissant, dès cet instant, des chaînes du besoin, ne semble-t-il pas lui dire : « Tu souhaites par-dessus tout être libre. Je t'en donne les moyens. À toi de montrer au monde que tu es capable de faire un usage éclatant de ta liberté... »

Les camarades qui traitaient avec quelque condescendance l'étrange gentilhomme auvergnat au physique d'Écossais, cheveux roux, taches de son, yeux bleu clair, regard très mobile, haute stature assurée, un peu dégingandé, font maintenant cercle autour de lui. Il est l'objet de leur curiosité, de leurs prévenances. Si bien administrés que soient ses biens par son arrière-grand-père – le marquis de La Rivière avait encore son père ! – et par son oncle, on ne lui interdit pas d'acheter des chevaux, de fort beaux chevaux, et, enclin à la générosité, il prête ses montures à ses camarades admiratifs, qui du coup oublient les préventions qu'ils manifestaient naguère à son égard. Ce sera sa seule vengeance.

La discipline du collège commence à devenir pesante pour le jeune millionnaire. Mais il n'est pas question de s'en débarrasser en s'échappant. Cela ne mènerait à rien. Il trouve une solution de compromis. Il poursuivra les études commencées, mais pas à plein temps. Pour acquérir une formation militaire rapidement, puisqu'il se sent attiré par le métier des armes plus que par tous les autres, il suivra les cours d'entraînement des mousquetaires du roi, dont son grand-père avait commandé une compagnie, tout en restant élève du collège du Plessis. Le régiment des mousquetaires comptera donc un élève officier de plus en la personne de Gilbert de La Fayette, jusqu'en 1772, année au cours de laquelle il abandonne de façon définitive ses études.

En été, l'orphelin le plus envié du royaume – on peut, sans crainte d'erreur, lui attribuer ce titre – va passer des vacances à Chavaniac. Il s'y garde bien de jouer au personnage important. Le retour de ce petit-fils et neveu affectueux est une fête pour tous. Il traite les jeunes paysans qui furent ses compagnons de jeu avec la même gentillesse qu'autrefois. Mais si sa petite patrie auvergnate est demeurée chère à son cœur, il sait que son avenir n'est pas dans ce coin de France. Une grande ambition l'habite. Il se sent appelé à accomplir des exploits exceptionnels, et le chemin de la gloire, c'est par Paris et Versailles qu'il passe, non par les petites villes de province.

Les vacances terminées, il se retrouve sous l'uniforme des mousquetaires. Comme ses camarades, il a fait un stage à l'Académie militaire de Versailles et a eu l'honneur d'être passé en revue par le roi. Quelle sera son orientation ?

La fortune du très jeune élève-officier n'a pas manqué de faire rêver des gens d'âge mûr qui portent sur lui un regard plein de convoitise. Il ne risque guère, Dieu merci, d'être la proie de chevaliers d'industrie en mal de capitaux. Tuteur et curateur veillent au grain. D'ailleurs, certains s'intéressent à la situation de ce garçon avec des intentions fort honorables, par exemple des parents qui ont des filles à marier. À l'époque, ce n'est pas toujours chose facile. D'abord, il est exclu qu'une demoiselle présente un jeune homme à ses père et mère pour leur demander : « Comment le trouvez-vous ? Il ne me déplairait pas d'en faire mon mari. » C'est aux parents seuls qu'il appartient de choisir l'éventuel fiancé. Tomber sur un bon candidat implique de sérieuses recherches, parfois longues, suivies de négociations souvent ardues sur les conditions matérielles. Qui donnera quoi ? Le divorce n'existant pas, il faut prévoir à long terme. Quand il y a plusieurs sœurs à caser, les parents doivent faire preuve de beaucoup de diplomatie et de science gestionnaire. Plus on s'élève dans l'échelle sociale, plus les travaux d'approche et ceux de mise au point sont délicats. Certains parents préfèrent s'adresser à des intermédiaires bienveillants, membres de la famille ou alliés, à de grandes dames connues comme marieuses, à des ecclésiastiques mondains. Il n'est pas rare qu'une mère pense déjà au mariage de sa fille à l'époque où l'enfant étrenne sa première robe. Dans les cours souveraines, les destinées matrimoniales sont programmées. Marie-Antoinette a été promise au petit-fils de Louis XV lorsqu'elle n'avait que deux ans. Que Gilbert de La Fayette, qui porte un grand nom, possède une belle fortune, une bonne santé, et qui est de surcroît orphelin et enfant unique, ce qui simplifie bien les choses, n'attirât pas les convoitises de beaux-parents, cela eût été anormal.

C'est le grand seigneur que nous avons déjà vu, le duc d'Ayen (Jean Paul François), qui jettera le premier son dévolu sur le jeune Auvergnat. Fils aîné du dernier maréchal de Noailles, ancien militaire lui-même, ayant un goût marqué pour les sciences – chimiste de qualité, il sera secrétaire de l'Académie royale des sciences –, grand amateur d'opéra, d'idées libérales, bien que parfait courtisan, François, duc d'Ayen et futur duc de Noailles (1739-1824) a épousé Henriette d'Aguesseau (1737-1794), petite fille du chancelier d'Aguesseau. De cette femme, exemplaire à bien des égards, il a eu cinq filles : Louise (Mlle de Noailles – 1758-1784 – qui épousera son cousin Louis, vicomte de Noailles), Adrienne (Mlle d'Ayen – 1759-1807 – à qui il songe pour Gilbert de La Fayette), Clotilde (Mlle d'Épernon – 1763-1788 – qui épousera le marquis du Roure, puis le vicomte de Thésan), Pauline (Mlle de Maintenon – 1766-1839 – mariée à Joachim de Montagu) et Rosalie (Mlle de Monclar – 1767-1852 – qui deviendra marquise Théodule de Grammont).

Lorsqu'il s'ouvre à son épouse de son « idée », le duc d'Ayen ne voit pas celle-ci bondir de joie. Cette femme cultivée, très pieuse, idéaliste, ne réagit pas avec la raison froide, scientifique de son mari. Ainsi la fortune de Gilbert, atout considérable aux yeux du duc, paraît à sa femme un handicap dans la mesure où son possesseur n'ayant rien fait pour l'acquérir ne peut en revendiquer le mérite.

L'absence de parents, second atout pour le duc, est un autre handicap selon son épouse. Orphelin, Gilbert n'a personne pour le conseiller, l'orienter ; c'est un manque dont sa fille risque de souffrir un jour. Enfin, si l'élève officier n'a que quatorze ans, Adrienne, elle, n'en a que douze ; n'est-elle pas trop jeune pour prendre un époux ? Voilà que le malheureux Gilbert, qui n'y peut mais et qui ne se doute de rien, devient un motif de discorde entre le duc et la duchesse d'Ayen. Mais ces deux êtres de qualité, après un moment de froideur dans leurs relations, trouvent vite la solution qui s'impose : attendre. Que ces jeunes gens apprennent d'abord à se connaître, qu'ils acquièrent, à défaut de maturité, un peu plus de jugement et d'expérience, et l'on verra... Gilbert est donc invité à l'hôtel des Noailles, splendide demeure, faubourg Saint-Honoré, face à l'actuelle entrée du jardin des Tuileries. Il plaît à la mère, ce qui est une condition indispensable, à la jeune fille qu'on lui destine (en secret), ce qui ne peut que faciliter les choses, et aux quatre sœurs de cette dernière, ce qui rend l'atmosphère des plus agréables. Le milieu est accueillant, chaleureux. La duchesse et ses filles, dont elle parle en disant « ma nichée de colombes », forment un groupe harmonieux, très uni, où l'on discute dans un climat d'ouverture remarquable pour une famille noble de ce temps. La mère, pédagogue-née, n'impose jamais son point de vue, mais aide chacune de ses filles à bien définir le sien, à l'exprimer avec élégance. On discute de tout, de poésie, de littérature, de récits de voyageurs, de théologie, tout en occupant ses mains à quelque broderie ou autre travail dit de dame. La liberté de conscience, la sensibilité des enfants sont respectées. Ainsi, la très douce Adrienne ne souhaitant pas faire sa première communion, sous prétexte qu'elle ne se sent pas assez mûre pour mesurer l'importance de ce sacrement, ne sera pas contrainte à se présenter à la Sainte-Table. Détail curieux, compte tenu des habitudes religieuses dans un milieu traditionaliste – bien que le duc d'Ayen lui-même soit plutôt un sceptique –, Adrienne ne fera sa première communion qu'une fois mariée.

Chez les d'Ayen, Gilbert a trouvé un foyer, en Adrienne une admiratrice qu'il a conquise (d'un point de vue sentimental), sans chercher à la séduire ; son sérieux, sa sincérité, son idéalisme ont, très vite, eu raison des réserves de la duchesse. Le mariage est célébré dans la chapelle des Noailles, le 11 avril 1774 [1]. Adrienne a quatorze ans, Gilbert seize ans. Ce mariage de convenance, c'est en fait une très belle, une très grande histoire d'amour qui commence.

*

* *

En 1773, le prévoyant duc d'Ayen, en qui Gilbert voudrait avec une sincérité touchante – et parfois désarmante – trouver un second père, a fait transférer son futur gendre au régiment de Noailles. Le jeune homme y sert comme sous-lieutenant, puis lieutenant, et, après son mariage, le duc obtient du roi qu'il soit nommé capitaine. Il ne pourra cependant commander effectivement sa compagnie qu'à l'âge de dix-huit ans. En attendant, il ira améliorer ses connaissances militaires à Metz, où le régiment tient garnison sous les ordres du prince de Poix (dit « le petit Poix », à cause de sa taille), cousin du duc d'Ayen ; Poix lui-même étant placé sous les ordres du maréchal de Broglie, gouverneur de Metz, autre cousin du duc.

Fin mai 1774, à Metz, Gilbert apprend qu'Adrienne est enceinte. Il en éprouve une grande joie, mais la grossesse ne parviendra pas à terme. En septembre, il peut enfin retrouver sa jeune épouse. Il va vivre à Paris et à Versailles, émancipé par le mariage et lié à la plus haute société, une période de huit mois au cours de laquelle sa personnalité s'affirmera.

1. Deux ans plus tard, le comte de Ségur fera ce portrait du jeune marié : « À dix-huit ans, La Fayette avait un maintien grave, froid qui annonçait très faussement de l'embarras et de la timidité. Ce froid extérieur et ce peu d'empressement faisaient un singulier contraste avec la pétulance, la légèreté et la loquacité brillante des personnes de son âge ; mais cette enveloppe si froide aux regards cachait l'esprit le plus actif, le caractère le plus ferme et l'âme la plus brûlante. »

4.

LES DÉBUTS HEUREUX D'UN RÈGNE TRAGIQUE

Rentrés à Choisy après le décès de Louis XV, le nouveau roi et son épouse y sont follement acclamés. Afin de prouver sa confiance à ce peuple en liesse, le jeune souverain a un geste des plus heureux : il éloigne ses gardes. Pour la première fois, il se place sous la protection de ses sujets. Ce ne sera pas la dernière, mais ses autres expériences ne tourneront pas aussi bien qu'à Choisy. Pour le moment, le règne est dans sa phase d'euphorie. Jamais un couple royal n'a été aussi populaire, aussi aimé dans toutes les classes de la société. Cette exceptionnelle cote d'amour devrait guérir Louis XVI de sa timidité, lui conférer l'assurance qui lui manque. Ce n'est pas le cas, hélas ! En fait, le roi est effrayé à l'idée des responsabilités qui l'attendent. Comme pour repousser symboliquement le moment fatidique où il assumera, dans la solitude, la totalité du pouvoir, il attend trois bons mois avant de s'installer à Versailles.

*

* *

Versailles... Ce palais qui fait la gloire de la France, que toutes les têtes couronnées envient, que certaines cherchent à imiter,

Louis XVI et Marie-Antoinette, moins « coincée » que son royal époux, l'admirent mais on dirait qu'ils redoutent un peu d'en faire leur résidence permanente. Tant de somptuosité, tant d'éclat, est-ce compatible avec la vie quotidienne ? Aucun cadre ne se prête comme Versailles à des manifestations de prestige faites pour impressionner l'assistance, mais ce cadre est bien trop pesant pour un jeune couple sans enfant, à peine sorti de l'enfance lui-même, une enfance surprotégée, où on décidait, on organisait, on pensait pour eux, où leur tranquillité était si profonde qu'ils en éprouvent peut-être de la nostalgie.

Une tradition bien établie a fait de Versailles l'espace par excellence de la folie monarchique, le lieu où tout est sacrifié à l'exhibition, aux cérémonies protocolaires, aux fêtes dispendieuses, sans cesse renouvelées. À Versailles, une société pléthorique de courtisans et de parasites en tout genre va de réjouissance en réjouissance, engloutit des fortunes au jeu ou dans des caprices, négligeant les affaires de l'État les plus urgentes, indifférente à la misère du peuple.

En fait, le Versailles de Louis XVI ne correspond pas tout à fait à ce tableau. Louis XVI, être complexe s'il en fut, souhaite réduire, autant que faire se peut, le rôle de représentation qui lui incombe. C'est un jeune homme bon, pieux, très étranger à la vanité et à la mégalomanie qui caractérisent les détenteurs du pouvoir. Il a le plus grand souci des malheureux et aucun souverain n'a montré autant de zèle que ce roi pour soulager les misères rencontrées. Ce n'est pas lui qui aurait intrigué pour obtenir la couronne, si celle-ci ne devait pas lui revenir de la façon la plus simple et la plus régulière. Dès la mort de son frère aîné, le duc de Bourgogne, en 1761, alors que lui-même n'avait que sept ans, on lui a fait comprendre que ce malheur familial était avant tout une tragédie pour la France, car ce frère, dont il prenait la place dans l'ordre de succession, était infiniment plus doué qu'il n'est lui-même pour assumer la plus haute des fonctions dont un homme puisse rêver sur Terre.

Cette façon plus que maladroite de culpabiliser le nouveau Dauphin n'a pas été étrangère à l'évolution regrettable du caractère de l'enfant, qui sera comme effrayé par les grandes responsabilités. Ne note-t-il pas, à treize ans : « Le plus terrible des fardeaux est celui du pouvoir absolu. » ? Cette maladresse ne sera pas la seule hélas ! nous y reviendrons. En tout cas, soit à cause de sa timidité naturelle, soit parce qu'il estime qu'un certain style de cérémonial est dépassé – il n'est pas un mauvais observateur des mœurs – il souhaite que la vie, à Versailles, soit plus simple que par le passé. Il le voudrait d'autant plus qu'il aime la simplicité pour elle-même. Quant à Marie-Antoinette, si imbue qu'elle soit de sa dignité de reine, si hautaine, fantasque, condescendante, intraitable qu'elle soit parfois, elle n'en a pas moins été formée à Vienne, où les mœurs impériales, bien que policées, peuvent passer pour rustiques en comparaison du rituel de Versailles. Les règles aussi strictes que compliquées du protocole à la cour, sur lesquelles ne cesse d'appeler toute son attention la comtesse de Noailles, grand-tante d'Adrienne d'Ayen, l'épouse de Gilbert de La Fayette, qu'elle appelle « Madame Étiquette », lui ont semblé assommantes dès son arrivée en France. Elle en a souffert lorsqu'elle n'était que la Dauphine. Comment n'en souffrirait-elle pas maintenant qu'elle est reine ? Elle s'efforce de faire modifier la mise en scène pompeuse et, à la limite, bouffonne du lever et du coucher, où la chemise et les autres vêtements doivent monter de mains en mains, selon un ordre hiérarchique strict, avant de pouvoir être passés par la souveraine. Est-il utile de mobiliser de grandes dames et un personnel nombreux pour des circonstances aussi banales de l'existence ? Ce n'est pas que Marie-Antoinette soit attirée par l'austérité. Au contraire : elle aime le luxe sous toutes ses formes, les spectacles, les divertissements, le jeu : en un mot elle adore la fête. Elle voudrait que la vie soit une fête continuelle, mais à condition d'être libre de ses mouvements, et, si l'on peut dire, être royalement à son aise. Les célébrations grandioses, sans doute sait-elle les apprécier lorsqu'elles marquent une circonstance exceptionnelle : son propre mariage, par exemple, avec celui qui n'était encore que le duc de Berry, Dauphin de France, le 16 mai 1770.

Une fête de cet éclat, la France n'en avait plus connu depuis Louis XIV. Pour le souverain et son bras droit, Étienne de Choiseul, artisan prévoyant et obstiné de cette union, l'événement organisé devait montrer au monde que, sept ans après le désastreux traité de Paris qui consacrait sa défaite face à l'Angleterre, la France avait opéré son redressement économique et qu'elle redevenait la plus grande puissance du continent. Pour imposer cette image, réaliser, en somme, avec succès, ce qu'il faut bien appeler une opération médiatique, Louis XV, en dépit du mauvais état des finances, n'a pas lésiné. Aucun autre roi avant lui n'est allé aussi loin dans la mise en scène. Papillon de La Ferté, intendant des Menus Plaisirs (et future victime de la Terreur) s'est dépassé. Il a obtenu qu'on renonce aux constructions provisoires, conçues à l'occasion des cérémonies comme ces décors en stuc et bâtiments légers utilisés par le cinéma à ses débuts pour le tournage de chaque film, au profit de transformations durables. On a construit à Versailles une salle d'opéra qui peut se transformer en salle de bal. Les salons deviennent, grâce surtout à des jeux de miroirs mobiles, des éléments intégrés dans le grand spectacle attendu. Dans le salon de la Paix, on place des gradins entre les fenêtres. Ailleurs, sont installés des statues dorées à profusion et des buffets, comme on placera des buffets dans les bosquets du parc, pour la fête nocturne, clou de cette superproduction dans laquelle nombre de nobles invités jouent, sans peut-être s'en rendre compte tout à fait, un rôle de figuration parfaitement programmé. Dans la nouvelle salle d'opéra, garnie de tentures de soie bleue aux franges dorées qui descendent des loges, sous le grand plafond représentant Apollon et les Muses éclairé par des lustres suspendus à des cordons garnis de fleurs, le dîner a été servi. La musique royale donne un concert non-stop qui ne prendra fin qu'avec la fête elle-même. Des gardes-françaises ont été vêtus d'uniformes turcs et ils diffusent des airs exotiques dans les galeries. Le jeu subtil des miroirs renvoit aux invités les images des scènes dont ils sont les acteurs. Retardée de trois jours par la pluie, la fête nocturne n'a pas déçu les espoirs de ceux qui ont pu, pour un soir, franchir librement les grilles du château comme les invités, c'est-à-dire les badauds, venus de Paris, ou d'ailleurs, à qui on ne demandait, pour les laisser entrer, que d'être vêtus de façon correcte. C'est par milliers que les lampions ont été disposés dans le parc, où des arcs de triomphe allumés éclairent *a giorno* le grand canal sur lequel circulent des gondoles richement décorées, portant des musiciens derrière une tenture qui donnent la sérénade à des passagers voguant vers une Cythère de rêve. Les virtuoses de la pyrotechnie font apparaître dans le ciel des figures fantasmagoriques jamais vues. Jusqu'à une heure très avancée, la foule, littéralement transportée dans un autre monde par la perfection de la fête, oublie qu'elle retrouvera le sien le lendemain.

Paris, cependant, ne veut pas être en reste avec Versailles et tient à rappeler son rôle de capitale du royaume. Un autre feu d'artifice est organisé sur les bords de la Seine, dont certains espèrent qu'il éclipsera les fastes de la petite cité voisine, qui ne serait rien sans le château. Le triomphe nocturne de la grande ville tourne, hélas ! à la tragédie, en raison de ses dimensions mêmes. Si dense devient la foule, rue Royale, si impatiente est-elle de parvenir sur le quai, que cent trente-deux personnes sont étouffées ou piétinées dans cette masse, pour avoir voulu partager un instant le bonheur du Dauphin et de la Dauphine. Berry (c'est ainsi qu'on appelle le futur Louis XVI), bouleversé, renonce au budget qu'il reçoit chaque mois pour ses plaisirs personnels, au profit des familles des victimes les plus pauvres.

Toute la vie de Marie-Antoinette est placée sous le signe de la fête, mais toutes les fêtes de sa vie ont été des trompe-l'œil. Cela a commencé lorsqu'elle fut accueillie en France pour la première fois à Strasbourg, le 7 mai 1770, par Louis Constantin de Rohan Guéméné au palais des princes-évêques. Le grès blanc tiré des carrières de Wasselonne qui contrastait avec le grès rose des parties secondaires, les proportions merveilleuses du bâtiment et son fronton triangulaire enchantaient son regard. C'est Robert de Cotte qui avait dessiné les plans du château à l'âge de soixante-dix ans. De la fenêtre de sa chambre, elle pouvait jouir d'une magnifique perspective avec des allées, des arbres et des maisons lui rappelant celles de Schönbrunn. Mais cette première vision trop familière que lui offrait la France était en vérité un artifice imaginé pour que la Dauphine ne se sente pas dépaysée. C'était une toile peinte que rencontrait son regard et qui cachait des petites maisons alsaciennes dont la rivière l'Ill la séparait. Même cette rivière avait été occultée par des radeaux et des pontons recouverts de parterres de fleurs afin que l'illusion soit absolue. Ainsi commençait son règne, avec un mensonge visuel préparé à son insu pour lui cacher la vérité et lui offrir le plaisir artificiel d'une existence sensée ressembler à ses songes. La vie, déjà, lui était offerte parée des couleurs dorées qu'on voit au vermeil des orfèvres de Strasbourg.

Marie-Antoinette connaîtra dans sa vie de reine une fête d'un caractère plus exceptionnel encore qu'un mariage, la cérémonie du sacre de son époux, qui durera plusieurs jours, en juin 1775, à Reims, capitale de la Champagne, qu'on pourrait appeler la « cité sainte » d'une monarchie de droit divin. Malgré son goût pour la simplicité, Louis XVI, par sens du devoir et conviction religieuse, n'a pas voulu renoncer à cette manifestation politico-mystique, au cours de laquelle chaque geste, chaque élément du décor comporte une valeur symbolique. Ce sera, encore une fois, une grande exhibition, un « show », où les coutumes médiévales et les forces de la modernité – l'industrie naissante, la navigation, le commerce – sont exaltées. La vénérable cathédrale est devenue une salle de spectacle. Et de quel spectacle ! Toute la noblesse de France se retrouve à Reims. Dans la foule, des personnalités de premier plan, les V.I.P. de l'époque. Turgot, dont l'étoile a pâli, côtoie le plus illustre des disgraciés du règne précédent, le duc de Choiseul lui-même, qui espère que son heure va bientôt sonner de nouveau, et qui devra déchanter au terme de la cérémonie.

Le roi, entré dans la ville à bord d'un carrosse spécial inspiré du char d'Apollon, décoré de motifs mythologiques, se soumet avec patience et douceur à un rituel épuisant. À l'aube du jour du sacre (qui a été précédé par des cérémonies religieuses et des dîners officiels), il est réveillé, selon la tradition, par deux évêques auxquels il doit faire répondre deux fois : « Le roi dort. » Au troisième appel, il se lève et, soutenu sous les aisselles par les éminents messagers, il est conduit à la cathédrale où le reçoit Mgr de la Roche Aymon, archevêque de Reims, et tout le clergé, dans un fracas de fanfares.

Après avoir prêté divers serments – celui de maintenir la paix dans l'Église, celui de faire régner la justice, d'empêcher les rapines et le duel, et d'exterminer les hérétiques –, le roi voit bénir sa couronne et son sceptre. Puis, en partie dévêtu, des mains du successeur de saint Rémi, il reçoit le saint chrême, les cinq onctions de l'huile sacrée contenue dans une ampoule, qui font de lui un personnage investi de pouvoirs religieux et surnaturels. L'émotion est à son comble. L'envoyé du sultan de Tripoli, victime d'une crise de nerfs, se met à pousser des hurlements. On l'évacue en douceur. Un autre incident de ce genre a déjà eu lieu, mais moins remarqué : le comte d'Artois, futur Charles X, a laissé tomber sa propre couronne dans l'église, et n'a pu réprimer un juron. Ces « bavures » n'enlèvent rien, cependant, à la grandeur scénique et symbolique de l'événement. Renouant avec un usage qui avait effrayé son grand-père, Louis XV, le nouveau roi, surmontant sa répulsion, usera de son pouvoir thaumaturgique pour pratiquer, à des fins de guérison, l'attouchement sur deux mille quatre cents malades, atteints d'écrouelles. Malgré le contact des plaies purulentes et des croûtes, il tiendra jusqu'au dernier malade, et de nombreuses guérisons rapides seront enregistrées, ce qui justifiera le choix courageux du roi.

Un autre détail des cérémonies ne manque pas d'impressionner. Après l'intronisation du souverain, au moment où éclatent les fanfares et les vivats, des oiseleurs lâchent huit cents petits oiseaux jusque-là prisonniers. Cette envolée vers la liberté est interprétée par des témoins comme le symbole des libertés dont les Français vont bénéficier sous le règne d'un « prince éclairé, juste et bienfaisant. [1] »

D'un prince éclairé, on aurait pu attendre qu'il s'abstienne de faire le serment d'exterminer les hérétiques. Turgot lui-même, dans une lettre pleine de noblesse, lui a suggéré de faire ce geste. Le roi a refusé, non pas en justifiant ce serment, mais en soulignant qu'il y avait « moins d'inconvénients à ne rien changer ». Il s'agissait bien, en effet, dans l'esprit du roi d'un serment « pour la forme » puisque,

1. Richard A. Jackson, *Vivat Rex* (Ophrys, 1984).

par la suite, il ne fera rien pour exterminer les hérétiques, et prendra même des mesures pour restituer aux protestants, au moins en partie, les droits dont les avait privés la très regrettable révocation de l'édit de Nantes par son ancêtre Louis XIV, près d'un siècle plus tôt.

Ce sacre, que le roi a voulu en tout point semblable aux sacres du passé, refusant qu'il y soit procédé à Paris, a été un très grand spectacle, certes, mais il n'a pas suffi à rendre à la monarchie absolue de droit divin sa légitimité indiscutable, incontestable, fondée sur un consensus unanime, sur un abandon total à une volonté venue d'En-Haut. Au cours d'une des cérémonies de Reims, les vêpres solennelles, l'archevêque d'Aix, Mgr de Boisgelin, a montré la nécessité pour le roi de gouverner selon les lois, et lui a conseillé de ne pas craindre qu'on le contredise. Contrairement à l'usage, le sermon de l'archevêque ne sera pas publié, et, de ce spectacle, Condorcet dira que de toutes les dépenses inutiles, le sacre a été la plus inutile et la plus ridicule.

En dehors des grandes cérémonies d'essence protocolaire – célébrations, visites de souverains ou de princes étrangers –, il y a d'autres manifestations festives à Versailles qui sont de pur divertissement : les plaisirs de la cour, en somme, nombreux et divers, depuis les jeux de hasard jusqu'à l'opéra, en passant par les bals et les parties champêtres. C'est un fait que la reine s'ennuie avec un mari trop sérieux, casanier, ne se détendant qu'à la chasse, et elle n'a aucun mal à trouver autour d'elle des gens tout disposés à l'aider à s'amuser. Il y a d'abord son propre beau-frère, Artois, aussi enjoué, insouciant, sceptique que son aîné est grave, consciencieux, appliqué. Marié à une princesse piémontaise, Marie-Thérèse de Savoie, aussi laide que dépourvue d'esprit, il a besoin, lui aussi, de se distraire et ne s'en prive pas. Sa maîtresse, Madame de Polastron, a elle-même des parents et des amis très gais, très « sortants », qui vont faire la conquête, si on ose dire, de la reine. En première ligne, le groupe des Polignac, avec à sa tête la ravissante Gabrielle, dont bientôt la reine ne pourra plus se passer, au point que l'on jasera sur la nature de leurs relations ; le complaisant Jules de Polignac, mari d'icelle ; son bel amant, Vaudreuil ; sa belle-sœur, Diane de Polignac ; ses cousines, les comtesses de Chalon et d'Andlau ; le jeune comte de Guiche ; les brillants fêtards Lauzun, Dillon, Coigny ; et le gros, l'énorme Guines, ambassadeur à Londres, que Turgot fera rappeler en raison de son inconduite. Cette brillante compagnie constitue ce qu'on appellerait de nos jours « la bande » de Marie-Antoinette, qui s'entend à merveille à tuer le temps de la meilleure façon possible. Avec ses amis et quelques personnalités à la fortune assurée, la reine n'hésite pas à jouer gros au pharaon, alors très en vogue ; elle fait dresser la table de jeu dans le salon de la Paix. Ce goût, Dieu merci, n'est pas tout à fait un vice, même s'il est un danger.

Elle aime la danse, le théâtre, la musique, le *bel canto*, l'opéra. Sincèrement mélomane, elle fait chanter dans son célèbre cabinet Doré, les mélodies à succès de Garat, qu'accompagne au piano Salieri, le rival de Mozart. Se voulant à la pointe de l'actualité musicale, elle prend parti dans la querelle qui oppose les partisans de Gluck à ceux de Piccinni, menés par Marmontel et Grimm, en soutenant les premiers, mais elle apprécie également Rameau et Grétry, qu'on entend souvent à Versailles. Cela ne l'empêche pas de se rendre avec son beau-frère et quelques intimes aux bals de l'Opéra, à Paris, haut lieu de la vie mondaine. Sa présence aux bals masqués, générateurs de situations équivoques, lui sera souvent reprochée.

C'est d'ailleurs lors de l'une de ces escapades qu'a eu lieu, dans les conditions les plus romantiques, sa première rencontre avec un jeune étranger qui tiendra une certaine place dans sa vie. La beauté de part et d'autre, l'attrait et le mystère ont joué leur rôle en cette divine soirée. Nul mieux que Stefan Zweig ne décrit la scène et ne peint les acteurs. Le jeune premier, c'est Hans Axel de Fersen, Suédois, fils de sénateur, héritier d'un grand nom et qui vient de rencontrer, après un voyage en Italie, Monsieur de Voltaire à Ferney. La personne du beau sexe, c'est un mystère, une identité voilée, une femme délicieusement masquée qui frissonne de plaisir de n'être pas connue et de jouir ainsi de toute sa liberté. Ils ont tous les deux dix-huit ans. La femme est aérienne, le jeune homme est beau, voici son portrait :

« Outre la noblesse, le tact, une intelligence mesurée et positive, une grande fortune, le prestige de l'étranger, le jeune Hans Axel de Fersen dispose encore d'un autre atout : c'est un très bel homme. Droit, large d'épaules, bien musclé, il donne, comme beaucoup de Scandinaves, une impression virile, sans être lourd ou massif ; c'est avec une franche sympathie qu'on regarde sur les portraits ce visage ouvert et régulier avec ses beaux yeux au regard ferme, surmontés de sourcils très noirs arqués comme des cimeterres. Un front dégagé, une bouche chaude et sensuelle qui, on en a la preuve éclatante, sait parfaitement se taire : on comprend, à en juger par les portraits, qu'une femme puisse aimer pareil homme et, plus encore, qu'elle mette en lui toute sa confiance. Il est vrai que Fersen n'a pas la réputation d'un brillant causeur, d'un homme d'esprit, d'un compagnon particulièrement amusant ; mais à son intelligence un peu sèche et rude s'allient une franchise très humaine et un tact naturel ; déjà, en 1774, l'ambassadeur de Suède pouvait écrire de lui avec fierté au roi Gustave : "De tous les Suédois qui ont été ici de mon temps, c'est celui qui a été le mieux accueilli dans le grand monde." Avec cela ce jeune gentilhomme n'est ni morose ni dédaigneux des plaisirs – les femmes prétendent qu'il a "un cœur de feu" sous une enveloppe de glace – ; il n'oublie pas de s'amuser et fréquente assidûment à Paris les bals de la cour et du grand monde. »

Et Stefan Zweig, dans sa biographie de Marie-Antoinette, raconte leur première rencontre :

« C'est ainsi qu'il lui arrive une étrange aventure. Un soir, le 30 janvier 1774, au bal de l'Opéra, lieu de rendez-vous du monde distingué et aussi de gens douteux, une jeune femme fort élégante et svelte, à la taille fine et à la démarche légère, s'avance vers lui, et, protégée par son masque de velours, engage une conversation galante. Fersen, flatté, se prête avec plaisir à cette alerte conversation, et, séduit par la gaîté et le piquant de son entreprenante partenaire, il s'abandonne déjà, peut-être, à toutes sortes d'espoirs pour la nuit. Mais il s'aperçoit alors avec surprise que quelques hommes et quelques femmes, qui chuchotent mystérieusement, forment peu à peu un cercle autour d'eux, et que cette dame masquée et lui sont le point de mire d'une attention toujours plus vive. La situation commence à devenir délicate, lorsque enfin la gracieuse intrigante enlève son masque : c'est Marie-Antoinette – cas inouï dans les annales –, l'héritière du trône de France, qui s'est encore évadée du triste lit conjugal où dort son époux, pour aller au bal de l'Opéra, où elle se divertit en compagnie d'un gentilhomme étranger. Les dames de la cour veulent éviter le scandale. Elles entourent aussitôt l'extravagante jeune femme et la reconduisent dans sa loge. Mais qu'est-ce qui peut rester secret dans ce Versailles cancanier ? On bavarde et on s'étonne d'une faveur si contraire à l'étiquette, accordée par la Dauphine à ce jeune étranger ; dès demain, sans doute, l'ambassadeur Mercy, mécontent, se plaindra à Marie-Thérèse, et de Schönbrunn arrivera, par retour du courrier, une de ces lettres amères adressées à cette "tête à vent" de fille, la priant d'abandonner enfin ces inconvenantes "dissipations" et de ne plus faire parler d'elle, à propos de Pierre et de Paul, à ces maudits bals masqués. Mais Marie-Antoinette n'en fait qu'à sa tête, le jeune homme lui a plu et elle le lui a laissé voir. À partir de cette soirée, ce gentilhomme, dont le rang et la situation n'ont rien d'extraordinaire, est reçu aux bals de Versailles avec une particulière amabilité. Après un début si éclatant, une idylle commence-t-elle aussitôt entre les deux jeunes gens ? On n'en sait rien... »

Si Marie-Antoinette aime la danse, soit pour danser elle-même, soit pour admirer des ballets, ses divertissements préférés sont le théâtre et l'opéra. Elle aura d'ailleurs son propre théâtre, qui voyagera de l'Orangerie du petit Trianon au grand Trianon. Les comédiens du Français et les comédiens italiens s'y succéderont, chaque semaine. Tout le répertoire y passe, de Racine à Goldoni. La reine aime tant la scène qu'elle n'hésite pas à y monter ; et ce n'est pas pour interpréter de grandes princesses de tragédie. Une assistance ultra-choisie l'applaudit dans le rôle d'une soubrette, dans *La Gageure imprévue* de Sedaine, et on la voit jouer Rosine dans *Le Barbier de Séville* de Beaumarchais, auteur fort peu conservateur.

Elle qui déteste les idées démocratiques n'a pas trouvé non plus mal à propos de faire jouer *Le Devin du village* de Jean-Jacques Rousseau – autre écrivain que ceux qui la condamneront invoqueront comme un précurseur – sur sa propre scène.

Plus les années passeront, plus s'affirmeront ses goûts champêtres, qui trouveront leur consécration avec la construction de son hameau, avec sa colline boisée, ses étables, sa bergerie, sa fabrique de beurre et de fromage, son moulin, et la guinguette où l'assistance chantera en chœur, comme dans les guinguettes de la banlieue viennoise, tandis que l'orgueilleuse reine, en bonnet et tablier, servira la limonade.

5.

LE VERSAILLES DU PLAISIR

Telle est la gamme des divertissements, à Versailles, sous Louis XVI. On est loin des plaisirs frelatés du règne précédent, des orgies du Régent, des biches et des Petits Cabinets du « Bien-Aimé » vieillissant. Il faudra la malignité, la mauvaise foi, la bassesse de certains auteurs de libelles et de chansons, à la veille de la Révolution et au cours de celle-ci, pour faire du château du Roi-Soleil le symbole du stupre, un Gomorrhe aristocratique où l'honneur de la monarchie française a sombré.

C'est ce Versailles que le jeune époux d'Adrienne va découvrir, introduit par sa belle-mère, la duchesse d'Ayen qui aime ce gendre « autant qu'un fils ».

À la cour, les Noailles sont comme chez eux. Le duc dispose d'un appartement dans le château ; il possède, de plus, un hôtel particulier en ville, où son épouse et lui donneront de somptueux dîners dont leurs filles déjà mariées – Adrienne avec Gilbert, Louise avec son cousin Louis de Noailles – seront les vedettes. Ainsi introduit, dansant souvent le quadrille avec Marie-Antoinette, comment Gilbert ne deviendrait-il pas une des figures de cette cour où la jeunesse semble la valeur la plus appréciée, la plus recherchée, au point que la reine trouve naturel de déclarer en public que les gens âgés de plus de trente ans devraient avoir assez de décence pour ne plus être présents à Versailles. Le roi, lui, ne peut se permettre cette cruelle insolence, obligé qu'il se trouve de confier les plus hautes responsabilités du royaume à des hommes d'expérience, avec, au sommet, le bon Monsieur de Maurepas, né en 1701, que la souveraine traite avec quelque condescendance.

Qu'importe si cette dernière trouve que La Fayette manque d'aisance, de grâce, qu'il conserve quelque chose de provincial, sinon de campagnard, et qu'il est fort peu doué pour la danse, domaine dans lequel elle a le droit de se montrer exigeante. Elle pense que ce grand rouquin, un peu gauche doit avoir des dons cachés puisque les gens de sa « bande » ont l'air de prendre plaisir à sa compagnie et en disent le plus grand bien. À première vue, cela peut paraître étrange que Gilbert, le sérieux Gilbert, qui rêve d'accomplir des exploits chevaleresques et a découvert, à seize ans, l'aventure sentimentale la plus heureuse qui soit avec une épouse d'une qualité exceptionnelle, ne vivant, ne respirant que pour lui, ait été attiré par un groupe de jouisseurs sceptiques et blasés, pour qui le plaisir est la seule loi. On pense, tout de suite, à l'influence de quelque roué, qui aurait poussé une grande dame libertine à user de toute sa séduction pour détruire ce jeune et innocent bonheur. Il y a toujours une Madame de Merteuil prête à ce genre d'intrigue, et un Valmont ne serait pas difficile à trouver. Les « liaisons dangereuses » existaient avant que Choderlos de Laclos [1] songe à les analyser. Lui-même sera d'ailleurs l'ami, le confident, le conseiller très écouté du duc de Chartres, futur duc d'Orléans, futur Philippe Égalité, qui règne au Palais-Royal, comme Louis XVI, son cousin, règne à Versailles. Dans cette enclave au cœur de Paris, haut lieu de tous les plaisirs, des plus luxueux aux plus sordides, de la gastronomie, de la mode, où s'échafaudent dans les cafés toutes les théories, où se trament tous les complots, centre nerveux d'où par-

1. On raconte que la reine, pour lire son roman en toute quiétude, le fera relier lors de sa parution sous une autre couverture au titre beaucoup plus innocent.

tent toutes les rumeurs, le duc assiste, amusé, à la montée des idées nouvelles, appelées à devenir subversives et à un immense grouillement d'intrigues amoureuses et mondaines. Or, Gilbert fréquente le Palais-Royal. Il y vient en voisin puisque l'hôtel des Noailles, situé faubourg Saint-Honoré, est tout proche. De là à penser qu'on a voulu se servir de lui pour donner à la compagnie du duc le spectacle vécu de la chute d'un ménage modèle... Mais les amateurs de littérature en seront pour leurs frais. L'encanaillement de Gilbert n'est pas le résultat de manipulations. S'il glisse sur la pente savonneuse qui va le mener à l'adultère, quelques mois seulement après son mariage, c'est parce qu'il a décidé, de son seul chef, d'imiter ses nouveaux amis. Puisque ces hommes, autour de lui, qui, tous, portent de beaux noms et sont promis à un bel avenir, trompent leurs femmes, pourquoi n'en ferait-il pas autant ? Puisque ces nobles seigneurs courent les cabarets, au Palais-Royal, aux Porcherons et autres endroits où l'on s'amuse, pourquoi ne ferait-il pas de même ? Boivent-ils ? Il veut boire aussi. Croit-on qu'il tient l'alcool moins bien qu'eux ? Il se vante même de sa capacité d'absorption. Quand il accumule les verres, il veut que cela se sache, qu'il y ait des témoins, puisque boire beaucoup est une forme d'exploit, et que tout exploit mérite un public et des applaudissements. Ce n'est pas son aîné et beau-frère Louis, vicomte de Noailles, qui lui fera la morale. Jeune marié également et homme cultivé, mais jouisseur déjà endurci, Louis donne plutôt le mauvais exemple. « Allez dire à Noailles combien j'ai bu », demande Gilbert, un soir, alors que des compagnons compatissants le portent jusqu'à son carrosse, après une beuverie à laquelle Noailles, par hasard, n'assistait pas.

S'il était d'usage que les époux trompent leurs femmes, au point que le mari fidèle faisait figure de benêt, d'empoté, de bigot, voire de demi-impuissant, les épouses, de leur côté, avec peut-être davantage d'excuses car elles avaient été bien souvent mariées sans qu'elles aient eu leur mot à dire, ne font guère de mystère des coups de canif qu'elles donnent dans le contrat. Le colonel du régiment auquel appartient Gilbert, le prince de Poix (un Noailles), est aimablement cocufié par la princesse, née Beauvau-Craon, qui ne conçoit pas, quand on est grande et plutôt bien faite, qu'on puisse être fidèle à un homme aussi petit de taille, lequel prend d'ailleurs sa triste situation avec beaucoup de détachement. Le propre beau-père de Gilbert, le duc d'Ayen, n'est pas non plus un mari exemplaire, mais il aura, assez longtemps, le bon goût d'être discret.

Il est plus facile, cependant, d'ingurgiter force coupes de champagne pour prouver qu'on sait boire que de faire la conquête d'une belle dont le charme et les avantages sont reconnus. Chambrières et petites comédiennes sont à la portée de tous les gentilshommes, surtout s'ils sont jeunes et aimables, mais les grandes demi-mondaines (employons ce mot qui n'existe pas encore) sont trop recherchées par les plus puissants seigneurs pour se laisser conter fleurette par des débutants. Or, Gilbert, qui veut en mettre plein la vue, si on peut dire, à Noailles, à Ségur, aux Guéméné, Durfort, Coigny, Dillon et autres d'Havré, sent qu'il doit viser haut. Encouragé par quelques succès mineurs, il croit qu'il peut s'attaquer à n'importe quelle célébrité du Versailles galant. Celle qu'il choisit comme cible n'est pas n'importe qui. Elle s'appelle Aglaë d'Hunolstein, née Puget de Barbentane. Son mari, le colonel-comte Philippe Auguste, est à la tête du régiment appartenant au duc de Chartres, et elle-même est attachée à la duchesse, ce qui ne l'empêche pas d'être, comme on le devine, la maîtresse du mari de cette dernière. Là, Gilbert a visé un peu trop haut. La belle Aglaë[2] passe pour aimer le divertissement sous toutes ses formes ; elle ne se sent nullement attirée par un naïf qui n'a pas dix-huit ans. Mais Gilbert a décidé, *ex abrupto*, qu'il est fou de la dame et il crie son amour sur les toits, ne comprenant pas qu'il risque de se rendre ridicule, ce qui est un crime à la cour, depuis que Saint-Simon a prononcé cette phrase : « Le ridicule est plus déshonorant que le déshonneur. » Cela, en effet, ne manquera pas d'arriver, le jour où, croyant à tort son cher Ségur aussi épris que lui de la même dame, il insistera pour affronter le rival supposé sur le pré,

2. Parmi ses petits défauts, on prête à Aglaë celui de la cleptomanie. Parfois, à la cour, on dit qu'elle fait les poches des hommes qui ont eu le plaisir de l'approcher.

épée en main. Ségur parvient, avec beaucoup de patience et de gentillesse, à obliger l'apprenti séducteur maladroit à ouvrir les yeux, et celui-ci amorce une sérieuse désescalade. Pour un temps, il se contente de sortir beaucoup, de s'étourdir de soirées à l'Opéra, en compagnie de la joyeuse bande, à laquelle se joint parfois la reine, le comte d'Artois et l'autre frère de Louis XVI, le comte de Provence, intelligent, dévoré d'ambition et de jalousie à l'égard du roi et qui, comme Artois, a épousé une princesse piémontaise d'une laideur qui autorise toutes les infidélités et qui a, dit-on, le bon goût, dans sa situation, de préférer la compagnie des femmes à celle des hommes. La bande ne fréquente pas les seuls bals de l'Opéra. On la voit aussi aux Porcherons, un hameau situé sur l'emplacement actuel de la place de la Trinité et s'étendant jusqu'à Notre-Dame-de-Lorette, célèbre pour ses cabarets. Ceux-ci, dans la première partie du siècle, avaient été fréquentés surtout par une clientèle populaire, mais, le snobisme aidant, ils étaient devenus des endroits à la mode où l'on rencontrait le Tout-Paris et le Tout-Versailles qui s'amusent.

Lorsqu'elle va à *L'Épée de Bois* avec la « bande » dont c'est le cabaret préféré, aux Porcherons, la reine doit se faire extrêmement discrète, dissimulant son identité derrière un déguisement. Les jeunes gens, une fois lancés, ne reculent ni devant le chahut, ni devant la parodie. C'est ainsi qu'un soir, on joua à singer le Parlement, les relations difficiles entre le gouvernement royal et cette vénérable institution étant toujours d'actualité.

Le comte d'Artois – à tout seigneur tout honneur – interprétait le rôle du Premier président, tandis que le jeune La Fayette, avec une verve surprenante chez lui, tenait celui du procureur général. À l'époque, l'imitation des personnages officiels touchait à l'agression, sinon au sacrilège, et comme, grâce à une police fort bien faite, l'histoire fut connue de tous le lendemain, le principal ministre, Maurepas, trouva que le moment était vraiment venu de demander au roi de mettre à la raison une jeunesse dorée par trop frivole, au nom du respect dû aux institutions.

Le bras droit du souverain tenait enfin l'occasion de faire taper sur les doigts à quelques écervelés qui, s'abritant derrière la reine, croyaient pouvoir se moquer éperdument de lui et des serviteurs de la couronne blanchis sous le harnais. Une fois de plus, l'honorable vieillard allait devoir déchanter. Ségur, prenant les devants, avait raconté la scène de *L'Épée de Bois* à Louis XVI qui la trouva plutôt drôle, au point de répondre au ministre qui se plaignait, qu'il fallait bien que jeunesse se passât.

Le duc d'Ayen pour sa part appréciait assez peu l'évolution très inattendue de son gendre. Il l'appréciait d'autant moins qu'ayant fait le projet de placer celui-ci dans la maison du comte de Provence, il venait d'apprendre que le jeune chahuteur, au cours d'un bal masqué, avait feint de ne pas reconnaître le frère du roi sous le domino et le loup dont il était affublé et avait profité de cette situation pour le ridiculiser.

Le déguisement ne pouvait tout excuser ; une fois encore, Gilbert avait passé la limite. Le projet de son beau-père était ruiné... Ce dernier décide donc de lui mettre un peu de plomb dans la cervelle en le renvoyant à Metz, pour y retrouver une discipline militaire que les fastes de Versailles et les divertissantes équipées au Palais-Royal et aux Porcherons lui avaient peut-être fait oublier. Si Adrienne verse des larmes en voyant repartir son mari, eh bien tant pis ! Ne faut-il pas que les femmes de militaires apprennent tôt à pleurer ?

6.

LA RAFLE DE METZ

Dans les rues grises d'une ville de garnison de Lorraine, des cris perçants, véritables appels de détresse, suivis d'un martèlement de bottes sur les pavés, troublent soudain le silence qui pèse d'ordinaire sur la cité. Les habitants, alertés par ces cris inquiétants, ouvrent leurs fenêtres, et peuvent voir passer en courant des filles dépoitraillées, vêtues de robes de couleur, qu'elles ont remontées jusqu'aux genoux, en tenant les plis pour ne pas tomber. Ces malheureuses sont poursuivies par des soldats en armes qui leur lancent des injures et leur crient, bien inutilement, de s'arrêter. Les unes sont rattrapées et aussitôt attachées sans douceur par les poignets à leurs compagnes déjà tombées entre les mains de leurs poursuivants. D'autres réussissent à pénétrer dans des maisons dont l'huis n'a pas été refermé, et se cachent dans un recoin, un jardin, une écurie, une basse-cour. Combien de temps pourront-elles échapper aux recherches ? Après la chasse dans les rues, les soldats passeront à la phase des perquisitions et les fuyardes savent qu'elles ne peuvent guère compter sur la complicité ou la compassion de la population. Ces scènes peu plaisantes se déroulent à Metz. Le maréchal de Broglie, gouverneur des Trois-

Évêchés[1], à défaut de casser du Prussien, a décidé de lancer une grande rafle afin de débarrasser la ville des nombreuses prostituées, auprès desquelles les hommes de tout grade placés sous son commandement n'ont que trop tendance à chercher un repos que leur inaction ne justifie pas.

Presque sexagénaire, Victor-François de Broglie, qui fut un vaillant combattant de la guerre de Sept Ans, a eu la tête légèrement tournée par son passage à la direction des services secrets de Louis XV, le fameux « Secret du Roi », où il a pris le goût de l'intrigue à l'échelle internationale.

Le « Secret du Roi » ou « Cabinet Noir » était ce service de renseignements mis en place par le roi Louis XV au cœur même de ses appartements de Versailles. On n'a découvert son existence qu'au moment du décès du souverain. Ce service secret, redoutable et discret a fonctionné plus de vingt ans, tour à tour dirigé par le prince de Conti, Jean-Pierre Tercier et le comte de Broglie. Une diplomatie secrète, gérée par trente-deux personnes, contrôlant les ministres et augmentant partout l'influence de la France. Le « Secret » avait l'art de maintenir des liens avec l'Autriche et la Russie menant, par des rapports oraux, des interceptions de lettres et des correspondances codées, une diplomatie parallèle. Il travailla successivement à la préparation d'un débarquement français en Angleterre peu après la guerre de Sept Ans et à la fourniture d'armes aux *Insurgents* à la barbe de l'ambassadeur du roi d'Angleterre, grâce à la duplicité et à l'habileté de Monsieur de Beaumarchais. Le « Secret du Roi » joua un rôle majeur dans la guerre d'Indépendance américaine et œuvra aussi à influencer la politique extérieure des États européens.

Tout se décidait dans le corps central du château et, plus précisément, dans l'appartement du roi. Le « Cabinet » du souverain lui permettait de présider les conseils tandis qu'il réunissait les princes et les princesses de la famille royale dans celui des Termes, chaque

1. Metz, Toul et Verdun. Les Trois-Évêchés constituaient une unité administrative du royaume.

soir, après le souper. Cette salle, formée de la chambre et de l'un des deux cabinets du petit appartement du roi, ouvrait sur la terrasse par quatre portes-fenêtres. Les deux pièces transformées en Cabinet du roi et Cabinet des Termes en 1684, seront recouvertes de miroirs et dotées de consoles dorées sur lesquelles étaient exposés les vases précieux. Louis XV réunira les deux salles en 1755, qui deviendront le nouveau Cabinet du Conseil. Il confiera le dessin des boiseries, sculptées par Antoine Rousseau, à Ange-Jacques Gabriel, qui ornera sa composition de petits génies symbolisant les différents conseils du roi en temps de paix et en temps de guerre. Les dessus-de-porte représentant des scènes de la légende de Minerve, peints par Houasse et Verdier, proviennent de Trianon. C'est là que se décidera notamment – entre une cheminée de griotte supportant une pendule de style rocaille et l'ensemble composé par deux vases de Mars et de Minerve en porcelaine de Sèvres et bronzes ciselés par Thomire – le renversement des alliances en 1756 et la participation à la guerre d'Indépendance des États-Unis en 1775. Dans cet appartement, où les miroirs brillent comme des mensonges, le renseignement fonctionne à fond. Les jeux de l'influence, du pouvoir, de la dissuasion, de la calomnie, de l'intrigue, de l'information, de la menace, de la propagande et de ces actions secrètes conduites par la détermination venue d'en haut, modifient les lignes du monde. Étrange proximité que celle de ce « Cabinet noir » avec les appartements privés du monarque. N'est-il pas curieux de penser que Louis XV et Louis XVI empruntent chaque matin la porte de glace, à droite de la cheminée, pour passer du cabinet des sombres desseins à la chapelle, la porte située à gauche de la grande fenêtre donnant accès à la salle de bains du roi pour se laver les mains des vilenies de la politique. C'est dans la clarté du matin, où brillait le buste en porphyre d'Alexandre le Grand, dont la cuirasse et la draperie ont été sculptées par Girardon, et dans la confidentialité du soir entre les tissus bleus et or des portières retissées à Lyon d'après un modèle réalisé pour Louis XV, que se formulaient ici les vœux secrets de l'intelligence pour l'avenir radieux du royaume de France. On comprend la nostalgie du maréchal de Broglie d'avoir perdu la main sur cette prodigieuse machine à combinaisons diverses, qui, dans le silence, organisait les fracas et paraissait carrément gouverner le globe.

Aimant le mystère, et quelque peu mégalomane, il s'ennuie à Metz d'où il continue à rêver de gloire en attendant un signe du destin. Pour tromper le temps, il soumet ses soldats à un maximum d'exercices. Son rigorisme, le zèle brutal qu'il apporte à défendre la vertu des hommes sous l'uniforme, font sourire certains de ses officiers. L'un d'eux, à propos de la grande rafle de l'été 1775 évoquée ci-dessus, écrit à sa jeune femme : « Nous sommes ici dans le trouble et la désolation. Toute la garnison va prendre le deuil. Monsieur le Maréchal a fait main basse sur les filles ; on les chasse, on les enferme. C'est l'ennemi juré de ces dames, qui le maudissent du meilleur de leur cœur. » Cet épistolier persifleur n'est autre que le capitaine Gilbert de La Fayette, envoyé à Metz pour y améliorer une formation militaire restée des plus superficielles, et pour acquérir, sous la férule de chefs vigilants, un sens des responsabilités qui semble lui faire encore défaut. Les quelques lignes adressées à sa femme, à propos de la rafle des filles publiques, tendent à prouver que la discipline que le maréchal s'efforce d'imposer n'a pas encore produit ses pleins effets. Ce commentaire, dans une lettre à sa très pieuse et pudique épouse qui vient de lui révéler sa nouvelle grossesse, peut paraître déplacé, et même d'un goût très douteux. Faut-il voir là les propos d'un libertin que la fréquentation des « roués » de Versailles a rendu cynique ? La vérité est tout autre. Gilbert n'a jamais été et ne sera jamais attiré par les amours vénales. Sa réaction devant la chasse aux femmes publiques ne fait qu'exprimer la compassion qu'il éprouve très spontanément pour les êtres traqués, les proscrits, les marginaux. Ce sera une constante de son comportement tout au long de sa vie. On retrouve dans son attitude à Metz l'ancien élève du collège du Plessis, qui, comme modèle du cheval parfait, peignait le cheval indomptable, rebelle à tout dressage.

C'est un fait qu'il s'ennuie en Lorraine, malgré la volonté bien arrêtée du maréchal de Broglie de tenir ses troupes en éveil pour le jour où... Espérant assister aux cérémonies du sacre, sur les conseils de son colonel et parent par alliance, le prince de Poix, il a commandé un habit somptueux, en prévision de ces grandes journées. Las ! Les troupes de Metz doivent rester consignées, prêtes à se mettre en route pour la Champagne, dans le cas où quelques amateurs de complots voudraient profiter de la circonstance pour tenter une aventure...

Le duc d'Ayen a été très optimiste en comptant sur Poix pour dresser son gendre. Le prince est un homme aimable, non sans culture, point trop opposé aux idées libérales à la mode dans une partie de la classe aristocratique. Il aime que tout autour de lui se passe bien. Gilbert lui inspire de la sympathie. Il le voit avec plaisir consacrer son temps à la lecture des grands auteurs dont on parle : Rousseau, Voltaire, Diderot, l'abbé Raynal, plutôt qu'à perdre son temps au jeu ; que peuvent faire, en effet, des officiers qui s'ennuient, dans une ville de garnison aussi triste que Metz, sinon éprouver leur chance sur le tapis vert ou chercher à séduire les belles Messines atteintes de vague à l'âme ?

Dans cet évêché où rien ne se passe, il va cependant se produire, le 8 août 1775, un événement qui comptera dans la vie de Gilbert. Ce soir-là, le gouverneur, représentant de Louis XVI, offre à dîner en son hôtel du Gouvernement à un voyageur de marque qui, sur la route qui mène d'Angleterre en Italie, a décidé de faire de Metz une de ses villes d'étape. Ce voyageur, accompagné de son épouse et d'une suite importante, porte le titre d'Altesse Royale. C'est le duc de Gloucester, le propre frère de Sa Majesté George III.

Pour faire honneur à son hôte, le gouverneur invite à sa table les plus titrés et les plus distingués de ses officiers dont, outre le prince de Poix, le vicomte Louis de Noailles et le jeune marquis de La Fayette. La réception est fastueuse. Les cristaux de Baccarat[2]

2. Le créateur de Baccarat fut un homme d'Église, Mgr de Montmorency-Laval, évêque de Metz, qui comptait parmi ses biens temporels la Châtellenie de Baccarat. Il avait deux graves sujets de préoccupation : il se désolait du sort des milliers de bûcherons au chômage dans l'immense forêt vosgienne et s'irritait de voir le fameux « verre de Bohême » faire la conquête de la Lorraine et de la France.

Il eut une idée de génie : en construisant une verrerie à Baccarat, on ferait d'une pierre deux coups : le verre français supplanterait le verre étranger, et la forêt, réserve de combustible inépuisable, rendrait aux bûcherons leur gagne-pain.

scintillent de tous leurs feux. Le champagne, boisson préférée de Louis XVI, est versé avec générosité, comme les vins d'Alsace et de Moselle. On portera même des toasts avec du vin parfumé à la rose. De Broglie et ses adjoints entendent montrer à ce prince anglais que les vaincus de la guerre de Sept Ans sont de grands seigneurs, sachant recevoir, nullement complexés par leurs défaites passées, avec qui il faudra, bientôt, compter de nouveau. Le message passe. Mais le duc de Gloucester n'est pas, en fait, le bon destinataire. Autant George III, son frère, est arrogant, dur, obstiné, autant lui-même est ouvert, porté à la conciliation. La preuve, c'est qu'il évoque de lui-même, en toute simplicité, une affaire embarrassante au plus haut point pour la couronne britannique : le conflit entre le gouvernement royal et les colons révoltés d'Amérique du Nord, qu'on appelle en Europe les *insurgents* ou les Bostoniens, parce que c'est à Boston que la révolte est née. Loin d'accabler ces sujets en rébellion, le duc se montre plutôt compréhensif à leur égard. Pourquoi, après tout, voudrait-on les obliger à payer des taxes décidées par le Parlement de Londres, sans qu'eux-mêmes aient été consultés ? Et pourquoi devraient-ils accepter que leurs produits soient vendus plus cher, à cause de ces taxes, que des produits importés

---

Il présenta donc au roi une requête dont voici l'exposé textuel des motifs : « Sire, la France manque de verrerie d'art, et c'est pour cela que les produits de Bohême y entrent en si grande quantité : d'où il suit une exportation étonnante de deniers, au moment où le Royaume en aurait si grand besoin pour se relever de la funeste guerre de Sept Ans, et alors que, depuis 1760, nos bûcherons sont sans travail. »

Suppression du déficit de la balance commerciale par un coup de frein aux importations, défense de l'emploi : ce prélat de l'Ancien Régime était en avance de deux siècles sur nos gouvernements.

La requête est agréée par le roi et la verrerie, à peine sortie de terre, prend son essor : en vingt ans, elle aura dévoré 6 000 quintaux de sable, 300 quintaux de salins, 400 quintaux de cendre, sans compter le combustible : 128 000 cordes de bois.

Baccarat, un petit village de 152 feux enfoui dans la forêt vosgienne et qui a été ravagé par la guerre de Sept Ans, est ainsi sauvé par la création de cette cristallerie.

d'Angleterre ou d'autres colonies britanniques ? Ces deux points sont, en effet, à l'origine du conflit.

Dès que le sujet a été abordé, le capitaine Gilbert de La Fayette a cessé d'être un convive silencieux, tout occupé à multiplier les sourires et à faire verser à boire à ses voisins pour leur faire apprécier le charme de l'hospitalité française. Alors que son grade subalterne et son jeune âge devraient l'inciter à n'ouvrir la bouche que pour répondre à des questions, il ne craint pas d'interroger le duc sur les détails du conflit. On dirait que cette histoire le passionne vraiment. L'hôte princier est surpris de voir un jeune capitaine français, servant dans une garnison perdue, suivre de si près, dans un pays distant de plusieurs milliers de kilomètres, une querelle entre gens dont il ignore la langue et dans laquelle son propre pays n'est nullement impliqué. Ne dirait-on pas que ce qui se passe sur les bords de la rivière Delaware est plus important pour lui que ce qui se passe sur les rives de la Seine ? Le maréchal de Broglie se demande s'il ne devrait pas froncer le sourcil pour inviter le capitaine trop curieux à faire preuve de plus de discrétion. À quoi cela servirait-il, puisque son hôte ne semble nullement offusqué ? Le maréchal laisse donc se dérouler cette conversation qui n'est pas moins intéressante pour lui-même que pour Gilbert et pour Louis de Noailles, entré, à son tour, dans la conversation. Pour sa part, il écoute, impassible. Mais ce qu'il entend lui donne à penser. C'est un homme qui voit loin, très loin, le maréchal-comte de Broglie. Du moins, en est-il lui-même convaincu.

Quant au duc de Gloucester, cette curiosité ardente, cette émotion, exprimées à Metz à propos de la révolte des colons d'Amérique du Nord, il ne les comprendra que par les informations qu'il recevra deux ans plus tard. Il les comprendra mieux encore lorsqu'il lira un jour cette phrase écrite par le jeune capitaine : « Du premier moment où j'ai entendu prononcer le nom de l'Amérique, je l'ai aimée. Dès l'instant où j'ai su qu'elle combattait pour la liberté, j'ai brûlé du désir de verser mon sang pour elle ; les jours où je pourrai la servir seront comptés par moi, dans tous les temps et dans tous les lieux, parmi les plus heureux de ma vie. »

7.

UN JEUNE HOMME RANCUNIER

Dans une bibliothèque destinée à lui seul, où règne un léger désordre – nombreux livres sortis des rayons et non remis en place, dossiers éparpillés sur la petite table et les fauteuils, quand ce n'est pas sur le sol –, un grand jeune homme aux yeux très bleus fait tourner lentement un globe terrestre aux dimensions impressionnantes, puis passe à un second. Les nations, les continents, les mers, les océans, glissent sous ses doigts. Il semble fasciné par cette splendide paire de mappemondes, véritable œuvre d'art, qu'il vient d'acquérir et qu'il retrouve dans cette pièce où il a ses habitudes les plus chères, comme une paire d'animaux familiers. C'est en les faisant tourner sur elles-mêmes qu'il peut voyager, en imagination, abandonner un paysage pour un autre, changer de climat, descendre le long des grands fleuves. Enfant, il était déjà passionné par la géographie ; les belles cartes lui donnaient presque autant de plaisir que les ouvrages les mieux conçus. Guidé et encouragé par son maître en la matière, Philippe Buache, il a appris très tôt à établir lui-même, à titre d'exercice, la représentation d'un lieu donné, à une échelle convenue, avec autant d'élégance que de précision. Ainsi avait-il réalisé, à l'âge de onze ans, une carte de la forêt de Fontainebleau dans laquelle aucun détail utile n'était oublié, au point qu'un voyageur égaré aurait pu, grâce à ce document, retrouver sans peine son chemin. Les circonstances de sa naissance eussent-elles été différentes, le jeune homme serait peut-être devenu un des grands explorateurs de son temps, un chef de mission scientifique ouvrant à l'influence de son pays des terres encore inconnues. Ce rêve qu'il avait sans doute caressé, il le réalisera, comme nous le verrons, mais par personne interposée, à travers un intermédiaire des plus glorieux. En dehors de ses cartes de Mercator, de ses livres richement illustrés, de ses mappemondes, il possède, précieux instrument pour un esprit curieux d'espace, un grand télescope installé dans la pièce la plus élevée du château qui est le sien. De cet observatoire, il peut, en déplaçant la puissante lunette, noter tout ce qui se passe dans les cours, le parc, sur les routes et dans les hameaux voisins.

Ce jeune homme épris de solitude, bien qu'il soit marié, on l'a deviné, c'est le nouveau roi, Louis XVI. Le château, c'est cet immense Versailles où il s'est résigné à s'installer, en septembre 1774. Sa bibliothèque, située dans la partie dite des petits appartements, est la pièce où il passe le plus de temps, étudiant les dossiers que les ministres lui ont soumis, les rapports des espions, les correspondances dérobées par les collaborateurs de Rigoley d'Oigny, chef du « cabinet noir », réfléchissant sur les décisions à prendre, qu'il aimerait tant ne pas avoir à prendre, et qu'il diffère le plus longtemps possible. C'est là qu'il enregistre aussi, avec le plus grand soin, tous les détails de sa dernière partie de chasse, sport pour lequel il manifeste un goût si frénétique qu'il relève de la névrose, n'omettant ni une hirondelle tuée pour le plaisir, ni un chien tué par accident, esquissant un plan d'action très précis pour la prochaine battue. Il enregistre également, de façon très succincte, les événements qui ont marqué sa journée, ainsi que ses moindres dépenses.

Lorsque les problèmes qu'il doit résoudre lui paraissent trop complexes, ses responsabilités trop pesantes, il se rend à l'étage au-dessus pour trouver la détente heureuse et psychologique dont il a besoin, dans un atelier de bricolage perfectionné qu'il a fait équiper d'une forge, d'où le nom de « forge du roi » donné à cette pièce. Passionné de serrurerie, Louis XVI fabrique dans son atelier, un tablier de cuir serré autour de sa taille déjà épaisse, serrures et cadenas, y prenant un plaisir extrême. Les professionnels le considèrent comme habile et compétent, bien que sa formation technique soit insuffisante pour lui permettre d'imiter les splendides serrures décorées, aux mécanismes compliqués, dont il fait collection.

Cette innocente manie qu'il a de se livrer à d'humbles travaux manuels, dont il ne tire aucune vanité, sera par la suite souvent reprochée au mélancolique souverain. N'y avait-il pas mieux à faire pour lui, dans l'état de crise où se trouvait le pays, que de perdre son temps à déchiffrer des cartes, à démonter des serrures ou à s'épuiser dans d'interminables parties de chasse, passant parfois plus de huit heures d'affilée à courir à cheval ?

Ces reproches – sauf peut-être pour la chasse – ne paraissent guère fondés, si l'on tient compte du fait que le roi a été, toute sa vie, un mari parfaitement fidèle, et qu'il a investi moins de temps, d'énergie et d'argent dans sa bibliothèque et sa forge que ses prédécesseurs n'en avaient consacré à leurs nombreuses maîtresses.

Ce jeune homme, peu gracieux, au visage empâté, à la démarche dégingandée, embarrassé par sa puissante charpente (il peut soulever une pelle sur laquelle un adolescent s'est assis), aime sincèrement ses sujets. Il voudrait travailler à leur bonheur et conserver la popularité qui a marqué ses premières sorties au milieu d'une foule. Le malheur, c'est qu'il ne sait pas s'y prendre pour atteindre un but qui semble à portée de sa main. On dirait que tout s'est agencé, depuis son enfance, pour lui rendre un jour impossible l'exercice de ce métier de roi auquel certains se font gloire – bien à tort ! – de l'avoir préparé.

Comme s'il ne suffisait pas de l'écraser sous la comparaison avec son aîné, le duc de Bourgogne, décédé à quatorze ans, qui incarnait tous les espoirs de la famille royale, on lui laisse entendre que ses frères puînés eux-mêmes, Provence et Artois, sont plus brillants que lui, et qu'il est bien dommage qu'il soit placé avant eux dans l'ordre de succession. Son père mort, son grand-père Louis XV ne lui témoigne guère d'intérêt, et le peu de réconfort qu'il trouve auprès de sa très pieuse mère, Marie-Josèphe de Saxe, il n'en profitera guère, puisque la tuberculose emporte cette veuve inconsolable alors que le Dauphin n'a que dix ans. Jalousé par ses frères – il le sera toute sa vie –, ne recevant guère de marques de tendresse de la part de ses sœurs, Clotilde et Elisabeth (Madame Royale), ni de ses tantes, Louise, Adelaïde, Victoire et Sophie, aimables mais bigotes et lointaines, comment Louis ne se serait-il pas replié sur lui-même ? Lorsqu'il veut bien parler, il donne cependant des preuves certaines de pertinence. Le grand philosophe et historien britannique David Hume, ami de Jean-Jacques Rousseau et ami de la France, qui avait eu l'occasion de bavarder avec le Dauphin lors d'une visite à Versailles, ne tarissait pas d'éloges sur son intelligence précoce.

Louis ne s'intéresse pas seulement aux cartes de géographie, à la faune et à la flore des pays lointains, il lit beaucoup : l'histoire de l'Antiquité comme celle du monde moderne, des ouvrages de droit, d'économie, de commerce. Il n'ignore pas les Encyclopédistes et les philosophes, bien qu'il ait tendance instinctivement à se méfier de leurs thèses qui, séduisantes sous certains aspects, lui paraissent mettre en danger l'ordre établi qu'il croit voulu par Dieu et la foi chrétienne elle-même ; car le prince, sans être un fanatique, est un croyant sincère qui observera toujours ses devoirs religieux. Son aumônier, l'abbé Soldini, le traite malheureusement en être fragile qu'il faut protéger contre les pièges du démon ; il lui déconseille de lire des romans, ces ouvrages exécrables qui ne peuvent que perturber l'esprit des lecteurs honnêtes. Quant à celui qui a pris la direction de son éducation, un personnage vaniteux et hypocrite, le duc de La Vauguyon, il mettra en œuvre une pédagogie aux effets des plus négatifs. Qu'il ne cesse d'exalter le souvenir de Louis-Ferdinand, père de Louis XVI, mort avant d'avoir régné ni accompli quelque exploit que ce soit, et qu'il incite ainsi son élève à penser qu'il lui sera difficile d'égaler ce modèle admirable, passe encore ; mais, surtout, La Vauguyon donne à son élève des conseils plutôt contradictoires. D'un côté, il lui montre la nécessité de faire appel à l'avis de personnalités âgées, riches d'expérience ; d'un autre côté, il s'efforce de le convaincre qu'un monarque absolu est un homme qui doit exercer son écrasant pouvoir dans la solitude, ne pas faire trop confiance à ses ministres et se défier même de ses amis, chacun autour de lui ayant un intérêt particulier à défendre ou à promouvoir. Si bien que le roi, d'un naturel bienveillant et aimable, est devenu méfiant, tout en manquant d'assurance et en redoutant par-dessus tout de devoir trancher. Sans même s'en rendre compte, les responsables de son éducation ont transformé la grandeur terrible du pouvoir d'un monarque absolu en une sorte d'épouvantail pour celui qui va devoir porter la couronne. L'historien Nicolas Moreau, qui se proposait de montrer au Dauphin les hommes tels qu'ils sont en réalité, ainsi que l'évolution des mentalités vers une aspiration à plus de tolérance et de liberté, a été écarté par le lugubre La Vauguyon ; une chance encore qu'il n'ait pas écarté le géographe Buache.

Lorsque la direction du pays lui échoit, Louis XVI songe à constituer un nouveau gouvernement pour remplacer le trio formé par le chancelier Maupéou, le duc d'Aiguillon et l'abbé Terray, qui administrait la France, non sans difficultés, au cours de la dernière partie du règne de Louis XV. La querelle qui a opposé le Parlement au pouvoir royal n'est pas vraiment terminée, les amis des jésuites continuent de poursuivre de leur rancune ceux qui ont contribué à leur expulsion, et les finances sont dans un piètre état.

Le jeune roi a besoin d'avoir à ses côtés des hommes qui ne devront leur ascension qu'à lui seul et qui ne seront pas tentés de lui rappeler à tout instant ce que son grand-père avait fait ou avait dit.

Une importante fraction de la classe dirigeante et de l'opinion pense que l'heure de la revanche a sonné pour le duc de Choiseul, disgracié par Louis XV, en décembre 1770, et toujours, en principe, tenu de résider dans son somptueux domaine de Chanteloup. Ses partisans sont nombreux et ses atouts non négligeables. La jeune reine ne lui doit-elle pas son mariage ? N'a-t-il pas été renvoyé à cause surtout de son hostilité envers la Du Barry, que le couple royal exècre, et, qu'à peine sur le trône, Louis XVI a fait enfermer à l'abbaye de Pont-aux-Dames ?

Ce que le brillant Choiseul ne mesure pas, dans son impatience de revenir aux affaires (où – croit-il – il n'aurait aucune peine à manipuler le jeune roi), c'est l'antipathie que le souverain éprouve à son égard. Louis XVI n'oublie pas que le « cocher de l'Europe » tenait son père, le Dauphin Louis-Ferdinand, pour un bigot borné et qu'il le traitait lui-même avec dédain, ainsi que ses frères et sœurs les appelant, en raison des origines saxonnes de leur mère, des « petits objets de Saxe ». Il n'oublie pas que lorsque ses parents étaient morts, le nom du redouté Choiseul, l'homme qui s'enivrait de pouvoir, avait été prononcé, à chaque décès comme celui de l'inspirateur possible d'un empoisonnement, accusation absurde qui donne une idée de la fabrique de rumeurs, d'intrigues, de fausses nouvelles qu'était Versailles, où les thèses les plus folles, colportées par des gens parés de prestige, pouvaient circuler pendant plusieurs heures, plusieurs jours, plusieurs mois ou davantage.

L'éducateur en chef La Vauguyon, membre du groupe des ennemis de Choiseul, n'avait pas manqué, de son côté, de prévenir son auguste élève du danger représenté par le seigneur de Chanteloup. Contre cette solide rancune et ces préventions, l'influence de Marie-Antoinette, la plus éminente des « Choiseulistes », sera inopérante. Pas tout à fait, cependant, puisque le roi consent à lever l'interdiction de se déplacer imposée au ministre en disgrâce. Il n'en faut pas plus à celui-ci pour s'imaginer que tout finira par s'arranger, bien que Louis XVI ait déjà choisi le vieux comte de Maurepas, soixante-quatorze ans, comme son principal conseiller. Mais qu'est-ce qu'un Maurepas pour ce virtuose de la politique qu'est Choiseul ? Il n'en fera qu'une bouchée. Il accourt à Versailles pour exprimer sa reconnaissance et son dévouement à son nouveau souverain, sûr d'en ressortir avec un ministère qui, quel qu'il soit, lui servira de tremplin. Louis XVI, le timide Louis XVI, trouvera en lui assez d'assurance ce jour-là pour refroidir l'enthousiasme de l'intéressé par une seule phrase. Alors que le jeune roi passe dans la galerie des Glaces et que l'ancien ministre s'incline devant lui, que la foule des courtisans se presse pour assister à une scène de réconciliation en émettant déjà un murmure d'admiration, c'est la surprise. Méprisant, Louis XVI vient de lancer au ministre de Louis XV cette apostrophe assassine : « Tiens, Monsieur de Choiseul, vous avez bien engraissé, vous perdez vos cheveux, vous devenez chauve ! » C'est assez pour que cet ambitieux comprenne qu'il n'aura pas sa chance. Le lendemain même, il rentre dans son domaine. Il reviendra cependant à la charge encore une fois, l'année suivante, à l'occasion du sacre, à Reims. Toute la noblesse de France a fait le voyage pour assurer le roi de sa fidélité, sans compter les diplomates accrédités et les envoyés des puissances étrangères. Comment lui, le duc de Choiseul, un des plus grands feudataires du royaume, pourrait-il rester chez lui à bouder, en ce jour de gloire ? La reine, avec le concours de son beau-frère, le comte d'Artois, prépare le terrain. À l'annonce de l'audience accordée à Choiseul, des centaines de courtisans frémissent. On ne donne pas cher du ministère en place. Cette fois, ce diable d'homme va l'emporter. Las ! le roi a subodoré la manœuvre. Quand le duc se penche pour baiser sa main, Louis XVI, comme horrifié, la retire aussitôt et détourne la tête en exprimant ses sentiments par une grimace que les témoins trouvent effroyable. Exit, Étienne de Choiseul. Il ne connaîtra plus de sa vie les délices et les poisons du pouvoir. La reine en prendra son parti. Le roi aura dans les années à venir quelques bons ministres, de moins bons, aussi. L'un d'eux, Vergennes, passé de l'ambassade de France à Stockholm à la tête des Affaires étrangères, sera particulièrement remarquable. Il n'empêche qu'aucun n'aura le brio et l'imagination de Choiseul, qui pouvaient être d'un grand secours. Un terrain d'entente, si l'on ose dire, aurait pu, à défaut d'autres, les rapprocher dès le départ : la politique maritime. Choiseul, avant même la signature du traité de Paris, avait discrètement œuvré à la reconstitution d'une marine puissante, et Louis XVI, le passionné de géographie et d'expéditions lointaines, dès son accession au trône, était décidé à faire flotter de nouveau le pavillon français sur toutes les mers et à rivaliser avantageusement avec l'Angleterre. Nous verrons que, de par le bilan de son action dans ce domaine, ce souverain n'ayant de sa vie navigué – sauf pour faire le tour du port de Cherbourg – mérite amplement le surnom de « roi-marin » qu'on lui a donné.

Il n'empêche que par son ouverture d'esprit, ses liens avec les philosophes des Lumières, Choiseul aurait pu épargner au roi beaucoup d'erreurs et mettre la monarchie française sur le chemin du monde moderne.

8.

HONNEUR À L'ESPION

Philadelphie, capitale de la Pennsylvanie. Début décembre 1775. Le soir. Il a neigé. Deux hommes marchent dans Chestnut Street. Le plus petit des deux a quelque peine à suivre l'allure de son compagnon. Il boite et s'essouffle rapidement. Arrivés devant un bâtiment en briques claires d'une certaine importance, ils sont introduits sans attendre, avec discrétion. L'immeuble, bien connu de tous les habitants de cette ville modèle de trente-cinq mille habitants environ, mieux éclairée que Londres, Paris, Vienne ou Rome, c'est Carpenter's Hall, le siège de la puissante corporation des charpentiers où se tiennent de nombreuses réunions politiques et où siègera le Congrès lui-même, instance suprême du pays. Dans cet immeuble, est également installée la plus grande bibliothèque de l'État, sinon des treize États, la Library Company, qui prête des ouvrages à tous les citoyens avides de lecture. Un des deux hommes est d'ailleurs l'animateur de cette organisation, Francis Daymon. Bibliothécaire, professeur, traducteur, il est d'origine française, mais il jouit de la confiance et de l'estime des dirigeants de la Pennsylvanie qui, bien que révoltée contre l'autorité de George III, est toujours une colonie britannique. C'est précisément en raison de sa position auprès des chefs rebelles qu'il accompagne à Carpenter's Hall le personnage qui a de la peine à le suivre. Ils sont attendus. Dans quelques instants, ils seront introduits dans une petite salle où sont assis autour d'une table, formant comme un conseil ou un tribunal, cinq personnes à l'air grave. Trois ont des responsabilités importantes. Leurs noms, Benjamin Franklin, John Jay, John Dickinson, sont destinés à passer à la postérité. Les deux autres les assistent. Francis Daymon présente son compagnon. C'est un Français, comme lui-même : le chevalier Julien Achard de Bonvouloir et Loyauté, lieutenant d'un régiment basé aux Antilles, qui voyage en Amérique à titre privé, pour se soigner. Le nom et le titre de noblesse sont vraiment les siens. Le grade militaire, attesté pourtant par un brevet, est de pure complaisance et lui a été accordé pour faciliter sa mission. Le chevalier de Bonvouloir, malgré son visage défiguré qui risque de le rendre aisément reconnaissable, est un authentique agent secret engagé par le ministre des Affaires étrangères, Vergennes, par le canal de notre ambassadeur à Londres, avec l'approbation du roi.

Pourquoi est-il, ce soir de décembre 1775, à Philadelphie, dans cette salle, en face de cinq sujets anglais révoltés contre leur souverain légitime ?

Fils cadet d'une très ancienne famille normande remontant à un des soldats de Guillaume le Conquérant, le chevalier, physiquement handicapé à la suite d'un accident survenu alors qu'il était enfant, n'a pas fait de brillantes études. L'accès à l'armée lui étant barré à cause de sa déformation, et la carrière ecclésiastique ne l'attirant guère, il s'est vu expédié aux Antilles, à l'âge de vingt-deux ans, par un père exigeant qui compte sur les relations qu'il entretient avec quelques notables de Saint-Domingue (alors possession française) pour aider ce jeune homme sans qualification particulière à se faire une situation. N'est-ce point un des avantages des colonies que d'offrir leur chance aux irréguliers et aux marginaux de bonne famille ? Mais aux Caraïbes, Julien s'intéresse surtout au charme des mulâtresses et aux tavernes, en compagnie de jeunes gens conquis, comme lui-même, par la douceur du climat, la luxuriance de la végétation, et qui ne se bousculent pas pour trouver un emploi régulier. Cependant, si paradisiaque que soit l'environnement, il faut bien faire quelque chose quand on ne peut se payer assez d'esclaves et de terre pour monter une plantation. Julien, pour sa part, a une idée. Par les officiers des bateaux marchands qui assurent des transports entre les Antilles et les colonies d'Amérique du Nord, il sait que se passent de drôles d'événements dans ces territoires. Pourquoi ne pas aller y faire un tour ? Un être un peu en marge, comme lui, et qui déteste l'Angleterre de surcroît, ne peut qu'éprouver de la sympathie pour des rebelles. Il débarque à Boston, se promène sur la côte est, où il prétend être en Amérique pour se refaire une santé, rencontre à Philadelphie Francis Daymon, ce compatriote idéaliste, cultivé, féru de la philosophie des Lumières, qui ne demande qu'à lui expliquer ce que font, ce que veulent ces *insurgents* qui sont ses amis. Julien, ébloui par l'esprit clair, brillant et honnête de Daymon, comprend que dans ce pays en effervescence il peut trouver un rôle à sa mesure et conforme à ses goûts. Non pas en s'engageant dans l'armée américaine comme certains le lui suggèrent, mais en devenant l'œil du roi de France sur un théâtre d'opérations qui ne peut laisser Versailles indifférent. Si les *insurgents* l'emportent – ce dont il ne doute pas –, la Grande-Bretagne sortira affaiblie et très diminuée du conflit, tandis que la France redeviendra une puissance d'autant plus forte qu'elle aura su établir des liens privilégiés avec les vainqueurs appelés à être pour elle des partenaires commerciaux de premier plan. Il convient donc de tenir le roi informé de tout ce qui se passe, d'aider les *insurgents* et de suivre leur action jusqu'au triomphe final.

Le chevalier de Bonvouloir a non seulement analysé de façon correcte la situation, mais il a découvert sa propre vocation : le renseignement. Cette découverte, il l'a faite seul, sans être guidé ni influencé par personne. La première étape de la carrière souterraine dont il rêve désormais est, bien entendu, d'être agréé par les autorités de son pays. Il quitte l'Amérique pour l'Angleterre, et, par le canal de l'ambassadeur à Londres, le comte de Guines qu'un cousin lui permet de contacter, il fait exposer son plan au ministre. Vergennes, séduit comme l'a été Guines, soumet ce plan au roi, qui donne son agrément de principe. Bonvouloir reçoit donc, avec des instructions très précises, un code chiffré et des indications pour faire parvenir ses rapports, dont les parties les plus confidentielles doivent être écrites en remplaçant l'encre par du lait, les caractères, au retour, étant rendus lisibles par l'application d'une pelle chauffée à blanc sur le papier. Un brevet de lieutenant qu'il a demandé lui est accordé ainsi qu'un budget de 200 louis par an. Dûment nanti et chapeauté par Guines, le chevalier s'embarque, en septembre 1775, sur le *Charming Betsy* qui, sous les ordres du commandant Farmer, le ramènera sain et sauf à Philadelphie, après une traversée de cent jours.

Le rôle que lui a fixé Vergennes, via Guines, est double. Il doit être d'abord un informateur et ensuite, tout en insistant sur le fait qu'il n'est qu'un simple particulier, agir comme le ferait un diplomate. Cette dernière tâche consiste essentiellement à convaincre ses interlocuteurs américains de haut niveau que si Louis XVI et ses ministres suivent avec la plus grande sympathie le mouvement déclenché et souhaitent qu'il soit victorieux, ils n'entendent pas profiter de la situation pour tenter de récupérer le Canada, perdu par la France en 1763.

Bonvouloir se présente donc comme un ami désintéressé de la cause des *insurgents*, plus enthousiaste que jamais, ne demandant rien pour lui. Disposant d'amis très bien placés en France, il peut, si les responsables du mouvement insurrectionnel le souhaitent, les informer de la façon la plus exacte sur ce qui se passe ici, pour contrecarrer la propagande britannique et, éventuellement, faire connaître leurs desiderata, sans engagement de sa part ni de personne, car il n'est chargé d'aucune mission. Bien entendu, Franklin et les autres, comme Daymon lui-même, sont convaincus du contraire, mais en hommes bien élevés, ils font semblant de le croire. Qu'il aide à répandre en France et en Europe une bonne image de leur révolte, ils l'apprécient, mais ils veulent bien plus que cela. Ce sont des chefs responsables et clairvoyants, qui savent qu'ils ne peuvent l'emporter sur un ennemi très puissant sans une aide importante de l'étranger. Ils souhaitent devenir pour la France, et même l'Espagne, des partenaires solides et parlent non seulement d'une aide immédiate en matériel et en spécialistes mais également de traités de commerce et de traités d'alliance défensive et offensive. Bref, tout en prenant acte des affirmations de Bonvouloir, ils font comme si celui-ci pouvait les mettre en rapport avec le gouvernement français. L'espion enregistre avec soin, sans se départir un instant de son attitude initiale. Il transmettra à ses amis le contenu de cette conversation et ces derniers verront s'ils peuvent saisir les autorités compétentes. Deux autres rencontres suivront la première, en décembre. Le chevalier en profite pour se faire une idée exacte de l'organisation rebelle et de ses plans, et il brossera pour ses supérieurs un tableau de la situation militaire dans lequel il partage l'optimisme de ses hôtes, les troupes américaines ayant remporté de brillants succès au Canada et occupé Montréal. Il appuiera également la demande du Comité des correspondances secrètes d'envoyer à Paris un représentant du Congrès, dont le rôle sera officieux, pour que la France, qui entretient toujours des relations diplomatiques convenables avec la Grande-Bretagne, ne puisse être accusée de traiter avec des sujets révoltés d'un roi ami. Un questionnaire établi et rédigé par Franklin est remis à Bonvouloir qui, le 28 décembre, expédie son rapport. Il est adressé à un commerçant d'Anvers, sous couvert d'un officier municipal de Calais, M. Froment – en fait un honorable correspondant –, qui le fait parvenir à son tour à un citoyen français résidant à Londres – correspondant non moins honorable – qui le remet à l'ambassadeur. Tel est le circuit fixé par avance. Guines « habille » le rapport avec ses propres remarques et commentaires – car il a un autre informateur employé au ministère britannique des Colonies – et il envoie le « matériel » à son ministre par la valise diplomatique. Vers la fin de février 1776, Vergennes en prendra connaissance. Il chargera un haut fonctionnaire de son département de rédiger un mémoire destiné au roi, qui sera basé sur le rapport de Bonvouloir et intitulé *Réflexions*. Ce document et un autre mémoire intitulé *Considérations*, également consacré à la révolte des colonies anglaises d'Amérique, vont permettre au roi le moins disposé à prendre des décisions de toute l'histoire de France, de prendre en 1778, lorsque le moment lui paraîtra venu, la décision la plus difficile et la plus courageuse de son règne ; une décision qui allait replacer la France en tête des grandes puissances et dont les conséquences devaient changer la face du monde dans les siècles à venir.

En attendant, la première demande des *insurgents* exprimée à Bonvouloir, celle de l'envoi d'un représentant officieux du Congrès à Paris, était agréée. Quelques mois plus tard, au cours de l'été 1776, débarquait à Lorient un membre de ce Congrès sous le camouflage d'un simple commerçant du Connecticut, désireux de faire des opérations dans notre pays. Son nom, Silas Deane, doit être retenu.

9.

FIGARO ET L'AMÉRIQUE

« Oh, le méchant ! Oh, la vilaine ! »

Dans une chambre d'hôtel, à Londres, en juin 1775, l'homme qui donne par ces exclamations libre cours à sa rage est un Français. Et pas n'importe lequel. C'est un dramaturge d'un immense talent, dont le nom est presque aussi connu dans la capitale britannique qu'à Paris où il ne cesse pourtant de défrayer la chronique par son agitation, ses projets, ses procès, ses écrits pleins de verve et de saveur sur les préjudices qu'il subit du fait de la bêtise orgueilleuse des uns et de la mauvaise foi des autres. Ce personnage dont la compagnie est recherchée par des hommes du plus haut rang, jusque sur les marches du trône, on l'aura reconnu, c'est Beaumarchais, l'ancien horloger, le protégé de Mesdames, les filles de Louis XV, dont il réglait les pendules, à qui il donnait des leçons de harpe et de viole, organisant chez elles des concerts ; car cet auteur de pièces appelées à devenir des opéras célèbres est aussi un musicien.

À la suite d'un interminable procès, Pierre-Augustin Caron de Beaumarchais se trouve en fâcheuse posture. Ayant été « blâmé », c'est-à-dire privé de ses droits civiques, en avril 1773, il ne peut plus exercer de fonction publique. Sa situation financière est désastreuse et, de plus, s'étant attaqué au nouveau Parlement créé par

Louis XV, il ne se sent guère en sécurité. Au printemps 1774, il part pour la Flandre, puis pour l'Angleterre, où, grâce aux bons offices de son ami La Borde, premier valet de chambre du roi et fermier général, il commence une nouvelle carrière : celle d'agent secret. Sa première mission consiste à convaincre un gazetier établi à Londres, Charles Théveneau de Morande, de détruire un pamphlet, *Mémoires secrets d'une femme publique,* qui maltraite durement Jeanne du Barry, la favorite de Louis XV. Beaumarchais réussit à acheter le silence du polémiste et les trois mille exemplaires de son œuvre sont brûlés dans un four à plâtre. Quand il rentre à Paris, Louis XV vient de mourir et il décide de proposer ses services à Louis XVI par l'intermédiaire de son ami Antoine Gabriel de Sartines, comte d'Alby, lieutenant de police et futur ministre de la Marine : « Tout ce que le Roi voudra savoir seul et promptement, tout ce qu'il voudra faire vite et secrètement, me voilà... J'ai à son service une tête, un cœur, des bras et point de langue. » Ce séduisant verseau, à la fois financier et auteur dramatique, marchand d'armes et maître de musique, va offrir ses services avec galanterie pour la protection de la réputation de la jeune reine Marie-Antoinette, elle aussi menacée par la sortie d'un libelle. Louis XVI le renvoie à Londres à cet effet. En réponse à cet ordre de mission, Caron de Beaumarchais écrit ceci avec esprit : « Un amant porte à son col le portrait de sa maîtresse, un avare y attache ses clefs, un dévot son reliquaire ; moi, j'ai fait faire une boîte d'or ovale dans laquelle j'ai enfermé l'ordre de Votre Majesté. »

Mais qui sont donc ces gens contre lesquels Beaumarchais tempête aujourd'hui dans la capitale de la Perfide Albion ? Ils ont l'air d'être deux, et pourtant le méchant et la vilaine ne forment qu'une seule et même personne, tantôt femme tantôt homme, à une époque où on ne parlait pas encore de transsexualité. Un curieux individu dont les frasques seront commentées aussi bien dans les chancelleries et les salons élégants que dans les tripots : le chevalier d'Éon, appelé en plusieurs circonstances officielles la *chevalière* d'Éon. Pourquoi Beaumarchais en veut-il tellement à cet être étrange ? Tout simplement parce qu'il l'exaspère, comme il exaspère beaucoup de gens.

Non pour des raisons sentimentales équivoques – encore que le grand auteur sera à un certain moment sur le point de basculer, il l'avouera – ni pour des raisons littéraires, mais parce que Beaumarchais, qui ne répugne pas à se laisser charger des missions ultraconfidentielles dans l'intérêt de la France ou de ceux qui la dirigent, et qui se complaît dans ce rôle de barbouze – comme on dirait aujourd'hui – qu'il remplit généralement à merveille, ne parvient pas, à cause des tergiversations de ce travesti, à accomplir celle dont il est présentement chargé. L'écrivain-agent secret connaît bien Londres. Il a déjà récupéré dans cette ville des écrits infamants visant Madame de Pompadour, puis d'autres mettant en cause Marie-Antoinette, car cette ville est le repaire de diffamateurs et de maîtres chanteurs professionnels – souvent manipulés depuis Paris – qui mettent en circulation, en raison de la liberté relative qui règne dans ce pays, des libelles orientés contre des gens en vue, voire les plus hautes autorités de France. Cette fois, il a pour instructions de mettre la main sur une correspondance de Louis XV faisant clairement allusion à une revanche possible contre l'Angleterre et à la nécessité de s'y préparer.

Charles-Geneviève-Louise-Auguste-André-Timothée d'Éon de Beaumont, est-il un homme ou une femme ? C'est la question que tout le monde se pose à Paris comme à Londres. Des paris insensés sont pris dans toute l'Angleterre pour savoir quel est son véritable sexe. Le ministre de l'Intérieur britannique fait suivre quotidiennement le chevalier d'Éon dans l'espoir qu'un geste ou un moment d'inattention révèle sa vraie nature. Cet homme/femme est né à Tonnerre dans l'Yonne en 1728. Celui qui fut diplomate et écrivain, ancien capitaine de dragons (valeureux) et agent secret du maréchal de Broglie (encore lui !), a été un moment chargé d'affaires de France à Londres et s'est approprié cette correspondance embarrassante pour la cour de Versailles. Il veut la monnayer au plus haut prix. Beaumarchais s'efforce de l'amadouer et de lui faire accepter des conditions raisonnables, ou au moins honorables. Pour que les choses soient claires, Éon n'a pas craint de se dévêtir afin que l'écrivain constate de façon très tangible, si on peut dire, qu'il appartient bien au beau sexe, expérience qui a troublé l'envoyé secret du roi, malgré la présence d'un second témoin, le libelliste-maître chanteur Théveneau de Morande. Cet examen intime n'empêcha pas, par la suite, la *chevalière* de revenir sur un accord antérieur, au grand dam de son nouvel admirateur, encore tout émoustillé par cet épisode imprévu de sa mission, qui finit tout de même par aboutir, l'ex-diplomate et espion ne restituant le courrier qu'en échange de l'autorisation de rentrer en France et du versement d'une pension lui permettant d'y vivre comme « une noble demoiselle ». (En réalité, Éon est bien un homme. Ses subterfuges ne résisteront pas à l'autopsie de son cadavre.)

Fort de ce succès, Beaumarchais avait reçu de son fidèle protecteur et ami M. de Sartines, ministre de la Marine de Louis XVI, l'ordre de retourner à Londres pour s'y renseigner de façon systématique sur l'état de la flotte anglaise, des constructions prévues, des plans d'action du gouvernement. Il devine que la crise entre George III et les colons d'Amérique du Nord n'est pas étrangère à la curiosité qui est à l'origine de sa mission. Cette crise, au demeurant, il est renseigné à son sujet. Ne fréquente-t-il pas, chaque fois qu'il se trouve de l'autre côté de la Manche, lord Rochfort et d'autres figures de l'opposition, comme le grand journaliste John Wilkes, amateur éclairé de la production vinicole française, avec qui il passe de passionnantes soirées de discussion et de dégustation de grands vins de Bourgogne et de Bordeaux ? Ces hommes sont plutôt favorables aux *insurgents* et ne le cachent pas. Beaumarchais, parce qu'il est d'instinct un rebelle, se sent aussi de leur côté. Il rencontre d'ailleurs Arthur Lee, un Américain installé à Londres, officiellement avocat, mais en fait agent d'influence du congrès de Philadelphie, où siège son frère. Le sombre Arthur – qu'il retrouvera dans peu de temps à Paris, à l'occasion de la mission dirigée par Franklin – donne à croire à l'écrivain que les Anglais ont prévu qu'après avoir écrasé les révoltes d'Amérique, ils s'attaqueront aux dernières îles françaises. Mi-intoxiqué, mi-convaincu, l'écrivain bombarde de notes alarmistes son ami Sartines, et Vergennes qui lui veut du bien et qui préconise une action armée ouverte de la France aux côtés des *insurgents*. Louis XVI, mis au courant, se contente de renforcer sa marine et... d'attendre. La situation sur le terrain ne lui semble pas assez claire, ni la France assez forte pour choisir la voie de l'aventure. Cependant, après le rapport de Bonvouloir et l'arrivée de Deane à Paris, les choses évoluent, et Vergennes pense à Beaumarchais pour une mission très particulière. Il s'agit de monter une opération de camouflage. La France est en effet décidée à fournir une aide en matériel (fusils, canons, uniformes, munitions) aux *insurgents*. Dans la mesure où elle tient à conserver des relations diplomatiques normales avec Londres, cette aide ne peut pas être accordée officiellement. Il faut trouver un paravent. Une société privée d'import-export pourrait, par exemple, acheter ce matériel pour le compte d'un client américain ; des navires français le transporteraient dans un port des Antilles françaises où des bateaux américains iraient, à leurs risques et périls, en prendre livraison. Pour créer et animer cette société privée fictive, qui sera baptisée Société Roderigue Hortalez, nom de circonstance aux consonances hispaniques, Vergennes estime que Beaumarchais serait l'homme idéal. Ce choix peut paraître curieux si on ne voit dans l'auteur du *Barbier* que le dramaturge ou l'agent secret d'occasion. Or, il n'est pas que cela. Ce diable d'homme se veut également entrepreneur, promoteur, brasseur d'affaires. Il a déjà réalisé des opérations commerciales, notamment sur des fournitures de toute sorte destinées à l'armée, aux côtés d'un des plus grands financiers de l'époque, Paris du Verney, qui le considérait presque comme son fils tant il a été fasciné par son entregent. Il a tenté de mettre en valeur une région d'Espagne qui passait pour déshéritée. De plus, il est motivé puisqu'il est un chaud partisan de la cause américaine, et le genre de mission qui lui est proposé est bien pour lui plaire. Ses notes sur la situation en Amérique du Nord n'ont pas été, d'ailleurs, inutiles, une fois leur caractère alarmiste éliminé. De même qu'il avait utilisé le rapport du chevalier de Bonvouloir comme base du premier mémoire au roi sur la guerre des *insurgents* américains intitulé *Réflexions*, Vergennes a utilisé les notes de Beaumarchais pour le second mémoire sur la question, *Considérations*, qui a pesé dans la décision du roi d'accorder une aide clandestine qui ne pourra qu'affaiblir l'Angleterre, même si la victoire totale des révoltés n'est pas au bout de leur lutte.

L'horloger-dramaturge-homme d'affaires-agent secret est donc bien, selon l'expression anglaise, « *the right man in the right place* ». Il reçoit, discrètement, une somme de un million de livres pour permettre à la société de commencer à fonctionner, et il se lance, à corps perdu, dans la recherche de partenaires, fournisseurs, armateurs, pour faire tourner cette machine assez considérable que deviennent très vite les Établissements Roderigue Hortalez. Son compère, Silas Deane, court avec lui les ports, les bureaux, les fabriques et y prend un très grand plaisir. La chance aidant, les corsaires britanniques ne saisissent pas trop de navires transporteurs, et le système est à ce point efficace que, pendant presque deux ans, 80 % des fournitures de l'armée insurgée proviendront de cette filière clandestine. Les Anglais sont-ils dupes ? Ce n'est pas sûr. Lord Stormont a trop d'espions à sa solde pour ignorer ce trafic. Les ancêtres de l'Intelligence Service disposeront même d'un agent placé au sein de la délégation américaine dirigée par Franklin, le Dr Bancroft, médecin de la mission, en qui tous les membres ont confiance – il est américain lui-même –, qui déposera ses rapports, placés à l'intérieur d'une bouteille, dans un tronc d'arbre creux de la partie publique des Tuileries, où un agent passe régulièrement pour les retirer.

10.

L'ÉTONNEMENT DU « CHER PAPA »

À Metz, après le passage du duc de Gloucester, la morne vie de garnison reprend. Exercices, revues de détail, longues marches. Dans la campagne, en cet été finissant, les branches chargées à craquer de mirabelles flambent comme des torches. On ne manquera cette année ni d'eau-de-vie, ni de confitures, ni de tartes, pensent les soldats et les cadres. Il y a pourtant un officier du régiment de Noailles qui, lui, ne pense pas du tout à la douceur des quartiers d'hiver en Lorraine. Son esprit est ailleurs. Très loin. C'est le capitaine de La Fayette. Bien qu'il soit plus jeune que son beau-frère, Louis de Noailles, il a communiqué à ce dernier son enthousiasme pour la cause des révoltés d'Amérique. Les deux hommes sont maintenant décidés à tout quitter pour aller partager leur combat. Ils ignorent tout du Nouveau Monde, ou à peu près, mais ils se voient déjà dans la grande prairie décrite par les voyageurs : à cheval, sabre au clair, prêts à charger la cavalerie anglaise. Gilbert passe le plus clair de son temps à se documenter sur la faune, la flore des colonies de la côte est et de celle du Sud. Il se repose sous les sassafras de Pennsylvanie, fume le calumet de la paix avec les Indiens, qu'il compte bien enrôler du bon côté. Il s'est ouvert franchement de ses intentions au grand patron du secteur, le maréchal de Broglie, et celui-ci ne l'a pas découragé. Au contraire. Mais il lui a recommandé, d'une part, d'être très discret sur ce projet, d'autre part, de conserver le contact avec lui, s'il devait quitter Metz. N'est-ce pas une attitude à laquelle on peut s'attendre de la part d'un ancien chef des services secrets ?

En décembre 1775, Gilbert obtient un congé pour se rendre à Paris, où Adrienne se prépare à accoucher. Le 15, elle le rend père d'une adorable petite fille, Henriette. Jamais, il n'a autant aimé son épouse. Elle est douce, fidèle, dévouée, elle lui a pardonné ses infidélités, si tant est qu'elle lui en ait voulu de la tromper, et surtout, elle a pour son mari une admiration sans borne. Le jeune officier n'éprouve aucune difficulté à faire partager à cette compagne exceptionnelle son emballement pour la cause des *insurgents* dont elle sera peut-être, en France, la première sympathisante active. Mais si elle loue, partout où elle le peut, avec une chaleur qui surprend parfois ses hôtes, les hauts faits des compagnons de Franklin et de Washington, son mari ne lui a pas révélé qu'il entendait bien les rejoindre. Il sera toujours temps, s'est-il dit, de l'informer. Pour le moment, Gilbert lit tout ce qu'il peut sur l'histoire, la philosophie, la géographie. Son savant beau-père est tout surpris de cette soudaine fringale intellectuelle. Son oncle par alliance, Ségur, ne l'est pas moins. Est-ce parce qu'il prend en compte cette curiosité pour les choses de l'esprit, cette poussée d'idéalisme, que Ségur, avec l'assentiment du duc d'Ayen, suggère – avec succès – à son enthousiaste neveu de se faire initier franc-maçon ? L'hypothèse est fort plausible. Gilbert reçoit donc la lumière – pour recourir à la formule maçonnique – à la Respectable Loge *La Candeur*, à Paris, à l'âge de dix-huit ans ; et il demeurera, à la différence de beaucoup de ses contemporains appartenant à son milieu social qui n'ont fait que céder à une mode, un maçon exemplaire jusqu'à sa mort. Ébloui par le climat de liberté et de tolérance et par le haut niveau de culture qui caractérisent les meilleures loges parisiennes sous le règne de Louis XVI, il connaît des moments d'exaltation à *La Candeur*, à *Saint Jean du Contrat Social*, aux *Neuf Sœurs*, surtout, réplique des grandes académies où Benjamin Franklin, bientôt, accueillera

Voltaire. Jamais de sa vie, il ne côtoiera, de Houdon à Raynal, en passant par Greuze, autant de savants, d'artistes, de philosophes.

Bientôt, Ségur lui-même, le cher comte Alexandre, voudra se joindre à Gilbert de La Fayette et à Louis de Noailles pour aller défendre la liberté en Amérique. Ils font part de leur résolution au duc d'Ayen, qui, s'il encourage Noailles et Ségur à s'engager dans cette voie, déconseille à Gilbert d'en faire autant. C'est qu'en dépit de l'amélioration de la conduite de son plus jeune gendre, de l'intérêt que semble prendre ce dernier pour la philosophie et la science, ce qui ne peut laisser insensible ce grand seigneur cultivé, il continue de le tenir pour un être léger, voire immature. Pour le détourner de son projet, il use d'un argument qu'il croit convaincant. Ségur et Noailles ne sont pas très riches, explique-t-il à Gilbert, ils ne risquent rien en se lançant dans cette aventure, tandis que lui-même possède une fortune importante qui impose des obligations... Singulier manque de psychologie de la part de cet homme intelligent ! Cet argument teinté de morale bourgeoise plutôt qu'aristocratique fait sur l'esprit du gendre un effet qui est à l'opposé de celui que le duc espérait. Gilbert prendra le risque en question, le moment venu, non pas malgré sa situation de fortune mais précisément à cause de celle-ci. Le malentendu est total. Ce n'est d'ailleurs pas le seul malentendu qui marquera les relations entre La Fayette et un beau-père qu'il ne demandait qu'à aimer à l'égal d'un vrai père, et envers qui il use de formules de tendresse touchantes. On dirait que les qualités hors du commun du gentilhomme auvergnat ne sont pas perçues par le duc d'Ayen, cet ami des philosophes, dont l'irréligion est notoire. Par chance pour Gilbert, s'il devait connaître un moment de doute, le maréchal de Broglie, autre homme d'âge et d'expérience, serait là pour le conforter. En demi-disgrâce à Paris, l'hôte du duc de Gloucester à Metz voudrait bien, lui aussi, jouer un rôle en Amérique. Et un rôle de premier plan. Surestimant ses capacités et surtout son prestige, il rêve de se faire nommer généralissime de l'armée des *insurgents*, son nom et sa réputation internationale étant de nature, croit-il, à décourager l'ennemi. Selon les circonstances, il pourrait soit l'emporter sur le terrain de façon décisive, soit négocier une paix avantageuse pour les colonies révoltées.

Ne doutant de rien, il commence à composer son brillant état-major, dans lequel figurent Ségur, Noailles, La Fayette, le vicomte de Mauroy, un homme tout à sa dévotion, et un officier prussien au service de la France qui lui est plus encore attaché, Johann de Kalb, dit le baron de Kalb, qu'il avait lui-même, en tant que chef des services secrets, envoyé faire un tour en Amérique du Nord, en 1768, et qui parle parfaitement l'anglais. Assisté par une pareille équipe, il suffira du feu vert du roi et d'un coup de pouce de ses ministres pour que le maréchal termine sa carrière par une action d'éclat, peut-être la plus grande du siècle.

Le feu vert et le coup de pouce, ni le roi ni Vergennes ne sont, cependant, prêts à les donner. L'idée « géniale » du maréchal de Broglie leur paraît des plus fantaisistes et ne peut que gêner la politique qu'ils entendent mener. Que de Broglie renonce à cette ambition et que ses lieutenants se tiennent tranquilles, tel est le conseil qu'il reçoit. Noailles et Ségur s'inclinent sans tarder. La consigne du pouvoir est de ne rien faire pour le moment qui puisse indisposer l'Angleterre. Le maréchal, pour sa part, fait semblant de s'incliner devant l'autorité royale, tout en comptant sur ses fidèles Mauroy et Kalb, et sur ce jeune fou de La Fayette, pour se rendre sur place, malgré tout, et lui rapporter ce qui se passe. Peut-être trouvera-t-il une occasion de relancer son plan.

Silas Deane, le délégué clandestin du Congrès envoyé en France après la mission de Bonvouloir, est arrivé à Paris en juin 1776. Bien que sa connaissance du français soit des plus modestes, il ne lui a pas fallu longtemps pour se mettre à l'œuvre. En même temps qu'il remplit des navires de matériel acheté en France avec son partenaire, l'infatigable Beaumarchais, il s'efforce de recruter des volontaires en leur distribuant, à l'occasion, des grades dans l'armée américaine, pour les allécher, sans avoir reçu pour cela mandat du Congrès. De Broglie suggère à Gilbert d'entrer en rapport avec Deane et d'offrir ses services. Le nom de La Fayette, un familier de la cour de Versailles, ne peut qu'éblouir un homme d'affaires américain, condamné par la conjoncture à agir en France dans un prudent clair-obscur...

Gilbert, après avoir pris la sage précaution de se faire mettre en congé illimité de son régiment afin de n'être pas poursuivi pour désertion si les choses tournaient mal, rend visite à Deane et à son bras droit, Carmichael, et leur déclare qu'il est à la tête d'un groupe de gentilshommes présentant les meilleures références et prêts à mettre, comme lui-même, leur épée au service de la cause américaine par amour pour la liberté ! La preuve de sa totale sincérité, il la donne en offrant de prendre entièrement à sa charge les frais de transport et l'équipement de ce groupe de volontaires. Pour éviter tous les risques d'indiscrétion ou d'interférence, il est prêt à armer lui-même un navire destiné à cette opération ; sa fortune personnelle le lui permet.

Deane a beau mal connaître la France et le français, il comprend aussitôt que cette proposition ne ressemble en rien à d'autres qu'il a reçues. Jusqu'ici, les volontaires qui se sont présentés étaient, sauf exception, des aventuriers, des roule-ta-bosse, des laissés-pour-compte, hâbleurs, exigeants ; La Fayette et ses compagnons constituent, au contraire, la fine fleur de la société. Flatté, il ne peut qu'encourager ses visiteurs (La Fayette est accompagné de Kalb), ce qui est bien la moindre des choses, et il leur distribue des documents leur reconnaissant des grades élevés. Ainsi, La Fayette et Kalb sont nommés généraux d'entrée de jeu, tandis que les autres se voient promus à des grades d'officiers subalternes et supérieurs.

Lorsque Benjamin Franklin viendra, à la fin de l'année chapeauter Deane, il s'empressera d'entériner la décision prise par ce dernier au sujet de La Fayette, à qui il donnera lui-même une chaleureuse lettre de recommandation à l'intention du président du Congrès.

Il ne reste plus qu'à organiser le départ avec le maximum de précautions pour ne pas attirer l'attention des adversaires de ce projet à la cour de Versailles, ni celle de l'ambassadeur de Sa Majesté George III, lord Stormont, qui dispose en France d'un réseau d'espionnage remarquable. La Fayette dépêche à Bordeaux un émissaire nommé Dubois-Martin (comme par hasard, un secrétaire du maréchal de Broglie), avec mission d'acheter un bateau. Il en trouve un qui paraît convenable pour le prix de cent douze mille livres. Affaire conclue. Le bâtiment sera disponible en mars 1777 et s'appellera, tout simplement, la *Victoire*.

Pour donner le change, Gilbert va en toute innocence (apparente) passer quelques jours à Londres avec le prince de Poix chez l'ambassadeur de France qui n'est autre, à l'époque, que l'oncle d'Adrienne, le marquis de Noailles.

Trompe-t-il vraiment les Anglais sur ses intentions, ou seulement sur son opinion, à propos du conflit qui fait rage en Amérique ? C'est possible. Il est, en tout cas, fort bien reçu. Lord Germain, le ministre des Colonies, l'invite chez lui à un bal. Lord Shelburn, l'ami de Beaumarchais, le prie à déjeuner. Il n'est pas jusqu'au général Clinton qui ne veuille rencontrer ce jeune Français si distingué, qui l'affrontera bientôt à coups de canon. L'ambassadeur lui-même – il ne peut rien refuser au mari de sa nièce – va jusqu'à le présenter à Sa Gracieuse Majesté, qui le trouve fort sympathique. Pendant qu'on le fête à Londres, que des ladies couvertes de diamants regrettent, pour leurs filles, d'apprendre qu'il n'est plus célibataire, on arme dans un port français le bateau qui va le mener avec ses compagnons d'armes chez les ennemis déclarés de cette monarchie si hospitalière. Comme le gentilhomme auvergnat doit rire sous cape !

Quand ils apprendront qu'il les a joués, les membres de l'*establishment* britannique auront assez d'humour pour en sourire. Un jeune homme si gracieux, à qui on aurait donné le Bon Dieu sans confession...

Il y a, par contre, deux personnages qui ne sourient pas : l'ambassadeur de France et son frère, le duc d'Ayen. N'étant pas anglais, ils ont peut-être une excuse.

À son beau-père, Gilbert a eu la naïveté (ou l'extraordinaire cynisme) d'écrire, de Londres : « Vous allez être étonné, mon cher papa (sic), de ce que je vais vous mander ; il m'en a plus coûté que je ne puis vous l'exprimer pour ne pas vous consulter [...]. J'ai trouvé une occasion unique de me distinguer et d'apprendre mon métier :

je suis officier général dans l'armée des États-Unis. » Et le nouvel officier général annonce son prochain départ avec ses amis sur un bateau qui lui appartient, disant qu'il se sent au comble de la joie d'avoir trouvé « une si belle occasion de faire quelque chose et de s'instruire ». Ce garçon qu'il n'a jamais beaucoup estimé se fiche-t-il de lui ? Non content de ridiculiser un ambassadeur de France, il n'hésite pas à abandonner sa toute jeune femme qui se trouve de nouveau enceinte. Il est si furieux, le « cher papa », qu'il demande au principal ministre, Maurepas, de tout faire pour empêcher son gendre de partir, au besoin en le mettant au frais à la Bastille ou dans un autre établissement destiné aux fortes têtes. L'intéressé, venu à Paris pour trois jours, n'ose même pas se présenter à la maison de ses beaux-parents pour embrasser la tendre Adrienne. Il repartira pour Bordeaux sans lui avoir fait ses adieux. Dans la capitale de la Guyenne, il est touché par un ordre émanant du ministre. Il lui est enjoint de se rendre à Marseille, d'y attendre son beau-père et sa tante, Madame de Tessé, avec qui il est prévu qu'il ira en Italie. Ce voyage culturel le détournera, croit-on, de son projet, et scellera sa réconciliation avec les Noailles. Au lieu d'obtempérer, le rebelle, qui avait fait appareiller le bateau pour le port espagnol de Los Pasajes, passe la frontière, déguisé en courrier, pour rejoindre son bord. Il doit « regonfler » Kalb, dont le zèle commence à fléchir depuis qu'il sait que ce départ se fera en opposition à la volonté du roi. D'ailleurs, des ordres sont donnés pour saisir le navire et arrêter ses passagers à la première escale. Les ordres officiels sont partis dès qu'a été connue la fuite en Espagne. Le commandant Le Bourcier, seul maître après Dieu à bord de la *Victoire*, qui craignait les navires de guerre et les corsaires britanniques, redoute maintenant d'être arraisonné par un bâtiment français. Il hésite à lever l'ancre. C'est cependant le propriétaire du bateau (La Fayette) qui a le dernier mot : la traversée se fera d'une seule traite, sans escale ! D'un côté l'aventure, avec au bout, si tout va bien, la gloire. De l'autre, un retour piteux au bercail, et des mois, sinon davantage, entre quatre murs épais. Kalb, qui a pourtant une famille à charge, retrouve son enthousiasme ; les autres compagnons font confiance à l'étoile de leur jeune chef. Tandis qu'on danse à Versailles, où certains sont de tout cœur avec le « rebelle », tandis que lord Stormont rédige son rapport, rempli d'aigreur, contre ces légers Français, tandis que la très généreuse Madame d'Ayen s'efforce d'adoucir la tristesse d'Adrienne sans jamais prononcer un mot de condamnation contre son gendre, tandis que le duc d'Ayen ronge son frein chez sa maîtresse en comptant sur un arraisonnement du navire, et que le maréchal de Broglie, sans rien laisser voir de ses sentiments, échafaude, au coin du feu, ses combinaisons chimériques, la *Victoire*, toutes voiles dehors, sort du port de Los Pasajes et s'engage, pour le meilleur et pour le pire, sur l'imprévisible océan Atlantique.

11.

TRISTE PLAINE

Mai-juin 1777. À bord de la *Victoire*. Entre le ciel et l'eau, entre l'Europe et le continent américain.

« La mer, la mer toujours recommencée ! »... À l'avant du navire, un jeune homme solitaire. Il ne connaît pas, et pour cause, le vers du *Cimetière marin*, de Paul Valéry, mais il trouve que rien n'est plus monotone que la mer et il rejoint le poète en utilisant une image voisine pour définir, dans une lettre à la femme qu'il aime, l'Atlantique qu'il découvre : cette triste plaine.

La Fayette contemple cette étendue, belle, lente et lassante. Les flots dans leurs mouvements provoquent chez lui tour à tour l'enthousiasme et l'abattement. Avec le temps qui passe et les jours qui s'enfuient s'installe l'ennui. Le projet est si frais et l'aboutissement paraît si lointain que l'espoir à l'horizon semble se décolorer. Mais le vent du matin lave devant ses yeux la grande étendue bleue de la triste plaine, et ses pensées reviennent à l'enfance de son aventure : les sommets d'Auvergne. Eux aussi étaient comme un but invisible aux yeux, caché dans le lointain par une brume bleutée, occulté par une densité d'azur. Bachelard eût écrit : « D'abord il n'y a rien, ensuite il y a un rien profond, puis une profondeur bleue. »

Depuis quelques jours, Gilbert de La Fayette est parvenu à surmonter le mal de mer qui l'avait immobilisé, pâle, défait, dans sa cabine. Il éprouve du plaisir à se tenir, seul, à la proue du navire. Il scrute l'horizon toujours chargé de menaces ; un corsaire britannique risque d'apparaître à chaque instant. Il scrute le ciel qui peut devenir tout aussi menaçant, car les marins disent que la nuée porte l'orage. Quand il est rassuré, il se plonge dans la lecture d'une méthode d'anglais et répète à haute voix, avec un effroyable accent, des mots qui lui seront bientôt indispensables et que le vent du large emporte.

À l'intérieur, ses compagnons jouent aux cartes, lisent, discutent, et, quand il leur arrive de monter sur le pont, ils s'abstiennent de déranger le chef qu'ils ont choisi de suivre s'ils le voient installé, immobile, à l'avant. Les rapports de ce dernier avec le commandant Le Bourcier ont été assez tendus au début de la traversée, lorsque le responsable du bateau est revenu à la charge pour que la *Victoire* fasse escale aux îles Sous-le-Vent. Le nouveau propriétaire lui a opposé pour la seconde fois un non catégorique, menaçant, s'il insistait, de le destituer et de nommer son second à sa place. Le futur général de l'armée américaine a pris une autre décision, plus redoutable encore. La *Victoire* ne possède comme armement que deux canons et quelques fusils pour faire face à une attaque : c'est peu. Le courage des marins et des volontaires se révèlerait insuffisant pour sauver le navire ; il faudrait le détruire plutôt que de laisser l'agresseur s'en emparer. Des dispositions sont prises pour que l'auto-sabordage puisse fonctionner rapidement. Un matelot hollandais qui inspire confiance au jeune chef est chargé de surveiller en permanence ce dispositif. Par chance, la *Victoire* ne se trouvera pas dans cette situation. On dirait qu'une protection spéciale l'a fait échapper à l'observation de tous les prédateurs qui sillonnent l'Océan, au service de George III.

Les jours passent. Puis les semaines. Aucune terre n'est en vue. Les plus croyants prient pour que ce voyage se termine. On se nourrit de porc salé et de biscuits. Parfois de poissons qu'on pêche. Il faut économiser l'eau douce. Mais le moral ne fléchit pas. Le bon

Kalb, à qui La Fayette demande parfois de lui expliquer quelque subtilité de la grammaire anglaise, fournit à ses compagnons – il pourrait être le père de quelques-uns d'entre eux – un exemple de calme parfait. Il se demande ce qu'il pourra faire pour donner satisfaction à son patron, le maréchal de Broglie. Les autres : le vicomte de Mauroy, Louis de Gimat, Louis-Ange de la Colombe, le chevalier du Buysson, Charles-Antoine de Valfort, Jean-Pierre de Fayols, Guillaume de Lesser, François-Augustin Dubois-Martin, Charles Bedoulx (un Suisse de Neuchâtel), Louis Candon, Jacques Franval, Jean Capitaine, Léonard Price, Louis Devrigny, ne souhaitent qu'une chose, c'est que le Franco-Prussien leur en dise toujours plus sur cette Amérique qu'il est le seul à connaître.

La Fayette, au cours de ces heures vides passées entre le ciel et l'eau, souffre-t-il d'un sentiment de culpabilité pour être parti sans même embrasser Adrienne ? Il exprime, à propos de son étrange conduite, quelques excuses mais sans insister. Au fond, il croit que sa femme est ravie puisqu'il avait réussi – sans peine – à l'endoctriner. Les lettres qu'il lui écrit sur le bateau visent bien davantage à lui faire partager sa passion, « son rêve américain », qu'à obtenir un pardon qui lui paraît aller de soi. Adrienne aurait-elle été fière de le savoir en Italie, visitant sagement des vestiges romains, entre son beau-père et la sœur de celui-ci, comme un adolescent trop nerveux qu'on s'efforce de calmer par un voyage esthétique ?

C'est du bateau qu'il écrira à son épouse, qui lui a déjà pardonné – il n'en doute pas –, quelques-unes des phrases qui définissent le mieux son attitude. Il se veut Américain, ce qui le conduit à prier Adrienne de faire la même reconversion que lui : « J'espère qu'en ma faveur vous deviendrez bonne Américaine ; c'est un sentiment fait pour les cœurs vertueux. Le bonheur de l'Amérique est intimement lié au bonheur de toute l'humanité. Elle va devenir le respectable et sûr asile de la vertu, de l'honnêteté, de la tolérance, de l'égalité et d'une tranquille liberté. » Certes, il cherche la gloire et il le reconnaît, mais celle-ci n'est pas la seule fin de son action.

Parlant des Américains, il précise : « En travaillant pour ma gloire, je travaille pour leur bonheur. »

Le peu de remords qui lui reste – à supposer qu'il en ait – se dissiperait en un clin d'œil s'il apprenait qu'à Versailles, après son départ, la plupart des grandes familles qui fréquentent la cour, loin de blâmer le rebelle qu'il est devenu, font son éloge et critiquent le duc d'Ayen, qui a eu le mauvais goût de lui faire des traverses. Qu'il serait doux pour lui d'apprendre qu'Adrienne, loin d'être tenue à l'écart comme épouse d'un réprouvé, est, au contraire, recherchée parce qu'elle est l'épouse d'un héros. Lord Stormont ne s'y est pas trompé, qui écrit à son roi qu'en dépit de la lettre de cachet prise contre le jeune La Fayette, tout ce qui compte à la cour applaudit à son aventure.

Pour le moment, l'aventure, ce sont les vents contraires, l'impossibilité d'avancer « dans le plus ennuyeux des pays », cette « mer si triste ». Impatient d'en découdre, le futur général ne se contente pas d'apprendre l'anglais, il lit des ouvrages sur la science militaire, car ses lacunes en matière de stratégie sont encore considérables, et il espère que son courage, son brio, suppléeront sur le terrain à son manque de formation et d'expérience.

15 juin 1777. Toujours la triste plaine[1]. Sur le bateau, les hommes souffrent de la chaleur. Un marin, soudain, pousse un cri. Des oiseaux tournent autour du sommet des mâts. Après un premier vol, un autre vol d'oiseaux, d'une espèce différente, puis des représentants d'autres espèces. Pour l'équipage, c'est un signe. La terre ne doit plus être très éloignée. Comme le soleil commence à décliner, on distingue une grande ligne à l'horizon qui pourrait bien être le rivage. Approche-t-on du port de Charleston, en Caroline du Sud, choisi comme port de destination ? Le commandant et les officiers hésitent à se prononcer. L'air est moite. Quelle route prendre ? À la satisfaction de savoir la terre si proche se mêle une sourde inquié-

1. Seule distraction de la traversée, que décrira Alexandre Berthier lorsqu'il fera le même parcours marin, les poissons volants : « Le dos est gris et bleu, le ventre argent mêlé de couleur lilas, le dessous de l'œil jaune. Ils font des bonds de sept mètres de haut et ils sont très délicats et très bons à manger. »

tude. Pas de navires ni de barques visibles à la lunette. Rien qui indique la proximité d'un port. Quel pouvoir contrôle cette côte plate qui paraît très accessible ? À Paris, Silas Deane n'avait pas caché à La Fayette la fâcheuse tournure prise par les derniers événements militaires. Après de brillants succès, l'armée des *insurgents* a dû battre en retraite au Canada, dans l'État de New York et sur d'autres théâtres d'opérations. Depuis sept semaines que la *Victoire* a quitté l'Espagne et que ses passagers sont sans nouvelles, la situation s'est peut-être encore dégradée. Rien ne dit que les Anglais, qui disposent d'une supériorité maritime écrasante, n'ont pas débarqué sur les côtes de la Caroline, ni que les colons loyalistes n'ont pas repris le dessus. Quoi qu'il en soit, il faut bien s'informer, quitte à risquer de se jeter dans la gueule du loup. Sur l'ordre de La Fayette, une embarcation est mise à la mer. Le soir tombe. On distingue des maisons déjà éclairées dans le lointain. D'étranges installations apparaissent à la surface de l'eau. Pourquoi ce quadrillage de bassins ? Serait-on en présence de pièges ? Un des marins qui manœuvrent la chaloupe rassure les passagers. Le hasard – la providence ? – les a guidés vers un parc à huîtres... Malgré la brume vespérale qui s'appesantit, des formes humaines deviennent visibles. Ces ombres passent et repassent parmi les blocs d'huîtres agglutinées. Soudain, elles aperçoivent l'embarcation, s'immobilisent. Les rameurs accélèrent la cadence. Les hommes du parc à huîtres sont maintenant à portée de voix. Le baron Kalb lance, en anglais, la question : « Où sommes-nous ? » En guise de réponse, ces travailleurs de la mer à la peau très sombre, vêtus seulement d'une culotte courte, s'enfuient vers la terre ferme. Kalb qui connaît le pays, et La Fayette qui a beaucoup appris à son sujet, les ont identifiés. Ce sont des esclaves noirs, affectés à ce parc. L'arrivée d'étrangers les a effrayés, et ces étrangers venus de France sauront bientôt qu'ils ont d'abord été soupçonnés d'être des espions anglais en mission sur la côte sud.

Ainsi, les premiers êtres humains rencontrés en Amérique, au moment de poser le pied sur le sol, sont des esclaves... Étrange entrée en contact avec le Nouveau Monde. Quelques années plus tard, Chateaubriand, débarquant aux États-Unis, fera la même expérience. La première créature qu'il découvrira sera « une jeune négresse presque nue, d'une beauté singulière ». Et il s'exclamera dans ses *Mémoires*, comme La Fayette aurait pu le faire à un détail près : « Ce fut une esclave qui me reçut sur la terre de la Liberté[2] ! »

Les Français n'hésitent pas, cependant, à débarquer et à se diriger vers la maison où ils ont aperçu de la lumière. La chance les accompagne. Le propriétaire est un *insurgent*, un patriote, le major Huger. Quand il apprend que ces visiteurs non attendus sont des volontaires, venus en Amérique pour se battre, il laisse exploser sa joie. Ces vaillants amis de la liberté seront ses hôtes à South Inlet (Caroline du Sud). Les esclaves, rassurés sur un signe de leur maître, se précipitent dans le cellier, la cuisine, les réserves, la salle à manger. Le couvert est mis en un clin d'œil. Les bouteilles de madère, de rhum, de brandy, de claret (vin rosé) sont plus nombreuses que les couverts. Ces Français, n'est-ce pas la providence elle-même qui les envoie dans ce coin perdu de la côte ? La soirée du 15 juin 1777, à South Inlet, sera une sacrée nuit de fête qui durera jusqu'au matin, et les travailleurs du parc à huîtres entendront, ravis, s'élever dans la nuit chaude des chants d'allégresse, dans une langue qu'ils ne comprennent pas.

2. L'esclave de Chateaubriand fut moins effrayée que les employés du parc à huîtres et l'écrivain la récompensa en lui offrant son mouchoir de soie.

12.

LE ROI-MARIN

Palais de Versailles. Automne 1777. Un grand seigneur étranger qui vient d'être reçu par le roi avec tous les honneurs dus à son rang traverse les galeries avec beaucoup d'autorité, précédé par l'introducteur des ambassadeurs et par de hauts fonctionnaires à la mine grave. Ce visiteur est plutôt beau, jeune, très distingué. Il regarde autour de lui, en homme habitué à ce décorum, esquisse des sourires à l'intention de dignitaires et de courtisans qu'il reconnaît sur son passage, et s'incline avec grâce devant quelques jolies femmes qu'il ne semble pas voir, non plus, pour la première fois. Les personnes qui sont ainsi l'objet de son attention lui témoignent leur satisfaction par des marques de respect qui, pour les connaisseurs, sont un tout petit peu trop appuyées pour ne pas contenir une intention légèrement moqueuse. À Versailles, les familiers de la cour sont passés maîtres, depuis longtemps, dans l'art des messages subtilement codés à travers les manifestations d'une politesse exquise. Quant à l'ambassadeur de Grande-Bretagne, le fringant lord Stormont, si l'on pouvait voir en gros plan l'expression de son regard, on devinerait qu'il n'est pas dupe. Dans les comédies diplomatiques, politiques ou mondaines, qui constituent, ici, la trame des jours, ne sont dupes que ceux qui débarquent de leur pays ou de leur province, seraient-ils chargés de mérites et de titres.

Le roi a donné l'assurance à l'envoyé de George III, venu protester, une nouvelle fois, contre la sympathie marquée par la France à l'égard des sujets anglais en rébellion outre-Atlantique, qu'il ne s'agit que de rumeurs, d'attitudes de personnes privées, non investies de responsabilités officielles. En tant que souverain, il s'en tient et s'en tiendra, dans cette affaire, à une stricte neutralité, seul moyen de maintenir entre Versailles et Londres les liens d'amitié auxquels il est attaché.

Lord Stormont a fait semblant de le croire, de prendre ces assurances verbales pour argent comptant, mais, en fait, il n'en a rien cru. Il sait par les rapports de ses agents secrets que du matériel de guerre expédié à Saint-Domingue, possession française, depuis des ports français, est en réalité destiné à être transporté par des bateaux américains, relâchant dans l'île, vers des ports américains. Il sait que toute la haute société française, ou presque, applaudit au moindre succès de ces maudits *insurgents*. Le roi a beau faire savoir que ce petit capitaine de vingt ans, Gilbert de La Fayette, parti rejoindre les soldats de Washington, s'est embarqué en désobéissant aux instructions formelles que lui a données la cour de ne pas quitter le territoire national, lord Stormont sait bien, quoi qu'en disent Maurepas et Vergennes, que le Tout-Versailles et le Tout-Paris considèrent cette aventure avec une grande sympathie. Si La Fayette passe, officiellement, pour un réprouvé, sa gracieuse et timide jeune femme, Adrienne, est traitée partout en femme de héros. Au *Café Procope*[1], au *Café de la Régence*, chez les glaciers et les limonadiers

1. C'est en 1686 que Francesco Procopio dei Coltelli, gentilhomme de Palerme, installa à Paris, rue des Fossés-Saint-Germain (aujourd'hui 13, rue de l'Ancienne-Comédie), son débit de café. L'excellence des boissons et des sorbets qu'il offrait à consommer, le cadre aimable, le voisinage aussi de l'ancienne Comédie-Française firent que son établissement devint très rapidement le lieu de réunion des beaux esprits. Le premier café littéraire du monde était né, et, pendant plus de deux siècles, tout ce qui portait un nom, ou qui espérait en porter un, dans le monde des lettres, des arts et de la politique, fréquenta le *Café Procope*. De La Fontaine à Anatole France, en passant par Voltaire, Rousseau,

du Palais-Royal, pour ne pas parler des salons littéraires et des loges maçonniques, dans tous les endroits où l'on cause – et Dieu sait qu'on cause en France, et sans précaution, bien qu'on s'y plaigne sans cesse de l'absence de cette liberté dont jouissent les Anglais –, on loue les *insurgents* et les hommes courageux qui vont se joindre à leur combat. Les responsables français ne parlent que de paix, de bonnes relations franco-britanniques, mais l'opinion, de la famille royale elle-même au moindre clerc de notaire lecteur de l'*Encyclopédie*, est favorable aux ennemis de George III.

Ce Louis XVI, grand, gros, au teint frais, au regard bleu comme l'innocence, qui paraît si faible, si hésitant, incapable d'un quelconque projet politique, croit-il vraiment que lord Stormont ignore ses pensées, ses passions réelles ?

Le roi n'a pas eu besoin d'être poussé par ses ministres, ni par ses proches, pour devenir anti-Anglais, et cela pour la simple raison qu'il est beaucoup plus anti-Anglais que tous ceux qui l'entourent, même s'il parvient à donner le change à certains, comme le trop inexpérimenté La Fayette.

Quel observateur perspicace des affaires françaises peut ignorer la prédilection du souverain pour la marine dès son plus jeune âge, son intérêt exceptionnel pour ce département, dès son accession au trône, ses pressions sur les ministres qui se sont vu confier la charge de reconstituer et réorganiser la flotte ? Le traité de Paris de 1763 avait, certes, imposé à la France des contraintes et des limitations humiliantes. La Grande-Bretagne n'a-t-elle pas interdit, en 1769, le transport de 900 soldats français à l'île de France[2] ? N'a-t-elle pas

---

Beaumarchais, Balzac, Hugo, Verlaine et tant d'autres, la liste des « habitués » du *Procope* est celle-là même des grands noms de la littérature française. Au XVIIIe siècle, les idées libérales y prirent leur essor, et l'histoire de l'*Encyclopédie* est intimement liée à celle du *Procope*, que fréquentaient Diderot, d'Alembert et Benjamin Franklin. Pendant la Révolution, Robespierre, Danton et Marat s'y réunissaient, et le lieutenant Bonaparte y laissa son chapeau en gage.

Le *Procope* renaît aujourd'hui, fidèle aux grandes ombres de son histoire. Symbole du passé, la table de Voltaire témoigne de sa pérennité et s'apprête à accueillir des gloires nouvelles.

2. Ancien nom de l'île Maurice.

interdit, en 1770, d'armer deux vaisseaux, deux galiotes et deux frégates pour lutter contre la piraterie en Méditerranée ? Les bateaux de guerre pourrissent en rade de Toulon et de Brest, faute de sorties en mer, et, pourtant, leur nombre est presque ridicule, le manque soudain d'intérêt de Louis XV ayant interrompu le magnifique effort de Choiseul, qui faisait offrir des navires au roi par les grandes villes, les États provinciaux, le corps des marchands, l'ordre du Saint-Esprit et autres mécènes.

Louis XVI, à peine couronné, exige qu'on passe commande de bois à la Prusse, pour construire de nouvelles unités navales. Il ordonne aux amiraux d'Orvilliers et du Chaffault de faire sortir la flotte pour des manœuvres en Méditerranée. Pressé par le roi, Sartines, ministre de la Marine, demande en août 1777 à Necker, qui tient les cordons de la bourse, un budget spécial pour les constructions navales. À la fin de l'année, 52 vaisseaux de ligne et 45 frégates, dotés d'une artillerie excellente, seront prêts à être utilisés.

Le zèle du roi, en matière maritime, ne s'arrête pas là. Il pense aux marins autant qu'aux bateaux. Ses décisions sont, à cet égard, significatives. Dès 1775, il supprime la peine de mort pour les déserteurs de la marine et promulgue une amnistie pour tous ceux qui ne sont pas jugés ou en fuite. Une ordonnance de la même année fait défense à tout chef, quelque dignité et grade qu'il puisse avoir, de se permettre vis-à-vis de ses subordonnés aucun propos injurieux ou susceptible de les humilier, sous peine d'être destitué et déclaré incapable de servir la marine de Sa Majesté.

Un commandant en second, coupable d'avoir frappé un mousse, est mis aux fers pendant deux jours et contraint de servir un temps comme simple matelot, en dépit de très hautes interventions en sa faveur. Louis XVI veille à ce que les sanctions contre les gradés soient exécutées, à l'égal de celles qui frappent les hommes. Grâce à ces mesures, une véritable discipline est instaurée. De même, veille-t-il à ce que les familles des victimes de combats ou d'accidents reçoivent des secours, et il abandonne au profit des équipages le tiers des prises qui revenait, par tradition, à la couronne.

Dès son adolescence, le futur Louis XVI a montré sa passion pour les espaces maritimes. Il collectionne, en lecteur fiévreux, les récits de voyages et se montre l'élève appliqué de Nicolas Ozanne, l'un des plus grands dessinateurs de marine. Il est à ce point un amateur de géographie, qu'il a appris à tracer des cartes. Son dévouement à la cause de la marine est tel que la construction navale en France est multipliée par quatre entre 1774 et 1778. Même le recrutement se perfectionne et le règne de Louis XVI révélera dans la Royale une pléiade d'officiers d'élite et des caractères remarquables allant de Charles de Fleurieux, nommé à la direction des ports et arsenaux, au chevalier de Borda qui inventa les instruments permettant de déterminer la longitude. C'est aussi toute une production qui est lancée en France en faveur de la construction des vaisseaux, que ce soit des entreprises métallurgiques, comme des fonderies de canons et d'ancres à Indret et Ruelle. L'action du roi est à la fois concrète et humanitaire. On sait que Louis XVI a voulu la naissance du port de Cherbourg, que Calonne appelait « une splendeur utile ». On sait moins que c'est grâce au souverain que la pension attribuée aux marins âgés, invalides ou estropiés, devint un droit. En matière de politique navale le Roi-marin n'a pas qu'une vision belliqueuse de la marine de guerre. Elle doit aussi, pour lui, explorer un espace d'échanges commerciaux et scientifiques. C'est sous le règne de Louis XVI que fut écrit le chapitre le plus brillant de l'épopée maritime française.

Le monarque ne peut dissimuler l'intérêt qu'il porte au Conseil de la marine, qui réunit tous les spécialistes, officiers, commissaires, ingénieurs, à qui il confie, entre autres missions, la recherche des responsabilités en cas d'accidents. Peut-il cacher aux agents anglais qu'il proteste, sanctionne, en cas de mauvaises manœuvres, qu'il augmente le nombre des officiers et crée une nouvelle classe de gradés, les officiers « bleus », venus des forces de terre ? Peut-il masquer son intérêt pour les géographes, les chercheurs de toutes les disciplines scientifiques liées à la mer, les navigateurs qui s'efforcent de découvrir et d'étudier de nouveaux territoires ? N'est-ce pas lui qui mettra au point la logistique de l'expédition de La Pérouse, pour qui il éprouve admiration et amitié ? Fortement appuyé par la Cassette royale, le comte de La Pérouse peut effectuer sa superbe expédition dans l'océan Pacifique. Il aura été le premier Européen à contempler les statues colossales de l'île de Pâques. Il a rectifié la position des îles Hawaii sur la carte. Il a découvert l'île Necker. Débarqué au Kamchatka, à Petropavlovsk, il apprenait sa nomination au grade de chef d'escadre et il chargeait Jean-Baptiste de Lesseps de porter en France ses cartes et ses journaux de route. Après avoir passé l'archipel des Navigateurs (Samoa), il entreprend de voguer cap sur les îles des Amis (Tonga). Chacun sait aussi, dans le royaume, que la sollicitude du roi s'étend aux marins-pêcheurs.

Cet homme qui passe pour timide et indolent – hormis dans l'exercice de la chasse, sa seule passion –, il semble bien qu'il n'ait jamais digéré la déclaration du Premier lord de l'Amirauté britannique, lord Sandwich, datée du 3 février 1775, selon laquelle plusieurs pays d'Europe voulaient prendre avantage de l'état de rébellion où se trouvent les colonies (d'Amérique) pour favoriser le projet qu'ils ont formé de commercer librement et également avec tout le monde, un projet « que le roi George III ne souffrirait pas ». Or, ce que Louis XVI veut établir, justement, pour la France comme pour les autres nations, c'est la liberté des mers.

Lord Stormont, lui, ne se méprend pas sur sa détermination. Sa dépêche du 27 février 1777 en témoigne :

« M. de Vergennes me dit avec la plus grande apparence d'ouverture et de franchise : "Je vous répète, Monsieur, ce que je vous ai déjà dit une fois : le roi, mon maître, ne fera pas une guerre d'ambition ou de politique ; il ne sera pas l'agresseur mais, s'il est attaqué, il sera plus opiniâtre et déterminé que n'était son grand-père : cela tient à la fermeté de son caractère." » La fermeté de son caractère ? Qui le croirait ? Et pourtant...

Cet arrière-plan de l'affaire d'Amérique, il y a des chances pour que La Fayette l'ignore. Comme il ignore, alors qu'il se bat à partir de l'été 1777, que, grâce à l'action de Benjamin Franklin, la cause de ses amis américains fait de grands progrès, à Paris et à Versailles ; comme il ignore encore que Voltaire, le grand Voltaire, s'est fait présenter à Adrienne par la duchesse de Choiseul, afin de saluer, à travers son épouse, celui qu'il appelle le « Héros du Nouveau Monde », en espérant qu'il deviendra le « Héros des Deux Mondes », l'ancien et le nouveau, par son combat pour la liberté. S'il ignore les détours de la diplomatie française, il ne doute pas cependant de la volonté profonde de certains ministres du roi, sinon du souverain lui-même[3]. Il en doute si peu que, tout réprouvé qu'il est, il se permet d'écrire à Vergennes en personne qu'il se prépare à affaiblir l'Angleterre et à l'obliger à retirer une partie de ses forces d'Amérique pour les transporter aux Indes orientales où, avec une petite troupe, il ira lui faire la guerre. Bien entendu, ce projet délirant, suggéré à Gilbert par un intrigant, le colonel franco-irlandais Thomas Conway, pour l'éloigner et devenir à son tour le premier officier français de l'armée des *insurgents*, après le remplacement de George Washington par le général Gates, n'aura aucune suite. Cet épisode met en évidence la naïveté de Gilbert dès qu'on lui propose de se lancer dans une aventure susceptible de le faire connaître du monde entier. C'est là un penchant dangereux. Il faut cependant souligner son exceptionnelle capacité à se ressaisir et à rectifier son tir quand il s'aperçoit qu'il s'est fourvoyé. Ayant pris conscience de la cabale menée par Gates et Conway contre Washington, il aidera son chef, père spirituel et ami, avec beaucoup de lucidité, de fermeté et d'humilité – en reconnaissant ses propres erreurs – à faire échec à ces chefs ambitieux et aux membres du Congrès qui les inspirent. Il oubliera son projet d'expédition aux Indes, et, après la chute de Philadelphie, en septembre 1777, il fournira dans une lettre à

3. À cet égard, la fougue de La Fayette n'a pas trompé le vieux ministre Maurepas : « Il finira quelque jour par démeubler Versailles pour le service de sa cause américaine ; lorsqu'il a mis quelque chose dans sa tête, il est impossible de lui résister. »

Adrienne[4] un véritable argumentaire pour qu'elle puisse, en France, répondre à ceux que cet échec ferait douter de la capacité des *insurgents* à remporter la victoire.

4. « À présent, comme femme d'un officier général américain, il faut que je vous fasse votre leçon. On vous dira : "Ils ont été battus." Vous répondrez : "C'est vrai ; mais entre deux armées égales en nombre et en plaine, de vieux soldats ont toujours de l'avantage sur des neufs ; d'ailleurs, ils ont eu le plaisir de tuer beaucoup, mais beaucoup plus de monde aux ennemis qu'ils n'en ont perdu." Après cela, on ajoutera : "C'est fort bien, mais Philadelphie est prise, la capitale de l'Amérique, le boulevard de la liberté !" Vous repartirez poliment : "Vous êtes des imbéciles. Philadelphie est une triste ville, ouverte de tout côté, dont le port était déjà fermé, que la résidence du Congrès a rendue fameuse, je ne sais pourquoi. Voilà ce que c'est que cette fameuse ville, laquelle, par parenthèse, nous leur ferons bien rendre tôt ou tard." S'ils continuent à vous poser des questions, vous les enverrez promener, en termes que vous dira le vicomte de Noailles, parce que je ne veux pas perdre le temps de vous écrire à vous parler politique. »

13.

CHARLESTON AVANT LE CHARLESTON

Pour les Français – et pas seulement pour eux –, Charleston est le grand port américain du Sud, où La Fayette avait prévu de débarquer. Depuis South Inlet, les invités du major Huger vont s'y rendre avec leur propre bateau, la *Victoire*. La distance entre les deux points n'est pas grande. Ceux d'entre eux qui, dans leur imagination, avaient assimilé Charleston à Bordeaux ou à Nantes, vont être déçus. Le « grand port du Sud », en 1777, est encore un bourg aux rues effroyablement mal pavées, composé surtout de petites maisons construites en bois. Les boutiques sont lugubres. Tout y est sacrifié à l'utilité immédiate. Pas de place ni de monument, ni de jardin public. Les tavernes, bourrées de marins venus d'un peu partout, n'offrent guère de confort. Il règne, pourtant, sur les quais comme dans la ville, une grande animation. Le décor est d'ailleurs d'une importance très relative pour les passagers de la *Victoire*, car les autorités locales prévenues par les soins du diligent major Huger sont là pour les accueillir, avec tous les honneurs.

Sont présents : le gouverneur John Rutledge, les généraux Robert Howe (homonyme du général britannique qui commande à Boston), John Calder et William Moultrie. La Fayette commanderait-il l'armée française qu'il ne serait pas reçu avec plus d'égards et de chaleur. Les discours officiels exaltent la politique du grand monarque Louis XVI et font la louange des volontaires français. Les banquets succèdent aux harangues, les chants patriotiques et les compliments des jeunes filles aux cantiques religieux. Ces volontaires en rupture de ban avec les autorités de leur propre pays n'ont pas encore subi le baptême du feu sur la terre américaine que, déjà, ils sont traités comme des vainqueurs. Car on les admire d'être parvenus jusqu'à Charleston, véritable exploit alors que deux frégates anglaises bloquent le port depuis plusieurs jours. En fait, il a fallu qu'un vent violent se lève et qu'il chasse ces deux terribles chiens de garde pour que la *Victoire* se paye le luxe de faire son apparition spectaculaire à midi, en plein soleil. Cette chance insolente est de bon augure, mais une fois les festivités terminées et le dernier verre de gin bu, les volontaires conduits par La Fayette, dont le but est de se présenter au congrès de Philadelphie, préfèrent ne pas tenter le diable sur le même terrain une seconde fois et ils décident de prendre la route. Gilbert, qui se sent déjà dans la peau du général qu'il va devenir, achète chevaux et voitures, divise ses hommes en petits groupes, fait, avant de quitter Charleston, un don de 17 000 livres en faveur des combattants de Caroline du Sud, et se lance sur des chemins fort mal entretenus, souvent à peine dessinés, pour un voyage de plus de quinze jours à travers les deux Caroline, la Virginie et le Delaware, partout fêté, partout loué et applaudi. De Charleston comme de chacune de ses grandes étapes – Petersburg, Annapolis, Baltimore –, il écrit à Adrienne. Comment s'étonner si en dépit des routes défoncées, de la chaleur humide, des moustiques, des ruptures d'essieux, des chutes de cheval, de la nourriture parfois bizarre pour un Français, il décrit le pays qu'il découvre sous des couleurs idylliques ! « Les Américaines sont jolies, avenantes, gaies, propres ; les hommes, cordiaux au possible. La plus grande égalité règne dans la société... Riches et pauvres entretiennent entre eux des rapports qui n'impliquent aucune condescendance chez les premiers ni servilité chez les seconds. »

Les esclaves qu'il rencontre le rendent soucieux ; c'est un problème qui le tourmente et le tourmentera toujours, mais il n'y fait pas allusion dans ses premières lettres à son épouse, sans doute pour ne pas ternir l'éclat du tableau.

14.

DES GALONS ? QUELS GALONS ?

Philadelphie. Dimanche 27 juillet 1777.

Des officiers français, qui malgré leur fatigue se sont mis sur leur trente et un, cheveux poudrés, bottes étincelantes, pour faire honneur à la capitale, déambulent dans les rues. Ils découvrent enfin une vraie ville, au sens européen. Point de monuments imposants, mais une très agréable architecture. Des rues bien tracées, bordées d'arbres, de larges trottoirs, des places, des fontaines, des points d'eau nombreux, des façades qui ne sont pas défraîchies. La plupart des immeubles sont en brique rouge ou beige, avec des fenêtres peintes en blanc, à petits carreaux. Dans les tavernes et les restaurants, le mobilier est de qualité, le plus souvent verni, la chère variée et les portions fort copieuses. Civils et militaires vont et viennent, et les familles endimanchées se répandent dans des lieux de culte appartenant à toutes sortes de confessions dont le sens échappe encore aux nouveaux venus débarqués de France. L'atmosphère n'est cependant pas à la gaieté. Les nouvelles du front, tout proche, sont mauvaises. Le matériel est insuffisant et vite usé, les désertions nombreuses. Comment une poignée d'hommes pourrait-elle venir à bout de la puissante armée britannique, soutenue par une marine qui ravage les villes côtières, bloque les ports et qui peut débarquer des renforts à sa guise ? La Fayette et sa petite troupe rencontrent-ils dans les rues de Philadelphie certains de ces Français, venus des Antilles ou de la métropole, qui se disent officiers, s'attribuent toutes sortes d'exploits et de compétences, et proposent leurs services en contrepartie de salaires importants, exigeant des grades élevés, sans aucune justification sinon le fait que, venant d'un territoire français, leurs mérites n'ont pas à être prouvés ? Ces gens, à part quelques exceptions, ont fini par se rendre odieux aux dirigeants américains, qui ne veulent plus traiter avec des individus isolés, non garantis par leur gouvernement, et qui se révèlent très vite être des mythomanes, des escrocs, des intrigants, prêts à toutes les aventures pour amasser de l'argent. De ces Français-là, La Fayette ne parle pas, même s'il aura, lui aussi, à subir les effets de leur fâcheuse présence. En tout cas, il comprendra très vite que les Américains préfèrent s'en débarrasser en les renvoyant d'où ils sont venus, et il fera tout pour ne pas être confondu avec eux.

Après avoir visité la ville – on ne sait pas s'ils ont assisté à un office religieux –, ils se présentent chez John Hancock qui est le président du Congrès. C'est à cet important personnage qu'est adressée la lettre d'introduction rédigée à Paris par Silas Deane.

Conditionné par l'accueil que ses amis et lui-même ont reçu en Amérique depuis leur arrivée chez le major Huger, La Fayette croit que le président du Congrès va lui ouvrir tout grands les bras et le presser contre son cœur. Las ! Le collaborateur du président à qui il s'adresse ne témoigne d'aucune chaleur particulière. La réception est courtoise mais sans plus. On lui conseille de prendre plutôt contact avec Robert Morris, le financier, celui qu'on appelle le « banquier de la Révolution ». L'espoir renaît car Morris est précisément celui auquel l'homme d'affaires de La Fayette, en France, a adressé un message pour régler les mouvements de fonds du volontaire vers l'Amérique. Nouvel espoir, nouvelle déception. Le financier est trop occupé pour les recevoir. Il leur fixe un rendez-vous pour le lendemain matin, à l'entrée d'Indépendance Hall. La Fayette s'y rendra, à l'heure convenue, et même un peu en avance, mais ce sera pour recevoir de la part de cet homme riche et influent ce que les Américains d'aujourd'hui appellent un *brush off*, nom donné au procédé qui consiste à se débarrasser d'un importun en un tour de main, comme on se débarrasse d'une poussière sur un vêtement, d'un coup de brosse...

Le très pressé Robert Morris désigne à Gilbert un monsieur qui passe à quelques mètres d'eux. C'est Robert Lovell, le président du comité récemment créé des « Démarches étrangères ». N'est-ce pas là l'homme qui peut faire quelque chose pour les passagers de la *Victoire* ? D'ailleurs, il parle fort bien le français. Aussitôt cette suggestion exprimée, le financier disparaît. Pas le moins du monde découragé, La Fayette s'adresse donc à Lovell qui, en un excellent français, en effet, se débarrasse de lui, presque aussi promptement que Morris, sous le prétexte que si l'Amérique a eu besoin du concours de militaires étrangers, ce besoin n'est plus d'actualité. Quant aux commissions données par Silas Deane pour différents grades dans l'armée américaine, il s'agit là d'un abus flagrant de la part du représentant du Congrès à Paris, car il n'a jamais reçu d'instructions à ce sujet et n'a agi que de son propre chef, ce qui fait que ces documents n'ont aucune valeur. Lovell remercie cependant, de façon très aimable ses interlocuteurs pour leurs bonnes intentions à l'égard de son pays. S'ils veulent faire du tourisme pendant quelque temps, ils peuvent rester, bien entendu, et circuler librement comme des visiteurs amicaux...

Les Français se regardent, consternés. N'auraient-ils pas été manipulés depuis le début ? Mais par qui ? Dans quel but ? Des agents anglais ne les auraient-ils pas présentés aux Américains comme des envoyés clandestins du maréchal de Broglie, chargés en réalité de faire avancer discrètement le projet ambitieux de ce dernier ? Or, en Amérique, personne ne veut du projet en question. Si Mauroy est vraiment chargé, avec Kalb, d'une mission secrète par le maréchal, il lui reviendra – car il sera bientôt renvoyé en France – de faire comprendre à son chef que son grand dessein n'a vraiment aucune chance d'être réalisé un jour. Quant à Kalb, il parviendra à rester avec La Fayette, et trouvera au cours des combats une mort glorieuse.

L'enthousiasme des passagers de la *Victoire* semble avoir subi un sérieux coup. Dans sa chambre, le chef de l'expédition réfléchit, tandis que ses compagnons se promènent, mélancoliques, sur les bords de la rivière Delaware, par cette très chaude journée d'été. Pour Gilbert, l'aventure dans laquelle il s'est lancé, en entraînant avec lui d'honnêtes gentilshommes, ne peut se terminer d'aussi piteuse façon. Retourner en France comme il en est venu, après s'être vanté d'avoir été nommé général (à dix-neuf ans !) : comment affronter une situation aussi humiliante et ridicule ? Oserait-il jamais reparaître à la cour, en rentrant d'une telle équipée ? Et comment présenter la chose à son sévère beau-père, cet orgueilleux duc d'Ayen qui ne voulait rien moins que le faire embastiller ? Il entend déjà son petit rire méprisant. Et Adrienne, à qui il a écrit des lettres pleines de professions de foi exaltées, dignes d'un héros se préparant à accomplir de grands exploits ? Il doit y avoir, il ne sait où, un malentendu, une intrigue de ces machiavéliques Anglais. Mais le dernier mot n'a peut-être pas été dit. Il lui faut repartir à l'assaut, poser de nouveau, à des chefs hautement responsables, le problème de fond. Qu'on ne le confonde surtout pas avec ses compatriotes débordant de suffisance et d'arrogance, venus ici poussés par des raisons d'intérêt, pour trouver des avantages. Ses compagnons et lui-même, qui les conduit, n'ont traversé l'Océan que pour servir, au péril de leur vie, la grande cause de la liberté incarnée par l'Amérique. Son aventure est désintéressée. Le voyage, il l'a entrepris à ses propres frais, en prenant le risque de désobéir à son roi, car il est fondamentalement un rebelle, comme les Américains sont des rebelles au roi George III de Grande-Bretagne. Il n'aspire qu'à l'honneur de se battre en homme libre et de mourir, s'il le faut, en homme libre, les armes à la main...

Qu'ils comprennent bien cela, les Américains, avant de décider de son sort et de celui de ses amis ! Ils le comprendront. Ils ont même commencé à le comprendre. Alors que La Fayette met au point sa prochaine démarche, Lovell et ses collègues ont regardé de près des lettres de Franklin, de Silas Deane et d'autres messages relatifs à ce volontaire peu banal. Ils sont troublés. Lovell se demande s'il n'a pas agi trop précipitamment avec lui. La présentation des faits par Benjamin Franklin était pourtant claire. Va-t-on décourager un homme qui, par sa présence, peut faciliter un rapprochement avec Versailles, en un moment où le Congrès attend de la France un concours qui lui est indispensable sur le plan militaire comme sur le plan diplomatique ?

Le lendemain, en bon protestant qui sait reconnaître publiquement ses erreurs, Lovell se rend en personne chez La Fayette avec un collègue parlementaire, William Duer, pour s'excuser de l'avoir si mal reçu, et il lui souhaite, au nom du Congrès, la bienvenue dans ce pays, en l'invitant à venir s'expliquer devant une commission de l'Assemblée. Le jeune héros, conforté, présente ses arguments, insistant de façon lyrique sur son amour de la liberté.

Comme il est différent de ces autres volontaires français – le mot mercenaires conviendrait mieux – que Lovell avait rencontrés ! Le jeune marquis n'affirme-t-il pas que son désintéressement est total, que si on ne lui donnait pas le grade promis, il serait prêt à servir comme simple combattant ? Convaincus de sa sincérité, Lovell et Duer se font ses avocats. Le Congrès vote une résolution qui reconnaît les hauts mérites du marquis de La Fayette, et, en récompense de son zèle, lui attribue le grade de major-général. Après la pluie, le beau temps. Pas pour longtemps. Il était dit que les débuts du volontaire en Amérique devaient se dérouler sous le signe de la douche écossaise. Le fait d'avoir été lui-même loué par le Congrès n'empêche pas qu'il doive discuter âprement pour que quelques-uns, au moins, de ses compagnons puissent rester avec lui et combattre. Seuls Kalb, de Grimat et La Colombie, aide de camp de La Fayette, seront admis à rejoindre les rangs de l'armée. Tous les autres devront rentrer en France avec, on s'en doute, la rage au cœur.

Gilbert n'est pas encore remis de cette brûlante contrariété qu'il va en connaître une autre. Nommé major-général, il ne commandera pas pour autant une division face à l'ennemi. Il portera l'uniforme du grade, recevra les marques de déférence qui sont attachées à la fonction, il pourra être admis dans les états-majors, mais sa position sera celle d'un invité d'honneur, d'un observateur de haut rang dépêché par un pays ami. Ce rôle flatteur peut-être, mais passif, n'est pas, bien sûr, celui qu'il souhaite. S'il ne se bat pas, à quoi servira-t-il ? Ses hôtes ne le lui disent pas ouvertement, mais pour eux son utilité sera grande. Partageant les émotions des chefs au combat, cet observateur politiquement engagé, enthousiaste, ne manquera pas d'informer Versailles dans le sens que souhaitent les dirigeants de Philadelphie, c'est-à-dire qu'il contribuera à faire prendre leur lutte suffisamment au sérieux pour que la sympathie se transforme en une alliance offensive et défensive en bonne et due forme. Mince gloire pour un homme qui en est véritablement affamé ! De nouveau, il proteste. N'a-t-on pas compris qu'il veut se battre, se battre, se battre ! Que faire ? La question relève de l'autorité militaire. Le Congrès transfère le dossier à celui qui, seul, peut prendre une décision sans appel dans ce domaine : le commandant en chef de l'armée, George Washington. Or, il se trouve que ce dernier est de passage à Philadelphie pour quelques jours...

15.

LA TAVERNE DU DESTIN

Dans la capitale provisoire de la nation qui s'est proclamée d'elle-même indépendante, le 4 juillet 1776, la *City Tavern* est un des endroits les plus recherchés par le nouvel *establishment* militaire et politique.

On s'y retrouve pour dîner, de façon aussi formelle que le permettent les circonstances. Les huîtres, le rôti de bœuf, la volaille, le fromage et les tartes à la cerise et aux pommes y sont de qualité, sans parler des boissons : bière, vin de Madère, vin rosé, rhum et brandy. L'endroit, du fait des événements, tient à la fois du mess d'officiers (au sens français) et de la cantine confortable pour parlementaires et hauts fonctionnaires qui ont à recevoir dignement des invités.

Le 1er août 1777, La Fayette est prié de participer à un dîner, considéré comme important, puisque le général en chef de l'armée des *insurgents* doit l'honorer de sa présence. Lorsque le jeune volontaire arrive à la *City Tavern*, la plupart des convives sont déjà dans la salle qui a été réservée pour ce repas. Le cérémonial n'est pas réglé avec la précision qui caractérisait, par exemple, les soirées données à Metz par le maréchal de Broglie. Ici, l'étiquette est réduite au minimum. La simplicité et la cordialité l'emportent. On n'entend pas claquer les talons. Dans ce groupe d'hommes en uniforme, Gilbert distingue du premier coup d'œil celui qui est le chef suprême de la Révolution. Il va droit vers lui, comme poussé par une force magnétique. Cette majesté naturelle, cette courtoisie bienveillante et réservée à la fois à l'égard de chacun des hôtes, quel que soit le grade ou la fonction, sont des signes qui ne trompent pas. Il n'a pas vingt ans, mais il a déjà rencontré des rois, des princes, des chefs d'armée, des hauts dignitaires de toute sorte, en Angleterre comme en France, et aucun de ces grands personnages qu'il a eu le privilège d'approcher n'avait l'allure, le maintien, la présence en un mot, de ce chef d'une troupe de révoltés. Comme il lui paraît digne d'incarner le mouvement qui va transformer le Nouveau Monde et faire réfléchir l'Ancien ! Gilbert s'incline très respectueusement devant celui dont son propre sort va dépendre tout autant que le sort des quatre millions d'Américains. George Washington lui sourit et semble le jauger d'un seul regard. Ainsi, cet adolescent raide et vaguement inquiet, c'est bien ce fameux marquis venu de France à ses frais dont tout le monde parle en ville. Il a de la peine à imaginer que ce grand garçon aux yeux clairs, à la tignasse rousse, qu'on pourrait prendre pour un joueur de cornemuse d'un régiment écossais, est un familier de la cour de Versailles, et que, capitaine dans une garnison de l'est de la France, il a fait parler des événements d'Amérique le frère du roi de Grande-Bretagne avant d'être présenté à ce roi lui-même, à Londres, par l'oncle de son épouse, ambassadeur du roi de France. C'est sur lui que Silas Deane, Benjamin Franklin et John Lovell ont appelé à son attention, en raison de la singularité de son aventure (qui n'a pas échappé à la presse anglaise), comme des services qu'il peut rendre grâce à ses relations. Le contraste entre le personnage et le bruit fait à son propos est tel que le général pourrait en être amusé. Mais ce grand connaisseur d'hommes est frappé par l'impression de franchise et de détermination que donne son jeune interlocuteur. En dépit de l'anglais encore hésitant et maladroit de ce dernier – Washington ignore le français – et de la différence d'âge – vingt-cinq ans –, dès les premières paroles échangées, le charme du chef agit sur le volontaire, comme celui du volontaire sur le chef. Ces deux êtres ont le sentiment immédiat d'être faits l'un et l'autre pour se comprendre, s'estimer, regarder ensemble l'avenir. Une des plus grandes histoires d'amitié de la fin du XVIIIe siècle commence à être écrite, dès ce 1er août 1777.

La force de George Washington est dans sa majesté placide. Tout le monde se plaît à reconnaître les mérites de ce héros guerrier, chef d'état-major de l'armée continentale qui participera à la rédaction de la Constitution et fera l'unanimité lors du choix du premier président des États-Unis. Durant ses deux mandats, de 1789 à 1797, il sera un administrateur habile et conscient de l'importance de chacune de ses décisions. Il lui reviendra de faire fonctionner le premier gouvernement et de créer des précédents là où la Constitution n'est pas explicite. Ce chef qui s'attachait à tout prévoir ne pouvait imaginer que son nom serait donné à la capitale des États-Unis et à un État tout entier, ni que son effigie figurerait un jour sur le billet d'un dollar et sur la pièce de vingt-cinq cents. Encore moins, que son anniversaire deviendrait un jour férié fédéral. George Washington naît le 22 février 1732, à Wakefield, Virginie. Ses parents sont d'origine anglaise et font partie de l'élite économique et culturelle des planteurs esclavagistes de Virginie. Adolescent, il apprend la topographie et participe à la cartographie de la vallée de la Shaenandoah. À la mort de son père, il est pris en charge par son demi-frère, dont il héritera de la propriété de Mount Vernon, près d'Alexandria, en Virginie. À l'âge de vingt ans, en 1752 il devient franc-maçon. Quatre ans plus tard, George Washington s'engage avec le grade de commandant dans la milice de Virginie où il construit une série de forts sur la frontière ouest. La vallée de l'Ohio est alors le théâtre des rivalités entre les Britanniques et les Français et le gouverneur lui confie la mission de chasser ces derniers. Confronté à leur refus, il attaque et tue un groupe de dix éclaireurs. Il construit un fortin, à l'emplacement de la future ville de Pittsburgh, pour se préparer aux représailles, mais celui-ci, établi en terrain inondable et trop faiblement défendu, se révèle inutile. Le 3 juillet, Washington capitule et négocie son retour en Virginie en laissant les Français maîtres de la vallée. Ces opérations sont les premières de la partie américaine de la guerre de Sept Ans. Même si toute son existence se place sous la clarté du courage, George Washington, comme beaucoup, a une zone d'ombre dans sa vie. Sa plus grave erreur il la commet le 27 mai 1754 en faisant exécuter l'officier français Joseph Coulon de Jumonville, venu pourtant le voir sous la protection du drapeau blanc et avec un statut d'émissaire, chargé de délivrer une sommation de retrait des terres du roi de France. Il prétendra par la suite avoir pris Jumonville pour un espion, ce qui n'est pas compatible avec son statut d'émissaire. Le meurtre de Joseph de Jumonville fait scandale en France et même un anglophile tel que Voltaire s'indignera et déclarera : « Je ne suis plus anglais depuis que les Anglais sont pirates sur mer et assassinent nos officiers en Nouvelle-France. » Claude de Contrecœur envoie alors un détachement de cinq cents hommes pour capturer Washington. Il confie le commandement de cette troupe au propre frère de Jumonville, Louis Coulon de Villiers. Louis de Villiers capture Washington au fort de la Nécessité. Il le libère néanmoins, alors qu'il est censé le juger et l'exécuter pour meurtre. La clémence est le signe des grands et ce geste, à la générosité prémonitoire, est d'autant plus beau qu'on ne sait pas encore qu'un jour Washington et les Français combattront côte à côte dans la fraternité et avec intrépidité pour une cause commune. Il est intéressant de noter que Washington reconnaîtra son erreur par écrit. Le nom de Jumonville a été donné à une cité en souvenir de cette triste page.

En 1774, Washington est une des personnes les plus riches des colonies. Il est élu député de Virginie au premier Congrès continental, puis, l'année suivante, au deuxième Congrès. Il soutient la cause de l'indépendance des colonies, mais ne la servira activement qu'à partir de 1776, après avoir lu un livre. Ce livre, déterminant pour lui comme pour beaucoup d'autres, s'intitule *Le Sens commun* et il est signé Thomas Paine. Le 15 juin 1775, sur proposition de John Adams, le Congrès continental le nomme à l'unanimité chef d'état-major de l'Armée continentale. Il rejoint cette troupe hétéroclite stationnée près de Boston qui doit faire face à l'armée britannique, les fameuses « vestes rouges », composée de douze mille soldats entraînés, ce qui l'amène à ordonner à ses agents recruteurs d'accepter les Noirs libres. Pendant l'année 1776, Washington conquiert Boston, tenu par les troupes du général britannique William Hove, forcé de se retirer jusqu'à Halifax, Canada. Il marche ensuite sur New York pour se préparer à la contre-offensive britannique. Il perd la bataille de Long Island, mais parvient à sauver ses forces qui font retraite à travers le New Jersey. L'avenir de la révolution est alors compromis. Cependant le miracle va se produire la nuit de la Nativité. Inoubliable Noël de 1776, quand Washington fait traverser la rivière Delaware à ses troupes pour attaquer les mercenaires Hessois à la solde des Britanniques à Trenton dans le New Jersey. Il attaque les forces du général Cornwallis par surprise à Princeton au tout début de 1777 et reconquiert le New Jersey. Voilà l'homme, voilà le chef, il sait faire du temps son allié, subir les épreuves et reprendre la main. Détermination, placidité, courage, entêtement, organisation, capacité de résistance, sens de l'initiative après l'échec. Il est de ces êtres qui ne reculent que pour plus tard aller plus loin. Ses victoires vont remonter le moral des colons favorables à l'indépendance.

Voilà celui que s'est choisi pour guide le jeune aristocrate français. Washington et La Fayette, deux caractères dignes d'une statue de Bartholdi, celle que l'on peut voir aujourd'hui place des États-Unis à Paris. Le général en chef a parfaitement mesuré la situation dans laquelle se trouve le nouveau venu. Il l'invite à s'installer à son quartier général, lui remet l'écharpe qui correspond au grade qui lui a été promis, l'emmène avec lui inspecter les forts construits pour protéger les abords de la rivière Delaware. Tout en observant son comportement et ses réactions, il le présente à ses principaux lieutenants, lui fait découvrir les différents rouages de l'organisation militaire, assez sommaire, des *insurgents*, et l'envoie faire une période d'entraînement au camp de Nashimy. Dans ce camp, comme à l'état-major, le marquis – c'est le titre que Washington ne cessera de lui donner – plaît à tous ceux qu'il approche. Les généraux d'abord : Horatio Gates, un des rares professionnels, sûr de son talent, orgueilleux et jaloux de son chef ; le gros Knox, patron de l'artillerie, libraire dans le civil, qui est passé sans transition des éditions rares aux canons ; Nathanaël Greene, qui ne partage pas le pacifisme intégral de sa famille quaker, ni la sobriété des membres de cette Église, car il est de ceux qui tirent plus vite que leur ombre et qui vident encore plus rapidement un verre de brandy. La Fayette fait une excellente impression également sur le général Stirling, à la voix de stentor. Ne déborde-t-il pas de bonne volonté ? Jamais il ne se plaint ni ne manifeste la moindre prétention ou la moindre exigence. Il se conduit en tout comme un stagiaire, plein de zèle, vivant avec intensité ce que vivent ses compagnons de combat, partageant leurs moments d'exaltation, comme aussi leur tristesse lorsque, d'un des fronts, parviennent de mauvaises nouvelles. Un jour qu'ils inspectent une unité qui brille par la misère des uniformes, la pauvreté de l'armement, la maladresse des soldats, Washington lui fait remarquer qu'il doit trouver ce spectacle bien décevant, lui qui a appartenu à une des armées les mieux disciplinées et équipées du monde. Le général-aide de camp se contente de répondre : « Je ne suis pas ici pour enseigner mais pour apprendre. » Cette réplique fera le tour de tous les camps, de toutes les popotes, et contribuera à l'estime que son auteur inspirera.

Il y a, cependant, un officier supérieur qui, en dépit de ses manifestations de politesse, ne lui veut pas de bien du tout : le colonel Thomas Conway, un Irlandais qui a fait toute sa carrière en Europe. Vaillant soldat mais très ambitieux et plus intrigant qu'il n'est permis, il s'est cru désigné, à cause de son bilinguisme, pour être le « Français » le plus en vue de l'armée américaine. L'arrivée et surtout la popularité de La Fayette lui font de l'ombrage, et il essaiera, comme nous l'avons noté déjà, de se débarrasser de lui, indirectement, en se faisant l'instrument d'un complot politico-militaire visant au limogeage de Washington. Grâce à Dieu – et aussi à Gilbert –, le complot échouera. Deux autres officiers français de valeur pourraient prendre ombrage de la popularité de l'aide de camp favori du commandant en chef. Du Coudray d'abord, responsable du génie, arrivé au titre de l'assistance fournie clandestinement à travers le réseau Beaumarchais-

Deane. C'est un ingénieur de grand talent, consciencieux, mais qui s'adapte mal à la mentalité locale et aux conditions d'une guerre qui, par bien des côtés, s'apparente à une guérilla. Du Coudray, victime d'une noyade accidentelle, ne reverra pas la France. Un autre aristocrate de bonne lignée, volontaire arrivé en Amérique quelques mois avant La Fayette, pourrait aussi en être jaloux. Comme ce dernier, il est marquis, courageux, généreux, honnête. C'est Armand Tufin de La Rouërie[1], gentilhomme breton, qui se rendra célèbre par ses exploits à la tête d'unités de cavalerie sous le nom de « colonel Armand ». Le bien qu'il entend dire partout de son jeune compatriote l'agace un peu. Il n'intriguera pas, toutefois, contre lui.

Washington apprécie « le colonel Armand » pour sa bravoure, son audace, sa « *furia francese* », à la tête de ses cavaliers. C'est un homme de terrain, de « coups », un chef de commando avant l'heure. Mais il est imprudent, tête brûlée, et si grandes que soient sa loyauté et sa fidélité, il ne possède pas la dimension idéaliste, la passion de la liberté qui font de La Fayette un être à part dans cet univers.

1. Le marquis de La Rouërie sera un des tout premiers chefs de la chouannerie dans l'ouest de la France.

16.

L'ÉPREUVE DU FEU

Septembre 1777.

Il y a un peu plus d'un mois que Gilbert vit dans l'entourage du commandant en chef. Son entraînement n'a pas duré longtemps. Si son passage à l'Académie militaire de Versailles et son séjour à Metz, en garnison, ne lui ont pas appris grand-chose de la science militaire, il en sait à peu près autant que la moyenne des officiers de l'armée des *insurgents*, dont la plupart n'auront pas la chance d'accéder au grade qui lui a été attribué d'emblée. L'art de la guerre, quand on s'appelle Gilbert du Motier de La Fayette, descendant du maréchal de La Fayette et fils du colonel du régiment des grenadiers du roi, tombé à Minden (Allemagne) en 1759, on l'a dans le sang. Il sait ce que vaut l'armée américaine, les dangers qui la menacent : insuffisance d'armement, d'équipement, de ravitaillement, discipline relative, particularismes régionaux, ingérence des politiciens. Si elle a pu remporter des succès éclatants contre une armée aussi bien organisée que l'armée anglaise, c'est qu'elle possède en son sein des hommes d'un courage et d'une endurance exceptionnels, des chefs capables d'imaginer, d'improviser, de prendre des risques. Face à des soldats de métier qui font une carrière, qu'ils soient britanniques ou qu'ils aient été recrutés en Allemagne, les troupes de

Washington représentent ce que représenteront plus tard, en France, les volontaires de l'An II, les soldats de l'Idéal. C'est pourquoi Gilbert de La Fayette se trouve à son aise au milieu d'eux, en dépit de tout ce qui les sépare : la langue (mais il fera des progrès rapides en anglais), la nourriture, les usages... Il se sent, d'ailleurs, devenir américain. Washington n'a guère de secrets pour lui. Il en a d'autant moins, qu'ayant appris que son chef est franc-maçon, Gilbert lui a révélé que lui-même a été initié – il y a peu de temps – dans une loge parisienne, et que tout jeune « apprenti » il avait eu le privilège de fréquenter, « sur les colonnes », quelques-uns des esprits les plus cultivés et les plus distingués de France. Ce lien idéologique ou spirituel – chaque lecteur l'appellera comme il voudra – devait contribuer à rapprocher les deux hommes et à renforcer leur amitié. En tout cas, le général en chef ne cache pas à son aide de camp, en ce mois de septembre 1777, que la situation militaire est inquiétante et que l'on craint que les forces britanniques ne soient bientôt à même de prendre Philadelphie, ville hautement symbolique pour les Américains. Washington n'imagine pas une seconde que Gilbert pourrait adresser à son pays des rapports alarmistes de nature à jeter le doute sur la volonté – et les possibilités – de vaincre des *insurgents*. Il sait trop que ce garçon possède, comme lui-même, la rage de vaincre et que les pires épreuves, loin de l'inciter à renoncer à un combat, le pousseraient plutôt à le poursuivre. Aussi, le moment lui semble-t-il venu de lui faire subir le baptême du feu.

Une armée ennemie commandée par le général Burgoyne, descendant du Canada, avait au début de juillet repoussé l'armée américaine de Horatio Gates à Ticonderoga et avançait, menaçante, vers la Pennsylvanie, tandis que la flotte britannique débarquait des forces dans la baie de Chesapeake en vue d'une grande attaque par le sud. Prendre l'armée des *insurgents* par une manœuvre en tenaille, tel était le plan du général anglais Howe. La chute de Ticonderoga en rendait le succès possible. Washington concentra ses forces autour de Philadelphie et, sans attendre, s'efforça d'affaiblir les colonnes ennemies.

Le 11 septembre, la décision est prise d'attaquer, sans plus attendre, les régiments du général anglais Cornwallis, subordonné de Howe, sur la ligne constituée par la rivière Brandywine. À la tête de quelques centaines d'hommes, Gilbert reçoit l'ordre de rejoindre la division du général Sullivan qui est la plus exposée. La supériorité de l'artillerie ennemie ne permet pas au général américain d'enfoncer le front. Sa propre aile gauche ayant dû plier, il doit même rejoindre la division centrale pour former avec elle un noyau aussi dur que possible. Tout le feu britannique est dirigé sur ce noyau qui commence à fondre. Brandywine, pour les Américains, ne sera pas une victoire, tant s'en faut, mais l'essentiel de leurs forces pourra échapper à l'encerclement et être préservé pour l'avenir. Au cours de ces combats, le rôle du major-général La Fayette a été très positif. S'exposant avec une grande audace, il rassemble avec une énergie et un enthousiasme hors du commun les hommes qui commencent à s'enfuir tous azimuts. D'une bande de fuyards, il fait une troupe relativement disciplinée qui effectuera une retraite en bon ordre et n'ira pas grossir le flot des prisonniers. Mais il s'expose trop. Une balle lui traverse la jambe. Il tombe de son cheval, se fait remettre en selle, et continue à regrouper ses soldats, jusqu'au moment où, l'hémorragie devenant inquiétante, il doit être évacué.

Le commandant en chef, après avoir fait panser par son propre médecin le blessé, qu'il verra de plus en plus avec les yeux d'un père pour un fils, l'envoie à l'arrière et signale sa brillante conduite au Congrès. Évacué vers Bristol par bateau, le major-général, qui a eu vingt ans quelques jours plus tôt (le 6 septembre 1777), reçoit la visite du président de l'Assemblée, Henry Laurens, qui le transporte lui-même à Bethléem, charmant village de Pennsylvanie, à l'hôpital des Frères Moraves[1], une secte protestante originaire de Bohême dont les membres ont émigré pour fuir les persécutions. Il y reçoit des soins excellents, surtout d'une infirmière dont la douceur le fait

1. Cet établissement a été transformé en restaurant, le *Moravian Inn*, où on est, aujourd'hui encore, servi par un personnel vêtu comme au XVIIIe siècle.

rêver, Lisa Beckel… Deux mois plus tard, il est de nouveau sur pied, prêt à reprendre le combat.

Washington, après une autre défaite héroïque à Germantown, n'avait pu empêcher l'évacuation de Philadelphie, occupée par les Anglais le 26 septembre. Tandis que le Congrès se transportait à Lancaster, les troupes américaines, sauvées par le général en chef, étaient rassemblées au camp de Valley Forge, non loin de la capitale occupée, où La Fayette venait le rejoindre et partager avec tous les combattants américains, ses frères désormais, un hiver terriblement éprouvant.

17.

LES PREMIERS VA-NU-PIEDS SUPERBES

Valley Forge (Pennsylvanie). Décembre 1777.

Il neige. Et la neige, loin de donner à ce décor un caractère romantique, contribue à le rendre encore plus lugubre. Valley Forge est un immense camp militaire improvisé au milieu des bois, à moins de trente kilomètres des lignes ennemies, où Washington a rassemblé les 9 000 hommes qu'il a pu sauver et auxquels se sont joints des réfugiés civils. Ici, point de bâtiments en dur ni de baraquements militaires classiques, mais des centaines de petites huttes qui ont poussé comme des champignons, construites par les soldats eux-mêmes avec les troncs des arbres de la forêt. Ces anciens éleveurs, trappeurs, paysans, installés (toujours provisoirement) dans des régions incertaines, nombreux dans l'armée, connaissent l'art de monter à la va-vite, avec les matériaux qu'ils peuvent trouver sur place, ces cabanes de fortune qui permettent de se protéger contre le froid, les tornades, les bourrasques de neige, le vent qui souffle en rafales, les brigands, les Indiens, les animaux sauvages, souvent pendant des mois et, avec quelques améliorations, pendant parfois des années.

Un major-général venu de France admire la rapidité avec laquelle cette agglomération s'est élevée, mais lui qui a déjà perçu l'Océan comme une triste plaine va découvrir la tristesse de cette cité précaire dans laquelle une armée va prendre ses quartiers d'hiver.

Triste, Valley Forge l'est pour tous ceux qui s'y trouvent, même si certains sont un peu mieux installés que les autres. On y manque à peu près de tout : d'uniformes en bon état, de bottes, de souliers, de couvertures, de mobilier, d'ustensiles de cuisine, d'un armement suffisant dans le cas d'une attaque impromptue d'envergure. Des officiers sont en guenilles. D'autres ont découpé des bottes dans du tissu de laine épais. Des soldats n'ont pas de chemise ou de capote. Toute la journée, quand les doigts ne sont pas engourdis par le froid, on coupe, on découpe, on coud, on assemble, on bricole, on rafistole. C'est un vrai festival de patchwork. On se nourrit comme on peut. Heureusement, le gin et le whisky distillé par des fermiers voisins permettent de tenir le coup, surtout lorsqu'on est trop nombreux à se serrer autour d'un feu et que la neige se manifeste par des bourrasques. En dépit des efforts du commandement pour maintenir le moral et la discipline dans cette troupe réduite à l'inactivité, les désertions se multiplient. N'y a-t-il pas mieux à faire à l'atelier, à la ferme, sur la plantation, au magasin ? En Amérique du Nord, l'hiver est long, très long, et les soldes ne sont plus payées depuis des mois. Pourtant, beaucoup, Dieu merci, tiennent bon. Par ce mélange d'extrême misère et d'héroïsme, ces combattants de Valley Forge ne préfigurent-ils pas les soldats de l'An II que chantera Victor Hugo ? Ils n'oublient pas qu'ils sont des rebelles. Pour beaucoup d'entre eux, les officiers surtout, une défaite définitive signifierait la potence ou de longues années de bagne ; et la réputation des bagnes anglais n'est plus à faire. Ils ont d'autant plus de mérite à tenir qu'ils savent qu'à Philadelphie et ailleurs, il y a des commerçants qui s'enrichissent grâce à la guerre, indifférents aux souffrances des soldats et des réfugiés, et à la ruine qui menace le pays.

Le major-général La Fayette tient à partager le plus possible les très dures épreuves que subissent ses subordonnés. Dans sa première jeunesse, ses escapades dans les montagnes du Forez l'ont préparé à s'accommoder de conditions de vie rigoureuses. Son ascendant sur ceux qu'il commande, il ne le tient pas que de son courage, de son sang-froid au combat, mais aussi de sa sobriété, de son mépris du confort, de sa compréhension d'une situation révolutionnaire et des conséquences que chacun qui s'y trouve impliqué doit en tirer.

Il s'impose encore, ce général de vingt ans, par son sens de l'équité, son aptitude à commander sans humilier, ni brutaliser. Ce sont pourtant des bougres durs à mener, ces Virginiens qu'il a reçu l'ordre de diriger sur Valley Forge. Les pires soldats de l'armée américaine, selon les colonels et les généraux qui les ont commandés : grossiers, brutaux, ivrognes, chapardeurs, querelleurs, fortes têtes, arrogants, indisciplinés sur toute la ligne, ne comprenant que les coups de gueule et les coups de poing bien assenés. Telle est la division confiée à La Fayette. Car il l'a reçue, enfin, sa division, par décision du Congrès du 1er décembre 1777, et récompense de sa conduite à Haddonfield, où, au cours d'une simple mission de reconnaissance avec une petite escouade, il avait culbuté trois cents Hessois, soldats de carrière servant sous le drapeau britannique. Sa mise en observation, son apprentissage n'ont donc duré que quatre mois. C'est lui-même qui a demandé qu'on lui attribue la division virginienne, pour honorer son cher Washington, lequel est plutôt embarrassé par cette marque d'attention, car il se demande si ses terribles compatriotes obéiront à un chef aussi jeune et aussi peu expérimenté. Mais comme celui-ci insiste, le commandant en chef finit par accepter. Grande sera cependant la déception du major-général lorsqu'il s'apercevra que la division promise compte à peine un peu plus de mille hommes, en raclant les fonds de tiroir. Ce qui ne l'empêche pas d'afficher à Valley Forge, où l'inaction mine le moral de beaucoup, un optimisme et une ardeur que son chef apprécie au plus haut degré.

C'est dans ce camp, au tout début de mai 1778, qu'il apprendra, par un courrier, la grande nouvelle : la France, qui après la victoire américaine de Saratoga avait reconnu l'indépendance des États-Unis, a enfin contracté avec la nouvelle nation, le 6 février 1778, une alliance défensive et offensive, et signé un traité de commerce et d'amitié. Le 20 mars 1778, Benjamin Franklin, Arthur Lee, Ralph Izard, Silas Deane, les plénipotentiaires américains, ont été reçus à

Versailles, en grande pompe. Les dés sont jetés. Louis XVI a choisi le bon moment : ni trop tôt, ni trop tard. N'est-ce pas le propre des grands politiques ?

À Valley Forge, on boit pour fêter l'événement. On boit tout ce qu'on trouve et tant qu'on peut. Les toasts succèdent aux toasts. Qu'importe si l'on boit dans des verres ébréchés, à la bouteille ou dans des gamelles mal récurées !

Le jeune général, qui entraîne ses « affreux » dans la neige sale de Valley Forge, a-t-il contribué par sa présence en Amérique, par les rapports qu'il a adressés à Vergennes, à son influent beau-père, à sa femme pour qu'elle répète ses propos, à faire progresser la cause de cette alliance indispensable ? Les chefs de la jeune nation sont enclins à le croire, et l'intéressé, pour sa part, n'en doute pas [1].

Il ne passera pas tout l'hiver et le printemps de 1777-1778 à Valley Forge. En janvier, une autre occasion de conquérir la gloire dont il rêve lui est offerte. Il reçoit l'ordre de se rendre à Albany (État de New York) pour prendre le commandement de l'armée du Nord, avec mission de pénétrer au Canada et de débarrasser ce pays de la présence militaire britannique. Ni plus ni moins. Il disposera d'un corps de 3 000 hommes (soldats et miliciens), d'un budget de deux millions de francs, d'une réserve importante de vivres, de chevaux, de traîneaux, de raquettes. Son premier objectif consistera à incendier la flottille anglaise, bloquée par les glaces sur le lac Champlain. Ensuite, il foncera sur Montréal et Québec. Ceux qui, à l'état-major, ont imaginé cette campagne continuent de croire que les Franco-Canadiens sont impatients de se joindre aux *insurgents*, malgré le démenti apporté à cette hypothèse par l'échec de la mission menée au Canada, au début de 1776, par Benjamin Franklin, assisté d'Achard de Bonvouloir et de l'imprimeur français de Philadelphie, Fleury-Mesplet. Rien ne pouvait plus séduire, cependant, le nouveau général de l'armée du Nord que ce plan. Ainsi, il va devenir le

1. Le 20 mars 1778, avant de se rendre au grand dîner donné en leur honneur à Versailles, Franklin et ses collègues allèrent remercier Adrienne, à son domicile, de l'aide apportée par son mari.

libérateur du Canada. La honte du traité de Paris, ce sera à lui, Gilbert de La Fayette, qu'il reviendra de l'effacer, avec son épée. Il entend déjà, alors qu'il avance péniblement sur de très mauvais chemins, les échos de son triomphe à Versailles. Que diront le roi, Maurepas, le duc d'Ayen son beau-père, lorsqu'il apparaîtra en général vainqueur dans son bel uniforme bleu américain ?

Quand il parvient à Albany, l'esprit encore tout embrumé par ce rêve, la déception, une fois de plus, est au rendez-vous. Au lieu des 3 000 hommes annoncés, il n'y en a guère qu'un millier. Quant aux réserves de vivres et de matériel, elles sont très insuffisantes, pour ne pas dire davantage. Partir à la conquête du Canada avec d'aussi pauvres moyens serait une dérision. Le général de l'armée du Nord a le bon sens, le courage, le mérite en fin de compte, de renoncer sur-le-champ à cette campagne dont il espérait tant. Il exprime son amertume sans ambages à Washington qui, au fond de lui-même, n'avait jamais été favorable à cette expédition. Le commandant en chef a le langage le mieux fait qu'il soit pour lui aller droit au cœur : « Je suis persuadé que tout le monde approuvera la prudence qui vous a fait renoncer à une entreprise dont la poursuite vous eût engagé dans une lutte vaine contre des impossibilités physiques... Quelle que soit la peine que votre ardeur pour la gloire vous fait ressentir de ce désappointement, soyez assuré que votre réputation est aussi belle qu'elle fut jamais. »

Rasséréné, sinon consolé, celui qui voulait être le libérateur du Canada réussit à maintenir la discipline dans son unité, paye de ses propres deniers les soldes en retard, réorganise militairement la région d'Albany, restaure des forts qu'on avait laissés à l'abandon, avant d'entreprendre une des actions les plus positives qu'il accomplira en Amérique : la récupération de tribus indiennes jusque-là manipulées par l'ennemi.

18.

LE GÉNÉRAL KAYEWLA

9 mars 1778. Dans la grande prairie proche de ce qui est, théoriquement, la frontière américano-canadienne, des Indiens sont rassemblés et font un vacarme assourdissant. C'est la fête et ces gens sont gais. Ils en ont bien le droit. Malgré le bruit, des vieillards accroupis sur des peaux de bêtes fument gravement cette longue pipe qu'on appelle, quand la poudre a cessé de parler, le calumet de la paix. Des femmes, dont certaines fort belles, portant de nombreux colifichets multicolores, font rôtir des quartiers de viande, des enfants courent entre les tentes et des hommes à demi nus, le chef orné d'une ou plusieurs plumes, le visage peint, discutent avec force exclamations. Le maquillage des interlocuteurs est si savant, si parfait, qu'on dirait qu'ils portent des masques. Cette foule bariolée, exubérante, appartient au groupe des Cinq Nations formé par les Iroquois et les autres tribus qui leur sont apparentées. Elle vit, en ce 9 mars 1778, un jour de liesse, car une nouvelle tribu a accepté d'entrer dans la fédération qui va devenir la ligue des Six Nations.

La Fayette, qui a étudié la question indienne avec le gouverneur de l'État de New York, Clinton, déplore que les Anglais aient pu, grâce à des distributions massives de rhum, d'ustensiles et de quelques armes, dresser Iroquois et Huevas contre les Américains. Se sentant soutenus, ces derniers pillent, brûlent, assassinent, font fuir par la terreur qu'ils inspirent une partie de la population blanche des États du Nord. Ces gens turbulents, instables, aisément victimes des ruses des Anglais, trop sensibles au charme des boissons fortes, La Fayette voudrait les transformer en alliés de l'armée des *insurgents*, de même que les Français, autrefois, au Canada, avaient réussi à faire des Hurons des amis précieux des sujets de Louis XIV et de Louis XV.

En se présentant seul, à l'improviste, sans négociation préalable, aux Indiens réunis pour une circonstance solennelle, le général de l'armée du Nord prend un très grand risque. Son aventure pourrait se terminer par un scalp en bonne et due forme, avant le transfert au poteau de tortures. Par contre, le fait de les aborder au moment où les chefs de plusieurs tribus sont rassemblés est un geste politiquement avisé. La difficulté de traiter avec les Peaux-Rouges tient, en effet, à leur éparpillement.

Bien que se présentant en général américain, mandaté par le Congrès, La Fayette choisit de s'exprimer en français. Cette langue rappelle à plusieurs de ses auditeurs des souvenirs agréables. L'un d'eux, couvert de plumes, le visage portant des marques coloriées, que rien ne distingue de ses compagnons mais qui n'est autre qu'un ancien soldat de Louis XV ayant choisi de se faire Indien [1], se lève et selon la tradition enduit l'orateur de graisse, ce qui ne gêne en rien ce dernier mais le désigne à la bienveillance de l'assistance. Celui-ci rend hommage à la volonté d'union des tribus, condition de leur liberté et de leur développement ; il les exhorte à coopérer avec les Américains, amis des Français et désireux de vivre en paix avec eux, alors que les Anglais cherchent à les réduire par l'intrigue

1. Il se nomme Lafleur, appartenait au régiment de la Sarre, est venu en Amérique sous les ordres du marquis de Montcalm. Après la défaite des plaines d'Abraham, il a été fait prisonnier par les Anglais, s'est évadé et s'est réfugié parmi les Oneidas à qui il servit de médecin, de conseiller et d'instructeur militaire. Ainsi devint-il l'un des chefs en second de la tribu sous le nom de « Serpent Blanc ». (*La Fayette, l'ami de la Liberté*, Ch. Quinel et A. de Montgon, Fernand Nathan 1937).

et les fausses promesses. La traduction de ce discours est suivie de questions auxquelles l'orateur répond avec pertinence. Il fait distribuer un stock de médailles, quelques louis d'or, des barils d'alcool indispensables à la conclusion d'un accord, et un traité d'alliance précède un repas particulièrement joyeux. Chants et danses se succèdent. Désormais frère d'armes des Peaux-Rouges, ces hommes « selon la nature », chers à Jean-Jacques Rousseau dont il avait subi l'influence, Gilbert se voit baptiser « Kayewla » (Cavalier Intrépide), nom qu'a porté un des plus illustres guerriers de la tribu.

Oneidas, Cayungas, Mohawks, Tuscaroras, Senecas, approuvés par les Iroquois, seront un temps, pour les Américains, des alliés non négligeables. « Kayewla » peut être fier du service qu'il a rendu et réintègre Valley Forge la tête haute, en dépit de sa campagne avortée au Canada.

Washington prévoit, pour sa part, de transformer un jour les Indiens nomades en agriculteurs pacifiques, aptes à se fondre avec tous les non-anglophones dans le creuset américain. Il ne peut donc que louer l'initiative de son fidèle subordonné. Au début de mai, parviendra, nous l'avons vu, la nouvelle de l'alliance avec la France. Quelques jours plus tard, alors que tous ses compagnons, à Valley Forge, continuent de célébrer l'heureux événement, La Fayette est informé de la mort, au cours de l'hiver, de sa fille aînée, Henriette. Immense est sa peine. Mais cette nouvelle blessure, s'ajoutant aux déceptions qu'il vient de connaître et de surmonter, contribue à faire de lui un homme plus mûr, plus réfléchi, un chef.

19.

UNE DÉCEPTION VENUE DE LA MER

Juillet 1778. En mer. Non loin de l'embouchure de la rivière Delaware, sur la côte nord-est.

Au gouvernail d'un vaisseau de guerre français, le *Fantasque*, se tient un commandant grand, corpulent, pour ne pas dire très gros, au visage épanoui, au double menton confortable. Il a enlevé sa perruque poudrée, de rigueur à l'époque, laissant voir un crâne dégarni. Les yeux sont noirs, le regard perçant. Né à Saint-Cannat, en Provence, il est méditerranéen jusqu'au bout des ongles. On lui passe son débraillé, son embonpoint, ses grosses colères, parce que, malgré son caractère, c'est un très grand marin. Pour ceux qui ne l'auraient pas reconnu, ce commandant n'est autre que le bailli de Suffren (1729-1788).

Capitaine de vaisseau, en cette année 1778, il a, outre le *Fantasque*, trois frégates sous ses ordres : l'*Aimable*, la *Chimère* et l'*Engageante*. Ces bâtiments font partie d'une flotte de douze vaisseaux ; les plus gros sont : le *Tonnant* (80 canons), le *Languedoc* (90), la *Marseillaise* (74), la *Provence* (64) et cinq frégates... Elle a été rassemblée à Toulon, au printemps 1778, pour aller prêter main-forte à ces nouveaux alliés de la France que sont les *insurgents* d'Amérique. Ayant quitté le grand port le 18 avril, elle ne pénétrera dans l'embouchure de la Delaware que le 8 juillet. Le combatif Suffren ne cesse de grommeler. Cette campagne ne lui plaît guère et il ne le cache pas à ses amis. Il n'a qu'une confiance très relative dans le chef de l'expédition, l'amiral d'Estaing, nommé par le roi lieutenant-général des armées navales françaises en Amérique du Nord. Suffren et lui ont le même âge. D'Estaing est auvergnat, Suffren provençal. Ils se connaissent et s'apprécient. En tant qu'officier d'infanterie, d'Estaing s'est couvert de gloire aux Indes. C'est un entraîneur d'hommes, un baroudeur hors ligne qui a enlevé des forts aux Anglais, à Sumatra et à l'île de France, avec un grand brio. Un jour, on lui a confié une frégate et, avec ce navire léger, il a pris quelques bateaux anglais dans le golfe Persique. Fort de ces exploits, il a demandé à être versé dans la marine. Pour Suffren, cependant, ce n'est pas un vrai marin. Il ne sait pas commander sur mer. Il serait même moins bon chef de flotte que le duc de Chartres lui-même, le futur Philippe Égalité, qui a appris la technique de la navigation avec Bougainville, sait faire lui-même le point assez bien et, peut-être pour prouver qu'il est amoureux de la marine ailleurs que dans un cabinet de travail – à la différence de son cousin Louis XVI dont il est jaloux –, a voulu commander une escadre – sans succès – malgré les conseils de l'amiral de La Motte-Picquet.

Que d'Estaing ne soit pas un vrai marin, certains en voient la preuve dans le fait qu'après avoir hésité une première fois à forcer les passes de New York, il a renoncé pour aller mouiller à Newport, dans le Rhode Island. Suffren a encore moins d'estime pour l'adjoint de d'Estaing, le comte de Breugnon, commandant de *Tonnant*, dont il dit qu'il a une belle âme mais « que de l'imbécillité il est tombé dans l'enfance ». Il est vrai que le gros Suffren a la dent très dure et que ses jugements ne sont pas toujours des modèles d'équité. Cependant, il n'a pas tort d'être inquiet. La campagne de d'Estaing sera une déception pour les Américains, qui ont reçu ce renfort tant espéré avec des cris d'enthousiasme.

Elle sera aussi une déception pour La Fayette, qui avait cru, en voyant débarquer d'un des navires de cette flotte Silas Deane, de retour de Paris, et Conrad Gérard, Premier ministre plénipotentiaire de France aux États-Unis après avoir été, l'artisan de l'alliance de février 1778 aux côtés de Vergennes, qu'il allait, enfin, jouer un rôle décisif à la tête d'une armée franco-américaine.

Cette flotte a cependant, et sans combattre, procuré un avantage aux alliés de la France. En juin 1778, les Anglais, qui avaient été informés de son arrivée prochaine, craignant un débarquement, ont évacué Philadelphie, où le Congrès va de nouveau s'installer. Il est vrai que les *insurgents* avaient déjà fait connaître à l'ennemi des moments difficiles auxquels La Fayette n'était pas étranger. Le 18 mai, à Barren Hill, chargé d'isoler la garnison et la ville de Philadelphie du reste de l'armée britannique, il réussit à faire échapper ses 2 400 hommes à l'étreinte d'un ennemi fort de 7 000 hommes, qui a réussi à contourner les Américains.

Monmouth, le 25 juin, victoire relative remportée grâce au sang-froid de Washington, qui obligea le général anglais Clinton à se replier sur New York. Quant au général Howe, qui s'était vanté à Barren Hill de faire prisonnier La Fayette, surnommé « *the boy* » et de l'emmener en Angleterre sur un bateau déjà prévu à cet effet, il est étouffé par le ridicule et organise son propre départ pour Londres...

D'Estaing, qui ne semble pas avoir d'instructions spéciales concernant le « *boy* », toujours en situation irrégulière en France, se voit pressé par les Américains d'attaquer New York. Il ne le fera pas, sous prétexte que ses grosses unités calent trop bas pour qu'il puisse tenter cette opération avec des chances de succès. Suffren pour sa part a reçu l'ordre de son chef de débarrasser la rade de Newport d'une division navale britannique. Le gros bailli fonce avec son *Fantasque* et trois frégates comme s'il se lançait à l'abordage, sans combat préalable. Surpris, affolés, les navires ennemis battent en retraite et vont s'échouer sur les côtes, où leurs équipages les incendient. L'engagement n'a duré que quelques heures, le 8 août 1778. Le 10 août, à 10 heures du matin, trente-six bateaux anglais se présentent et jettent l'ancre. Sans perdre un instant, d'Estaing fait hisser les pavillons et sa flotte, bien exposée au vent, passe sous le nez des Anglais, immobilisés et médusés. Malheureusement, une forte tempête gâche ce repli exemplaire et venge l'ennemi en mettant à mal plusieurs grosses unités françaises, au point que l'amiral décide d'aller à Boston pour faire effectuer d'importantes réparations. La flotte anglaise, de son côté, file sur New York, base considérée par ses chefs comme imprenable. Bien que la réparation des vaisseaux français endommagés s'impose, et que Boston soit le seul port possédant des chantiers assez vastes pour y procéder, l'attitude de d'Estaing n'est pas comprise par ses alliés. Le général Sullivan met en cause sa capacité. Une commission britannique, qui se trouve sur place pour tenter de négocier une paix de compromis, tire profit de la situation en jetant le doute par sa propagande sur la valeur de l'alliance française. Aurait-on oublié, en Amérique, la « perfidie » bien connue des compatriotes de La Fayette ? Cette campagne n'est pas sans effet. Des officiers français sont jetés à l'eau, à Boston. Gilbert, qui a refusé de signer une motion désavouant l'amiral d'Estaing, envoie un carton à lord Carlisle, chef de la commission britannique, pour lui faire rendre raison sur le terrain des injures proférées contre son pays ; mais l'envoyé de George III répond ironiquement que l'affaire sera réglée par l'affrontement des deux marines. Déçu de voir son défi rejeté et ridiculisé, mais soutenu par Washington qui veut à tout prix sauver l'alliance, condition indispensable au succès final, l'ex-commandant de l'armée du Nord se multiplie pour dissiper les malentendus, apaiser les rancœurs, s'attirant dans des circonstances difficiles un nouveau supplément d'estime et d'admiration de la part de ses hôtes.

Dérouté par la froideur et la méfiance qu'il rencontre et qui contrastent avec l'enthousiasme et la chaleur manifestés lors de son arrivée, l'amiral d'Estaing, conscient de la faiblesse de ses moyens, donne l'ordre à sa flotte de mettre le cap sur les Antilles. Il y mènera des opérations contre les îles possédées dans l'archipel par les Anglais, mais avec une lenteur surprenante. Son attitude fait dire à Suffren qui, aux Caraïbes, vit sur son bateau, à moitié nu, le chef couvert d'un chapeau de feutre à larges bords appartenant à l'évêque de Sisteron, son frère : « On s'est dégonflé à New York, on s'est effondré à Newport, et maintenant on roupille aux îles Sous-le-

Vent. » Lui, en tout cas, ne s'est pas « dégonflé » pour ramener un souvenir de la campagne avec d'Estaing. C'est un Souvenir vivant : une jeune Américaine qu'il a déguisée en matelot et qui mène à son bord une existence des plus discrètes, tout en assurant au gros bailli le repos du guerrier. Il poursuivra ainsi, fidèle à la cuisine à l'ail, au poisson au safran, aux aromates de Provence dont il ne peut se passer, une vie de yachtman milliardaire, jusqu'à ce qu'il soit envoyé aux Indes orientales où il se couvrira de gloire.

La coopération entre la France et les États-Unis ne peut se limiter à la visite de la flotte de d'Estaing. Washington et la plupart des membres du Congrès veulent relancer l'alliance. Pourquoi n'enverrait-on pas à Versailles La Fayette, très fatigué pour s'être trop donné à ses différentes missions et qui a besoin de se reposer ? Nul ne pourrait, mieux que lui, se faire l'interprète des Américains, dont il continue de partager les épreuves, pour obtenir une aide en hommes et en matériel vraiment substantielle.

L'intéressé, dont les nerfs sont à vif depuis qu'il a dû défendre ses compatriotes contre la méfiance de ses propres camarades de combat, sent qu'il a besoin de se détendre, de revoir sa famille, ses amis. Le 21 octobre 1778, le Congrès l'autorise à rentrer dans son pays pour prendre part, sous une autre forme, à la guerre contre la Grande-Bretagne. Washington lui donne l'assurance qu'il retrouvera, à son retour, son poste de major-général. Henry Laurens, président du Congrès, écrit une lettre à Louis XVI, pour vanter les mérites du volontaire. Des instructions sont données à Franklin, à Paris, pour qu'il fasse ciseler une épée de grand luxe, ornée d'emblèmes rappelant les hauts faits accomplis par le jeune général, qui devra lui être remise solennellement, en témoignage de la reconnaissance des États-Unis.

Revigoré par les marques de confiance qu'il a reçues, le futur « Héros des Deux Mondes » prend, à cheval, la direction de Boston, où il doit embarquer sur un bateau baptisé, l'*Alliance*. En cours de route, il tombe malade et se voit contraint de s'aliter un bon mois. Il souffre d'une inflammation intestinale grave. On craint pour sa vie. Le médecin personnel de Washington, le Dr Cochran, une fois encore, est à son chevet.

Une forte hémorragie, qui effraie son entourage, le sauvera. Retrouvant toute son énergie, il gagne Boston. Le 11 janvier 1779, l'*Alliance* prend le large. Quelques jours plus tard, un autre événement vient mettre en péril la mission du voyageur. Une partie de l'équipage, composée de déserteurs anglais et d'Américains au patriotisme non vérifié, se mutine. Ils ont cru à la promesse faite par les Anglais aux déserteurs de leur marine de les faire bénéficier d'une grâce s'ils s'emparent d'un navire ennemi, et de leur attribuer une somme correspondant à la valeur de la prise.

Un matelot irlandais, fidèle à la cause des *insurgents*, dénonce le complot à temps. Les mutins sont désarmés et mis aux fers. La Fayette réussira à les échanger contre des Américains prisonniers des Anglais.

Le 6 février, la frégate l'*Alliance* parvient à Brest. Son entrée dans le port coïncide avec le premier anniversaire du traité franco-américain.

20.

UN PRISONNIER TRÈS GÂTÉ

Une rumeur court dans le faubourg Saint-Honoré pendant l'hiver de 1779. Dans l'hôtel des Noailles, un des plus beaux, des plus luxueusement meublés de la rue qui porte ce nom, un homme serait retenu prisonnier.

Ce bruit n'est pas tout à fait dépourvu de fondement.

Il y a bien quelqu'un qui est enfermé par une décision venue du monarque lui-même. Mais il est prévu qu'il n'y restera pas longtemps : dix jours. Il n'a pas été placé dans une cave sombre et exiguë. Tout au contraire, il jouit du confort de cette riche demeure qu'il n'a pas le droit de quitter mais où il peut recevoir ses proches, ce qui représente, en dix jours, un grand nombre de visites. Il convient simplement que Paris et, si possible, la France entière sachent qu'un homme de qualité est consigné en ce lieu parce que, il y a deux ans, il a enfreint un ordre du roi et que, en France, le roi est le roi. On a envie d'ajouter : pour le moment.

Cette punition bénigne, symbolique, qui tient plus du jeu de société que de la sanction proprement dite, c'est tout ce que Louis XVI a cru devoir infliger à celui qui rentre d'Amérique avec une réputation de héros bien établie. Moyennant quoi, le Tout-Paris défile rue Saint-Honoré pour exprimer son admiration à la vedette du jour, ou faire sa connaissance. On ne parle que de ce prisonnier. Libre de ses mouvements, il se conduit en grand ambassadeur en même temps qu'en général. Il communique à Franklin les instructions du Congrès, confère avec Maurepas et Vergennes, multipliant les conseils pour la poursuite des opérations militaires, tentant de relancer l'idée d'une campagne au Canada sous sa direction. Apprenant qu'un débarquement dans les îles britanniques est envisagé, il demande à y participer afin d'être le premier Français à poser le pied sur le sol anglais. Comme si cet honneur lui revenait de droit. Conscient d'affronter des réticences, il demande comme solution de repli qu'on lui confie le commandement de l'opération prévue en Irlande. En attendant, on le fête dans les salons, les loges maçonniques, à l'Opéra. Au Théâtre-Français, où on joue une comédie de Rochon de Chabannes, *L'Amour français*, l'auteur ajoute une strophe en son honneur, le 17 avril 1779, jour où il vient assister au spectacle. Le duc de Chartres, jaloux de cette renommée excessive, s'arrange pour que la pièce soit retirée.

Maintenant que la gloire du héros s'étale partout, la belle, la frivole, la froide calculatrice qu'est Aglaë d'Hunolstein [1], sur laquelle il avait osé lever les yeux alors qu'il découvrait la vie parisienne, sans être remercié de ses compliments par le moindre sourire, se dit qu'elle doit lui offrir la plus douce récompense qu'un vainqueur puisse obtenir d'une femme. Il la reçoit, comme on reçoit un fruit parfumé dont on a su attendre qu'il vienne à maturité. Si l'on se souvient qu'Aglaë a fait auparavant les délices du duc de Chartres (et qu'elle continue, sans doute), on peut supposer que ce n'est pas par souci de décence que le beau Philippe a fait tomber la pièce de Rochon de Chabannes...

Adrienne est mise au courant, bien sûr. L'infidélité de son mari la blesse, mais elle n'est pas femme à montrer du dépit ou du

1. La belle Aglaë finira mal. À la demande de sa famille, elle fut internée au couvent des Filles de Sainte-Marie à Nancy. Elle y fit pénitence, faisant un maigre perpétuel et portant une simple robe de bure. À la Révolution, son mari la recueillit, mais elle continua sa vie d'expiation et mourut sur la cendre. (*Mémoires de Mme de Genlis*, Paris, 1825.)

chagrin. Son pardon est un témoignage d'amour supplémentaire ; et, au lieu de verser des larmes, elle se prépare à lui donner un fils. Il naîtra en décembre 1779 et recevra le prénom de George-Washington.

La reine Marie-Antoinette, qui s'était montrée dédaigneuse à l'égard de La Fayette avant son départ, le traite avec bienveillance à son retour. Elle l'aide même à obtenir un régiment, celui des dragons du roi, pour lui permettre d'avoir, en France, un grade plus en rapport avec sa carrière américaine que le grade de capitaine qui est resté le sien.

Louis XVI et plusieurs membres de son entourage trouvent cependant que l'on fait vraiment trop de bruit autour de ce jeune homme. Il reçoit l'ordre d'aller s'installer à Saintes où son régiment est cantonné, et de réorganiser sérieusement cette troupe. Tout en dirigeant manœuvres et séances d'entraînement, le nouveau mestre de camp (colonel) bombarde ses hautes relations de lettres pressantes. Il sent que la libération de l'Irlande aura aussi peu de chance d'être réalisée que la libération du Canada. Autorisé à se rendre à Paris pour recevoir l'épée que doit lui remettre Benjamin Franklin au nom de la nation américaine, il rencontre Vergennes et s'efforce de le convaincre qu'il faut envoyer à ceux qui sont nos alliés et qui comptent sur nous un autre corps expéditionnaire, beaucoup plus important que celui de d'Estaing. Alors, une victoire totale sur l'Angleterre sera possible ; à condition que ce corps soit bien commandé. Et qui pourrait le commander mieux que lui-même, qui connaît le terrain et jouit de la confiance absolue de nos alliés ? Ceux-ci ne comprendraient d'ailleurs pas qu'un autre soit choisi à sa place...

Vergennes ne promet rien. Et pour cause. Mais La Fayette ne tarde pas à comprendre qu'aux yeux du roi et de ses ministres, il n'a, malgré son enthousiasme et ses réels mérites, ni l'âge, ni l'expérience, ni l'autorité suffisante pour commander à une force navale et terrestre d'envergure, qui représente un budget énorme. C'est le vieux et sage maréchal de Rochambeau (il parle de lui-même en disant le « père Rochambeau ») qui sera placé à la tête de ces forces.

La Fayette – dont certains veulent se débarrasser au plus tôt – sera envoyé en éclaireur en Amérique. Il devra mettre au point la logistique de l'accueil, organiser la coopération entre les *insurgents* et leurs alliés.

Il passe quelques heures avec son ami Benjamin Franklin[2], toujours pour lui de bon conseil, qui lui joue des airs de la Nouvelle-Angleterre à l'harmonica, dans son jardin de Passy. Quel homme charmant, quel caractère envoûtant, quel personnage curieux que ce fils d'un fabricant de chandelles, ce presbytérien très pieux qui lit la Bible, joue du violon et doit nourrir quatorze enfants. Pour lui on dirait que le comble de l'intelligence, c'est la bonté. Aussi précoce que son jeune interlocuteur, ou plus encore peut-être, Benjamin Franklin lit à cinq ans, écrit à sept, nage et pèche. Il abandonne l'école à dix ans et entre dans le commerce de son père. Bientôt Benjamin choisit l'imprimerie et travaille avec son frère sous contrat. Habileté manuelle, c'est un « opératif » comme on dit dans le langage maçonnique. Sa passion est l'acquisition des livres classiques, il adore Xénophon mais s'intéresse aussi aux modernes dont Daniel De Foe. Il apprend l'italien, l'espagnol. Il se familiarise avec l'astronomie et l'art de la navigation. Il conçoit un immense cerf-volant et voilà qu'il va inventer un mode de battoirs pour nager plus vite. Il joue aussi bien du violon que de la harpe. Il ouvre une librairie-papeterie où l'on trouve des sextants de marine. Il crée *L'Almanach du pauvre Richard*. Il invente le paratonnerre et, grâce à lui, la rôtissoire trouve le plus merveilleux de ses mouvements. Démocrate mais un peu snob, il emmène son fils naturel en Angleterre. Ce dernier aura lui-même un fils naturel qui s'appellera Campbell. Pitt ne le reçoit pas. Qu'à cela ne tienne, Benjamin Franklin visite Gang, Bruxelles, Bruges, Amsterdam. Il est reçu en France en 1767. Admis au souper du roi, il devient l'ami de Mirabeau père

2. Franklin, par sa seule présence en France, fait des Américains. En visite au château de Chaumont, en Val-de-Loire, à deux lieues d'Amboise, il est reçu par Leray, un banquier mécène, fou d'Amérique, qui a mis à sa disposition à Paris, l'hôtel de Valentinois. Franklin donne au fils de son bienfaiteur la nationalité américaine.

et de Turgot : « Il a ravi au ciel la foudre et à la tyrannie son sceptre. » Les rois, les souverains intelligents comprennent qu'il mérite le détour. Le roi de Danemark rend visite à Benjamin Franklin dans sa petite maison de Londres. Savant, philosophe, écrivain, il est élu le 6 mai 1775 délégué de la Pennsylvanie au Congrès. Nommé directeur général des postes, il s'emploie à améliorer l'armement des *insurgents* et va dans la province des Québécois pour les pousser à la révolte. Au Congrès, il aide Jefferson à rédiger la Déclaration d'indépendance du 4 juillet. À Paris, la popularité du bonhomme est immense, il a son visage reproduit sur les assiettes et les verres. À l'hôtel de Valentinois il se promène dans le jardin et fait la cour à sa voisine.

Après sa visite à Benjamin Franklin, le marquis de La Fayette part pour l'île d'Aix et embarque sur la frégate *Hermione*, le 9 mars 1780. Une rencontre importante aurait pu se produire, dès ce moment, avec un officier d'artillerie, affecté au fort de l'île d'Aix et qui se promène, mélancolique, sur les remparts, rêvant de l'Amérique où il aimerait bien pouvoir rejoindre La Fayette et montrer aux *insurgents* qu'il sait tirer le meilleur profit des canons. Au moment de l'embarquement sur l'*Hermione*, ce capitaine de carrière, qui ne deviendra général que sous Bonaparte, est en mission sur le continent. Les deux hommes se rencontreront quand même, mais dans quelques années seulement. L'absent de l'île d'Aix n'aura gagné qu'un seul galon, mais aura connu la gloire dans un autre domaine que celui des armes. Lorsque ce personnage revient sur les remparts, La Fayette est déjà loin. Tout, autour de lui, est de pierre, de ciel, de gris bleuté. Et pourtant, il s'ennuie. Les canons des remparts ouvrent la bouche aux flots, mais c'est comme pour recracher leur colère guerrière et dire à l'écume leur honte de vivre en paix.

De temps en temps, devant la mer, un peu plus bas, se découpe dans les rochers la silhouette d'une sentinelle, bicorne pauvre et fusil triste. On ne voit pas d'où pourrait venir l'ennemi ; les mouettes messagères disent qu'il n'existe pas, mais le devoir est de l'attendre. Il fait beau, tout est calme, c'est le matin. C'est aussi le jour où tout l'esprit libertin du XVIIe siècle germe dans la tête d'un militaire qui a compris que l'artillerie menait à l'amour à condition d'en sortir. Maintenant que le soleil se lève sur sa figure, nous le reconnaissons, il est là devant nous : Choderlos de Laclos, le propre auteur de ses relations risquées avec la littérature, celui des *Liaisons dangereuses*.

Tout à l'heure, dans la chambre terne qu'on lui a donnée, il rédigera sur le papier des histoires à rendre rose la plus blême des cervelles trempées dans l'eau froide. Miracle de l'écriture et de ses excès, comme Sade dormant avec son imagination à la Bastille, des garnisons les plus fermées naissent les romans les plus ouverts. Narcisse troublant qui ne s'aimerait qu'une fois sur deux, Choderlos de Laclos écrit des lettres et y répond lui-même ; il joue avec violence du contraste d'être, de séduire, de se séduire et de déduire.

Il voit tout comme un pur jeu de l'esprit et considère la sexualité défaite de l'amour comme un moyen de puissance. Son roman est une partie d'échecs, mais sur le damier blanc et noir, il pose des dames dont l'âme est plus noire que blanche. S'il assombrit leur portrait, ce n'est pas qu'il désire voir l'enfer de près, mais seulement ce que serait le ciel en creux. Car la vraie grande littérature, c'est peut-être cela : s'intéresser plus au contraire du bien qu'au mal lui-même.

21.

L'ÉTÉ INDIEN DE LA VICTOIRE

2 mai 1780. Deux jeunes officiers en uniforme, venus de Versailles à bride abattue en moins de trois jours, mettent pied à terre dans le port de Brest. Ils fouillent la rade du regard et leur visage prend l'expression du désespoir lorsqu'ils se rendent compte qu'une escadre française, toutes voiles au vent, est en train de franchir le goulet. « Trop tard ! », s'écrie le plus jeune. Autour d'eux, on comprend tout de suite que ce capitaine et ce sous-lieutenant ne sont pas arrivés à temps pour rejoindre cette flotte qui s'éloigne, et on les plaint. Trop tard ? Vraiment ? Cette formule teintée de fatalisme, les deux jeunes officiers ne peuvent s'en satisfaire. Les voici qui sautent dans un canot, qui sortent de leurs poches des poignées de pièces d'or, promettant aux rameurs de les leur donner toutes s'ils sont capables d'atteindre un des gros vaisseaux que, par ce beau temps clair, on peut distinguer au large. Par miracle, c'est le mot, le défi est relevé, le but atteint. Le but ? Pas tout à fait. Recueillis par un premier bateau, les deux hommes sont ensuite hissés à bord du vaisseau-amiral, le *Duc de Bourgogne*, et présentés à M. de Ternay, commandant de cette flotte qui transporte en Amérique une grande partie du corps expéditionnaire de M. de Rochambeau, fort de 6 000 hommes. Les deux officiers expliquent que c'est sur l'ordre

verbal donné par le ministre de la Guerre qu'ils viennent rejoindre le régiment du Soissonnais pour participer aux combats comme capitaine et sous-lieutenant, sous le commandement de M. de Saint-Mesme, colonel de ce régiment, qui leur a offert ces charges. M. de Ternay refuse de les garder à bord. Il n'a pas, à leur sujet, d'instructions écrites. Le maréchal de Rochambeau a beau intervenir avec beaucoup de tact en leur faveur, l'amiral ne veut rien entendre. Il est seul maître, après Dieu, de ce navire et de cette flotte, et il entend le montrer. Un canot est mis à la mer. Quelques heures plus tard, les deux hommes, retenant leurs larmes, se retrouvent sur la côte bretonne. Ils sont frères. L'aîné, le capitaine, s'appelle Louis-Alexandre Berthier, futur maréchal de France, futur prince de Neuchâtel et de Wagram, homme de confiance et bras droit de Napoléon. Il a vingt-sept ans et a été nommé ingénieur-géographe à seize ans. Charles, le sous-lieutenant, est plus jeune. Il sera tué au cours d'un duel à Curaçao, en 1783.

Alexandre et Charles pourraient attendre le départ de la seconde division navale, mais ils sont trop impatients de se battre. Ils préfèrent embarquer sur un bateau en partance pour les Antilles. Une fois là-bas, ils trouveront bien, pensent-ils, un moyen pour se rendre en Amérique du Nord. C'est ce qu'ils parviendront à faire après des péripéties dramatiques : tempêtes, maladie grave de Charles ; et ce n'est que le 28 septembre qu'ils pourront poser le pied sur le sol des États-Unis, où, aux côtés de Rochambeau, ils retrouvent leurs amis Charles de Lameth et Mathieu Dumas.

Que signifie cette obstination des frères Berthier qui, après le premier refus de l'amiral de Ternay, avaient été jusqu'à proposer de servir comme simples matelots, si on voulait bien d'eux ? C'est un exemple extrême de l'enthousiasme manifesté par les plus distingués, les plus vaillants des jeunes officiers français, pour aller combattre aux côtés des *insurgents*. Le nombre et l'ardeur de ces volontaires, dont certains appartiennent à des familles fréquentant la cour, prouvent que la cause américaine est populaire, en France, et que l'alliance de 1778 traduit bien autre chose que l'égoïsme national de Louis XVI et de son dévoué serviteur, Vergennes.

Rochambeau, lieutenant-général, commandant en chef des forces françaises, est entouré d'un brillant état-major. Le chevalier de Chastellux (futur marquis), major-général, est à la fois un homme de guerre et de lettres. Aimant les sciences, acquis aux idées des Encyclopédistes, il deviendra membre de l'American Philosophical Society. Le baron et le comte de Viomenil sont maréchaux de camp. D'Aboville commande l'artillerie ; Désendrouins, les ingénieurs (génie) ; Tarlé, l'intendance. Parmi les colonels commandants de régiments : le marquis de Laval, assisté du propre fils de Rochambeau ; le prince de Deux-Ponts, M. de Custine, assisté du vicomte Louis de Noailles, le beau-frère de Gilbert de La Fayette. À la tête de la légion qui porte son nom, le duc de Lauzun, ex-Biron, le plus grand bourreau des cœurs du royaume, assisté de Dillon, un des familiers de la reine. Parmi les aides de camp de Rochambeau : MM. de Damas, de Vauban, de Closen, de Laubardière, et bientôt, le plus distingué, le plus beau, le plus prestigieux de tous, le comte Axel de Fersen, Suédois de haute naissance qui sert dans l'armée française et qui, à Versailles, est aussi jalousé qu'admiré, car on sait que Marie-Antoinette elle-même éprouve pour lui une tendre, très tendre inclination. À la cour, tout le monde n'est pas fâché de le voir partir. Certains pensent que son incorporation au corps expéditionnaire, facilitée par Vergennes, n'est pas « innocente ». L'ambassadeur de Suède n'écrit-il pas à son maître, Gustave III : « Le jeune comte de Fersen a eu une conduite admirable dans cette situation (le goût de la reine pour lui), par sa modestie, sa modération, et, en premier lieu, par sa décision d'aller en Amérique. En s'éloignant, il prévient le danger de sa position. Cela réclame une force au-dessus de son âge, de surmonter une telle tentation. Les derniers jours, la reine n'a pu détourner les yeux de lui et, en lui parlant, elle les avait pleins de larmes. »

Si le comte de Fersen fait des ravages parmi les belles Américaines, il incendie aussi, à distance, le cœur de Marie-Antoinette, meurtri par son absence. À qui pense-t-on plus qu'à un héros lointain dont vous sépare un océan immense et auquel vous rattachent quelques tendres souvenirs ? Toute la cour a compris que l'Autrichienne était amoureuse du Suédois, le jour où, avant qu'il ne parte pour les Amériques elle lui a demandé de venir la visiter, paré de son bel uniforme ! Quelle était la vraie nature de la beauté de Fersen, le fils du leader des « Chapeaux », l'ami de Gustave III ? Il mérite d'être regardé de près : « Élancé, le buste dégagé, la jambe longue et faite à passionner, adroit à se mouvoir, élégant dans le geste, admirable en sa mise, il possédait déjà à dix-huit ans tout ce qui peut séduire : l'équilibre des traits, le velours du teint, les yeux d'un éclat et d'un bleu indicibles qui convergeaient un peu quand ils vous regardaient. » Elle ne se lasse pas d'y penser. Marie-Antoinette est folle de la « douceur de sa bouche, et plus encore de sa voix, que l'accent scandinave infléchissait de timidité... »

Fersen parle fort bien l'anglais et il servira d'interprète à Rochambeau dans plusieurs circonstances importantes. Quand il le faudra, il se battra avec courage, et, en tout, servira avec honneur, mais à la différence des Ségur, des Chastellux, des Noailles et autres aristocrates, déjà gagnés aux idées libérales, il n'admire pas les Américains et la société qu'ils ont créée. Elle lui paraît trop mercantile et il trouve que cette guerre fait plutôt honneur aux Britanniques[1]...

Cependant, un charme s'installe entre les militaires français et les belles habitantes. Et une langue internationale et instinctive s'établit entre les occupants bienfaisants et les hôtesses admirées : celle du désir d'amour. Le journal rédigé par Louis de Clermont Crèvecœur et qu'on a retrouvé dans un grenier de Providence, à Rhode Island, est plein d'enseignements à ce sujet. Les soldats aidaient les femmes américaines à porter des seaux d'eau. Les Français aimaient le Rhode Island qui, avec ses vergers, rappelait à beaucoup d'entre eux leur pays. Ils admiraient la droiture, l'hospitalité, l'esprit civique des citoyens américains et respectaient leur façon d'être. Ainsi, à Newport, le duc de Lauzun était reçu par la veuve du Dr Hunter, jolie femme de trente-six ans, qui avait deux filles charmantes de dix-sept et dix-huit ans. Lui, qui à Versailles

1. Axel de Fersen écrit, dans une lettre à son père, à propos des Américains : « L'argent est leur dieu. »

était connu pour son luxe et ses mœurs frivoles, sut faire taire sa légèreté, et Madame Hunter prit en amitié ce Français. Dans le même esprit, Axel de Fersen admirait beaucoup Miss Champlain, et le prince de Broglie trouvait que Miss Polly était un chef-d'œuvre de la nature. Dans cette cité, les plus grands seigneurs d'Europe avaient débarqué pour servir la cause des *insurgents*, et le *New Jersey Gazette* soulignait « le brillant aspect de nombreux gentilshommes », qui faisait sensation.

L'arrivée du corps expéditionnaire a été parfaitement préparée, balisée par La Fayette, qu'aucun de ces valeureux officiers ne parviendra jamais à égaler dans le cœur des *insurgents*. Au fond, il est ravi de servir sous Washington et de ne pas dépendre de la hiérarchie française. Cette indépendance de mouvement l'incite, hélas ! à faire une gaffe de première grandeur lorsqu'il prend contact avec le commandant en chef du corps expéditionnaire, à Newport, où ce dernier va s'installer avec l'essentiel de ses forces, dès septembre 1780.

Affirmant qu'il parle au nom des Américains, il semble lui dicter sa conduite, lui ordonnant d'attaquer rapidement New York, alors que le responsable français n'a pas encore rencontré Washington. Rochambeau, qui en a vu d'autres, remet à sa place ce jeune homme ne doutant de rien, par une douce ironie teintée de bienveillance paternelle. C'est le ton qui convient avec Gilbert. Washington, son père spirituel, ne se serait pas exprimé autrement. Aussitôt, l'impatient reconnaît à la fois son erreur et ses torts et écrit au maréchal une lettre d'excuses émouvante, faisant avec sincérité et dignité acte de soumission dans l'intérêt commun des deux pays. C'est également le ton qui convient avec le « père Rochambeau », qui assure en retour à son « cher fils La Fayette » qu'il « l'aime, l'aimera et l'estimera jusqu'à son dernier soupir ».

Dès lors, leur coopération sera totale, même si Gilbert restera, jusqu'à la victoire, un général des États-Unis, représentant ce pays aux côtés de Washington ou d'autres chefs dans les conférences interalliées, face aux Français. Une première réunion se tient à Hartford (Connecticut), le 20 septembre 1780. Pour la France : Rochambeau, Ternay, Chastellux. Pour les États-Unis : Washington, Knox, La Fayette. La décision est prise de demander à Versailles l'envoi de troupes et de navires supplémentaires avant de lancer une offensive, le rapport des forces étant encore favorable aux Anglais. Le fils de Rochambeau et La Pérouse sont envoyés en France dans ce but.

L'ennemi, pour sa part, semble préférer l'intrigue au combat. Tandis que des agents de Londres continuent de tâter le terrain en vue d'une paix boiteuse, d'autres réussissent à pousser un des plus brillants généraux américains, Benedict Arnold, à trahir. Ce dernier est prêt à livrer à ses nouveaux maîtres la place forte de West-Point, sur l'Hudson, dont dépendent les communications des armées insurgées du Nord et du Sud, lorsqu'il est démasqué, à la suite de l'arrestation fortuite de son principal contact britannique, le major André. Arnold pourra s'enfuir et prendre le commandement d'une armée anglaise, dans le Sud, mais André sera condamné à mort et exécuté, Washington ayant repoussé toutes les demandes de grâce qui lui étaient adressées par ses proches, dont Hamilton et La Fayette.

En attendant l'arrivée de renforts, Gilbert cherche une occasion pour les troupes françaises de faire un coup d'éclat, au lieu de rester en villégiature dans Newport et le Rhode Island, bien qu'elles y soient dans les meilleurs termes avec la population. Les habitants de la région, en effet, ne tarissent pas d'éloges sur l'honnêteté – on pourrait dire la civilité – des officiers, des sous-officiers et des soldats de Louis XVI, qui payent rubis sur l'ongle tout ce qu'ils achètent, rivalisant entre eux d'attentions et de galanterie pour se faire apprécier par les gens du cru. Dîners, bals, concerts publics rassemblent les officiers et les familles de notables américains. Les Français invitent même une vingtaine d'Indiens iroquois à souper sur le vaisseau amiral, le *Duc de Bourgogne*, où leurs chants et leurs danses après le repas surprennent l'équipage. On est loin de l'atmosphère de tension qui régnait, deux ans plus tôt, après le départ de la flotte de d'Estaing pour Boston. Le tact, l'affabilité et même la sobriété à table du « père Rochambeau », l'idée très élevée qui est la sienne de la coopération entre alliés, laisseront aux États-Unis des souvenirs durables.

Une opération sur le Chesapeake est montée, à la fin de l'année 1780 [2], mais la fortune ne sourit pas à la flotte française. Le 15 décembre, l'amiral de Ternay, son chef, malade depuis plusieurs mois, décède. Il est remplacé, à titre temporaire, par son adjoint, Des Touches. C'est ce dernier qui doit apporter l'appui de ses canons à l'opération projetée. La Fayette, à la tête de troupes américaines, a pour mission d'attaquer les forces ennemies installées sur les bords de la rivière Chesapeake, soutenu par les navires de Des Touches. Une fois encore, les vents seront contraires aux vaisseaux battant pavillon à fleurs de lys, qui doivent se retirer devant la flotte, très supérieure en nombre, de l'amiral britannique Arbuthnot. La rencontre prévue, à Hampton, de La Fayette avec Des Touches n'aura pas lieu. Le second retourne à Newport, mais le premier devra combattre en Virginie, où une lourde tâche lui est confiée. C'est dans cette colonie, patrie de Washington et de Jefferson, auteur de la déclaration d'Indépendance, que le traître Arnold guerroie contre ses frères d'armes de la veille, à la tête d'une importante unité ennemie. Quelle division pourrait mieux que celle des Virginiens, commandée par La Fayette, faire échec au transfuge et, avec un peu de chance, lui mettre la main au collet ? La partie, cependant, est au départ très inégale. Face à une armée suréquipée, la division virginienne manque de tout. Faute d'uniformes, et souvent de chemises, ces hommes ont plutôt l'air de rescapés d'un désastre naturel que d'une troupe se préparant à l'offensive. Une fois de plus, La Fayette emprunte à titre personnel pour acheter du matériel, et il fait appel à la bonne volonté des dames et demoiselles patriotes de Baltimore pour qu'elles organisent des ateliers. Elles se mettront, bénévolement, au travail, coupant et cousant des chemises et autres vêtements destinés à ses soldats. Ces auxiliaires enthousiastes fabriqueront même des chaussures. Un grand bal récompense le zèle de ces volontaires féminines du travail, et les Virginiens, décemment

2. Pendant ce temps, à Édimbourg, un enfant au pied bot rêve de gloire militaire et d'aller châtier cet insolent de Washington qui a osé se rebeller contre sa mère patrie : c'est le petit Walter Scott. Il a neuf ans.

vêtus, se mettent en marche pour Richmond. Ils réussiront à atteindre la ville avant le général anglais Philips, qui la convoite lui aussi. Douce victoire pour son adversaire, Philips passant pour l'officier qui avait commandé en 1759, à Minden, en Allemagne, le tir de boulets fatal au colonel de La Fayette, père du général américain. La revanche de ce dernier est plus complète encore lorsqu'il apprend, quelques semaines plus tard, la mort (par maladie) de ce général ennemi. Cet événement ne ralentit pas le combat. Avec ses 2 000 hommes, La Fayette a fort à faire pour infliger des pertes sérieuses à un adversaire puissant, qui connaît l'art de la manœuvre et se dérobe quand il le juge utile. Gilbert, de son côté, sait qu'il ne peut pas s'exposer aux attaques frontales que les Britanniques tentent avec obstination de mettre en œuvre contre lui. Commence alors un grand jeu du chat et de la souris. Il faut que l'ennemi ignore le nombre de soldats virginiens engagés, et, à cet égard, tout est fait pour le tromper, lui laisser croire que les effectifs sont importants. Arnold demande à parlementer. La Fayette refuse avec hauteur, mais il a la sagesse d'évacuer Richmond pour ne pas courir le risque d'y être enfermé. En traversant les villes et les villages patriotes, il s'efforce d'obtenir des engagements volontaires. Discours, dîners, il emploie tous les moyens pour recruter, et de nombreux jeunes gens viennent grossir les rangs de sa division. Celle-ci peut, bientôt, compter une unité de cavalerie, formée avec des chevaux volés de nuit à l'ennemi ou achetés à des fermiers. La réputation de cette armée ne cesse de croître. Elle procède surtout par escarmouches, se montre là où on l'attend le moins, fond sur l'ennemi lorsqu'il n'est pas en nombre, par des attaques surprises, à l'indienne, qui font beaucoup de mal. Le général Cornwallis, adjoint du commandant en chef britannique, est envoyé en Virginie pour coiffer Arnold, détruire un ennemi jusqu'à présent insaisissable et capturer le « *boy* » en personne, pour venger l'honneur du général Howe qui s'était vanté, bien à tort, d'y parvenir. Dans cette partie subtile, le brillant lord laissera beaucoup de plumes.

Celui qui tient ainsi la dragée haute aux Anglais se demande, cependant, quand il sera convoqué au Nord pour qu'on lui confie un commandement dans l'offensive finale contre New York. Parce qu'il est un général américain, La Fayette croit, en effet, comme tous ses collègues américains, que c'est à New York qu'aura lieu l'affrontement décisif. Il sait que Rochambeau fils et La Pérouse ont obtenu de Maurepas et de Castries, ministre de la Marine, soutenus par le roi, la promesse d'un envoi rapide de renforts. Une offensive interalliée contre le grand port que les Anglais considèrent comme imprenable doit certainement être en préparation. Comment La Fayette ne serait-il pas impatient d'y participer ?

Ce qu'il ignore, c'est que Rochambeau a réussi à faire admettre – non sans peine – à Washington et à ses lieutenants, lors de l'entrevue de Westerfield, le 20 mai 1781, la nécessité d'une stratégie très différente. Il faut, certes, laisser croire aux Anglais qu'une attaque importante est en préparation contre New York pour les obliger à y fixer des troupes, mais pendant ce temps les divisions alliées iront livrer la grande bataille au sud, en Virginie, ventre mou du dispositif ennemi. Cette offensive aura d'autant plus de chances d'être victorieuse que les combattants français et américains disposeront de l'appui de la flotte de l'amiral de Grasse, qui a quitté Brest le 21 mars, et qui est en train de se regrouper aux Antilles. L'escadre de Barras de Saint-Laurent (oncle du futur directeur et complice de Bonaparte le 18 Brumaire), qui l'accompagnait, est allée, pour sa part, renforcer la flotte qui se trouve à Newport depuis presque un an.

Le plan est adopté, de Grasse prévenu. Pour qu'il réussisse, il faut que La Fayette, ainsi que les généraux Greene et Wayne, qui l'ont rejoint dans le Sud, tiennent les Anglais en haleine.

Le chef de la division virginienne devine le sens de l'opération qui est en train de se mettre en place. Il ne dit rien mais il joue le jeu. À fond. Avec une rare obstination. Heureusement, Clinton, qui commande en chef à New York, lui, n'a pas deviné. Il ordonne à Cornwallis, qui a été durement attaqué au début de juin par La Fayette, à Bird's creek, de quitter le camp d'Elk et de s'enfermer dans Williamsburg d'abord, dans Yorktown ensuite. Comment le brave lord va-t-il faire pour s'emparer du « *boy* » dont il a eu le tort, lui aussi, de dire qu'il ne pourra pas lui échapper ? Des rives de la rivière York, le « *boy* » observe son ennemi, qui fortifie Yorktown et Gloucester, où il a reçu l'appui du général O'Hara, venu de Portsmouth.

De Grasse, qui a reçu le message de Rochambeau, fait savoir qu'il prévoit d'être dans la baie de Chesapeake, sur son vaisseau le *Ville de Paris* et avec sa flotte, vers le 28 août. Le corps expéditionnaire français quitte le Rhode Island et rejoint l'armée de Washington sur l'Hudson. Une marche de huit cents kilomètres, accomplie dans un ordre parfait, avec défilé au pas de parade et tambours lors de la traversée des villes, va les mener jusqu'en Virginie.

Le 6 septembre 1781[3], vingt-sept navires britanniques commandés par les amiraux Hood, Drake et Graves, en vue de protéger Yorktown, attaquent la flotte de de Grasse. Celle-ci les oblige à se retirer, après un duel d'artillerie qui dure tout un après-midi. L'amiral français est maître de la baie. Sentant le vent de l'Histoire tourner, le traître Arnold embarque en hâte sur une frégate en partance pour L'Europe. Un corps franco-américain de 15 000 hommes, drapeaux blancs à fleurs de lys et bannières étoilées flottant côte à côte dans l'air limpide et la douce lumière de l'*Indian Summer*[4], avance vers Yorktown, avec mission d'investir cette place forte. Les feuilles des sassafras, des érables, des sapins, des chênes, ont des reflets dorés, orangés, roses, vieil or, jaune ou franchement roux. D'autres sont restées d'un vert cru. Les fantassins du Royal Soissonnais n'ont jamais vu une nature aussi éblouissante. Des vols d'oiseaux bariolés se lèvent à l'approche des troupes. Des fleurs aux tiges immenses s'ouvrent aux rayons du soleil et semblent présenter les armes à cette armée qui va d'un pas sûr et mesuré vers la victoire. Les chansons de route des hommes du Royal Bourbonnais et du Royal Saintonge, notamment la célèbre *Malbrough s'en va-t-en guerre*, créée après la bataille de Malplaquet, oubliée et ressuscitée en Amérique, sont reprises par les volontaires

3. Au même moment, le marquis de Sade croupit dans une geôle de la Bastille. Il a menacé et battu l'un de ses geôliers. Pour le punir, on s'abstiendra de le raser et de balayer sa cellule pendant plusieurs jours.

4. On appelle *Indian Summer* (été indien), aux États-Unis, le début de l'automne.

allemands du régiment de Deux-Ponts, et plus d'un Européen commence à fredonner le refrain du *Yankee Doodle*, un des airs préférés des soldats de Washington. Les habitants des villages voient passer, outre les drapeaux des deux nations alliées, l'emblème polonais, avec son aigle blanc aux ailes déployées, des volontaires de Kosciuszko, l'ami de La Fayette, qui, comme ce dernier, est venu d'Europe à ses seuls frais combattre pour la liberté. Dans les rangs américains, il y a des Noirs. Ils ont préféré suivre Washington plutôt que d'écouter les Anglais, lesquels promettent une libération ultérieure à ceux qui s'engagent dans l'armée de George III. Il y a également des Indiens qui, sensibles au prestige de « Kayewla », sont venus jusqu'en Virginie pour participer aux combats. Tous les Allemands ne sont pas dans le camp britannique. Du côté américain, le général prussien Steuben est suivi de nombreux compatriotes. Le baron Kalb, le compagnon de la première heure de La Fayette, n'est pas, hélas ! du défilé. Son aventure s'est terminée au champ d'honneur, en 1780, à Camden, au cours des combats sanglants de Caroline du Sud.

Sur ordre de Washington, ce sont les troupes virginiennes qui marchent en tête lors de la dernière étape, suivies par les troupes des autres États.

Les forces de Cornwallis et de O'Hara ne sont pas moins nombreuses que celles des alliés, et leur artillerie n'est pas négligeable. Le 9 octobre, dès le début du siège, les bombardements commencent. Il s'agit pour les alliés d'obliger l'ennemi à user sa poudre. Rochambeau, qui ne perd pas une occasion de déclarer que le généralissime est Washington, offre à celui-ci l'honneur d'allumer le premier canon. Lauzun, à la tête de la cavalerie de sa légion, assisté par Choisy, attaque Gloucester qui fait vis-à-vis à Yorktown, culbute les Anglais de Turleton, et se rend maître de la place, avec un minimum de pertes : trois tués et onze blessés, dont Dillon, du cercle des amis de Marie-Antoinette. Le bombardement continu de Yorktown par les artilleries terrestre et navale provoquent de sérieux dégâts et des incendies. Mais pour obtenir rapidement une reddition, il faut enlever de vive force les redoutes qui protègent le camp retranché. La Fayette, à la tête de ses Virginiens, enlèvera avec brio celle qui semble la plus dure à prendre. Des Polonais, des Indiens et jusqu'à des Allemands lui ont prêté main-forte. Se laissant entraîner par son élan, Viomenil, secondé par un des frères Deux-Ponts, s'empare de la seconde redoute, mais avec des pertes très supérieures à celles de son camarade de combat américain.

Devant Viomenil, qui s'était offusqué de ses intentions, La Fayette avait parlé d'attaquer à la baïonnette, au sabre et même au couteau pour en finir avec la résistance des Anglais... L'impact de l'artillerie devait priver le « *boy* » de ce corps à corps sanglant. Le 17 octobre, devant le feu nourri des alliés qui embrase son camp comme il embrase des embarcations dans la baie et sur la rivière York, Cornwallis demande une suspension d'armes. Washington refuse. Le lendemain, Cornwallis fait savoir qu'il est prêt à accepter une capitulation. Louis de Noailles et John Laurens pour les alliés, le colonel Dindas et le major Ross pour la Grande-Bretagne mettent au point l'acte de capitulation qui sera signé, le 18 octobre, par Cornwallis et Symonds, sous les regards impassibles de Washington et de Rochambeau.

Cornwallis abandonne à O'Hara la pénible obligation de remettre, symboliquement, l'épée du vaincu au vainqueur. Voulant marquer, une dernière fois, en ce moment solennel, son dédain pour les *insurgents*, ces rebelles, le général anglais tend son épée à Rochambeau qui, avec une grâce parfaite, comme s'il s'attendait à cette scène, se tourne et désigne Washington comme le vrai vainqueur de cette bataille et de cette guerre, à qui revient, de plein droit, l'honneur de recevoir l'arme de l'ennemi qui s'est rendu. O'Hara ne peut qu'accomplir le geste indiqué.

Beau geste ! On reconnaît bien là la manière de Jean-Baptiste-Donatien de Vimeur, comte de Rochambeau, originaire du vendômois où il est né sur les bords de la Loire le 1er juillet 1725. Tout d'abord destiné à l'Église, il fut élevé par les jésuites à l'université de Blois. Ce n'est qu'après la mort de son frère plus âgé qu'il fut présenté au régiment de cavalerie dans lequel il servit en Bohême, en Bavière et sur le Rhin. Aide de camp de Louis-Philippe d'Orléans, il est remarqué pour sa bravoure et on commence à parler de lui dans l'armée à cause de son extrême habileté dans les manœuvres. Nommé colonel en 1747, il se distingue au siège de Maastricht en 1748. Il n'est pas de ceux qui négligent la proximité du feu et il reçoit plusieurs blessures à la bataille de Clostercamp dont il décida le succès. Il fut nommé maréchal de camp en 1761 et inspecteur de la cavalerie. Les ministres prennent alors l'habitude de le consulter sur de nombreux points techniques. C'est en 1780 qu'il fut envoyé, avec le rang de lieutenant général, aux commandes de six mille hommes des troupes françaises pour aider les colons dirigés par George Washington contre les troupes britanniques. C'est là que commence le destin américain de cet homme qui vient de couronner sa victoire par un geste plein de grâce. Pour témoigner de sa gratitude, le Congrès le remercia lui et ses troupes. Lors de son retour en France il fut honoré par Louis XVI, qui lui décerna le Cordon bleu et le fit gouverneur de Picardie et de l'Artois. Mais la carrière de Rochambeau n'est pas terminée. En 1789, il adoptera les principes nouveaux. Avec modération... C'est une loi du 28 décembre 1791 qui lui confère le bâton de maréchal, quelques jours après sa nomination comme général en chef de l'armée du Nord. Il en dirigea les premières opérations, mais contrarié dans ses plans par le ministre de la Guerre, qui était alors le général Dumouriez, il en démissionna le 15 mai 1792 pour retrouver la tendresse de la Touraine et son cher vendômois. Arrêté pendant la Terreur, le « père Rochambeau » est prêt à monter sur l'échafaud – mais il y a une justice – et il échappe à la guillotine. Napoléon estimait beaucoup cet éminent serviteur de la patrie, il le nomma grand officier de la Légion d'honneur. Le grand soldat qui, avec la bataille de Yorktown, avait mis fin à la guerre d'Indépendance finit ses jours paisiblement dans son château de Rochambeau, dont bientôt la blanche façade réverbérant l'éclat du soleil de midi impressionna un jeune pensionnaire de Vendôme, en promenade, le futur Honoré de Balzac

Mais revenons à Yorktown où vient de se jouer la victoire de Rochambeau, de Grasse, Washington, La Fayette et Lameth. Après la reddition, le général britannique doit encore défiler avec ses troupes battues, tandis qu'une clique joue un air cruellement, terriblement de circonstance : *The world turned upside down* (Le monde est sens dessus dessous).

Sens dessus dessous ? Pour certains, trop attachés à la gloire de l'Empire britannique, peut-être. Il serait plus exact de dire qu'en ce 19 octobre 1781, un monde nouveau vient d'accéder à l'existence parce qu'une tyrannie a été brisée[5].

5. « La Fayette a dit, je pense : "L'humanité a gagné sa bataille, la liberté a maintenant un pays" », rappelait Ronald Reagan à l'auteur lors d'une conversation à la Maison-Blanche en mars 1984. Et le président des États-Unis poursuivait : « Nous avons une profonde admiration et une profonde gratitude pour nos alliés français, pour l'aide militaire, financière, diplomatique qu'ils nous ont apportée et qui contribua à mettre un terme à la guerre. Nous sommes reconnaissants non seulement à La Fayette et Rochambeau, mais aussi aux milliers de soldats français qui marchèrent de Newport à Yorktown, et à la splendide flotte française commandée par l'amiral de Grasse, dont la victoire maritime scella le sort de la bataille. Ce fut cette concentration massive de compétences françaises et américaines qui conclut heureusement la guerre d'Indépendance à ce moment précis et à cet instant précis. » Ronald Reagan insiste aussi dans cet entretien, qui eut lieu dans le salon Vert de John Adams, sur la dureté et la violence de cette guerre d'Indépendance, qui a duré six ans, de 1775 à 1781 : « Les soldats français qui participèrent à la Révolution américaine racontèrent dans les lettres qu'ils adressaient à leurs familles qu'ils voyaient se battre les enfants de douze à treize ans. Le général Nathanaël Greene décrivit ainsi une campagne d'hiver : "Des milliers de personnes marquant le sol de leurs pieds sanglants." Un peuple qui a connu cela ne peut pas ne pas en être profondément marqué. » La solidarité entre les deux peuples, il la voit aussi dans la présence des soldats américains aux côtés de la France dans les deux derniers conflits mondiaux. Lors de son discours inaugural, Reagan avait pris l'exemple de ce jeune Américain qui mourut en France pendant la Première Guerre mondiale, Martin Treptow, qui, tué sur le front, avait écrit dans son journal : « Je travaillerai, j'économiserai, je ferai des sacrifices, je résisterai, je me battrai de mon mieux et je ferai tout mon possible, comme si l'issue du conflit entier dépendait de moi seul. » Dans ces phrases simples, il a raison de trouver une philosophie entière. Il ajoute alors : « Il ne faut pas sous-estimer le rôle des peuples dans l'Histoire. » Lorsque l'auteur lui demande quels sont ses héros historiques préférés, il réplique qu'il n'a pas tendance à vénérer les héros mais qu'il admire Washington, Jefferson, Lincoln et Théodore Roosevelt, par exemple. Le Président montre également son intérêt pour les oubliés de l'Histoire : « Je pense aussi que les historiens donneront dans

Si la paix sera lente à venir – deux années séparent la victoire de Yorktown de la signature, à Paris, du traité qui consacre l'avènement des États-Unis –, ce haut fait d'armes met pratiquement fin aux combats. Il aura, en outre, deux conséquences presque immédiates : en Angleterre, la chute du cabinet North ; à Versailles, la nomination de La Fayette au grade de maréchal de camp dans l'armée française. Louis XVI est content de lui. Cependant, cette promotion ne l'empêchera pas de continuer à porter, une fois rentré en Europe, son uniforme américain qu'il ornera de la Croix de saint Louis et de la médaille de Cincinnati[6]. Il ne s'attarde pas pour autant sur les lieux où il a conquis ses lauriers. Une fois encore, il demande au Congrès – qui le reconnaît comme citoyen d'honneur des U.S.A. – l'autorisation de rentrer en France, pour servir son roi. Une frégate, l'*Alliance*, est mise à sa disposition et, après des adieux émouvants à Washington, il quitte Boston, sous les vivats, le 23 décembre 1781[7].

Souffrances, déceptions, épreuves, angoisses, tout est effacé par le triomphe final. Le « *boy* », que Howe d'abord, Cornwallis ensuite, devaient emmener prisonnier dans leur île, a connu la joie de voir le premier quitter l'Amérique par dépit de n'y être point parvenu, et le second signer sa capitulation.

Sa popularité dans la nouvelle nation est immense. Il aura encore deux fois dans sa vie, à quarante années de distance, l'occasion de

---

le futur à Calvin Coolidge et à Dwight Eisenhower une place plus importante que celle qui leur a été faite jusqu'ici. Cependant, en y réfléchissant bien, le vrai héros d'une nation est pour moi son peuple, ses fermiers, ses ouvriers, ses entrepreneurs de toute sorte, ses familles. » Enfin, Ronald Reagan montre de l'optimisme pour l'avenir : « Je pense que nous entrons dans une ère nouvelle qui verra les Américains considérer à nouveau leur histoire comme une source de réflexion et un guide pour le présent. »

6. Décoration réservée aux officiers américains et étrangers ayant participé aux combats de la guerre d'Indépendance, la médaille de l'ordre de Cincinnati a été dessinée par le major français L'Enfant, qui conçoit également le plan de la capitale, Washington.

7. Un an après Yorktown, l'amiral de Grasse est fait prisonnier par les Anglais aux îles Saintes. Après sa captivité, il est invité à se rendre à Londres, à Buckingham. À son arrivée devant le palais, c'est la foule anglaise qui l'acclame.

la mesurer sur place. Les liens qu'il a noués avec les Pères Fondateurs des États-Unis sont ceux de l'amitié et de la pleine confiance. Les rapports avec Washington demeureront d'une qualité exceptionnelle. Jamais plus, alors qu'il a encore plus des deux tiers de son temps de vie devant lui, il n'éprouvera pour un compagnon un sentiment de cette intensité. Le père spirituel ne sera pas remplacé. Bien qu'il s'agisse de liens différents, il est aussi l'ami de Thomas Jefferson, futur président des États-Unis, qu'il retrouvera en France, comme il y retrouvera cet autre ami qu'est Thomas Paine, personnage génial et impossible, auteur de *Common Sense* (*Le Sens commun*), le livre qui poussa les Américains à prendre les armes contre les Anglais, et qu'il verra souvent au cours des années 1789-1192. Il est l'ami du brillant Alexandre Hamilton, futur ministre des Finances, du général Nathanaël Greene, grand buveur devant l'Éternel, bien que quaker d'origine, de Henry Laurens, ex-président du Congrès et d'une foule d'autres citoyens éminents.

Cette gloire qu'il a acquise dans le Nouveau Monde, c'est dans l'Ancien Monde qu'il veut, à vingt-quatre ans, en recueillir les plus beaux fruits. Il lui semble qu'en Amérique les dés sont jetés. Les habitants n'ont plus qu'à travailler à leur propre bonheur. Mais en France, et ailleurs, de grandes luttes pour conquérir la liberté restent à entreprendre[8]. Il se sent tenu de ne pas en être absent, puisque ces luttes, croit-il, changeront la face de l'univers. Sa vision est noble et généreuse, même si le souci de sa réputation y tient une grande place. Mais avec le recul du temps, quand on analyse ce que fut sa vie, on peut se demander si, par rapport à lui-même, à ses capacités réelles, à son propre épanouissement, il n'a pas commis, en quittant l'Amérique, la plus grande de ses erreurs...

8. Cette transition, Chateaubriand la traduira ainsi dans les *Mémoires d'outre-tombe* : « Mémorable exemple de l'enchaînement des choses humaines ! un *bill* de Finances en Angleterre élève un nouvel empire sur la Terre en 1782 et fait disparaître du monde un des plus antiques royaumes de l'Europe en 1789. »

22.

LE DOUX PARFUM DU SUCCÈS

Juin 1782.

Grande fête à Versailles. Le tsarévitch Paul, fils de Catherine II de Russie, en visite en France sous le nom de circonstance de comte du Nord, assiste, entre autres réjouissances, à un de ces bals costumés dont raffole toute la cour, ou presque. Des diverses manifestations joyeuses, n'est-ce pas celle où l'imagination prend le pas sur les autres qualités ? Le choix du costume est laissé à la discrétion de chacun, ce qui permet toutes les fantaisies. Dans une ambiance d'ordinaire aussi guindée que celle de Versailles, travestissements, mascarades, constituent comme une soupape de sûreté contre la rigidité de l'étiquette. On ne s'adresse pas à un maréchal de la cour, s'il est déguisé en janissaire, par exemple, de la même façon que s'il est en grand uniforme.

En cette soirée de juin, il y a parmi ces gens de haute naissance qui s'amusent une jeune femme qui suscite l'admiration générale par l'originalité et la perfection du modèle qu'elle a choisi. Elle incarne, en effet, la très belle Gabrielle d'Estrées, la maîtresse d'Henri IV, dont la grâce et les talents d'amoureuse dépassaient, de très loin, la vertu.

Sur cette Gabrielle réincarnée, tous les regards des plus beaux hommes du royaume se fixent, sans gêne apparente. On l'admire, on la contemple, on ose la détailler, on la désire en ne laissant pas apparaître son désir, et plus d'un témoin averti a pu distinguer, l'espace d'une fraction de seconde, un éclair de concupiscence dans l'œil de l'invité d'honneur, le futur empereur Paul Ier [1]. Si les réactions des danseurs (et des danseuses) restent, cependant, réservées, respectueuses même, c'est que la triomphante Gabrielle n'est autre, en fait, que la très prude, très hautaine Marie-Antoinette, reine de France. Certains familiers de la cour, qui se souviennent des avanies que cette souveraine, lorsqu'elle n'était que la Dauphine, a fait subir à la Du Barry, favorite de Louis XV, ne peuvent s'empêcher d'afficher un sourire légèrement ironique, en voyant l'altière princesse autrichienne dans le costume de la favorite de l'ancêtre de son époux. Mais ainsi va Versailles.

La récente naissance du Dauphin a provoqué chez la reine un état exceptionnel d'euphorie qui peut expliquer, en partie, son attitude au cours de ce bal. Pendant des années, elle a été victime, bien malgré elle, d'un drame intime, pénible, qu'on appellerait aujourd'hui une maladie de la sexualité. Louis XVI, en effet, éprouva d'abord de la difficulté à consommer le mariage, à croire qu'il s'y refusait, et même lorsqu'il se résigna à franchir le pas, il ne le consomma pas entièrement. Bien des gens, à la cour et à la ville, le savaient et en parlaient. Louis XV, de son vivant, avait déjà fait examiner le jeune marié par des médecins qui n'osaient pas se prononcer pour une opération. Ce sera, finalement, l'archiduc Joseph, frère aîné de la reine, venu en France sous le nom de comte de Falkenstein, qui jouera le rôle dévolu aujourd'hui au sexologue. Sa sœur le mettra au courant, dans les moindres détails, de la nature des étreintes conjugales. Le roi ne reculera pas, non plus, devant les confidences d'ordre « technique » et se laissera convaincre par son beau-frère de subir une intervention chirurgicale dont l'utilité sera surtout psychologique, comme le dit l'archiduc à son frère Léopold dans une lettre dont le ton, extrêmement cru, surprend de la part

1. Paul Ier sera empereur de 1796 à 1801.

d'un prince, deux fois veuf, qui passe pour triste et particulièrement vertueux. Qu'on en juge : « Il (Louis XVI dans le lit avec Marie-Antoinette) est content, disant tout bonnement qu'il ne faisait cela que par devoir et qu'il n'y avait aucun goût ; ah, si j'avais pu être présent une fois, je l'aurais bien arrangé ! Il faudrait le fouetter, pour le faire décharger de foutre comme les ânes ; ma sœur avec cela a peu de tempérament, et ils sont deux francs maladroits ensemble[2]. » En fait, quoi qu'en dise le sexologue improvisé, rien ne permet d'affirmer que la reine manque de tempérament, et sa maternité réussie est, pour l'intéressée, un heureux événement qui la lave de tous les soupçons de frigidité, de stérilité, avancés contre elle, bien qu'elle ait déjà accouché d'une fille en 1779.

Pourquoi, se demandent d'autres familiers, la souveraine qui passe pour dure et rancunière, invite-t-elle soudain un grand jeune homme roux, que l'on dit général américain, à danser avec elle le quadrille, alors qu'il y a quelques années elle le trouvait gauche, maladroit et le laissait clairement entendre ? C'est que cet homme jeune (il a vingt-cinq ans) dont elle se moquait, en qui on a reconnu le général Gilbert de La Fayette, est devenu depuis peu un familier, sinon un ami du couple royal. Son épouse, Adrienne, est elle-même l'objet d'attentions de la part des souverains. Ainsi, lorsqu'elle avait appris, le 21 janvier 1782 que son mari, débarqué à Lorient, était arrivé à Paris, Adrienne se trouvait à l'Hôtel de Ville où l'on fêtait la toute récente naissance du nouveau Dauphin, en présence de Louis XVI et de Marie-Antoinette ; ceux-ci, aussitôt, l'accompagnèrent dans leur carrosse à l'hôtel de Noailles, pour ne pas retarder la joie des retrouvailles.

Gilbert peut donc savourer, en France, son triomphe, et Adrienne en prend sa part. Elle est applaudie à l'Opéra lorsqu'elle paraît avec lui, et dans bien d'autres endroits. Mais cette gloire, elle n'est pas seule à la partager. Aglaë d'Hunolstein, la pulpeuse récompense du guerrier, lors du retour d'Amérique de 1779, que les salons commencent à bouder – peut-être parce qu'elle a manqué de discrétion –, s'accroche à ce général vainqueur pour lequel elle a pris le risque de tromper le

2. Lettre citée par Evelyne Lever, *Louis XVI*, (éditions Fayard, 1985, p. 291).

très puissant duc de Chartres. Elle s'accroche, mais il va bientôt se lasser d'elle. Il estime qu'il lui faut une liaison plus éclatante et qui ne sente en rien le réchauffé. Ne doit-il pas lever les yeux beaucoup plus haut, ne plus se contenter de femmes dites faciles, se placer, d'emblée, sur le terrain de celles qui passent pour inaccessibles ? Après une passade avec la princesse d'Hénin, amourette sur laquelle on sait très peu de choses, Gilbert se sent pris d'un accès de fièvre soudain pour la très belle, très courtisée, jamais conquise, Diane Adélaïde de Simiane, née de Damas d'Antigny, épouse réputée fidèle du comte de Simiane. Les compliments qu'il lui adresse ne restent pas sans réponse. Et, bientôt, ce succès amoureux va contribuer à la gloire, à la réputation de Gilbert. Après Yorktown, Diane de Simiane : deux places fortes enlevées coup sur coup. Que peut-on rêver de mieux en cette France de la fin du XVIIIe siècle, où Mars et Vénus sont plus étroitement associés que jamais ?

Une fois encore, Adrienne rentrera ses larmes, du moins en public, se contentant d'offrir à son époux, comme cadeau de retour, une autre fille, leur dernier enfant, à qui, pour honorer un peu plus le grand ami américain, on donnera le prénom de Virginie. Née de l'orgueil, du désir de gloriole, la liaison avec Madame de Simiane résistera néanmoins au temps, survivant, même, sous la forme d'une amitié fidèle et affectueuse, à la mort d'Adrienne, en 1807.

Cette aventure, en tout cas, n'empêchera pas les La Fayette de donner le spectacle d'un foyer remarquablement uni. Dans leur nouvelle demeure, rue de Bourbon (aujourd'hui rue de Lille), ils reçoivent, outre leurs amis français, tout ce que Paris compte d'Américains distingués, installés provisoirement ou de passage. Adrienne a appris l'anglais, langue que ses filles et son fils pratiquent couramment, souvent même entre eux, et avec leurs parents. Franklin, jusqu'à son départ de Paris (1784), le couple Adams, Jefferson lorsqu'il représentera son pays en France, plus tard Thomas Paine et Gouverneur Morris[3], et bien d'autres, fréquenteront le salon de

3. Gouverneur n'est pas un titre, mais le nom de jeune fille de sa mère qu'il a pris comme prénom.

la rue de Bourbon, qui deviendra un des hauts lieux de l'esprit libéral et cosmopolite de la capitale, jusque dans les premières années de la Révolution. Salon plutôt ouvert, d'ailleurs, puisque l'Anglais William Pitt, le fils, viendra dîner avec sa femme chez ce La Fayette qu'il combattra bientôt politiquement.

Alors que les pourparlers de paix traînent en longueur, d'autres attaques contre l'Angleterre sont sérieusement envisagées à Versailles. Gilbert se voit bien près d'être placé de nouveau aux côtés de l'amiral d'Estaing dans une opération projetée contre la Jamaïque, avec le concours des forces espagnoles. Envoyé à Madrid, notre général, en dépit d'un contact agréable avec le roi Charles III, est récusé par celui-ci pour s'installer dans une île espagnole des Antilles, en raison du soupçon de républicanisme qui pèse sur lui. Cette réputation bien établie rendra ambigus, le plus souvent, ses rapports avec les monarques qu'il rencontrera et qui, au début, semblent l'apprécier. À Madrid, cette ambiguïté est d'autant plus vive que le maréchal de camp français se présente en uniforme américain, détail insolite et qui est perçu comme une profession de foi ou une provocation.

Il réussit, cependant, à faire accepter par le roi d'Espagne l'ouverture d'une mission diplomatique permanente des États-Unis à Madrid, qui sera confiée à Carmichael. Partout où il se trouve, il se conduit en représentant des intérêts de la jeune république. Le souvenir de son aventure chez les *insurgents* ne cessera de peser sur ce qu'il entreprend, au point qu'il donne l'impression que c'est de l'autre côté de l'Atlantique que sont restés son cœur et son esprit. En France même, il obtient que les États-Unis disposent de la franchise dans cinq ports : Dunkerque, Lorient, Bordeaux, Bayonne, Marseille. S'il ne parvient pas à faire modifier en leur faveur le monopole français du tabac, son intervention pour les exportateurs d'huile de baleine de l'île de Nantucket est couronnée de succès ; ce qui lui vaut de recevoir un fromage de cinq cents livres, fabriqué par les fermiers de l'endroit qui ont abandonné à son profit la production de vingt-quatre heures de toutes leurs vaches. Cet envoi qui tient plus du gag que du cadeau lui vaut, on s'en doute, de francs applaudissements.

En juillet 1784, Washington, que son fils spirituel a invité en France, ne voulant pas voyager hors d'Amérique, c'est le second qui s'embarque de nouveau pour le pays dont, trois ans après son retour, il éprouve la nostalgie[4]. Adrienne, également invitée, croit devoir demeurer auprès de ses enfants.

La réception que recevra le « citoyen d'honneur » ex-major-général de l'armée U.S. dépasse peut-être ce qu'il attend de ce voyage. Dans toutes les villes qu'il traverse, du Nord au Sud, de l'Est à l'Ouest, ce ne sont que foules enthousiastes, banquets, fêtes. Il ne sait pas où il se sent le plus chez lui : à Philadelphie où le Congrès le reçoit plusieurs fois ; à Baltimore où on organise un grand bal pour lui rappeler celui que lui-même avait donné, dans cette ville, en avril 1781, lorsque les femmes et les filles des notables s'étaient associées pour fabriquer des vêtements destinés à ses soldats ; à Albany où il redevient pour quelques jours « Kayewla », l'idole des Indiens des Six Nations ? Ces Indiens, il les reçoit et il profite de leur visite pour ranimer leur zèle pro-américain qui risquait de s'affaiblir. Il reçoit d'eux – précieux cadeau – un garçon de treize ans, Kalenhala, qu'il ramènera avec lui en France. Celui-ci vivra à son domicile et l'appellera « *father* » (père).

4. George Washington aurait eu, pourtant, au moins une raison de visiter la France, mis à part le rôle joué par ce pays pendant la Révolution, et son amitié pour La Fayette et d'autres compagnons d'armes français. Mais cette raison, peut-être ne la connaissait-il pas, indifférent comme il l'était à ses propres origines. Très peu de gens savent aujourd'hui encore, en France, que le grand leader américain aurait trouvé en effet un bon motif pour franchir l'Atlantique, s'il avait remonté la lignée de ses ancêtres jusqu'à la cinquième génération. À ce stade, il se serait aperçu qu'il descendait en droite ligne du premier émigré français en Virginie, un huguenot de l'île de Ré, nommé Nicolas Martiau (1592-1657), qui débarqua du *Francis-Bonaventure*, le 11 mai 1620, cinq mois avant l'arrivée des puritains du *Mayflower*. Cet ancêtre français avait non seulement servi sa nouvelle patrie en la faisant profiter de son talent d'ingénieur militaire, mais aussi en exerçant les fonctions de juge de paix et en assumant la charge de député à l'assemblée locale de Jamestown où il fut élu représentant de la presqu'île de Pamunkey. Toutes ces raisons auraient rendu cet ancêtre cher au cœur de Washington. Il en est une autre, cependant, qui relève du plus haut symbolisme : 150 ans avant la bataille décisive de Yorktown, en 1631, Nicolas Martiau s'était rendu acquéreur à Yorktown du terrain sur lequel son descendant allait s'illustrer.

Gilbert revoit tous les lieux où il s'est battu, passe une dizaine de jours à Mount Vernon dans la famille de Washington ; et il quittera son « cher général », le cœur plus meurtri qu'en décembre 1781, pour rentrer en France, où l'attendent, croit-il, de grandes choses. Comme s'il sentait que cette rencontre avec l'homme auquel il doit tant est vraiment la dernière.

23.

DU FLUIDE ANIMAL AUX CHAUSSURES ÉLASTIQUES

Dans le Paris des années 1780, chez des gens de qualité. Le décor est à l'unisson de la mode du jour : tables rondes en poirier noirci de Nicolas Petit, meubles en marqueterie d'écaille et de métaux tendres de René Dubois, fauteuils à dossier en lyre et en médaillon de Georges Jacob, tentures de tissus de Lyon.

Autour d'un baquet, un groupe de personnes des deux sexes. Le récipient contient de la limaille de fer et une série de bouteilles, disposées en cercle, remplies d'eau magnétisée. Chacun des membres de ce groupe est relié à une des bouteilles par une verge de fer. C'est par ce canal qu'il reçoit le « fluide ». Il doit l'appliquer sur la partie du corps où sont localisés ses malaises. Car les gens rassemblés ici sont tous des malades. L'application de la verge métallique conductrice du fluide sur l'organe atteint d'une affection constitue une nouvelle thérapie que l'on dit être à l'origine de très nombreuses guérisons, certaines quasi miraculeuses, dans les domaines les plus divers de la pathologie : neurasthénie, inflammations de la gorge ou des poumons, myopies graves à la frontière de la cécité, maladies de peau, dysfonctionnements en tout genre.

Une autre particularité du traitement, c'est que les patients réunis autour du baquet sont reliés les uns aux autres par une corde enroulée autour d'eux. Se tenant par les pouces et les index, ils se communiquent le fluide et forment comme un circuit électrique que les initiés appellent une « chaîne mesmérique », du nom de l'inventeur de la méthode, le médecin autrichien, Franz Anton Mesmer, venu, en 1778, chercher la gloire à Paris, et qui l'a trouvée.

Selon cet étrange personnage, qui parle fort mal le français, ce qui ne l'empêche pas de convaincre des femmes du plus grand monde et des hommes très cultivés de la profondeur de ses vues, l'univers tout entier baigne dans un fluide ultrafin qui pénètre chaque corps, au sens large du terme. Ce fluide serait à la source de la chaleur, de la lumière, de l'électricité, du magnétisme. Qu'un obstacle quelconque s'oppose à sa circulation dans le corps humain et la maladie apparaît. Le but du traitement décrit plus haut est d'éliminer les obstacles, de rétablir la libre circulation du fluide dans tout le corps, de mettre le patient en harmonie avec la nature.

L'application du fluide peut provoquer des transes, des crises de somnambulisme ou d'hystérie qui obligent parfois le médecin traitant à enfermer le malade en proie à ces dérèglements dans une « chambre de crise », soigneusement matelassée. Il sera ensuite calmé par des massages. Le traitement peut consister aussi à attacher les malades à des troncs d'arbre préalablement magnétisés.

En raison des témoignages plus ou moins sérieux sur les guérisons obtenues, le mesmérisme connaît un rapide et vif succès dans un Paris où la bonne société de ce temps est sans cesse à l'affût de découvertes et de théories nouvelles. L'engouement pour les sciences de la nature et les élucubrations à prétentions scientifiques vont de pair avec le bouillonnement des idées en matière politique. Les gens qui aspirent à un changement dans l'ordre social n'hésitent pas à s'enthousiasmer pour les discours et les pratiques de visionnaires, de thaumaturges ou plus simplement de chercheurs qui passent sans transition de la physique à la métaphysique, comme si la seconde n'était qu'une extension de la première. Dans les loges maçonniques, les salons littéraires et philosophiques, dominés jusqu'ici par le rationalisme, l'illuminisme est accueilli avec intérêt. Mesmer et ses disciples ne se contentent pas de soigner, ils prétendent expliquer les grands mystères de l'univers, et même établir des passerelles avec l'au-delà. Du magnétisme, on passe au spiritisme et à la théosophie. Cagliostro a ouvert la voie. Les conquêtes réelles de la science, comme l'avènement des aérostats, réalisation du vieux rêve d'Icare, font naître l'idée que les possibilités de l'esprit humain sont sans limites et que le monde de l'invisible lui-même ne peut échapper aux efforts d'investigation des savants.

Le choc provoqué par les vols en ballon des frères Montgolfier, de Pilâtre de Rozier, du marquis d'Arlandes, de Blanchard qui, en 1787, traversera la Manche, met les sciences au premier plan de la curiosité générale, souvent hors de toute méthode et dans la pire confusion. Pourquoi ne pas rêver, si ce qui semblait impossible hier est possible aujourd'hui ? Publications savantes, conférences, se multiplient. Le snobisme et le commerce s'en mêlent. Les dames portent le chapeau « au ballon » et les enfants grignotent des dragées « au ballon ». Les aéronautes sont traités comme des héros, des vedettes, et sont partout fêtés. Un ballon ayant dû se poser sur un champ, les paysans accourus demandent aux passagers s'ils sont des hommes ou des dieux. Eux-mêmes sont quelque peu grisés par leur propre succès. Avant de se tuer en tentant de relier la France à l'Angleterre, Pilâtre de Rozier déclare qu'il pourrait bien se rendre de Paris à Boston en deux jours, si les vents étaient propices...

Louis XVI, qui soutient tous les efforts des hommes de science, qui accepte les suggestions les plus audacieuses lorsqu'il s'agit d'améliorer le matériel dont dispose la France – n'a-t-il pas donné son accord pour qu'on dote d'un doublage en cuivre les plus gros vaisseaux de guerre ? –, ne manque pas de récompenser de façon spectaculaire les courageux aérostiers. Sans doute espère-t-il beaucoup de ce nouveau moyen de liaison. Mais il sait faire la part de ce qui revient à la science et de ce qui relève de la rêverie ou de la divagation. Malgré la sympathie que la reine témoigne à son compatriote Mesmer, la faveur dans laquelle celui-ci est tenu par des familiers de la cour comme Ségur, Dillon, Lauzun et même par la duchesse de Bourbon, sœur de Philippe d'Orléans, le roi se refuse à prendre le mesmérisme au sérieux. La Fayette, qui éprouve, lui, une passion soudaine pour les théories du médecin viennois, fera les frais de l'ironie du souverain.

Comment l'ex-général américain en est-il venu à se faire le protecteur du magnétisme animal, sans exprimer la méfiance qu'on pourrait attendre de lui à l'égard des idées extravagantes liées au mesmérisme ? Cette attitude est difficile à comprendre si on ne tient pas compte du rôle qu'a joué la franc-maçonnerie dans sa formation et qu'elle jouera dans sa vie d'homme mûr. Il ne fait pas de doute que La Fayette, initié très jeune à Paris, est un maçon convaincu, à la différence de beaucoup d'aristocrates de l'époque pour qui l'appartenance à une société secrète constitue une obligation mondaine, un brevet de libéralisme et d'intellectualisme facile à acquérir, qui n'engage à rien qu'à verser une obole et à participer de temps à autre à une réunion, suivie d'un banquet qui se déroule selon un rituel plaisant. La Fayette, au contraire, semble conscient de ce qu'il doit à l'ordre maçonnique, auquel d'ailleurs il sera fidèle jusqu'à sa mort. N'ayant pas fait des études très sérieuses, c'est grâce aux esprits éclairés qu'il a rencontrés dans les loges qu'il a découvert les grands écrivains et les philosophes des Lumières, dont les œuvres l'ont marqué. Ses rencontres avec Franklin, maçon de premier plan, puis avec Washington et d'autre maçons américains, ont contribué à le convaincre que la recherche scientifique allait de pair avec l'idéal démocratique, l'obscurantisme étant une des armes par lesquelles les tyrannies s'efforcent de maintenir leur pouvoir. Lui-même, par nature, serait plutôt enclin au rationalisme ; s'il rêve de libérer les peuples opprimés, de créer l'égalité parmi les hommes, les aventures mystiques lui sont étrangères. C'est un homme de la campagne, dont les pieds sont solidement posés sur le sol. Cependant, il est dans son caractère de s'emballer rapidement lorsqu'il rencontre quelque chose qui lui paraît nouveau et appelé à se répandre. Ainsi, du magnétisme de Mesmer. Il y voit moins une simple thérapeutique prometteuse qu'une voie par laquelle l'homme pourra se rendre davantage maître de la nature, ce qui fera apparaître comme ridicules les despotismes qui continuent de vouloir l'asservir.

Son enthousiasme pour Mesmer – que ne partage pourtant pas Franklin –, La Fayette voudrait le communiquer à ses amis des États-Unis, et il écrit à son « cher général », avant de s'embarquer pour sa visite de 1784, qu'il compte bien lui parler des découvertes du « génial » médecin viennois. Le roi informé le met en garde sur le mode moqueur.

« Que pensera de vous Washington, lui demande-t-il, quand il saura que vous êtes devenu le premier garçon apothicaire du Dr Mesmer ? »

Le héros n'en a cure. Il entend bien ouvrir, outre-Atlantique, des filiales de la Société de l'Harmonie Universelle qui regroupe les mesméristes les plus fervents. Son échec sera total. En raison du scepticisme amusé de son père spirituel d'abord, et, ensuite, de l'action de Thomas Jefferson qui, arrivé à Paris pour remplacer Franklin, en 1784, dénonce à ses correspondants dans son pays les méfaits du mesmérisme, communiquant aux responsables le rapport de la commission composée de membres de l'Académie des sciences et de l'Académie de médecine à qui le roi a ordonné d'enquêter de façon objective sur le fameux fluide, découvert par Mesmer, et sur ses applications. Parmi les commissaires, on note des gens déjà célèbres ou promis à la célébrité comme le chimiste Lavoisier, l'astronome Bailly, futur président de la Constituante et qui sera maire de Paris après la prise de la Bastille, Benjamin Franklin lui-même, et un médecin dont l'invention fera frissonner la France entière, le Dr Guillotin...

À la suite d'une enquête approfondie, la commission royale prononce un avis négatif : le fluide Mesmer n'existe pas ; les convulsions ou autres effets du traitement peuvent être attribués à l'imagination surexcitée des adeptes de la théorie.

Cette conclusion n'a pas davantage d'effet sur La Fayette que sur les autres partisans du magnétiseur. Les familles elles-mêmes sont divisées. Tandis que Franklin considère Mesmer comme un charlatan, son petit-fils, William Temple Franklin, adhère à la secte fondée par le médecin viennois. Celle-ci, d'ailleurs, se déchaîne, dénonce dans les académies des sciences et de médecine des bastions de l'esprit réactionnaire. Leurs membres seraient, par tradition, comme par intérêt, opposés par avance aux novateurs. La querelle devient politique. Duval d'Epremesnil, le bouillant conseiller au Parlement de Paris, qui mène la lutte de ses pairs contre le pouvoir royal, compte parmi les défenseurs de Mesmer. Dans le camp de ce dernier, on rencontre aussi un très brillant journaliste qui a été employé par Vergennes, Jacques Pierre Brissot de Warwille, futur chef des Girondins. Brissot coopère étroitement avec un médecin genevois, aigri et haineux, qui prétend réfuter Newton et dont les travaux sont refusés par l'Académie ; il s'appelle Marat, et sera parmi ceux qui réclameront, avec le plus de véhémence, la mise à mort des Girondins qui, outre Brissot, comptent d'anciens mesméristes comme J. L. Carra, Madame Roland et son mari. On trouve encore parmi les admirateurs du découvreur du fluide, de grands amis de La Fayette, comme Chastellux, ancien officier de Rochambeau, et Duport, futur Feuillant. Le plus fervent et le plus pur des mesmériens est l'avocat et philosophe Nicolas Bergasse qui sera membre de la Constituante, ne cessera cependant de se proclamer monarchiste et réussira à échapper à la Terreur.

L'engouement de La Fayette pour Mesmer peut être classé parmi ses caprices de jeunesse. S'il fait preuve de naïveté, il fait preuve, également, dans ce domaine comme dans d'autres, d'une grande générosité. Ne le voit-on pas, en 1783, contribuer au financement des recherches d'un horloger-inventeur qui prétend fabriquer des chaussures spéciales dites « élastiques », permettant de marcher sur l'eau ? Il est même annoncé que l'homme tentera de traverser la Seine le 1er janvier 1784[1]. Cette manifestation spectaculaire du jour de l'An n'est pas autre chose qu'un canular, mais la réputation du « Héros des Deux Mondes » n'en souffrira pas ; ce qui donne une idée du climat de confusion qui règne à l'époque...

1. L'année 1784 verra la naissance d'une presse française en Amérique ; le premier *Courrier* paraît à Philadelphie, bientôt suivi de deux autres, en Louisiane et à Boston, qui sont les ancêtres de l'actuel *France-Amérique*, publié en français aux U.S.A.

24.

DES ROIS POUR TOUS LES GOÛTS

Sans-Souci, juillet 1785.

À peu de distance de Potsdam, se trouve le château de Sans-Souci. Ce nom singulier lui vient d'une promenade de Frédéric Ier avec le marquis d'Argens, le long d'un terre-plein sur lequel il avait fait enterrer ses chiens préférés et son cheval favori nommé Condé. Alors qu'il montrait au marquis le caveau creusé sur ses ordres non loin de ses compagnons fidèles, Frédéric lui dit avec son air bizarre : « Voilà mon tombeau ; quand je serai là, je serai sans souci. » Le nom était jeté, le sort en fit celui de la résidence royale. En allant vers la porte de Brandebourg, où commence une allée rectiligne qui conduit au château, on rencontre un grand bassin de marbre blanc de quarante-huit mètres de diamètre entouré de statues mythologiques, dont la *Vénus* de Pigalle et le *Mercure* de Berghes. Du centre du bassin s'élance un jet d'eau d'une hauteur inhabituelle. Au-delà, supporté par une colonne isolée, se trouve un buste d'une grande beauté en porphyre égyptien. C'est celui de Paolo Giordano, duc de Bracciano. De cet endroit, on envisage déjà les six terrasses qui montent au plateau sur lequel s'élève le château de Sans-Souci. Elles sont ornées d'orangers et de lauriers roses qui parfument avec bonheur cet été de 1785.

Lorsque le visiteur se présente devant le château, il est à la fois saisi par sa grandeur et charmé par sa grâce. En fait, c'est le caractère de son maître qui traverse les murs et impose cette impression double. Frédéric II, le roi-soldat, en quarante ans de règne, a doublé par ses conquêtes le nombre de ses sujets. Le roi-soldat sait être aussi le roi-philosophe. Son sens de la domination n'a d'égal que son sens de la séduction. À son image, sa demeure est double. Il y a deux châteaux de Sans-Souci, l'ancien et le nouveau, tous deux construits sous Frédéric. Le Palais fait espérer la splendeur mais un malaise vous saisit à son approche. L'élégance de l'architecture, l'abondance des marbres et des bronzes dorés, la fantaisie du pavillon chinois, contrastent avec quelque chose d'hostile qui est dans l'air. La splendeur des jardins est une magnificence morte. La simplicité des ordonnances, l'harmonie des proportions, la perfection de la mouluration paraissent tout à coup comme de trop luxueux mensonges sur la réalité du lieu. La luxuriance des plantes est heurtée par une menace indicible ; même la beauté des fleurs devient indifférente. Dans ce décor de colonnades, terrasses et statues où tout est dessiné pour charmer, ce qu'on ressent c'est une étrangeté, une bizarrerie désagréable mais dont on a du mal à définir la nature. Soudain, l'évidence frappe : le silence est trop grand. La vie qui palpite dans le parc est offusquée par le vide d'un ciel trop pâle. Il manque à cet éden désiré l'essentiel du bonheur. Et cet essentiel qu'on n'entend pas ici, à Sans-Souci, il est pourtant présent dans toute la nature par ailleurs, dans tous les jardins du monde, sur tous les arbres de la Terre. Lorsqu'on a finalement ressenti le sens de ce malaise, on est saisi de stupeur devant la demeure du monarque. Au château de Sans-Souci, on n'entend pas le chant des oiseaux. Où sont-ils ? Ils ont disparu. Pire, ils ont été volontairement massacrés et ils ne viennent plus. Quant à ceux qui s'égarent encore du côté du Palais, ils sont aussitôt tués par les gardes. C'est que le roi est agacé par leurs chants. Il ne supporte pas leurs pépiements. Il a ordonné à son entourage d'agir de façon à ce qu'on ne les entende plus jamais. Les oiseaux absents laissent planer des menaces sur ce château sans âme, le parc privé de l'orchestre de la nature vous verse un désert dans le cœur. Ainsi était Sans-Souci, à cause de son prince cruel, Frédéric le Grand.

Frédéric II, roi de Prusse, dit Frédéric le Grand, moins brillant militaire peut-être que Frédéric Ier, le Roi-Sergent, mais cependant tout aussi passionné par les choses de l'armée – la sienne et celles des autres –, s'apprête à partir pour Breslau où vont avoir lieu de grandes manœuvres. Il y recevra des observateurs étrangers, et il espère bien que ceux-ci se pâmeront d'admiration devant les évolutions de près de 30 000 hommes (trente et un bataillons et soixante-quinze escadrons).

Parmi ces invités qu'il compte séduire, il y a deux hommes de guerre, au moins, dont le nom est connu du monde entier. Ce sont, tous deux, de nobles seigneurs. Ils brillent dans les cours des monarques aussi bien que sur les champs de bataille. Ce qui les sépare, mais pas au point de les faire manquer d'égards l'un envers l'autre, c'est que le premier a récemment contribué à écraser le second, alors que celui-ci s'était vanté de le faire prisonnier et croyait pouvoir parler de lui comme d'un adolescent qui a fait une fugue. Ces deux généraux, qui se sont durement combattus, c'est La Fayette et lord Charles Cornwallis.

Le roi de Prusse, qui les accueille en qualité de connaisseurs, d'experts, est un vieil homme tordu par la goutte. Il passe pour être négligé, pour avoir parfois des manières de sous-officier, ce qui ne l'empêche pas d'être soupçonné d'homosexualité [1], car il consacre plus de temps à inspecter ses casernes, de jour comme de nuit, que dans son beau château de Sans-Souci, un nom de villa bourgeoise,

1. Choiseul, en son temps, a été jusqu'à composer un quatrain afin de déconsidérer le souverain guerrier qui lui-même se piquait de poésie :

« De la nature et des amours
Peux-tu connaître la tendresse
Toi qui ne connais l'ivresse
Que dans les bras de tes tambours ? »

qui a pourtant la réputation d'être une réplique, en modèle réduit, de Versailles. Ce vieux roi n'a plus qu'un an à vivre. La Fayette lui trouve « les plus beaux yeux qu'il a jamais vus » et une physionomie qui peut aussi bien prendre une « charmante expression » que se faire « rude et menaçante ».

Par jeu, sans doute, mais non sans une pointe de sadisme, Frédéric II, au cours de ces journées de manœuvres, a pris soin, à table, de placer La Fayette entre le duc d'York, second fils de George III, et lord Cornwallis. Ce dernier n'apprécie cette taquinerie qu'à moitié. Frédéric II, comme pour prolonger son effet, s'ingénie à faire parler le vainqueur de Yorktown des campagnes de la guerre d'Amérique, de la personnalité de Washington, devant le vaincu de la veille, figé dans un silence poli. La Fayette, qui est viscéralement anglophobe et qui prétend n'apprécier les Anglais que lorsqu'ils sont battus, en rajoute peut-être un peu. Il exalte le système démocratique américain avec tant d'enthousiasme que Frédéric II finit par rétablir l'équilibre entre ses invités [2] :

« Monsieur, dit-il à La Fayette, j'ai connu un jeune homme qui avait visité un pays où régnaient la liberté et l'égalité. Il se mit en tête de les établir dans son pays. Savez-vous ce qui lui arriva ?

– Non, Sire...

– Il fut pendu, répondit le roi avec un sourire qui ne troubla nullement le Français mais dut soulager l'Anglais. »

Il semble que Frédéric soit obsédé par cette guerre d'Amérique. Est-ce une trace de l'influence de Voltaire ? En 1783, il a déjà eu l'occasion de parler des campagnes d'outre-Atlantique avec le capitaine d'état-major Alexandre Berthier, modeste compagnon d'armes de Gilbert à Yorktown et futur maréchal de Napoléon, qui avait accompagné un autre ancien de l'armée de Rochambeau, le général de Custine, aux manœuvres de Prusse. Berthier – peut-être parce

2. La Fayette fait un portrait court et saisissant du roi de Prusse dont le style frappant et bref laisse poindre un talent d'écrivain : « Un vieux et sale caporal décrépit tout couvert de tabac d'Espagne. »

qu'il était un beau garçon impressionnable – avait été fort bien traité par Frédéric qui lui fit visiter entièrement Sans-Souci. Le capitaine d'état-major, après avoir décrit l'étrange accoutrement du roi[3], ne manqua pas de souligner, lui aussi, « l'extraordinaire vivacité de son regard ». Il fut frappé, cependant, par le désordre qui régnait dans les appartements royaux : rideaux déchirés, fauteuils et autres meubles de grande valeur souillés par les déjections des chiens, tables couvertes de tabac, vêtements usés jusqu'à la corde, éparpillés...

La Fayette, pour sa part, en compagnie de son ami, le colonel de Gouvion, poursuit, en 1786, son périple dans le centre et l'est de l'Europe. À Vienne, il est aimablement reçu par l'empereur Joseph II, le frère très indiscret de Marie-Antoinette, et par le chancelier Kaunitz. Il rencontre le duc de Brunswick, cet homme aimable qui signera, en 1792, un manifeste qu'il n'a pas écrit, destiné à faire trembler les républicains de France et qui, au contraire, les poussera à s'enrôler pour combattre.

En 1787, invité à Saint-Petersbourg par la tsarine Catherine II, La Fayette regrettera que la situation dans son pays ne lui permette pas de faire ce long voyage. Comment aurait réagi la tsarine à ses discours marqués par l'esprit républicain ? Mais revenons dans le Berlin de 1785, d'où il exprime dans une lettre à Washington son admiration pour l'armée prussienne.

Il semble qu'il ne puisse rien entreprendre, ni penser, sans en référer à son père spirituel. Ainsi, il lui expose le sort déplorable des protestants restés en France après la révocation de l'édit de Nantes, avant d'intervenir en leur faveur auprès du roi et des

3. « Il avait une perruque à plusieurs boucles, poudrée à blanc, des culottes de velours noir, une paire de bottes de cuir roux, fort vieilles et fort plissées, un habit-uniforme bleu très vieux, un grand collet et des parements rouges, une très vieille épée de cuivre qu'on ne soupçonnerait jamais avoir été dorée et une vieille écharpe au moins de la dernière guerre... » Seule concession à l'élégance vestimentaire, son chapeau à plumet blanc, neuf et « très bien retapé ». *Berthier, frère d'armes de Napoléon*, Jérôme Zieseniss, (Belfond, 1985).

ministres avec une certaine efficacité. Il veut aussi faire évoluer la situation de la « partie noire de l'humanité » et propose à Washington de s'associer avec lui pour créer un centre agricole où les esclaves s'habitueraient peu à peu à vivre en hommes libres, responsables d'eux-mêmes. Mais la libération des esclaves, en Amérique, est un problème complexe qui, selon l'ex-commandant en chef, ne peut être résolu du jour au lendemain par une simple initiative individuelle. Il faut étudier, attendre. Or, attendre est un verbe que La Fayette n'aime pas du tout conjuguer. Il achète, en Guyane, une exploitation où des Noirs apprennent à cultiver le caféier, le cacaotier, le cannelier, le giroflier, en vue de devenir de petits exploitants à leur tour.

Lors d'un voyage dans la France équinoxiale, au climat équatorial tempéré par les vents alizés, il m'a été donné de retrouver dans une forêt composée de mille essences, durant une expédition menée à cet effet, le lieu même où La Fayette avait installé à distance l'exploitation de *la Gabrielle*, sur les terres de la ferme de Maintenon. C'est dans la forêt amazonienne, qui lance parfois jusqu'à l'océan son avant-garde de palétuviers, sur la plus grande commune de France d'outre-mer, à Roura – qui va jusqu'à Cacao dans le bouclier guyanais –, que le marquis avait situé son royaume d'utopie pour esclaves libérés, loin du sanctuaire des tortues marines qui vivent sous l'envol des ibis flamboyants.

Il s'agissait là de prouver par la valeur de l'exemple à la noblesse française combien il était bon d'affranchir les esclaves par un système qui réunissait tout à la fois les récompenses incitatives, l'absence de punition et l'introduction du salariat. La Fayette était favorable à une émancipation graduelle de ses fermiers, mais lorsqu'il écrivait naïvement : « Il faudrait mettre sous le toit de La Grange quelques girofles de *la Gabrielle* », il montrait une vision poétique qui était loin de l'hyperréalisme de l'enfer vert où se débattaient ceux qu'il destinait au bonheur, sur une concession de terre que son père avait reçue au moment de l'expédition de Kourou. C'est en effet au milieu des singes hurleurs, des crapauds buffles, des cochons bois et des moutons paresseux que se trouve la ferme idéale que le marquis de

La Fayette voulait offrir en autogestion à des esclaves. C'est sur la rivière Comté, descendant en pirogue et faisant étape dans un « carbé », maison sur pilotis où l'on dort dans des hamacs, que je suis arrivé au bout de mon voyage en rencontrant, à Cacao, un jeune historien français venu du Poitou, Philippe Guéritant, tenant un restaurant au bord du rio et qui m'indiqua le lieu exact, les Trois-Ilets-Saint-Régis, où cette exploitation avait été installée. Aujourd'hui, on n'en voit même plus les vestiges, enfouis dans l'Amazonie. Seuls les jésuites, avant les envoyés de La Fayette, s'étaient risqués en cette contrée hautement sauvage où l'on mange du rat en civet sous le vol des papillons bleu barré et où il pleut six mètres d'eau par an.

Étrangement, en cette forêt amazonienne si loin de Versailles et de Paris, on retrouvera des traces de la Révolution française. L'écrivain cubain Alejo Carpentier raconte dans son roman, *le Siècle des Lumières*, comment Collot d'Herbois et Billaud-Varenne avaient été déportés en Guyane. La dépouille du premier d'entre eux, mort à l'hôpital des jésuites pendant la période du carnaval, eut un sort sinistre : déterré durant la folie de la fête il fut donné à manger aux cochons. Le second, Billaud-Varenne, se retira à Port-au-Prince où il mourut en 1819. Pichegru eut plus de chance ; il s'évada de Cayenne sur la rivière Comté.

En France, Condorcet ayant eu vent de la tentative humanitaire de La Fayette s'y intéressa et pensa même un moment s'y rendre pour la gérer, mais l'affaire que La Fayette contrôla de loin périclita assez rapidement, et lorsque les biens du généreux fondateur de l'œuvre seront confisqués, les représentants de la Convention feront eux-mêmes revendre comme esclaves les malheureux travailleurs noirs, l'Assemblée n'ayant pas encore aboli officiellement l'esclavage.

Les pertes financières de Guyane s'ajoutant à beaucoup d'autres, La Fayette doit remettre de l'ordre dans ses affaires, en Bretagne d'abord, où il possède de vastes domaines, en Auvergne ensuite, la province qui l'a vu naître. Il y est très populaire tant en raison de ses exploits en Amérique que de l'aide matérielle qu'il apporte aux paysans de ses fiefs, leur distribuant des suppléments de céréales lorsque la récolte est bonne, s'efforçant de leur rendre moins pénibles les années de vaches maigres. Adrienne, également sensible aux souffrances des milieux défavorisés, l'assistera dans la création d'une fabrique de tissage, avec école de formation au métier, pour donner du travail aux jeunes des deux sexes de la région.

L'année 1786 apporte à cet homme, que tant de gens illustres sont curieux de connaître – mais peut-être ne veulent-ils qu'apprendre à travers lui quelque chose sur la nation née de l'autre côté de l'Océan –, de nouvelles satisfactions.

En juin, il est du voyage du roi à Cherbourg, avec le ministre de la Marine, le maréchal de Castries, et celui de la Guerre, le maréchal de Ségur. C'est le premier déplacement important du souverain ; la première fois aussi et la dernière que le roi-marin posera le pied sur un bateau. Il a été décidé de construire à Cherbourg[4] une rade artificielle pour faire de ce port le centre des échanges entre la France et les Amériques, et une base navale permettant de surveiller l'Angleterre. Le projet de l'ingénieur Cessart est grandiose. Les neuf pilotis destinés à soutenir la digue sont des cônes de vingt mètres de hauteur et de cinquante mètres de diamètre, à la section inférieure. Chacun contient trois mille mètres cubes de morceaux de roc. L'entreprise ne sera d'ailleurs terminée qu'au début du XIXe siècle. La monarchie française donne alors l'impression d'être au faîte de sa puissance. Louis XVI est ravi. Il semble oublier la grave crise financière qui secoue le pays. Sur la route du retour, il prend Gilbert de La Fayette dans son propre carrosse. Le voyage de Cherbourg à Versailles dure trois jours. Bien qu'il y ait d'autres invités de marque auprès du roi, le maréchal de camp, au cours de ces longues heures, acquiert une

4. Le commandant militaire de la base en 1786 est un officier encore obscur : il s'appelle Dumouriez.

connaissance plus directe de celui dont dépend son sort, en France en tout cas.

En septembre 1786, la Virginie offre à l'Hôtel de Ville de Paris, pour qu'il y soit exposé, un buste de La Fayette par Houdon, ce même Houdon, membre de la loge des *Neuf Sœurs*, que l'année précédente le franc-maçon Franklin a emmené avec lui pour qu'il exécute un buste du « frère » Washington.

L'année 1787, par contre, est, dès le mois de mars, marquée pour le « Héros des Deux Mondes » par un mauvais signe. Le comte de Simiane se suicide. L'opinion attribue son geste au désespoir causé par la liaison de Diane avec Gilbert[5]. Ce dernier n'en a-t-il pas trop fait ? Était-il vraiment obligé de prendre cette femme, jusque-là vertueuse, à un mari fou d'amour pour elle ? Cette question, on se la pose à Versailles, à Paris, et ailleurs. Les langues vont bon train partout. Des pamphlets injurieux commencent à circuler. La gloire si pure du « cher marquis » connaît sa première tache. Ce n'est qu'un début. Aucun homme public ne peut traverser ce siècle comme un chevalier sans peur ni reproches. Or, Gilbert veut être un homme public, pas simplement un soldat de l'Idéal. Il sent que la France est en crise, qu'il y a quelque chose qui craque, que des mutations importantes sont sur le point de se produire. Dans ce processus, il entend jouer un rôle, et de premier plan ; ce qui ne sera pas sans risques, surtout pour sa réputation. En apparence, ses rapports avec Louis XVI sont excellents comme le prouve son récent voyage à Cherbourg, mais en fait le pouvoir de ce dernier lui paraît très excessif, et il rêve de le réduire. Dans une lettre à Washington (c'est dans cette correspondance qu'il exprime le fond de sa pensée), il parle du « pouvoir oriental » du roi, qui a « tous

5. Le comte Charles-François de Simiane, marquis de Miremont, mari de Diane s'est suicidé en se tirant une balle dans la tête : « La comtesse de Simiane est veuve du comte, lequel, amoureux sans succès et mari sans jouissance, ne put supporter la vie et se brûla la cervelle. » (Comte d'Espinchal, *Journal d'émigration.*)

les moyens de contraindre, de punir, de corrompre »... On croirait lire du Thomas Paine parlant de George III d'Angleterre...

En 1787, un nouveau La Fayette, l'homme politique, va naître[6].

6. Un an après, on connaît la fameuse prophétie prêtée par La Harpe à Jacques Cazotte (1719-1792), écrivain et « devin ».

« Il me semble que c'était hier, et c'était cependant au commencement de 1788. Nous étions à table chez un de nos confrères, à l'Académie.

« Un seul des convives n'avait point pris part à nos conversations. C'était Cazotte, homme aimable mais malheureusement infatué des rêveries des illuminés. Il prend la parole et du ton le plus sérieux : "Messieurs, dit-il, soyez satisfaits, vous verrez tous cette grande révolution que vous désirez tant. Savez-vous ce qui arrivera de cette révolution ? Vous, Monsieur de Condorcet, vous expirerez étendu sur le pavé d'un cachot. Vous, Monsieur de Chamfort, vous vous couperez les veines de vingt-deux coups de rasoir. Vous, Monsieur de Nicolaï, sur l'échafaud. Vous Monsieur Bailly, sur l'échafaud. Vous, Monsieur de Malesherbes, sur l'échafaud... Mais nous serons donc subjugués par les Turcs et les Tartares ? Point du tout. Ceux qui vous traiteront ainsi seront tous des philosophes, ils auront à tout moment à la bouche les phrases que vous débitez." "Pour ça, dit alors la duchesse de Gramont, nous sommes bien heureuses, nous autres femmes, de n'être pour rien dans les révolutions." "Votre sexe, mesdames, ne vous en défendra pas... Vous, Madame la duchesse, serez conduite à l'échafaud et beaucoup d'autres dames avec vous."

« On commençait à trouver que la plaisanterie était forte. Mme de Gramont se contenta de dire, de son ton le plus léger : "Vous verrez qu'il ne me laissera seulement pas un confesseur." "Non, madame vous n'en aurez pas, ni vous ni personne ; le seul qui en aura un par grâce sera... (Il s'arrêta un moment.)... C'est la seule qui lui restera, et ce sera le roi de France." »

Commissaire de la marine, Cazotte se bat contre l'Anglais aux Antilles. Quittant le service, il s'installe à Pierry, en Champagne, et publie entre autres contes *Le Diable amoureux*. Le voici devenu, sans le savoir, et peut-être malgré lui, chef d'école de la littérature fantastique.

Membre d'une société secrète, il sait cependant raison garder et, comme Montesquieu, tient à la fois la plume et les comptes de son beau domaine viticole.

Quand la Révolution éclate, au lieu de s'enrichir comme tant d'autres en achetant des biens nationaux, il complote pour sauver son roi. Sauvé lors des massacres de septembre par le courage et la présence d'esprit de sa fille, il est libéré, puis repris et guillotiné. (Claude Taittinger est l'auteur de sa biographie : *Monsieur Cazotte monte à l'échafaud*, Librairie Académique Perrin, 1988.)

25.

EXCÈS DE POUVOIR, EXCÈS DE TABLE

Le roi dîne. De bon appétit, comme toujours. Il mange beaucoup et attache une grande importance à la nourriture. Même dans les circonstances les plus dramatiques : à Varennes, après son arrestation, lors de sa fuite manquée de juin 1791, à la prison du Temple, pendant son procès, il ne saute jamais un repas. Son goût ne le porte pas, cependant, à des raffinements excessifs. Il a l'habitude de consommer, calmement et avec application, de préférence des plats solides, nourrissants. Louis XVI compte parmi les amateurs les plus enthousiastes et les plus fidèles d'un légume récemment apparu en France et qui aura du mal à s'imposer : la pomme de terre. Importé d'Amérique du Sud en Allemagne, où les cultivateurs et les consommateurs de ce pays l'ont très vite adopté, ce tubercule y a été remarqué par un Français, fort instruit des choses de la nature, Antoine Augustin Parmentier, fait prisonnier par les Prussiens lors de la guerre de Sept Ans. Ce futur inspecteur général du service de santé sous l'Empire, déçu par les réticences des paysans français, a misé sur le snobisme pour imposer la pomme de terre dans son pays. Il a pu obtenir que le légume, dont il souhaite voir se répandre la consommation, figure au menu d'un grand déjeuner, à Versailles. Le roi y fera honneur – c'est le moins qu'on puisse dire – et la reine, toujours encline aux fantaisies bucoliques, ne dédaignera pas de porter, un moment, des fleurs de pomme de terre, en guise de boucles d'oreilles. L'opération de promotion est réussie. Il ne manque que les caméras de télévision. Depuis, il ne se passe aucun jour sans que le roi ne réclame des pommes de terre. Il les apprécie, quel que soit le mode de préparation. De nombreux courtisans lui emboîtent le pas ; restaurants et bonnes tables, aristocratiques ou bourgeoises, se mettent à l'unisson.

Parmentier reçoit des terrains à Neuilly pour y cultiver différentes variétés. Afin de forcer le scepticisme de beaucoup d'agriculteurs, il a recours, en 1789, à une astuce qui va se révéler efficace. Il fait garder ses champs, durant la journée, par des hommes en armes qui prennent bien soin de se faire remarquer. Cette marchandise est donc si précieuse se demandent les curieux, que l'on doive la protéger avec des fusils... Dès la tombée de la nuit, les gardes se retirent. Ainsi encouragés, les badauds se précipitent dans les champs cultivés, creusent le sol, arrachent des pommes de terre, les emportent, les font cuire, et après les avoir mangées, ils y prennent goût... Il n'en faudra pas moins attendre le règne de Louis-Philippe pour que la victoire de Parmentier soit complète, définitive, de Dunkerque à Perpignan.

En attendant, Louis XVI ne cesse de prendre de l'embonpoint. Ce n'est pas seulement à cause de ses habitudes alimentaires et de sa contribution spectaculaire au succès de Parmentier. Les soucis passent aussi chez certaines natures pour des facteurs de prise de poids. Il semble que le roi soit de celles-là. Il a beau avoir remporté une éclatante victoire sur l'Angleterre, être en mesure de se dire qu'il est le souverain le plus puissant, le plus respecté d'Europe, les soucis ne lui font pas défaut. Le triomphal voyage à Cherbourg, la traversée de la Normandie, ont constitué, en fait, une sorte d'intermède, se détachant sur une toile de fond assez sombre. Le roi sent bien qu'il y a quelque chose qui craque dans son royaume. Le mot si flatteur de Benjamin Franklin selon lequel Louis XVI est « le plus grand faiseur d'hommes heureux qu'il y ait en ce monde » ne le convainc plus, lorsqu'il regarde ses propres sujets. Si le mécontentement se répand, si la reine à Paris ne reçoit presque plus d'applaudissements lors de la naissance de son second fils, Louis-Charles, si les chansonnettes et les pamphlets calomnieux se multiplient contre elle et contre la politique des ministres, c'est qu'une crise, qui couvait depuis des années, est en train de s'aggraver. Elle a de multiples aspects mais elle est d'abord financière. La guerre d'Amérique, qui a coûté fort cher, a augmenté le déficit de l'État, et l'absence d'une politique claire et courageuse en matière d'économie et de fiscalité rend la situation de plus en plus difficile. Ce sont, bien entendu, les classes populaires – paysans, artisans, ouvriers, employés, boutiquiers – qui subissent, le plus durement, les effets de l'inflation, de la répartition injuste des impôts, de la stagnation du commerce.

Le roi est ballotté entre des groupes d'influence qui se déchirent. Après avoir utilisé Turgot, un homme pour qui il éprouve une vive admiration et une très grande estime, Louis XVI, effrayé par certaines conséquences de sa politique, l'a renvoyé sans lui laisser la chance de rectifier son tir. Il a fait appel à Necker, grand banquier genevois, d'une honnêteté indiscutable, soucieux du bien public ; mais celui-ci, en révélant au grand jour les gaspillages, les abus de toute sorte, dus à une administration archaïque et d'une extrême complexité, les privilèges injustifiables des grands, l'inéquité du système fiscal, a dressé contre lui tous ceux qui, à la cour comme dans les provinces, tirent profit de cet état de choses. Le roi, cédant aux pressions des privilégiés, chasse Necker au moment où le ministre s'apprêtait à mettre de l'ordre dans les recettes comme dans les dépenses de l'État et à ne plus se contenter d'emprunter. Ses médiocres successeurs, Joly de Fleury et Lefèvre d'Ormesson ne sont pas en mesure de redresser la barre. Il faut, aux Finances, un homme habile, compétent, capable d'inspirer confiance aux détenteurs de capitaux, aux producteurs, aux étrangers. Le roi croit trouver cet oiseau rare en la personne de Charles Alexandre de Calonne, intendant de Lille, haut fonctionnaire qui passe, à juste titre, pour avoir beaucoup d'entregent et d'imagination. Il est marié à une femme ravissante, et ses propres succès amoureux ne se comptent pas. Les dames de la haute société se disputent sa compagnie. Charmant, léger, sans principes, mais jamais à court d'idées, jamais découragé, Calonne sait communiquer aux autres, son optimisme fondamental, et compte sur son pouvoir de séduction pour surmonter tous les obstacles. Louis XVI est favorablement impressionné par cette personnalité brillante qui croit qu'on peut tout arranger sans froisser ni contrarier sérieusement personne, et qui s'efforce de lui montrer l'avenir en rose. Pourvu qu'on ne l'accule pas à prendre des décisions importantes, le roi est content. La vision globale de Calonne, ses objectifs à long terme sont loin d'être absurdes. Conscient de l'avance qu'a prise la Grande-Bretagne dans le domaine de l'industrialisation, il voudrait voir la France se moderniser, se couvrir de manufactures, d'ateliers, exporter ses productions, cesser d'être un pays essentiellement rural ; et il poussera les grandes familles du royaume à investir dans des entreprises industrielles : mines, textiles, etc. Mais il veut plaire à toutes les catégories sociales. Pour mettre de son côté les clans de puissants qui font la pluie et le beau temps à la cour, il paye les dettes du comte d'Artois, frère du roi, supprime le comité des Finances qui était censé surveiller les dépenses, etc. Détail plus louable, il fait distribuer des secours aux pauvres pendant un hiver trop rude. Son action est surtout psychologique. Il entend donner à l'extérieur, comme à l'intérieur, l'impression que la France est riche, ce qui, espère-t-il, fera surgir prêteurs et investisseurs. En fait, il déclenche une énorme vague de spéculation : spéculation en Bourse (appelée au XVIIIe siècle agiotage) et spéculation foncière, à Paris comme dans quelques grandes villes de province. Dans la capitale, le riche duc d'Orléans acquiert la plupart des terrains qui entourent le Palais-Royal, loue des boutiques, des cafés, des restaurants, des salles de spectacle. Le comte de Provence se taille la part du lion dans le quartier de Vaugirard. On spécule également sur les métaux précieux, et, l'or sortant de France, l'État se trouve dans l'obligation de diminuer la quantité de ce métal contenue dans un louis. Cette dévaluation de fait mine la confiance que l'on veut instaurer. Les prêteurs ne se bousculent pas pour souscrire aux emprunts officiels, et devant l'augmentation dramatique du déficit, le souple, le trop souple Calonne renverse la vapeur. Il propose brusquement d'instituer un impôt territorial proportionnel à la fortune, de supprimer les gaspillages, les privilèges fiscaux dont bénéficient noblesse et clergé ; bref, il reprend, dans ses grandes lignes, mais un peu tard, le programme de Necker. Le roi s'en rend compte aussitôt mais il continue de soutenir Calonne. Celui-ci, se voyant attaqué de tout côté, suggère au souverain une parade. Il faut convoquer une Assemblée des notables, représentant les différents ordres, les corps constitués, les collectivités locales, les pairs du royaume, bref tous ceux qui exercent un pouvoir ou une influence importante, afin de leur soumettre les mesures d'urgence destinées à sauver les finances du royaume. Le recours aux notables fait partie de la tradition monarchique française, bien que la dernière assemblée remonte à 1626. Calonne espère que les membres de la prochaine assemblée approuveront son plan puisque la plupart d'entre eux auront été choisis par ses soins.

Retardée par la mort de Vergennes, le 13 février 1788, épreuve très douloureuse pour le roi, le ministre des Affaires étrangères étant le seul homme sur lequel, disait-il, il pouvait compter, l'Assemblée des notables se réunit le 22 février. Mais les choses ne tournent pas comme l'avait espéré l'optimiste Calonne. Les membres prêts à faire des sacrifices au nom de l'intérêt général sont minoritaires. Le clergé ne veut rien perdre de ses privilèges et il s'accroche à ce qu'il considère comme des droits inaliénables. Les membres des cours souveraines, de leur côté, font de l'opposition. À la seconde commission, présidée par le comte d'Artois, il y a un membre de l'Assemblée qui se distingue particulièrement. C'est le marquis de La Fayette lui-même, qui fait là ses premières armes d'homme politique. La gabelle (impôt sur le sel) ayant été supprimée, l'ex-général américain demande qu'une amnistie soit accordée à tous ceux qui purgent une peine pour contrebande de sel. Il s'élève avec vigueur contre les marchés désastreux passés par l'État dans les forêts domaniales, et quand on lui demande de préciser ses accusations, il n'hésite pas à prendre ses responsabilités, en nommant les intéressés et en signant. Mais c'est dans le domaine des impôts qu'il se montre le plus virulent. Il évoque les millions « abandonnés à la déprédation ou à la cupidité, qui sont le prix de la sueur, des larmes, ou peut-être du sang des peuples... ». Calonne est furieux contre lui et envisage de le faire enfermer. Le roi, effrayé par la tournure imprévue des discussions, regrette d'avoir convoqué cette assemblée. Il exige de Calonne qu'il démissionne et se retire dans sa propriété de campagne du nord de la France. Débarrassé de cet ennemi, La Fayette se déchaîne. Il réclame une diminution des impôts pour les plus pauvres, compensée par une taxation importante du luxe. De nouveau, il plaide pour la suppression des lois qui frappent les protestants, démarche qui aboutira à la promulgation de l'édit de Tolérance, enregistré par le Parlement, en 1788[1]. Pour trancher définitivement les questions sur lesquelles un accord semble difficile à trouver à l'Assemblée des notables, il évoque la nécessité de convoquer une « Assemblée nationale ». Le comte d'Artois lui demande s'il songe aux États Généraux. La Fayette répond affirmativement, en souhaitant que le comte d'Artois transmette cette demande à son frère...

Désormais, la question des États généraux va se trouver posée officiellement et le roi devra, contre son gré, se rallier à cette procédure exceptionnelle qu'il trouve très dangereuse. En fait, l'idée elle-même a été avancée par d'autres que La Fayette à qui on ne peut pas attribuer la paternité des événements qui vont suivre, mais son dialogue tendu et public avec le comte d'Artois a beaucoup contribué à donner de la consistance à cette idée. Les notables s'estimant de moins en moins qualifiés pour prendre des décisions, le roi finit par mettre fin à leurs travaux.

S'engage alors un long duel avec le Parlement de Paris pour l'obliger à enregistrer les différents édits que le roi veut absolument faire promulguer et qu'il croit nécessaires pour sauver les finances.

1. La même année paraît le roman de Bernardin de Saint-Pierre, *Paul et Virginie*, qui exprime bien l'esprit de l'époque : « Les femmes sont fausses dans les pays où les hommes sont tyrans. Partout, la violence produit la ruse. »

C'est au cours de ce duel épuisant et humiliant pour le souverain que l'opposition, sous sa première forme, celle des parlementaires, se manifeste ouvertement, avec une insolence que les formules de politesse ne parviennent pas à dissimuler. Circonstance aggravante pour le souverain, celui-ci ne contrôle pas toujours sa tenue comme il devrait. Lors du Lit de Justice très tendu du 6 août 1787, alors qu'il est venu pour mater des juges indisciplinés, il s'endort au cours de la séance, et ceux qu'il veut mettre au pas, entendant ronfler cet homme de trente-trois ans, en pleine journée, se disent que, une fois de plus, il a sans doute trop mangé (peut-être des pommes de terre) et qu'il souffre de flatulences...

Plus Louis XVI s'efforce d'imposer sa volonté au Parlement (qui défend, en fait, des privilèges en s'opposant aux réformes), plus, et c'est là le paradoxe du moment, la population parisienne manifeste de la sympathie pour les parlementaires qui seront, d'ailleurs, balayés par la révolution qu'ils auront contribué à provoquer. Deux d'entre eux, parmi les plus bouillants, Duval d'Éprémesnil et Goislard de Montsabert, lorsqu'ils seront arrêtés sur ordre du roi, conseillé par le nouveau ministre qui dirige les Finances et le gouvernement, Loménie de Brienne (évêque de Toulouse, puis de Sens), pour propos séditieux, feront figure de héros. Exilé à Troyes, le Parlement devra être rappelé à Paris. Lors de sa rentrée solennelle, le 19 novembre 1787, le roi tente encore de l'obliger à enregistrer son édit sur les emprunts et, à son cousin, Philippe d'Orléans, qui ose s'écrier que cette obligation serait illégale, Louis XVI lance la fameuse réplique : « C'est légal parce que je le veux ! »

Il aura beau, dans la foulée et sous la pression de la reine, exiler Philippe d'Orléans à Villers-Cotterêts, son explosion d'autorité ressemble au chant du cygne de la monarchie absolue. Le roi ne peut plus être la source unique de la légalité ; son pouvoir ne peut plus être sans limites. Il avait cru faire une grande concession au Parlement en promettant la réunion des États généraux pour 1792, il doit reculer et accepter qu'ils soient convoqués en 1789. Les parlementaires du Dauphiné font savoir que la province se considérerait comme dégagée de sa fidélité au souverain si les édits contestés étaient maintenus. La foule les protège contre un exil forcé, et, réunis à Vizille, ils décrètent le rétablissement des États du Dauphiné, réclament des États généraux et l'abolition des privilèges. C'est la première étincelle du mouvement révolutionnaire qui éclatera en 1789. À Grenoble, un jeune avocat a fait ses débuts d'agitateur politique. On ne tardera pas à le retrouver à Paris où il jouera un rôle important au cours de la tourmente, avant d'être emporté par elle, en 1793. Il s'appelle Antoine Barnave. Personne ne peut prévoir, déjà, la violence de l'orage que la France s'apprête à connaître, mais tous les esprits lucides sentent que le pays est à la veille de changements importants, même si Talleyrand déclarera plus tard que « celui qui n'a pas connu les dernières années de l'Ancien Régime n'a aucune idée de ce qu'est la douceur de vivre »... La Fayette, pour sa part, piaffe d'impatience. Il a été de l'Assemblée des notables, il compte bien être membre des États généraux, d'autant plus qu'il a contribué à leur convocation.

26.

L'ÉDIFICE ÉTAIT-IL SI VERMOULU ?

Le 4 mai 1789, le soleil brille sur Versailles. De mémoire d'habitant de la ville, on n'a jamais vu autant de monde dans les rues. Hôtels, auberges, restaurants affichent complet. Depuis plusieurs semaines, toutes les chambres disponibles chez les particuliers ont été louées par avance et à prix d'or. On loue un morceau de couloir, un galetas, une soupente. Des gens de qualité, à défaut de lit, se contentent pour dormir d'une botte de paille. Partout, dans les familles, les bureaux, les boutiques, on constate une effervescence inaccoutumée, résultat de plusieurs sentiments qui se mêlent : une immense curiosité, une sourde angoisse, une espérance violente, sans qu'on puisse dire lequel domine les autres. Ce qui paraît certain, c'est l'imminence d'un grand spectacle ; mais personne n'est en mesure de décrire le déroulement des cérémonies attendues, pour la simple raison que la France n'a pas connu de festivités de ce genre depuis 1614, sous Louis XIII. Autant dire que les derniers témoins ont disparu depuis très longtemps. Il s'agit, en effet, de l'assemblée des États généraux, convoquée le 5 mai 1789, après bien des tergiversations de la part du pouvoir royal.

Le 4 mai, veille de l'ouverture solennelle des travaux, les 1 200 représentants des trois ordres : noblesse, clergé, tiers état, vont se rendre en cortège à la cathédrale Saint-Louis, où, en présence du roi, de la reine, des princes et princesses, sera célébrée une messe. Les membres du clergé défilent en tête, suivis par la noblesse. Les premiers portent le vêtement ecclésiastique qui correspond à leur rang dans la monarchie : noir pour les curés, violet pour les évêques, pourpre pour les cardinaux, avec manteau long et chapeau. Les représentants de la noblesse portent un habit de soie et de velours, aux parements en tissu garni d'or et boutons dorés, sur des culottes de soie noire. Les bas sont blancs. Ils portent, également, un manteau long et un chapeau à bord retroussé, dit « à la Henri IV », garni de plumes blanches.

Pour bien marquer la différence entre le clergé et la noblesse d'une part, le tiers état de l'autre, les représentants de ce dernier ordre sont astreints à porter, selon le règlement royal, une culotte de simple drap noir, un habit qui ressemble à celui des gens de justice, une cravate de mousseline et un chapeau tricorne noir sans aucune garniture. Le lendemain, pendant le discours du roi, les représentants du Tiers devront se tenir debout, tandis que ceux des deux autres ordres seront autorisés à s'asseoir.

Ces restrictions n'altèrent pas la solennité des cérémonies. Tout le long du cortège, les troupes sont alignées, au garde-à-vous, et la musique ne cesse pas jusqu'à l'entrée dans la cathédrale, tandis que les drapeaux flottent dans l'air printanier.

Le passage du roi ne soulève pas autant de vivats qu'il en espérait. On entend même éclater quelques « Vive le duc d'Orléans ! », au passage du carrosse de la reine, ce qui est un défi et même, une injure pour qui sait que Marie-Antoinette déteste Philippe d'Orléans, le cousin de son époux.

Le soir, Louis XVI, inquiet, mal à l'aise, fait lire son discours par son frère, Provence, l'homme le plus cultivé de la famille, qui n'y trouve rien à redire. Depuis sa querelle avec le Parlement, le roi est allé de recul en recul. Contre son propre vœu, il a accepté la convocation des notables, puis le principe d'un recours aux États généraux, et il a accepté que ceux-ci se réunissent trois ans avant la date qu'il avait fixée. Il a encore accepté que le nombre des représentants du

Tiers soit doublé, compte tenu du nombre écrasant de familles qui appartiennent à cet ordre. Malgré toutes ces concessions, l'atmosphère, depuis un an, n'a cessé de se dégrader. Durant l'hiver 1788-1789, des émeutes et des scènes de pillage ont eu lieu en plusieurs provinces : Bretagne, Bourgogne, Provence. Ces violences étaient le fait de gens sans travail et affamés, car la pénurie – due parfois à une mauvaise circulation des grains – a provoqué une hausse des cours. Le pain devient si difficilement accessible aux pauvres que certaines municipalités fixent elles-mêmes le prix de la farine. En avril, à Paris, des magasins ont été saccagés dans le faubourg Saint-Antoine. On entend crier « Mort aux riches », « Mort aux aristos », après les échauffourées qui ont débuté à l'entreprise de papiers peints Reveillon. La répression par des gardes à cheval a fait de nombreux morts. Le gouvernement, dans un souci d'apaisement, lève l'interdiction de réunion qui pesait sur les clubs depuis un an. Aussitôt, les nouvelles associations, plus ou moins spontanément, prolifèrent, et, avec elles, l'agitation. Des orateurs improvisés apparaissent dans les cafés et les jardins du Palais-Royal. Les petits journaux se multiplient, révélant à un public étonné des talents jusque-là inconnus. Des tendances politiques commencent à se former. Chez le conseiller au Parlement Duport, rue du Grand-Chantier, se rencontrent, plusieurs fois par semaine, des hommes de premier plan qui se désignent eux-mêmes comme les *Patriotes* : le mathématicien libéral Condorcet, secrétaire de l'Académie des sciences, l'économiste Dupont de Nemours, le magistrat de Metz, Roederer, qui fera une grande carrière sous l'Empire, le bouillant conseiller au Parlement de Paris, Duval d'Éprémesnil, le vicomte de Noailles et La Fayette lui-même. Tous subiront l'influence d'un aristocrate au passé scandaleux, qui s'est fait élire député du Tiers d'Aix, le marquis Gabriel de Mirabeau. Ce groupe se transformera par la suite en club *Constitutionnel.* Il aura, sur sa gauche, le club dit des *Enragés*, animé par l'abbé Sieyès, également député du Tiers, bien qu'appartenant au clergé. Ce club se réunit au restaurant *Masse*, au Palais-Royal, quartier qui va devenir la capitale de la Révolution, à l'intérieur de Paris.

Le roi a donc bien des raisons d'être inquiet, à la veille de l'ouverture des États généraux. Il salue tout de même l'Assemblée en tant que « nouvelle source de bonheur pour la nation », tout en soulignant la gravité de la situation financière, avant de passer la parole à Necker. Ce dernier déçoit toute l'assistance par un discours essentiellement technique, long, ennuyeux, qui, malgré des allusions à un projet d'égalité fiscale, ne répond pas aux questions posées dans les cahiers de doléances venant de tout le pays.

À l'intérieur de l'Assemblée, des dissensions éclatent. Le Tiers refuse la délibération séparée des ordres pour la vérification des pouvoirs des représentants. Son doyen, l'astronome Bailly, demande à la noblesse et au clergé de participer à une délibération commune. Refus de la noblesse et de la majorité du clergé. Les frères du roi et Barentin, le Garde des Sceaux, tentent d'obtenir la dissolution des États généraux. Le roi, accablé par la mort récente du Dauphin, Louis-Joseph, préfère attendre. Mais les événements se précipitent. Le 17 juin, le Tiers, considérant qu'il représente les 96 centièmes de la nation, se proclame Assemblée nationale et se fixe pour tâche d'élaborer une constitution.

Le 23, Louis XVI adresse un discours solennel aux trois ordres réunis. C'est un programme de compromis. L'égalité fiscale sera appliquée si clergé et noblesse y consentent. La liberté individuelle et la liberté de la presse sont reconnues, mais l'accès de tous à tous les emplois et charges est exclu, et les délibérations de la prétendue Assemblée nationale sont déclarées illégales et nulles. La déception est presque générale. Le tiers état refuse de quitter la salle, malgré l'injonction du marquis de Dreux-Brézé à qui Mirabeau répond que ses collègues et lui ne céderont qu'à la force des baïonnettes. Loin de le prendre au mot, Louis XVI demandera lui-même au clergé et à la noblesse de se joindre au Tiers.

Rien, désormais, n'arrêtera plus le déclin de la monarchie absolue.

Le roi, dans un sursaut d'énergie, fait entourer la capitale par une armée de 25 000 hommes commandée par le maréchal de Broglie. Les mauvaises nouvelles reçues des provinces, où des hordes de brigands et des éléments incontrôlés – ouvriers sans travail, déserteurs, paysans ruinés – se livrent à des pillages et à des agressions contre des châteaux et des bureaux administratifs, renforcent la détermination (éphémère) du souverain. À Paris même, l'agitation se développe. Les gardes françaises refusent de tirer sur les manifestants. Le roi croit habile, pour calmer la cour, de renvoyer Necker et les ministres Montmorin et Saint-Priest, partisans de la recherche d'un accord avec l'Assemblée. Breteuil, un aristocrate orgueilleux, intransigeant, maladroit, mais d'une grande fidélité, est promu au rang d'homme de confiance de Louis XVI. La cour respire. Mais le renvoi de Necker, le 13 juillet, est ressenti par le peuple comme une provocation. Des orateurs du Palais-Royal donnent le ton. Le peuple doit s'armer pour défendre ses droits. Un buste de Philippe d'Orléans est promené dans le quartier. Des armureries sont pillées. Des affrontements se produisent avec les soldats du Royal Allemand, commandés par Besenval, un partisan de la répression énergique.

Le 14 au matin, les Invalides sont envahis par des émeutiers qui pillent les stocks d'armes. Quelques heures plus tard, aura lieu le plus grand événement symbolique de l'histoire de France : la prise de la Bastille.

Le 15 juillet, le roi se rend à l'Assemblée, dément qu'un coup de force soit en préparation et déclare qu'il donne l'ordre aux troupes qui ne sont là que pour maintenir la sécurité de tous, de s'éloigner de la capitale. Que les députés, conclut-il, aillent l'annoncer eux-mêmes aux Parisiens.

Une délégation, forte de quatre-vingt-huit membres, conduite par Bailly, se met en route pour l'Hôtel de Ville. Elle sera reçue aux cris de « Vive la nation ». Bailly sera élu sur-le-champ maire de Paris. La milice bourgeoise formée pour maintenir l'ordre est baptisée Garde nationale. Pour la commander, il faut un chef qui soit à la fois compétent, respecté et en qui les partisans de la liberté puissent avoir confiance. L'homme qui convient le mieux pour ce poste est vite trouvé dans les rangs des députés. Retenu à l'Assemblée, il n'avait pas assisté à la prise de la Bastille. Il appartient à la noblesse et c'est un militaire de carrière. Un général au passé glorieux. Il s'appelle Gilbert de La Fayette.

27.

LE « BLONDINET »

Quelle a été l'activité du fils spirituel de Washington après l'Assemblée des notables ? Il a participé à l'Assemblée provinciale d'Auvergne où il s'est distingué par sa volonté de réformer le système des impôts au bénéfice des moins bien lotis ; mais ce qu'il vise, par-dessus tout, c'est de faire partie de l'assemblée des États généraux. Le moment lui semble venu de donner à son action en Amérique en faveur de la liberté un prolongement spectaculaire en France. A-t-il raison de se proposer aux suffrages de la noblesse d'Auvergne, alors que le tiers état qui a toute sa sympathie – il a pris position en faveur du doublement du nombre des députés de cet ordre – lui demande de figurer parmi ses représentants ? Ce n'est pas sûr. Sans doute espère-t-il regrouper les nobles libéraux, faire des adeptes parmi ses pairs. En tout cas, s'il n'est élu que de justesse (198 voix sur 393), il est quand même élu. « Je suis satisfait de penser qu'avant peu, je serai dans une assemblée de représentants de la nation française ou à Mount Vermont », écrit-il, le 26 mai, au « cher général » qui, lui, vient de prendre ses fonctions de président des États-Unis, élu à l'unanimité des votants. Tout au long de la Révolution qui va éclater, La Fayette ne cessera jamais d'écrire à son grand ami d'outre-Atlantique, lui rendant compte de son action, comme s'il avait besoin de ses conseils, sinon de ses directives. Son correspondant, très conscient de son rôle de chef d'État, fera preuve dans ses réponses de la réserve qui s'impose, et, plus les mois passeront, plus La Fayette se rendra compte que la situation dans son propre pays est infiniment plus complexe et difficile que celle qu'il a connue en Amérique où il s'agissait essentiellement de battre des envahisseurs venus de loin.

À l'Assemblée, il heurte les gens de son ordre en appuyant de façon systématique les demandes du Tiers, notamment la délibération en commun de tous les députés. On dirait que l'irritation de ses collègues le stimule, qu'il jouit du plaisir de les provoquer.

Gouverneur Morris, ex-membre du Congrès, qui se trouve à Paris pour ses affaires privées, avant d'être nommé ministre des États-Unis en France (1792), écrit à Washington en parlant de La Fayette : « Il est aujourd'hui aussi aimé et aussi haï qu'il a jamais pu le désirer. La nation l'idolâtre car il s'est posé comme un des principaux champions des droits. » Mais ce champion des droits apparaît vite comme trop radical à cet Américain très conservateur et partisan, en France, de la monarchie, qu'est Gouverneur Morris ; au point que ce dernier lui conseille de faire reconnaître une certaine autorité à la noblesse dans le projet de constitution en préparation.

Gouverneur Morris n'est cependant pas le seul Américain de Paris à vouloir influencer l'ex-combattant de Yorktown, et tandis qu'il s'efforce de l'orienter vers la plus grande modération, un de ses compatriotes et non des moindres, Thomas Jefferson, lui-même ministre des États-Unis en poste, entretient son zèle démocratique.

Bien qu'ils appartiennent l'un et l'autre à la grande bourgeoisie, et qu'ils aient lutté ensemble pendant la Révolution américaine, Morris et Jefferson ont des personnalités et des idées très différentes.

Homme d'affaires riche et cultivé, le premier a été conquis par le charme de la haute société française de la fin de l'Ancien Régime. Il aime les demeures de style, le mobilier luxueux, les œuvres d'art, les grands dîners, les belles manières et, plus encore, les jolies femmes. Sceptique, jouisseur, il partagera durant quelques années, avec Talleyrand, les faveurs de la sémillante Madame de Flahaut, l'irrésistible Adèle. Bien reçu dans les milieux proches de la cour, il éprouve pour Louis XVI un attachement sincère, et saura le montrer avec courage, plus qu'avec adresse, au cours des heures sombres de la monarchie. Ce mondain, ce snob, souhaite que la constitution laisse au roi l'essentiel du pouvoir exécutif, et le rêve de La Fayette, d'une assemblée exerçant la réalité du gouvernement, lui paraît une dangereuse naïveté. Il insistera, tant qu'il le pourra, auprès de celui-ci, pour lui faire admettre que chaque forme de régime doit être adaptée à la nature particulière du pays qui la choisit, faute de quoi elle ne peut s'imposer, et le système ne fonctionne pas longtemps.

Son interlocuteur, qui sans vouloir briser, déjà, avec la monarchie, songe avant tout à établir, de la façon la plus large, la liberté et l'égalité, ne prête pas une oreille très attentive aux conseils et aux mises en garde de Morris. Il lui reproche même de porter préjudice à l'idée démocratique en exprimant des réserves en public sur la lutte que lui-même mène avec ses amis.

Thomas Jefferson n'est pas moins riche, ni moins sensible au charme de l'aristocratie française que Morris, mais ce qu'ils ont en commun s'arrête là. Important planteur, en même temps qu'avocat et homme politique, le Virginien Jefferson [1], principal rédacteur de la déclaration d'Indépendance, futur président des États-Unis (il sera élu en 1801), est essentiellement un intellectuel. Sa culture est d'une diversité exceptionnelle. Ce grand juriste, qui parle le français et l'italien, lit les auteurs grecs et latins, est aussi féru d'architecture que de sciences naturelles. Il a fait bâtir selon ses propres plans une des plus belles demeures de l'Amérique du XVIIIe, *Monticello*, dont le style est inspiré par Palladio, dans le comté d'Albemarle, en Virginie, et il sait, quand il le faut, jouer d'un instrument de musique dans un concert, rédiger une constitution ou le programme et le règlement d'une université.

1. Jefferson qui est un amateur de vins de Bordeaux le fait savoir par lettre au comte de Lur-Saluces en lui passant commande de cinq cents bouteilles pour lui et pour son ami George Washington.

Les salons aristocratiques qu'il fréquente, à Paris, ne sont pas les mêmes que ceux où l'on peut rencontrer Gouverneur Morris. Ce ne sont pas des lieux où la recherche du plaisir l'emporte sur le reste, mais où on débat d'idées, d'art, de littérature. Ses plus chères amies, Madame de Tessé (tante de La Fayette), Madame d'Anville, Madame de Corny, sont de grandes dames libérales, en avance sur leur temps, très au-dessus des futilités mondaines, sans être cependant des prudes. Jefferson est, si l'on peut dire, un patricien « de gauche ». Sa vie privée est très discrète, bien qu'il sorte et reçoive beaucoup. Veuf d'une épouse passionnément aimée, il a emmené à Paris sa fille Martha, qui recevra une éducation française, et aussi une jeune gouvernante de couleur, très belle, Sally Hemmings, qui pourrait bien être sa maîtresse. On prétendra même que Jefferson a eu une descendance illégitime avec la douce Sally qui, née esclave, mourut, malheureusement, dans sa condition.

Ami de La Fayette lorsque celui-ci combattait sous la bannière étoilée, le ministre n'ignore pas ses défauts. « Son faible, écrit-il à Washington, est une faim canine pour la popularité et la renommée, mais il s'élèvera au-dessus de cela. » Il n'en partage pas moins son aversion pour la monarchie absolue et il souhaite le succès de cette révolution qu'il a senti venir, allant jusqu'à considérer ses excès comme « inévitables », une fois rentré dans son pays, à l'automne de 1789, au point de passer pour un « jacobin » américain.

Jefferson n'hésite pas à se montrer chez Duport lorsque se réunissent les *Patriotes*. Il y rencontre, outre le maître de maison et La Fayette, des hommes qui ne tarderont pas à devenir célèbres, notamment Condorcet et le jeune Barnave. Son analyse de la situation est lucide. Il prévoit une forte résistance des milieux liés à la cour et il reproche à La Fayette de ne pas s'être fait élire parmi les représentants du Tiers, comme Mirabeau qui est également un aristocrate, ou Sieyès qui est ecclésiastique. Siégeant avec la noblesse, alors que ses idées et ses discours sont favorables au peuple, ne risque-t-il pas de perdre sur les deux tableaux ? C'est d'ailleurs ce qui se produira. En attendant, le député d'Auvergne soumet à son ami un projet de *Déclaration des droits européens de l'homme et du citoyen* ressemblant au modèle américain, qu'il déposera sur le bureau de l'Assemblée le 11 juillet. Il ne fait guère de doute que Jefferson a participé à la mise au point de ce texte, que le président de l'Assemblée, en raison des événements graves qui se déroulent (le remaniement ministériel et le renvoi de Necker) ne peut faire discuter sur-le-champ. Remaniée légèrement par une commission qu'anime Sieyès, la *Déclaration des droits de l'homme et du citoyen* sera finalement adoptée le 26 août.

Rappelé à Philadelphie pour occuper le poste de secrétaire d'État (ministre des Affaires étrangères), Jefferson continuera à suivre d'aussi près que le permettront les communications de l'époque, le déroulement d'une révolution qu'il considérait comme la suite, le prolongement de la Révolution américaine, en quelque sorte sa fille, et qu'il espérait bien voir imiter par d'autres pays d'Europe.

La Fayette, qui s'est fait fabriquer un bel uniforme, va s'occuper durant l'été à organiser la Garde nationale – son armée ! – et à maintenir, autant que faire se peut, l'ordre dans la capitale. Il sera absent de l'Assemblée constituante pendant la nuit du 4 août, au cours de laquelle son beau-frère, Louis de Noailles, et le duc d'Aiguillon, feront proclamer cette abolition des privilèges que lui-même appelait de tous ses vœux. À Paris, son courage et son sang-froid, face à une populace déchaînée, avide de sang, lui permettent de sauver les vies très menacées de l'abbé Cordier, du colonel de Besenval, de Soulès, adjoint du malheureux gouverneur de la Bastille, mais il ne parvient pas à empêcher la pendaison, face à l'Hôtel de Ville, sous ses yeux, du conseiller d'État Foulon, absurdement accusé de la hausse des prix, ni la mise à mort du gendre de celui-ci, Bertier de Sauvigny, intendant de Paris. Écœuré par ces meurtres, il démissionne de son poste avec éclat, n'acceptant de revenir sur cette décision que sous la pression de ses propres électeurs !

Le 25 août, fête de saint Louis, il va présenter ses respects au roi qui l'accueille aimablement. La reine, elle-même, daigne sourire à celui qu'elle désigne en privé par le surnom de « blondinet ». Dans cinq semaines, sa propre vie et celle de son époux dépendront de ce « blondinet »...

28.

LE GÉNÉRAL MORPHÉE

Paris, début octobre 1789.

Dans son somptueux hôtel du Palais-Royal, un homme, à sa toilette, affiche le sourire satisfait de celui qui voit les événements se dérouler selon ses vœux les plus secrets. Il s'asperge de parfum, comme il a coutume de le faire plusieurs fois par jour, se poudre, se regarde longuement dans son miroir. Sa propre image lui plaît. Et elle lui plaît d'autant plus qu'elle semble plaire à un nombre croissant de gens. Il a toujours été très amoureux de sa personne et la traite avec des soins jaloux. Il est fier de son beau corps lisse, sans rides – il n'a que trente ans –, que dans les moments d'intimité, et ils sont nombreux, les femmes admirent sans retenue. Pour rendre ce corps plus désirable encore, ne s'est-il pas fait épiler, à la cire, entièrement, des orteils au menton, la veille de ses noces avec la tendre, l'innocente princesse de Penthièvre, fille de l'amiral de France, descendante de Louis XIV et de Madame de Montespan ? L'amour, ou plutôt, le plaisir, voilà ce qui tient dans sa vie la première place. Il collectionne les maîtresses, des dames de l'aristocratie jusqu'aux comédiennes, en passant par les belles étrangères de passage et les professionnelles de l'amour qu'il reçoit au 10 de la rue Saint-Lazare, dans ce qu'il appelle « sa petite maison », où ont lieu d'étranges soirées.

Si épris que soit de son image ce libertin, à qui on fera dire « J'étais fait pour le vice, pas pour le crime », il n'a pas la naïveté de croire que son charme suffit à faire succomber sans difficulté les personnes du beau sexe. Sa générosité naturelle rend plus court le chemin qui va de la présentation à l'alcôve. Il passe en effet pour l'homme le plus riche du royaume. C'est un grand seigneur, cousin du roi. Il s'appelle Philippe d'Orléans, duc de Chartres. L'histoire retiendra le surnom qu'il a reçu en ces temps troublés de la fin de l'Ancien Régime, Philippe Égalité.

Philippe déteste le roi et la reine qui, par mépris pour son comportement, le tiennent à distance. Ses conseils ne sont jamais sollicités par la cour, ce qui alimente chez lui une jalousie féroce. Tout ce qui peut amoindrir l'autorité ou le prestige du roi, ternir l'image que les Français se font de Louis XVI et de Marie-Antoinette, le comble d'aise. Il ne perd aucune occasion de faire figure de contestataire, sinon d'opposant, en espérant qu'un bouleversement pourra provoquer un changement de dynastie en sa faveur ou, au moins, une régence.

Assez cultivé, très anglophile, mais faible de caractère, inconsistant, trop prisonnier de ses sens, Philippe n'a rien d'un orateur ni d'un chef de parti. Sa seule possibilité de peser sur les événements, c'est le recours à l'action souterraine, à l'intrigue, à la manipulation, à la provocation, toujours conçues et mises au point de telle sorte que lui-même n'apparaisse pas impliqué. Il a donc coutume d'agir à travers des intermédiaires à sa solde. Le quartier du Palais-Royal qu'il contrôle est, dans la capitale, un espace de loisir et de plaisir où l'on trouve d'excellents restaurants en même temps que des cabarets, des glaciers, des guinguettes, des petits théâtres, des cabinets de lecture, des stands de jeux, des diseuses de bonne aventure et autres astrologues, des marionnettistes, des chanteurs, un musée de cire qui devance Grévin, mais aussi beaucoup de jeunes femmes et, parfois, de moins jeunes, en quête d'aventures, de messieurs de tout âge qui souhaitent disposer d'une compagnie féminine pendant une heure, une nuit ou davantage. Il y a dans les environs de nombreux appartements accueillants où de tels souhaits peuvent être aisément satisfaits.

Mais ce haut lieu de la séduction, du libertinage, est aussi un lieu où souffle le vent de la contestation politique. On s'amuse au Palais-Royal, à cette époque, mais on y discute aussi beaucoup d'idées. C'est un mélange de Pigalle, de Quartier latin et de Saint-Germain-des-Prés, tels que ces quartiers deviendront. On y rencontre des gens influents, honorables, autour d'une table bien garnie, qui nouent des contacts, échafaudent des plans ; des orateurs improvisés qui découvrent leur propre éloquence ; des journalistes dont le nom était inconnu la veille, mais dont on parle aujourd'hui car leurs publications – qui poussent comme des champignons – commencent à circuler, tandis qu'une belle de nuit « lève » un bourgeois non accompagné qui déguste tranquillement un sorbet à une terrasse.

C'est au Palais-Royal que Camille Desmoulins, futur bras droit de Danton, éditeur du journal *Révolutions de France et de Brabant*, lancera la cocarde tricolore qui unit le bleu et le rouge, couleurs de la ville de Paris, au blanc, symbole de la monarchie française qu'on voudrait encore croire alliée avec le peuple.

Camarade de Robespierre, son ami d'enfance au collège Louis le Grand, avant la Révolution, Camille Desmoulins s'inscrit en 1785 au barreau de Paris. Ses clients sont rares et, de plus, il bégaie. Il ne fait preuve d'éloquence qu'au Palais-Royal où il passe la majeure partie de ses journées. Son rêve est de devenir un grand poète et il a un beau talent de plume. Il se trouve une muse en la personne de Madame Duplessis, femme d'un commis des Finances, mais sa vertu et son peu d'intérêt pour ce soupirant jaune et maigre, coiffé de mèches noires toutes raides le cantonnent au rôle d'ami de la famille. Il se consolera en tombant amoureux de sa fille, la fameuse Lucille, une riche héritière. Il prend une part prépondérante au soulèvement populaire de juillet. Journaliste et auteur, Camille Desmoulins devient l'un des orateurs les plus remarquables du club des Cordeliers.

Philippe Égalité savoure sa popularité croissante et poursuit son œuvre de démolisseur clandestin des institutions. Il finance des pamphlétaires qui, dans des tracts, des libelles, des gazettes plus ou moins éphémères, propagent des rumeurs alarmistes, parlent de mystérieux complots ayant des ramifications à la cour et visant à déstabiliser l'Assemblée constituante et la Commune de Paris, à entraver le ravitaillement de la capitale, à dissoudre les nombreux clubs qui viennent d'être fondés.

Le chef d'orchestre invisible de cette campagne de rumeurs, l'homme de confiance du duc d'Orléans, serait un expert en matière de manipulation, le commandant d'artillerie Choderlos de Laclos, l'auteur d'un chef-d'œuvre, *Les Liaisons dangereuses*[1].

Peut-être, après avoir donné une preuve éclatante de sa science de l'intrigue dans une construction littéraire, veut-il la placer au service d'une entreprise politique à la faveur d'une époque troublée ?... Laclos a compris, comme d'autres, que tant que la cour sera à Versailles, avec l'Assemblée constituante à ses côtés, pour ne pas dire à sa disposition, les centres de décision seront inaccessibles aux révolutionnaires parisiens.

Les politiciens qui, en cet été de 1789, voient la politique autrement qu'au jour le jour estiment en effet que pour empêcher un retour de bâton inspiré par les partisans de la monarchie absolue qui n'ont fait que reculer jusqu'ici mais rêvent de revanche (l'émigration a commencé), il faut que le roi s'installe à Paris. L'Assemblée

1. Les agents de S.A.S. le duc d'Orléans, dont la haine contre la reine ne désarme pas, n'auront jamais été plus actifs que durant ce Noël et ce jour de l'An. Philippe ne cache plus son ambition de remplacer sur le trône Louis XVI, et, en place de la monarchie absolue, de fonder une monarchie populaire. Il fait déverser à la pelle sur Marie-Antoinette calomnies, vilenies et saletés. Le Palais-Royal, sa demeure, est devenu un antre de conspirations, avec pour généraux en chef le marquis de Sillery, mari de la fameuse Mme de Genlis, amante du duc et éducatrice de ses fils, et Choderlos de Laclos. On rassemble des nobles mécontents, des philosophes impatients de faire réaliser leur idéologie, des gens de lettres criblés de dettes, des aventuriers à gages, des gazetiers, des folliculaires, des écrivassiers de tout poil et de toute plume, et c'est à qui portera le plus rude coup destiné à abaisser le roi et avilir la reine. Le Palais-Royal devient d'autant plus facilement le centre de l'agitation que l'enceinte en est protégée par les privilèges de la Maison d'Orléans et que la police n'ose y entrer. (Arthur Comte, 1988.)

suivra et il sera relativement facile de contrôler un pouvoir qui, à Versailles, jouit d'une liberté le rendant dangereux. Il n'existe cependant aucun moyen légal de contraindre le souverain. Le 17 juillet, il s'était rendu à Paris de son plein gré et en était reparti, salué par des acclamations. Un acte de force est difficile à envisager. Le roi a des régiments sous ses ordres. Le peuple de Paris ne dispose que de la Garde nationale, et La Fayette n'enverrait pas ses hommes contre les troupes royales. Le voudrait-il, une partie de ces derniers n'obéirait pas. Il faut, pour ramener le roi, trouver une astuce. C'est Choderlos de Laclos qui, semble-t-il, la trouvera.

Les soldats de métier qui veillent sur Versailles n'hésiteraient pas à ouvrir le feu sur tout groupe d'hommes armés qui tenterait de forcer l'entrée du château. Ils ne feraient ainsi que leur devoir. Mais oseraient-ils tirer sur des femmes venues, en masse, implorer le roi de donner du pain à leurs enfants affamés ? Ainsi naît l'idée d'un Louis XVI transformé mythiquement en boulanger, d'une reine promue de la même façon au rang de boulangère, et d'un Dauphin « petit mitron ». Une fois le contact établi entre la famille royale et les femmes venues de Paris, à la faveur d'une manifestation en principe non-violente, il sera facile à des agents provocateurs de faire passer le mouvement à la vitesse supérieure, en lançant le mot d'ordre : « Le roi à Paris. »

Pour monter l'opération, il faut, d'une part, réunir un nombre suffisant de femmes bien motivées, encadrées (à leur insu) par des agitateurs expérimentés, et d'autre part trouver un prétexte. Cette dernière condition est vite remplie. Pendant deux jours l'approvisionnement en farine de la capitale diminue dangereusement, la disette menace, le peuple gronde. Ne serait-ce pas la faute de ce roi qui refuse toujours de promulguer les décrets abolissant tous les privilèges ? Aux manœuvres de ses conseillers ? Ce sera, cependant, la cour elle-même qui fournira le meilleur prétexte pour déclencher le mouvement.

Le 1er octobre, le roi, qui n'a qu'une confiance relative dans les gardes-françaises en service au Palais, a fait venir un régiment de Flandres dont le dévouement à la couronne est indiscutable. Pour renforcer l'attachement de ces soldats au monarque, l'entourage de celui-ci a proposé d'organiser en leur honneur un grand banquet, dans la salle de l'Opéra du palais. On n'a pas lésiné sur le menu, le service, les vins. L'atmosphère est soudain à la fête. On est loin de la morosité enregistrée à Versailles depuis quelques mois. Ce qui ne s'est jamais vu encore, le roi et la reine, portant le Dauphin dans ses bras, vont visiter leurs hôtes au milieu du banquet. Leur arrivée provoque l'enthousiasme. On boit à Louis XVI, à Marie-Antoinette, au Dauphin, on se dit prêt à verser son sang pour eux. Est-ce vrai ou le bruit est-il lancé par des provocateurs ? Des officiers auraient piétiné des cocardes tricolores et arboré la cocarde blanche. La nouvelle est, quelques heures plus tard, exploitée à Paris avec le maximum de dramatisation. Le roi menacerait de reprendre le contrôle de la capitale avec ce régiment de Flandres surexcité. On voit déjà la Seine rougie par le sang du peuple, charriant des cadavres. Les esprits sont mûrs pour la riposte.

Très tôt, le 5 octobre, dans les rues de la capitale, le tambour appelle les femmes à se rassembler pour aller auprès du roi réclamer du pain. Des groupes se forment. Pour se défendre contre une éventuelle agression, il faut des armes légères. Des personnages, surgis on ne sait d'où, guident les manifestants vers des caches où ils trouvent des pistolets, des sabres, des piques. Quelques hommes font d'ailleurs partie du cortège en préparation. Les organisateurs – n'incriminons pas le seul Laclos – ont prévu de glisser dans les rangs des filles publiques qui, une fois sur place, auront pour tâche d'aguicher les gardes du roi qui paraîtraient hésitants[2]. C'est de bonne guerre. Mais le « cerveau » de l'opération a prévu mieux. Pour donner l'exemple de la fermeté à leurs sœurs, venues de bonne foi, et qui pourraient faiblir face à une épreuve trop risquée, ont été engagés des hommes ayant l'habitude de se déguiser en femmes, autrement dit des travestis, dont la féminité ne sera pas mise en doute. Encore que leur maquillage sera mis à mal par une pluie

2. La célèbre Théroigne de Méricourt, organisatrice d'orgies, aurait été de l'expédition.

tout à fait inopportune qui offrira aux gardes du palais décontenancés un spectacle auquel ces innocents jeunes gens ne sont pas habitués, celui d'expressions mâles et déterminées apparaissant sur des visages empreints naguère de tous les artifices de la grâce féminine. Il ne manque que le chevalier d'Éon... Ces « meneuses » se révéleront cependant efficaces.

Il fallait un esprit aussi pervers que celui de Pierre-Ambroise Choderlos de Laclos pour mettre au point ce subtil stratagème. Travestir la vérité a toujours été son pêché mignon. Personnage paradoxal, longtemps considéré comme un écrivain aussi scandaleux que le marquis de Sade ou Restif de La Bretonne, cet amateur de belles lettres est un militaire sans illusion sur les relations humaines. Né à Amiens, chef-lieu du département de la Somme, le 18 octobre 1741, il est le deuxième fils d'un secrétaire à l'intendance de Picardie et d'Artois. Il appartient à une famille de robe récemment anoblie. Être militaire est pour lui une véritable vocation. Il choisit l'artillerie, qui est une arme technique convenant bien à son esprit mathématique. Il est admis en 1760 à l'École de la Fère, ancêtre de l'École polytechnique. Il est successivement sous-lieutenant en 1761, puis lieutenant en second en 1762. Rêvant de conquête et de gloire, il se fait affecter à la brigade des colonies en garnison à la Rochelle. Mais le Traité de Paris, en 1763, met fin à la guerre de Sept Ans. Faute de guerre, le jeune lieutenant de Laclos est obligé d'étouffer ses ambitions héroïques et de mener une morne vie de garnison : à Toul en 1763, à Strasbourg de 1765 à 1769, à Grenoble de 1769 à 1775, puis à Besançon de 1775 à 1776. Nommé capitaine à l'ancienneté en 1771 – il le restera durant dix-sept ans jusqu'à la veille de la Révolution – cet artilleur, froid et logicien, à l'esprit subtil s'ennuie parmi ses soldats grossiers, et pour occuper son temps, il s'investit dans la littérature et dans l'écriture. Ses premières pièces, écrites en vers légers, sont publiées dans *L'Almanach des Muses*. S'inspirant d'un roman de Madame Riccoboni, il écrit un assez mauvais opéra-comique *Ernestine* qui n'aura qu'une seule désastreuse représentation, le 19 juillet 1777 devant la reine Marie-Antoinette. Lors de cette même année 1777, il reçoit la mission d'installer une nouvelle école d'artillerie à Valence qui recevra notamment Napoléon. De retour à Besançon en 1778, il est promu capitaine en second de sapeurs. Durant ses nombreux temps libres en garnison, il rédige plusieurs œuvres, dans lesquelles il apparaît comme un fervent admirateur de Jean-Jacques Rousseau et de son roman *La Nouvelle Héloïse*, qu'il considère comme « le plus beau des ouvrages produits sous le titre de roman ».

En 1778, il commence l'écriture des *Liaisons dangereuses*. En 1779, il est envoyé en mission dans l'île d'Aix pour assister le marquis de Montalembert dans la direction des constructions de fortifications contre les Britanniques. De fait, il passe beaucoup de temps à rédiger les *Liaison dangereuses*, et aussi une *Épître à Madame de Montalembert*. Promu en cette fin d'année capitaine de bombardier, il demande un congé de six mois qu'il occupe à Paris à écrire ; il sait que désormais son ambition littéraire doit passer avant son ambition militaire, qui ne lui a jusque-là apporté que des frustrations. Mais son projet phare éclaire toute sa vie et illuminera son avenir : « Faire un ouvrage qui sortit de la route ordinaire, qui fit du bruit et qui retentit encore sur la terre quand j'y aurais passé. » Le pari va être tenu au-delà des espérances. En 1781, promu capitaine commandant de canonniers, il obtient une nouvelle permission de six mois, lors de laquelle il achève son chef-d'œuvre. Il confie à l'éditeur Durand neveu la tâche de le publier en quatre volumes qui sont proposés à la vente le 23 mars 1782. Le succès est immédiat et fulgurant ; la première édition comprend deux mille exemplaires qui sont vendus en un mois – ce qui pour l'époque est déjà assez extraordinaire – et dans les deux années qui suivent une dizaine de rééditions sont aussi proposées et vendues. Cependant la publication de cet ouvrage sulfureux, considéré comme une attaque contre l'aristocratie, est jugée comme une faute par son commandement. Ordre lui est donné de rejoindre immédiatement sa garnison en Bretagne, depuis laquelle il est envoyé à La Rochelle en 1783 pour participer à la construction du nouvel arsenal. C'est là qu'il fait la connaissance de Marie-Soulange Duperré, qu'il séduit et qui rapidement attend un enfant de lui. Il a quarante-deux ans, elle seulement vingt-quatre, mais, réellement amoureux, il l'épousera en 1786 et reconnaîtra l'enfant. Marie-Soulange sera le grand amour de sa vie et lui donnera deux autres enfants.

Faire le portrait de Choderlos de Laclos en Valmont serait une grande erreur. De l'archétype du séducteur il ne retient aucun vice. Époux fidèle, père attentionné, sa vie sentimentale se limite à son épouse bien-aimée. On peut même le considérer comme un promoteur prémonitoire de la libération de la condition féminine. Il montre à quel point il est en avance, en tant que partisan de l'égalité des sexes, lorsqu'il participe à un concours académique dont le sujet est : « Quels seraient les meilleurs moyens de perfectionner l'éducation des femmes ? » N'est-il pas amusant de constater que c'est la même personne, qui écrit *Les Liaisons dangereuses* et qui se soucie de la bonne éducation à donner aux jeunes filles ? En 1788, il quitte l'armée et, après une période de recherche personnelle du meilleur moyen de favoriser son ambition et diverses tentatives pour approcher un grand seigneur, il entre au service du duc d'Orléans dont il partage les idées d'évolution de la royauté. C'est là qu'il va pouvoir donner toute la mesure de son machiavélisme. L'homme privé, sans reproche, réserve les turbulences de son cœur et l'agilité de son esprit aux intrigues et machinations, qu'en tant que secrétaire de Philippe Égalité, duc d'Orléans, il mène d'une main de maître. En vérité, c'est quand la Révolution éclate que Choderlos de Laclos commence à vivre comme il le veut, c'est-à-dire intensément. Les grands jours de sa vie sont ces journées versaillaises, dramatiques pour la famille royale. En ce début de semaine des 5 et 6 octobre 1789, Louis XVI est parti chasser dans le bois de Meudon, Marie-Antoinette est au Trianon et les enfants royaux en promenade. En fin de matinée, le lundi 5, on annonce que la garde parisienne et un grand renfort d'hommes, précédés d'une avant-garde de femmes, sont en marche pour Versailles. À quoi pense Laclos, metteur en scène de cet automne doré qui va tourner au rouge vif pour la famille Capet ? Cet homme si fin, si intelligent qui le 17 juin 1787 écrivait au *Journal de Paris* son projet de numérotage des rues de la capitale, est aussi l'auteur de maximes dignes de la Rochefoucauld : « La haine est toujours plus clairvoyante et plus ingénieuse que l'amitié » ou encore « J'ai été étonné du plaisir qu'on éprouve en faisant le bien. » Parfois ses sentences rappellent plutôt Saint-Simon : « Le ridicule qu'on a, augmente toujours en proportion qu'on s'en défend », « Plaire n'est pour lui qu'un moyen de succès, tandis que pour elle c'est le succès lui-même », « Pour les hommes l'infidélité n'est pas l'inconstance », « En amour il ne faut se permettre des excès qu'avec les gens qu'on veut quitter bientôt », « La nature n'a accordé aux hommes que la constance, tandis qu'elle donnait aux femmes l'obstination. » Parfois Pierre-Ambroise se laisse aller à une confidence personnelle : « Je l'aime trop pour en être jaloux. J'ai pris le parti d'en être fier. » Parfois son naturel revient au galop et alors il se retrouve spontanément stratège : « Une occasion manquée se retrouve tandis qu'on ne revient jamais d'une demande précipitée », ou encore : « Il est bon d'accoutumer aux grands événements quelqu'un qu'on destine aux grandes aventures. » Voilà les pensées explosives que la maturité a inspiré à cet homme qui va maintenant mettre au point, lors d'expériences balistiques, un « boulet creux », chargé de poudre. Choderlos de Laclos fera finalement connaissance du jeune général Napoléon Bonaparte. Artilleur comme lui, le nouveau Premier consul le nomme général d'artillerie le 16 janvier 1800. Il est alors affecté à l'armée du Rhin et c'est là que – mieux vaut tard que jamais –, il reçoit enfin le baptême du feu à la bataille de Bilberach. Quel drôle de destin que celui de Choderlos de Laclos ; une vie en perpétuel trompe-l'œil. Même sa fin ne répondra pas à ses folles espérances. Il meurt le 5 septembre 1803 à Tarente, non pas glorieusement lors d'une bataille mais de dysenterie. Immortel et sans gloire, il sera enterré sur place.

Mais revenons en cet automne de 1789, sur cette « marche des femmes sur Versailles » qui restera dans l'Histoire de France l'un des chefs-d'œuvre méconnus de Choderlos de Laclos.

La Fayette, chef de la Garde nationale, arrive trop tard sur les lieux du rassemblement pour le dissoudre ou empêcher le départ. Les manifestantes ne veulent rien entendre, et quelques membres de la garde leur emboîtent le pas. Le général, la mort dans l'âme – espérons-le – décide de suivre avec ses forces disponibles ce long troupeau dont il discerne mal les intentions réelles, en se disant qu'il pourra le canaliser, empêcher des incidents graves, apaiser les passions. La Commune croit utile de lui adjoindre deux commissaires.

Prévenu dans les environs de la porte de Châtillon où il chasse, qu'une troupe de femmes est en marche dans la direction de Versailles, le roi reprend le chemin du palais.

La reine, elle, se promène paisiblement à Trianon. Vêtue d'une robe très simple, elle s'arrête devant les bassins pour rêver, lorsqu'un émissaire de Saint-Priest, ministre de la Cour, vient la supplier de retourner d'urgence au château. Elle y rejoint les membres du gouvernement, réunis. En attendant l'arrivée du roi, Gouvernet, fils du ministre de la Guerre, rassemble les forces qui sont sur place, mais personne n'ose donner l'ordre de couper le pont de Sèvres.

Le roi est au château à 15 heures. Le cortège de femmes ne serait plus qu'à une heure de Versailles. Pourquoi la reine et les enfants royaux ne partiraient-ils pas immédiatement pour Rambouillet ? La reine refuse d'être séparée de son mari. Mounier, président de l'Assemblée, se présente et insiste auprès de Louis XVI pour qu'il promulgue les décrets votés. Le roi ne dit rien. Il accepte cependant de recevoir une délégation de femmes. Il leur paraît ému, compréhensif, bienveillant, rassurant. Elles veulent du pain ? Il promet de faire distribuer de la farine dans la capitale. On l'applaudit. Retournées auprès du gros de la troupe, les déléguées sont conspuées, la tension monte. Il faudrait maintenant que toute la famille royale, le roi compris, parte pour Rambouillet. Il tergiverse, comme toujours. Il est près de 18 heures. La nuit tombe. Mais des émeutiers qui ont vu les voitures préparées pour le départ ont coupé les harnais. Plus moyen de partir. Au palais, c'est la confusion. Ordres et contrordres s'entrecroisent. À 21 heures, on annonce La Fayette. Il ne sera là qu'à minuit, « prêt, selon ses propres termes à mourir aux pieds de Sa Majesté, plutôt qu'inutilement, en place de Grève ». Le roi, insensible à cette profession de foi, lui demande ce que veulent les manifestants.

« Ils veulent du pain et que les gardes remplacés par le régiment de Flandres reprennent leurs postes.

– Eh bien qu'ils les reprennent ! dit Louis XVI. »

Et il va se coucher en conseillant à son épouse d'en faire autant. Elle s'incline. Ses suivantes passeront la nuit devant sa porte, à la veiller.

La Fayette procède à une inspection. Convaincu que tout est en ordre, ne pouvant plus résister à la fatigue, il va lui aussi se coucher dans la demeure que ses beaux-parents Noailles possèdent à Versailles. Il est 2 heures 30 du matin.

Le jour se lève. Un tambour appelle les dormeurs éparpillés dans les environs du château à se rassembler. De nouveau compacte, la foule s'approche des grilles. Elles sont fermées. Il y en a cependant une, près de l'entrée de la chapelle, qui est entrouverte. On ne saura jamais par qui ni pourquoi. Des manifestants des deux sexes s'engouffrent par ce passage. Les gardes du corps sont débordés. L'un d'eux, Miomandre de Saint-Marie s'écrie : « Sauvez la reine ! » Cri entendu, répété, répercuté comme un tocsin. Les femmes de Marie-Antoinette l'entraînent par un couloir secret chez le roi. Miomandre est massacré.

Le roi prend le Dauphin avec lui. Il est rejoint par Madame Royale et les ministres. Necker est muet. Les émeutiers armés de piques, et pour quelques-uns de haches, traquent les gardes du corps. Deux, parmi ces derniers, Des Huttes et de Varicourt[3] sont décapités et dépecés. Les assassins et leurs complices se barbouillent le visage avec le sang des victimes. Pris d'une véritable folie, les agresseurs veulent pénétrer plus avant. Une porte cède, puis d'autres. Il y en a une, cependant, qu'ils ne peuvent pas franchir car ils se heurtent

3. Louis II de Bavière, passionné du souvenir de Versailles et de l'étiquette à la cour française, s'entichera d'un descendant de cette famille exilé en Bavière sous le nom de von Varicourt et en fera son aide de camp provisoire en témoignage de son admiration pour feu la reine Marie-Antoinette.

à la résistance obstinée et efficace d'un groupe de soldats venus de Paris, commandés par un sergent-chef de vingt et un ans, natif de Versailles, qui a servi aux écuries du château comme palefrenier, avant de s'engager dans l'armée. Ancien garde-française, il a été, versé dans le 1er bataillon de la 1re division de la Garde nationale. Dans trois ans, il fera fonction de général de brigade. Ce héros des journées du 5 et 6 octobre 1789, qui, bien que républicain de cœur, a su faire face à l'émeute, s'appelle Lazare Hoche. Grâce à lui et à l'arrivée tardive de son chef, le général La Fayette, qui avait eu du mal à se réveiller, les gardes du corps les plus menacés seront sauvés car La Fayette dispose d'une compagnie de grenadiers. S'il disperse les assaillants, celui-ci n'empêchera pas, pour autant, la seconde partie de la manœuvre de se dérouler comme prévu, la facilitant même sans s'en rendre compte.

La foule exigeant que le roi se rende à Paris pour s'y installer, le chef de la Garde nationale conseille au souverain d'accepter le principe de ce départ. Apparaissant au balcon, Louis XVI est acclamé. Est-ce la preuve que La Fayette a réussi à faire tomber la tension ? Pas encore. La foule réclame maintenant la présence de la reine, et de la reine seule. Qu'est-ce que cela signifie, alors qu'un moment plus tôt, on avait pu entendre, à propos de Marie-Antoinette, dans les couloirs, des proclamations du genre « nous voulons le cœur de la reine », « nous fricasserons son foie », « nous ferons des cocardes avec ses boyaux » ? Des fusils semblent pointés sur le lieu où elle doit avancer pour être vue d'en bas. Va-t-on tirer sur elle ? La Fayette la supplie, cependant, de le suivre. Elle finit par s'y résigner. Le général ne va pas haranguer la foule, comme Marie-Antoinette le suppose sans doute. Il sait que sa voix ne couvrirait pas les hurlements. Pour désarmer la haine, il faut davantage que des mots. Il prend la main de la reine et avec une lenteur calculée, s'inclinant avec beaucoup de grâce, comme sur la scène d'un théâtre, il dépose sur ses doigts un baiser infiniment respectueux. Cette manifestation d'élégance, inattendue en ce moment de surexcitation, c'est bien le geste qu'il fallait trouver. La foule est médusée. L'image de la jeune et innocente reine des premières années du règne se substitue quelques instants à celle de « l'Autrichienne », à qui les pamphlétaires attribuent tous les malheurs du pays. Comme elle est digne de la déférence que lui témoigne cet authentique ami du peuple, ce combattant de la liberté qui se tient à ses côtés... Mais le roi a promis. Il faut que toute la famille royale se rende à Paris. Qu'elle échappe à l'influence de ses mauvais conseillers qui pullulent à la cour. Qu'elle soit près du peuple. Que celui-ci puisse la voir se promener dans les jardins des Tuileries. Qu'elle soit son symbole, sa chose.

Former le convoi qui va prendre la route de la capitale demande de longues heures. Les plus hargneux n'ont pas désarmé. Les têtes des gardes du corps placées au bout de piques accompagnent les augustes personnes des souverains durant tout le parcours. À Paris, il faudra faire un détour par l'Hôtel de Ville. Le roi et le maire échangeront des propos aimables. Il est question de bienvenue, de confiance, de beau jour, et personne n'a envie de rire, ni même de sourire. Il faudra encore se montrer au balcon, mais à la lueur des torches, cette fois, car la nuit est tombée.

À 21 heures, la famille royale s'installe, épuisée de fatigue, dans un appartement improvisé en hâte dans le palais des Tuileries désert, en attendant un aménagement.

Le roi n'a rien perdu de son calme. Une fois seul, il ordonne qu'on lui serve à souper.

Il est hors de doute que, le 6 octobre, c'est La Fayette qui sauva la vie du couple royal, ou tout au moins de la reine, plus menacée que le roi. Un autre officier à l'âme chevaleresque s'était précipité au château de Versailles, dès que l'arrivée des manifestants avait été annoncée, prêt à tout faire pour sauver Marie-Antoinette. Il s'agit, bien entendu, du comte Axel de Fersen. Sa présence fut bénéfique pour le moral de la souveraine, mais il n'eut pas l'occasion d'intervenir de façon active. Son rôle de protecteur ne faisait, cependant, que commencer.

Bien qu'il puisse se dire qu'il a contribué à réduire les pertes humaines et les dégâts matériels qui auraient pu être importants, irréparables, car le château est déjà un musée, le chef de la Garde nationale n'en est pas moins conscient d'avoir subi une grave humiliation.

Il tient Philippe Égalité pour l'instigateur de cette funeste marche sur Versailles. L'homme avec qui il a partagé la couche de la belle Aglaë d'Hunolstein doit maintenant plier devant lui. Sa vengeance ne sera ni basse, ni sanglante. Il se contente de faire comprendre au duc que le mieux, dans sa situation, est de quitter la France au plus tôt et d'aller, par exemple, en Angleterre, pays qu'il connaît bien, chargé d'une vague mission d'ordre diplomatique pour lui permettre de sauver la face. Philippe Égalité s'inclinera. Il se trouvera cependant dans son entourage un collaborateur qui, obligé, par fidélité, de l'accompagner, pestera contre ce La Fayette, dont il disait, après avoir sollicité son appui en 1788 pour se défendre contre l'injuste traitement qu'il subissait dans l'armée, qu'il « l'avait reçu avec cette bonté, cette affabilité qui le caractérisent ». Cet homme, dont le destin croise plusieurs fois celui du « Héros des Deux Mondes », c'est l'officier d'artillerie-écrivain Choderlos de Laclos qui prendra fait et cause pour la Révolution.

Une lettre inédite de Philippe Égalité, adressée en 1793, la dernière année de sa vie, à la citoyenne Cepoy, au moment où l'ex-duc d'Orléans est enfermé au fort Saint-Jean de Marseille, nous renseigne sur la vie intime et les états d'âme de ce grand séducteur en fin de course : « Vous ne pouvez pas vous faire une idée du calme que répand dans mon âme de vous lire. Je ne comprends pas que vous n'ayez pas trouvé de lettres de moi à votre arrivée à Paris ; pourquoi vous refuserait-on le bonheur de me lire et m'entendre vous dire que rien n'est comparable à la tendresse que j'ai pour vous. » La femme à qui s'adresse Philippe Égalité, sa maîtresse Fanny, c'est Marguerite Françoise Bouvier de la Motte Cepoy, fille de Guillaume François, deuxième marquis de Cepoy, et d'Élisabeth Amaranthe Jogues de Martinville. Elle avait épousé, le 5 janvier 1784, Georges Louis Marie Leclerc, comte de Buffon, né en 1764. C'était le fils du célèbre naturaliste que Rivarol appelait avec une ironie cinglante : « Le plus mauvais chapitre de "l'histoire naturelle" de son père ». Peu de temps après son mariage, elle devint la maîtresse du duc d'Orléans et eut sur ce dernier une grande influence. Il lui donna un fils, Victor Buffon, mort capitaine de dragons en Espagne. Au moment où le duc d'Orléans écrit cette lettre, ses châteaux du Raincy et de Montceau sont mis en vente, mais Philippe Égalité est amoureux. La possession de l'être aimé ne remplace-t-elle pas tous les bien terrestres : « Quelque lieu que j'habite, quelque fortune que j'aie, pourvue que ce soit avec vous, chère et bien-aimée Fanny, et que je n'aie pas la douleur de penser que les gens qui m'étaient attachés et que j'aime sont dans la misère et le besoin... je ne demande rien d'autre au ciel, il me l'accordera : je serai réuni à ma Fanny avec mes deux enfants, et si je n'en meurs pas de joie, je passerai le reste de mes jours, heureux et tranquille, uniquement occupé de son bonheur. Adieu, Chère amie, que je vous aime... » Les rêves de vie à deux, d'amour paisible, de sérénité en famille et d'avenir heureux resteront, pour le détenu chantant sa belle, le songe ultime. En effet, celui qui a voté la mort du roi, son cousin, connaîtra également sur son col le frisson du fil du rasoir de la machine infernale de Monsieur Guillotin. La Convention le déclare coupable d'avoir aspiré à la royauté. Condamné à mort, il sera exécuté le 6 avril 1793. Il est alors enterré à Picpus, comme le sera le marquis de La Fayette. Après son exécution, sa maîtresse lui sera en quelque sorte fidèle, puisqu'elle divorcera le 14 janvier 1794. Comme son amant, son ex-mari périt sur l'échafaud le 10 juillet 1794 (22 messidor). Il demeure de tout cela le souvenir d'une très belle femme qui se remaria en 1799 avec Julien Raphaël Renouard de Bussière et mourut en 1808, laissant deux enfants de son deuxième mariage. Nul de ses contemporains n'a oublié sa grâce dans la disgrâce, son nez mutin, ses admirables cheveux blonds et sa taille divine, signalés par un connaisseur, le duc de Lauzun, lui-même.

29.

LA DERNIÈRE FÊTE

Dans une chambre d'un hôtel particulier, on a dressé l'autel, en hâte, sur une commode. Le ciboire, les burettes, le livre sacré ouvert : tous les éléments nécessaires à la célébration d'une messe ont été rassemblés. Détail important, un miroir dit psyché a été disposé, de l'autre côté de la commode, face au prêtre qui doit officier. Celui-ci entre dans la pièce. C'est un beau jeune homme de trente-cinq ans, aux traits fins, au regard aigu, aux cheveux assez longs, merveilleusement coiffés. Il se dégage de sa personne une grâce un peu altière qui n'a que de lointains rapports avec l'humilité d'un curé de campagne. Il porte les vêtements sacerdotaux, comme pour une messe ordinaire. Deux abbés, en surplis, l'accompagnent, qui vont servir d'enfants de chœur. Une étrange messe commence. Le jeune prêtre s'interrompt souvent pour solliciter les enfants de chœur du regard sur la qualité du geste qu'il vient d'accomplir. Est-ce bien cela qu'il doit faire, et de cette façon ? Il exige qu'on lui réponde franchement, ce que les abbés-enfants de chœur font avec une spontanéité très relative. Parfois, l'officiant accomplit avec lenteur les gestes prévus tout en se regardant dans le miroir, et il recommence en améliorant sa prestation. Ainsi décomposée en phases successives, cette messe a toutes les allures d'une répétition.

C'en est une, en effet, mais pas pour le théâtre ou l'opéra. Ce prêtre qui officie n'est pas un acteur. Il a reçu pour de bon le sacerdoce. S'il répète les gestes de la messe, c'est qu'il craint de les avoir oubliés. Au XVIIIe siècle, cela peut arriver. Et le plus curieux, c'est que ce jeune officiant n'est pas un ecclésiastique ordinaire. Il est évêque. Évêque d'Autun. C'est un prince de l'Église, et il se prépare à célébrer l'office divin au cours d'une très importante cérémonie à laquelle assisteront le roi, la reine, les ministres, des centaines de hautes personnalités françaises et étrangères, et des dizaines de milliers de témoins. Il vaut donc mieux, c'est évident, qu'il n'ait pas l'air trop emprunté ou hésitant. Chacun sait que ce n'est pas à sa piété ou à son génie théologique qu'il doit son poste, mais à sa seule naissance et aux relations de sa famille car, depuis une vingtaine d'années, la noblesse contrôle le haut clergé comme elle contrôle le corps des officiers de l'armée. Pour l'extérieur, les choses doivent être faites comme il convient. Peu importe si l'évêque en question ne se soucie guère de religion, s'il préfère la vie mondaine et la compagnie des jolies femmes aux retraites spirituelles. Père d'un enfant illégitime, l'évêque d'Autun trouve sa situation fort amusante. Il est, en outre, député à l'Assemblée constituante, dont il assumera un moment la présidence, fréquente le groupe des amis du duc d'Orléans et le club des *Constitutionnels*. Bref, il est fort répandu dans les milieux dits « avancés », dévoré d'ambition et appelé à jouer un grand rôle dans cette époque troublée.

Cet ambitieux en soutane violette n'est autre que Charles Maurice de Talleyrand-Périgord. Aurait-on pu choisir un meilleur candidat pour célébrer la messe, lors de la gigantesque manifestation civique et patriotique organisée le 14 juillet 1790, premier anniversaire de la prise de la Bastille ?

Décidée trois mois plus tôt, cette cérémonie, baptisée fête de la Fédération, doit en principe marquer l'alliance définitive de la constitution, du roi et de la nation. Un mouvement parti des provinces, au printemps, a montré que les populations sont de plus en plus conscientes de la nécessité d'une large et ferme union pour faire face aux menées des ennemis de la Constitution et aux menaces de l'étranger, excité par les émigrés.

S'élevant au-dessus des particularismes locaux, les « patriotes » – c'est ainsi que se nomment désormais les citoyens partisans des réformes – ont choisi de se fédérer, en d'autres termes, ils ont promis de rester à jamais unis, de protéger la circulation des subsistances et de soutenir les lois votées par l'Assemblée constituante. C'est un mouvement né d'une façon presque spontanée, pour empêcher la guerre civile, la destruction des acquis de l'année 1789 et pour, au besoin, protéger les frontières. Les Fédérés d'Alsace, de Lorraine et de Franche-Comté, réunis à Strasbourg en juin, ont planté un drapeau tricolore sur le Rhin, à la hauteur du pont de Kehl, avec cette inscription : « Ici commence le pays de la liberté. »

La fête de la Fédération, à laquelle le roi et la reine assisteront, consacrera ce courant patriotique. Et, comme en France on ne peut concevoir une manifestation nationale sans partie religieuse, il a été fait appel à l'évêque d'Autun, qui, tout en appartenant à la haute noblesse, affiche des idées démocratiques.

Pour cette cérémonie qu'on veut grandiose – un serment collectif de milliers de Fédérés est prévu –, les responsables ont fait exécuter, en un temps record, entre l'École militaire et la Seine, des travaux de terrassement et de construction d'une exceptionnelle ampleur. Un amphithéâtre pouvant contenir 200 000 spectateurs a été réalisé au Champ-de-Mars, ainsi qu'un immense autel de la Patrie, sur la plateforme duquel, accessible par quatre escaliers différents, sera célébrée la messe. Toute la population a coopéré à cette œuvre. Des bourgeois et des aristocrates ont tombé l'habit pour pousser des brouettes. Des élégantes, en robe longue et chapeau à plumes, ont manié la pelle, mêlées à des terrassiers et des jardiniers professionnels. C'est un moment privilégié, une embellie inattendue en cette période agitée [1].

1. Alors que Franklin était à Passy, les promeneurs qu'il rencontrait le questionnaient sur la Révolution américaine, voulant savoir où elle en était. Le bonhomme Franklin leur répondait : « Ça ira, ça ira. » Le 14 juillet 1789, les Parisiens faisant un travail de terrassement sur le Champ-de-Mars voient tomber

Toute la journée, des chants montent de cette armée de volontaires des deux sexes appartenant à toutes les générations et toutes les conditions. Surprenante fraternisation qui s'achèvera hélas ! avec l'extinction des derniers lampions de la fête.

Le 14 juillet au matin, dès six heures, tout est en place. Une floraison de drapeaux tricolores a transformé l'aspect de la ville. Ce n'est pas la gloire de Paris, capitale de la Liberté, qu'on s'apprête à célébrer, c'est celle de la nation tout entière. Les quatre-vingt-trois drapeaux des quatre-vingt-trois départements français, récemment créés, flottent dans le vent en même temps que les drapeaux aux trois couleurs. Quatorze mille Fédérés en armes, venus de toutes les provinces de France, massés entre la barrière du Trône et la porte Saint-Martin, s'apprêtent à se rendre en cortège jusqu'au Champ-

---

la pluie à verse. Ils improvisent un petit couplet sur l'air du « Carillon national » composé par Bécourt qui était alors à la mode et que Marie-Antoinette jouait sur son clavecin à Trianon :

« Ah ça ira, ça ira
En dépit des aristocrates et de la pluie
Notre belle fête, on l'aura. »

La Fayette aurait demandé alors au chanteur de rue Ladré de composer une chanson à sa gloire. Guy Breton dans le tome II des *Cabarets de l'Histoire* (Perrin, Presses de la Cité, 1974) en restitue les paroles :

« Le peuple français jadis "a quia"
L'aristocratie dit "Mea culpa"
Ah ça ira, ça ira, ça ira
Le clergé regrette le bien qu'il a
Par justice la nation l'aura
Par le prudent La Fayette tout trouble s'apaisera
Ah ça ira, ça ira, ça ira
Malgré les mutins tout réussira
Avec cœur tout bon Français combattra
Ah ça ira, ça ira, ça ira
La Fayette dit "Vienne qui voudra"
Le patriotisme leur répondra
Sans craindre ni feu ni flamme
Le Français toujours vaincra
Ah ça ira, ça ira, ça ira
Malgré les mutins tout réussira. »

Ce n'est que plus tard que le « Ça ira » deviendra un air redoutable, vouant les aristocrates à la lanterne.

de-Mars. Ils seront rejoints, place Louis-XV (l'actuelle place de la Concorde), par les membres de l'Assemblée nationale qui siègent aux Tuileries, dans la salle dite des Manèges, depuis le 19 août 1789.

Un grand défilé de troupes est inscrit au programme. Seul, le soleil ne sera pas présent au rendez-vous. Mais ni la pluie ni le vent n'altèreront l'enthousiasme et la bonne humeur des participants. Un pont de bateaux a été installé pour permettre la traversée de la Seine au cortège, face au Champ-de-Mars. Les cavaliers de la Garde nationale sont en tête du défilé qui passe sous un arc de triomphe. Sur l'autel de la Patrie, de grandes cassolettes d'encens brûlent aux quatre angles. Deux cents prêtres, en aube blanche, la taille serrée par une écharpe tricolore, attendent l'évêque d'Autun, qui sera assisté de l'abbé Louis, futur ministre. En montant l'escalier, dans ses splendides habits sacerdotaux, ce prince de l'Église, qui a réussi à se donner pour cette journée le masque de la gravité, aurait glissé à un dignitaire de service : « Surtout, ne me faites pas rire ! »

L'arrivée du roi et de la reine, annoncée par des salves d'artillerie, est saluée par d'immenses clameurs. Les cris de « Vive le roi », « Vive la nation » montent de dizaines de milliers de poitrines.

Le souverain prend place sur un trône de velours violet garni de lys d'or. À ses côtés, le président de l'Assemblée nationale, de Bonay. Mille huit cents chanteurs et instrumentistes font retentir hymnes religieux et marches. Après la messe, le commandant en chef de la Garde nationale, le général La Fayette, l'épée baissée, prononce le serment qui va soulever un tonnerre d'applaudissements : « Je jure d'être à jamais fidèle à la nation, à la loi et au roi, de maintenir la constitution décrétée par l'Assemblée nationale et acceptée par le roi ; de protéger, conformément aux lois, la sûreté des personnes et des propriétés, la libre circulation des subsistances, dans l'intérêt du royaume, et la perception des contributions publiques, sous quelque forme qu'elles existent, de demeurer uni à tous les Français par les liens indissolubles de la Fraternité. »

Qui ne souscrirait à une formule aussi généreuse, rassurante, où chacun trouve son compte, le roi inclus, pour autant qu'il accepte le rôle qui lui est maintenant dévolu.

Les Fédérés prêtent, de façon collective, le serment d'être fidèles au roi et à la nation. Louis XVI, lui-même, avec une bonne grâce apparente, lance d'une voix ferme : « Moi, roi des Français, je jure à la nation d'employer le pouvoir que m'a donné l'Acte constitutionnel de l'État à maintenir la constitution décrétée par l'Assemblée nationale et acceptée par moi. » Cette fois, c'est le délire. Le roi est acclamé comme il ne l'a plus été depuis sa jeunesse. Les monarchistes veulent voir dans ce succès l'expression de l'attachement profond au souverain de la majorité du peuple français. Mais n'est-ce pas, en fait, parce qu'il donne l'impression d'avoir accepté tout ce qui a été accompli depuis le premier jour des États généraux, que le roi est acclamé ?

Le défilé militaire qui suit contribue à entretenir le climat d'euphorie de cette journée. Parmi les délégations qui passent devant Louis XVI, Marie-Antoinette, la famille royale, les ministres, défile un petit groupe de patriotes américains, les vaillants alliés de la France. En tête, tenant la hampe du drapeau à treize étoiles[2], un personnage haut en couleur, Thomas Paine lui-même, l'auteur de *Common Sense*, le livre qui poussa la masse des colons à prendre les armes pour arracher l'indépendance de leur pays à l'Angleterre ; Thomas Paine, l'ennemi juré de tous les rois de la Terre, l'admirateur de la Révolution française qu'il défendra avec un exceptionnel brio, dans *Les Droits de l'homme*, contre les attaques du philosophe anglais Burke, avant de participer directement aux luttes politiques sur le sol français ; Paine, l'ami de La Fayette, qui n'oublie pas, cependant, tout ce que l'Amérique doit à Louis XVI, et qui est accompagné par Paul Jones, l'amiral corsaire, au service de la France, que le roi avait reçu à Versailles, lui offrant une corvette baptisée le *Bonhomme Richard* en souvenir de l'almanach publié par Franklin sous ce nom...

Le grand triomphateur de la fête de la Fédération, ce n'est pas, cependant, ce roi qui a été tant acclamé et dont la popularité, en cette journée, repose sur un malentendu. C'est le commandant en chef de la Garde nationale. C'est lui, La Fayette, qui est l'objet de

2. Les États-Unis ne comptent encore que treize États.

la plus grande attention, de la plus grande ferveur. La foule veut l'approcher, le toucher, certains parviennent à baiser ses bottes ou ses éperons. Le héros, la star, le demi-dieu, c'est lui. Cette fête est vraiment son jour. Ce culte spontané de la personnalité a quelque chose d'irritant, d'exaspérant, d'intolérable pour les autres responsables politiques. Le roi lui-même, relégué malgré lui, et sans doute, malgré La Fayette, au rôle de faire-valoir, prend ombrage de cette gloire, et ses perfides conseillers sauront exploiter ce sentiment.

Mais, en ce 14 juillet 1790, malgré les malentendus, les équivoques, la jalousie, la fête continue. À midi, les cloches de toutes les églises de France sonnent à l'unisson pour que les provinciaux communient avec les Parisiens dans le même élan de fraternité. Un bouquet tricolore sera déposé au pied de la statue d'Henri IV. Les cabarets et les guinguettes sont pleins à craquer. Des marchands des rues vendent des souvenirs patriotiques, drapeaux, portraits de personnalités, éventails. Une relique, surtout, fait fureur : des fragments de pierre ayant été récupérés sur les murailles abattues de la Bastille et polies par des commerçants industrieux. Madame de Genlis, préceptrice des enfants du duc d'Orléans, en porte une, fort belle, en sautoir, sur laquelle elle a fait incruster en diamant le mot « Liberté ». Le soir, il y a bal dans les rues. On boit, on danse, on chante, à la nation et à la constitution. Les Champs-Élysées sont illuminés comme ils ne l'ont jamais été, au point que le roi éprouve le besoin de les parcourir en voiture découverte. Les fusées des feux d'artifice crépitent. Le vin n'a jamais été aussi clair et léger, les femmes aussi amoureuses, le Palais-Royal aussi animé. Paris, inconscient, fait la fête.

30.

IMPOSSIBLE DUO

La popularité dont il a tant rêvé, qui est son seul but, le général peut se dire qu'il l'a enfin conquise. Voudrait-il prendre le pouvoir, en cet automne de 1789, que peu d'institutions ou de forces pourraient s'opposer à sa volonté. Cette position exceptionnelle dont il sent peut-être qu'elle ne durera pas, il ne l'a pas acquise sans peine depuis son retour de Versailles, à la suite des émeutiers, ramenant à Paris le roi et sa famille sains et saufs, mais, en dépit des apparences, prisonniers. Les souverains l'ont remercié avec plus de politesse que de chaleur de leur avoir sauvé la vie et le tiennent désormais pour un super-geôlier plutôt que pour un protecteur. Madame Royale (la princesse Marie-Thérèse Charlotte) sera, heureusement pour lui, plus reconnaissante à son égard que ses parents.

Plusieurs fois, des troupes placées sous son commandement ont refusé d'obéir ; il a été ridiculisé par les royalistes, chansonné, moqué par de prétendus démocrates. On l'a baptisé le « général Morphée » parce que, épuisé de fatigue, il n'avait pu s'empêcher de prendre quelques heures de repos à Versailles. Sans doute a-t-il fait le jeu du duc d'Orléans et de sa bande en ramenant Louis XVI à Paris, mais pouvait-il agir autrement, et n'a-t-il pas réduit considérablement les dégâts ?

La Fayette a d'ailleurs assez d'influence pour obliger le duc, qui proteste de son innocence, à aller s'installer à Londres pendant quelque temps, avec son fidèle conseiller Choderlos de Laclos. Là ne s'arrête pas la colère du commandant en chef de la Garde nationale. Il fait suspendre la publication de *L'Ami du Peuple* et arrêter son directeur, Marat. L'enquête, cependant, tournera court, et le journaliste, qui ne cesse d'appeler ses lecteurs à la violence, sera vite libéré. Il reprendra ses campagnes de calomnies et de rumeurs, avec la même irresponsabilité – un défaut que partagent la plupart des autres journaux de l'époque dont le nombre va croissant. Fils d'un médecin espagnol protestant et d'une Française exilée en Suisse, Marat, né près de Neuchâtel, a fait des études à La Haye et en Angleterre, et possède un diplôme de médecine. Il parle plusieurs langues. Ancien admirateur de Mesmer, il s'intéresse à l'électricité, à l'optique, se prend pour un savant et un philosophe. Ancien médecin des gardes du comte d'Artois, il a ouvert une boutique d'électricité médicale, rue de Bourgogne, avant de se lancer à corps perdu dans la politique et le journalisme. Fondé en septembre 1789, son *Ami du Peuple* sera un des organes de presse les plus violents de la Révolution, jusqu'à ce que Marat, en juillet 1793, soit assassiné par la jeune royaliste Charlotte Corday.

En s'en prenant à ce psychopathe aigri, haineux, La Fayette va se faire un ennemi de taille qui ne le lâchera pas de sitôt.

Républicain d'instinct – il l'a avoué à Louis XVI et à la reine –, le commandant en chef de la Garde nationale n'en estime pas moins qu'il est urgent de stabiliser la situation et de donner au roi un pouvoir susceptible d'équilibrer celui de l'Assemblée, dans le cadre d'une monarchie constitutionnelle plus démocratique que celle qui existe en Grande-Bretagne. Mais pour qu'un tel régime soit possible, encore faut-il que le souverain accepte, franchement, sans arrière-pensée, l'ensemble des réformes de fond accomplies depuis la convocation des États généraux. La Fayette s'efforcera de le convaincre. Mais même lorsqu'il acquiesce ou lorsqu'il tient des propos marqués par l'esprit le plus libéral, le roi se contente de faire semblant. Il espère récupérer dans l'avenir la totalité des prérogatives qu'il a perdues, et, en attendant, il résiste au jour le jour, sans pouvoir empêcher la diminution progressive de ses pouvoirs réels. Son jeu est double. D'un côté, il essaye de calmer et de rassurer les révolutionnaires, de l'autre, il entretient les espoirs des partisans de l'Ancien Régime par des contacts secrets avec les émigrés et les souverains étrangers. En attendant une modification du rapport des forces, il va s'efforcer d'utiliser La Fayette. Il connaît les sentiments de ce dernier, et aussi ses limites. L'idéal serait de l'associer à un politicien d'envergure, au courant des grands problèmes, jouissant d'un large crédit à l'Assemblée et d'une influence certaine sur l'opinion. Cet homme miracle, dont nul ne soupçonnerait l'accord profond avec la cour, serait le cerveau d'une politique de transition dont le commandant de la Garde nationale serait le bras. Le roi et certains de ses conseillers croient le trouver en la personne de Mirabeau lui-même, le tribun le plus populaire de l'Assemblée et des clubs, l'aristocrate dévoyé, débauché, joueur, cynique et follement talentueux, qui a l'immense avantage d'être couvert de dettes, donc ouvert aux projets susceptibles de rapporter gros. Le tribun, pressenti, est tout disposé à devenir secrètement l'homme de la cour, mais il y a un obstacle, et de taille. Entre La Fayette et lui, une coopération est impossible. Le premier méprise le second qu'il tient pour un fieffé coquin, et celui-ci considère l'autre comme un esprit des plus médiocres, un idéaliste naïf, dépourvu de sens politique, incapable de maîtriser une situation complexe. Il lui a même attribué le surnom de « Gilles-César » (Gilles étant un personnage de comédie voué au ridicule) qui, malheureusement pour La Fayette, sera repris par beaucoup de ses contemporains, et non des moindres.

Le roi aura beau insister sur le bénéfice que retirerait la nation d'une entente entre les deux hommes ; des amis communs auront beau s'entremettre, des tentatives de rapprochement s'esquisser, jamais le tribun et le général ne pourront former un duo. Intègre et désintéressé, le général estime que la démocratie est liée à la vertu et que rien de valable ne peut être construit avec des hommes qui ne sont pas honnêtes. Il ne surestime pas pour autant ses propres capacités. En témoigne ce propos qu'on peut relever dans une lettre adressée à son cousin, le maréchal de Bouillé : « Quant à moi, que les circonstances et la confiance du peuple ont placé *dans un degré de responsabilité bien supérieur à mes talents*, je crois avoir démontré que je haïssais la faction, que j'adore la liberté. »

Mirabeau a-t-il envisagé, avec le comte de Provence, de faire assassiner La Fayette, en décembre 1789, lors du complot dit du marquis de Favras ? Rien n'autorise à l'affirmer, le naïf comploteur étant allé au gibet sans avoir rien avoué.

Le 11 février 1790, le commandant de la Garde nationale a, en tout cas, assez d'autorité pour faire arrêter 234 émeutiers, après une bataille de rues, ce qui lui vaut les félicitations de l'Assemblée ; épisode qui le porte à l'optimisme. Ce sentiment transparaît dans sa correspondance avec son père spirituel d'outre-Atlantique, à qui il annonce – après avoir déploré de ne plus pouvoir bénéficier de ses conseils – qu'« un nouvel édifice politique se construit qui, sans être parfait, est suffisant pour assurer la liberté ». Il voit la nation élire, « dans deux ans, une convention qui corrigera les défauts de la Constitution ».

Le 22 février 1790, l'Assemblée, à qui il a lancé un appel pour que la force publique bénéficie de plus de moyens et fasse preuve de plus d'énergie, lui a voté une indemnité de 100 000 livres. Fidèle à sa ligne de conduite, il la refuse. Il se croit plus populaire et plus puissant que Mirabeau qui fait alterner avances amicales et calomnies. Le roi, désespérant de pouvoir associer jamais les deux hommes, décide d'acheter purement et simplement le tribun et d'en faire son agent secret au sein de l'Assemblée, sans mettre La Fayette au courant. Moyennant des émoluments considérables – 6 000 livres par mois, plus une somme de un million, en quatre billets, pour éponger ses dettes –, Mirabeau, à qui le règlement de l'Assemblée interdit de devenir ministre, défendra des positions qui, en dépit de leur apparence révolutionnaire, iront dans le sens des intérêts du souverain. Plus la forme paraîtra agressive, plus le fond sera modéré ou conservateur. De plus, le conseiller secret adressera des analyses et des suggestions au souverain, par l'intermédiaire du comte de Lamarque. Jamais, il ne devra se rendre au Palais. Mirabeau ne connaît que trop bien les faiblesses de Louis XVI, son indécision pathologique et l'inconsistance de la plupart de ses ministres. Il n'a qu'un homme auprès de lui, dit-il, c'est sa femme. Quand Mirabeau écrit – et il écrit beaucoup, sans doute trop –, c'est à son intention à elle. Cette femme de tête à qui il prête, bien à tort, de l'intelligence politique, alors qu'elle n'a que du sang-froid et de la volonté, le libertin, qui croit en son pouvoir de séduction, se met en tête de l'influencer directement. Pour cela, il faut qu'il la rencontre. Surmontant sa réticence – cet homme amoral la dégoûte –, Marie-Antoinette accepte un rendez-vous clandestin, dans un bosquet du parc du château de Saint-Cloud, un dimanche matin, à 8 heures, quand les gardes sont assoupis et que personne ne circule encore dans les bâtiments. Il n'y aura ni déguisement, ni substitution de personne dans ce rendez-vous oublié mais réel, contrairement au fameux rendez-vous avec le cardinal de Rohan, dans les jardins de Versailles, lors de « l'affaire du collier ».

La reine a-t-elle décelé dans les yeux de son interlocuteur la présence « du vice, de l'orgueil et du génie » qu'avait soulignée Chateaubriand, après sa rencontre avec Mirabeau ? C'est peu probable. En fait, c'est le séducteur, ivre de ce qu'il croit être son pouvoir sur les femmes, qui est séduit par l'énergie et la dignité de cette princesse étrangère qui se sent plus consciente des intérêts de la France que son royal époux. Rien n'a transpiré de leur dialogue. Une seule chose paraît certaine : la reine a obtenu du conseiller secret qu'il serve la cour de son mieux, quitte à se sacrifier, s'il le faut. Quant à lui, il confie à son neveu qu'il sauvera la reine, et à Lamarque, qu'il périra plutôt que de manquer à ses promesses.

Jamais, il ne la reverra. Jamais, il ne recevra d'elle le moindre message. Il s'efforcera, jusqu'à sa mort, de manipuler l'Assemblée par son éloquence sans pareille, sans pouvoir échapper aux soupçons sur son intégrité ni arrêter le cours de la Révolution vers toujours plus de violence et d'arbitraire. Son brusque décès, fin mars 1791, met fin aux espoirs placés en lui par la cour. Ses funérailles sont grandioses. Jamais une foule aussi nombreuse n'a été mobilisée à Paris par la mort d'un homme politique. Il sera le premier héros à être enterré au Panthéon. Lorsque les preuves de sa collusion avec Louis XVI seront découvertes, après le 10 août, sa dépouille sera retirée du monument et jetée à la fosse commune.

Il est permis de se demander si, au lendemain de la fête de la Fédération, La Fayette aurait pu s'emparer du pouvoir et gouverner sans l'aide du génial tribun qui continuait de monter le roi contre lui ; encore qu'il soit vain de tenter de réécrire l'Histoire. Constatons simplement qu'en juillet 1790, à part Marat et Mirabeau, le commandant de la Garde nationale a peu d'ennemis très puissants.

Robespierre, trente-deux ans (un an de moins que La Fayette), est encore un avocat provincial, timide, complexé, sur qui le tourbillon de la vie parisienne semble ne pas avoir de prise. Soucieux de son apparence physique, poussant l'élégance vestimentaire jusqu'à la manie – ses habits vert pomme font sourire ceux qu'il côtoie –, il mène une vie de tout petit bourgeois ou d'étudiant. Ses discours, à l'Assemblée, ne font trembler personne. L'étincelle qui fera de cet homme froid et méticuleux, un tigre, n'a pas encore jailli. Pour ses proches, comme le couple Desmoulins, Camille et Lucile, dont il fera couler le sang, il est le plus fidèle, le plus discret, le plus dévoué des amis.

Danton, trente et un ans, débordant de vitalité, au visage presque aussi marqué par la variole que celui de Mirabeau, le tonitruant Danton, est toujours avocat aux Conseils du roi. Il affiche des sentiments monarchistes, émerveille ses hôtes par son appétit à table, sa générosité naturelle, et fait ses débuts d'orateur au club des *Cordeliers*. Officier de la Garde nationale parisienne, il fraye avec les membres du cercle de Philippe Égalité, et il a dû participer à des revues passées par La Fayette, tout comme Saint-Just. Ce dernier n'est encore qu'un petit jeune homme de vingt-trois ans, clerc du procureur de Soissons, et secrétaire de la mairie de Blérancourt, dans l'Aisne. Son nom serait inconnu, s'il n'avait pas, à vingt ans, attiré l'attention sur lui en publiant un ouvrage érotique, *Organt*. Il a réussi à se faire nommer officier de la Garde nationale de sa région, mais il ne pourra se présenter aux élections pour l'Assemblée législative, faute d'avoir atteint l'âge requis. Il devra attendre la

Convention, en septembre 1792, pour faire son entrée dans la vie parlementaire.

Camille Desmoulins, qui fait beaucoup de bruit et dont on parle beaucoup mais qui n'est pas un homme d'action, a trente ans. Il publie des articles et des pamphlets contre la cour, les émigrés, les abus de l'Ancien Régime, qui se veulent terribles, mais il file surtout le parfait amour avec Lucile, sa tendre épouse, qui périra comme lui, sur l'échafaud.

Billaud-Varenne, trente-quatre ans, avocat à La Rochelle, auteur dramatique sifflé, après avoir publié en 1789 un essai sur le despotisme en France, cherche un rôle à la mesure de son ambition. C'est aussi le cas de Collot d'Herbois, quarante ans, acteur raté, auteur conspué. Il concocte son *Almanach du Père Gérard* qui lui vaudra son premier succès, et recueille au club des *Jacobins* les applaudissements dont il avait tant rêvé à la scène.

La situation n'est pas encore assez trouble pour des hommes de cette espèce.

Hérault de Séchelles a trente et un ans. Il est déjà député à la Législative : brillant, élégant, mondain, il ne s'est pas encore affirmé avec quelque éclat.

Barnave, vingt-neuf ans, avocat au Parlement de Grenoble, est très connu malgré son jeune âge, depuis son passage aux États généraux. Sa maîtrise du langage passe pour exceptionnelle. Comme Hérault, il aime les belles manières. Pourtant son influence s'exerce surtout sur la gauche de l'Assemblée.

Talleyrand, l'évêque d'Autun (pas pour longtemps), continue, lui, de faire des cocus. La plus drôle de ses victimes a été le duc de Luynes, célèbre à cause de son obésité. Ses hôtes n'étaient-ils pas obligés de faire découper un morceau de la table, à la place qui lui était dévolue, pour qu'il puisse y pousser son ventre ?

Le vicomte de Barras, gentilhomme provençal, brillant officier de l'armée des Indes, traverse, lui, depuis son retour, une phase de dissipation grave et s'encanaille dans des lieux parmi les plus mal famés de la capitale.

Le général La Fayette, sur qui sont fixés, en France et dans le monde, bien des regards, ne prend pas d'initiative spectaculaire et manque même d'une vraie stratégie. Le roi, tout en lui prodiguant des amabilités, après la disparition de Mirabeau, ne compte plus que sur l'appui de l'étranger pour retrouver son autorité. Fersen et Breteuil échafaudent des plans pour lui faire quitter Paris et le mettre en lieu sûr.

À Nancy, le lieutenant-général marquis de Bouillé, qui commande les armées de l'est de la France, pourrait offrir à Louis XVI et à sa famille une protection sûre. Ses sentiments monarchistes sont au-dessus de tout soupçon. La malchance veut que des troubles graves éclatent au sein de ses troupes, menées pourtant d'une main ferme. La répression sera féroce : plusieurs dizaines de mutins pendus, sans compter ceux qui sont morts au cours d'arrestations mouvementées ; des dizaines d'autres en prison. Une partie de l'Assemblée est choquée par la dureté des mesures prises par Bouillé que la presse critique avec véhémence. La Fayette réussit cependant à faire voter une motion favorable à la façon dont Bouillé a su maintenir l'ordre et la discipline. Marat, pour sa part, se déchaîne, traite le chef de la Garde nationale de « petit ambitieux », d'« avide courtisan », de « suppôt des despotes ». *L'Ami du Peuple* est saisi sur l'ordre de l'Assemblée, mais Camille Desmoulins prend la relève de Marat dans un discours, accusant La Fayette d'aspirer à jouer le rôle de Monk[1]. Le vent commence à tourner pour le « Héros des Deux Mondes ».

Le roi se moque de lui en négociant secrètement avec les cours étrangères. De leur côté, les aristocrates ne lui pardonnent pas d'avoir obligé la famille royale à prêter le serment civique à l'Assemblée. Pourtant, lui-même croit toujours à la nécessité de faire l'expérience d'une monarchie constitutionnelle – il l'écrit à Washington en termes non équivoques –, mais il s'aliène les éléments les plus révolutionnaires par l'insistance qu'il met à défendre l'ordre public,

1. George Monk, duc d'Albermarle, général anglais et lieutenant de Cromwell ; il combattit les royalistes, avant de rétablir Charles II sur le trône.

alors que la notion d'autorité est mal ressentie et que celui qui lancerait la formule « Il est interdit d'interdire » obtiendrait un immense succès.

Rentré de Londres, Philippe Égalité va reprendre ses intrigues qui ne faciliteront pas l'action du chef de la Garde nationale.

En avril 1791, un grave incident va donner l'occasion à ce dernier de mesurer, une fois de plus, les limites de son autorité et de son prestige.

Louis XVI, homme sincèrement pieux, fils respectueux de l'Église, n'a pu admettre l'obligation faite aux prêtres de prêter serment à la constitution civile, que le pape, contrairement à l'espoir d'une partie du clergé, a fini par condamner. Les prêtres soumis à la loi, dits assermentés ou « jureurs », font figure de schismatiques et de renégats aux yeux des catholiques intransigeants qui s'efforcent de trouver des prêtres « insermentés » ou « réfractaires » pour remplir leurs devoirs religieux.

Le roi, pour sa part, décide de faire ses Pâques, le 18 avril 1791, à Saint-Cloud où officie un prêtre réfractaire. Des manifestants, informés de ses intentions, accourent aux Tuileries et empêchent le départ de son carrosse. Les gardes nationaux de service se rallient à ces protestataires. Appelé d'urgence, La Fayette ne parvient pas à obtenir de ses hommes qu'ils assurent la liberté de circuler du souverain. La reine, présente, ironise sans ménagement sur l'impuissance du héros de Yorktown à se faire obéir. Ce dernier, ulcéré par cet échec qui lui a fait perdre la face, offre sa démission, le 21 avril. Cette fois encore, il reviendra sur cette décision devant l'insistance de la plupart de ses officiers et de ses hommes qui ne souhaitent pas le voir partir. Le sentiment chez lui l'emporte, et de beaucoup, sur le sens politique. Il faut être bien naïf, en effet, pour écrire comme il le fait dans une correspondance à son cher Washington : « Je n'ai amené mes concitoyens à la subordination qu'en leur donnant la crainte de perdre le chef qu'ils honorent de leur affection[2]. »

2. 3 mai 1791.

Le roi, déterminé à s'enfuir des Tuileries, bien qu'il ait donné sa parole à La Fayette de ne pas le faire, crée un écran de fumée en assistant à une messe constitutionnelle et en affirmant devant l'Assemblée qu'il est parfaitement libre de ses mouvements, ce que, bien entendu, personne ne croit. Il n'empêche que cet écran de fumée va l'aider à tromper bien des Français, à commencer par le commandant en chef de la Garde nationale.

31.

QUAND L'HISTOIRE EST TIRÉE PAR LES CHEVEUX

Partout où il y a des femmes élégantes, un coiffeur n'est pas loin. Le palais des Tuileries n'échappe pas à la règle. C'est ainsi que les gardes, les fonctionnaires, les courtisans (ceux qui restent), les serviteurs qui vivent dans cet immense bâtiment au cœur de Paris, ou qui y viennent chaque jour, ont l'habitude de voir circuler, se rendant dans les appartements de la famille royale, un homme encore jeune, trente-trois ans, vêtu avec une certaine fantaisie, aux manières précieuses. Il a l'accent rocailleux de l'Ariège et s'exprime avec beaucoup d'assurance. On le reconnaît, on le salue ; il répond avec plus ou moins de condescendance, selon les cas, à la manière des grands artistes. Cette figure familière du palais s'appelle Autié, mais il est connu sous le nom de Monsieur Léonard. Certains, à l'instar du comte de Provence qui admire son talent, vont jusqu'à l'appeler le « marquis » Léonard, titre qui flatte trop l'intéressé pour qu'il y décèle une pointe de dérision.

Il est très conscient d'être, dans son domaine, un grand créateur, et, à ce titre, d'avoir droit à des égards. Selon l'inspiration du moment, il crée des coiffures comme on n'en a jamais vu auparavant. Certaines de ses réalisations ont soixante-cinq centimètres de hauteur. Il doit employer une véritable architecture métallique pour les faire tenir. Il lui arrive de placer dans les cheveux des dames, un fruit, un légume (ou plusieurs), et cela devient une coiffure « à la jardinière ». De grandes aristocrates trouvent amusant d'avoir sur la tête, pour une soirée, des carottes, un chou-fleur, un artichaut. Léonard utilise parfois un jouet, autour duquel il organise les boucles et les tresses. Il a même poussé l'audace jusqu'à mettre une chemise au centre d'une de ses compositions, et Marie-Antoinette a jugé que c'était là « une folie charmante ».

Coqueluche de ses belles clientes, le « marquis » Léonard joue à les rudoyer, et elles supportent ses feintes insolences avec le sourire qui convient.

Pour l'heure, le coiffeur vit au palais avec le statut de valet de chambre, ce qui n'est pas rien lorsqu'il s'agit du service de la famille royale. Habitué aux caprices des grands, il n'est pas surpris lorsque la reine le fait appeler dans son appartement, le 20 juin 1791, à treize heures. Marie-Antoinette, pour qui il éprouve une véritable dévotion, a son air grave. Il devine que ce n'est pas pour sa coiffure qu'elle a besoin de lui. Après lui avoir fait jurer d'être muet comme une tombe sur ce qu'elle va lui dire, et de faire preuve d'une obéissance aveugle, la souveraine confie à l'artiste capillaire une mission secrète dont le sens échappera longtemps à l'intéressé.

Si l'on en croit Georges Lenôtre, Léonard doit se vêtir d'une redingote, d'un chapeau rond, et se rendre le plus discrètement possible chez M. de Choiseul à qui il remettra une lettre et dont il recevra des instructions auxquelles il se conformera, de façon stricte.

Bien reçu par le duc en question, le coiffeur manifeste quelque inquiétude lorsqu'il est invité à monter dans un cabriolet pour se rendre en un lieu qui ne peut lui être révélé. Il a beau exciper de rendez-vous urgents avec des amies de la reine qu'il doit coiffer, il est entraîné par M. de Choiseul qui lui rappelle son vœu d'obéissance. Le voyage dure tout l'après-midi et une partie de la nuit. Choiseul ne dit toujours rien à son passager qui se sent de plus en plus mal à l'aise. On a dépassé Meaux, puis Montmirail, puis Châlons-sur-Marne. À Pont-de Somme-Vesle, des hussards entourent le cabriolet. C'est alors que Léonard est mis au courant du projet qui va faire de ce 21 juin une journée historique : le roi et sa famille se sont enfuis des Tuileries. Dans deux heures, le souverain sera là. Un détachement de hussards l'escortera jusqu'à Sainte-Menehould, et, à Clermont, les hommes du colonel de Damas [1] fermeront la route après son passage. Léonard doit se rendre au château de Thorelles, près de Montmédy, où tout a été préparé pour recevoir la famille royale qui sera en sûreté sous la protection des troupes du maréchal-marquis de Bouillé. Aussitôt arrivé, Léonard aura à coiffer la reine. Au moment où celui-ci s'apprête à partir, seul, le duc de Choiseul lui confie une cassette contenant des bijoux et l'habit de cérémonie rouge et or de Louis XVI.

Ainsi, le roi s'est échappé, bernant La Fayette, à qui il avait donné sa parole de ne pas chercher à quitter Paris, se jouant de l'Assemblée, trompant une bonne partie de la population. Il est accompagné de la reine, de sa fille, Madame Royale, du Dauphin, de sa sœur, Madame Elizabeth, et de la gouvernante des enfants, Madame de Tourzel. C'est le beau Fersen, amant de Marie-Antoinette, qui a mis au point l'évasion du palais, jouant dans la phase ultime le rôle d'un cocher. Il a fait établir des passeports au nom d'une famille suédoise amie dont le roi, déguisé, est censé être le serviteur. La grosse berline verte dans laquelle tous les voyageurs ont pris place a pu quitter Paris sans encombre. Elle prend cependant du retard sur l'horaire prévu. À Châlons, les fugitifs sont reconnus par un passant. Personne n'intervient, mais le bruit de l'évasion se répand. Un détachement de cavaliers, envoyés par Bouillé pour former l'escorte, tombe sur une foule de paysans surexcités, et juge prudent de se retirer. À Pont-de-Somme-Vesle, les hussards ne sont plus là. Ceux de Sainte-Menehould, las d'attendre, se sont éparpillés dans des estaminets. La berline poursuit sa route. Atteindra-t-elle Montmédy ? En traversant Varennes, coupée en deux par une

1. Le colonel des dragons de Monsieur, chargé de surveiller l'exécution du voyage du roi était le colonel-comte Charles de Damas. Cet officier de l'armée du Rhin avait servi en Amérique aux côtés de Rochambeau dont il fut un des aides de camp, et, détail intéressant, il était un des frères de la belle Madame de Simiane, née de Damas d'Antigny.

rivière, l'Aire, elle est arrêtée au moment de franchir le pont, par le fils du maître des postes, Drouet, qui, ayant eu vent de l'évasion, s'était élancé à la poursuite des fuyards. Louis XVI et les siens sont conduits chez l'épicier-procureur de la commune, Sauce, qui leur offre l'hospitalité en attendant de recevoir des instructions officielles. Le colonel de Damas et Choiseul, arrivés sur les lieux, proposent au souverain de faire dégager un passage par la force. Louis XVI refuse, ne voulant faire couler le sang à aucun prix. Pourrait-il être libéré autrement ? À Sainte-Menehould, Léonard, qui, toujours selon Lenôtre, semble s'être pris au sérieux, a conseillé au colonel Audoin, envoyé par Bouillé, de faire rentrer ses hommes. Arrivé à Varennes avant le roi, le coiffeur a rencontré deux officiers qui sont venus avec des chevaux frais pour l'attelage royal. Il leur a dit que Louis XVI avait été arrêté à Châlons et qu'il valait mieux pour eux qu'ils filent sur Clermont. Quand le colonel de Damas parvient à Varennes, ses hommes n'y sont plus. Léonard se trompe ensuite de route, retourne en arrière, et retrouve, à Stenay, Bouillé qui ne comprend rien à ses explications, mais reçoit de ses mains le coffret contenant les bijoux et l'habit du roi, qu'il remet à un de ses subordonnés. Ce dernier sera assassiné, le lendemain, par un bandit qui s'emparera du trésor.

Qu'il ait agi dans l'affolement ou selon une volonté délibérée de saboter un plan mis au point avec beaucoup de minutie, Léonard a joué dans l'histoire de cette journée un rôle très trouble, en prenant des initiatives qui ne pouvaient qu'affaiblir le dispositif prévu. On ne le reverra pas à Paris pendant trois mois, et le bruit courra qu'il est parti pour l'étranger.

Revenons à Varennes.

Le roi a pu apitoyer les braves gens qui l'hébergent. Il est question de le laisser repartir le lendemain, mais l'épicier-procureur Sauce veut attendre des instructions par le messager qu'il a envoyé à Paris. La situation sera dénouée avant que l'intermédiaire de Sauce n'atteigne la capitale.

Le matin du 21 juin, La Fayette est averti, très tôt de la disparition du roi. En est-il surpris ? Selon certains récits, il aurait, la veille, rencontré la reine au moment où elle sortait du palais et ne l'aurait pas reconnue, ou fait semblant de ne pas la voir[2]...

Quand il prend conscience de la gravité de la situation, en tout cas, le choc est rude. La première personne à qui il se confie est un Américain de passage à Paris, son vieil ami Thomas Paine, qui fait des va-et-vient entre l'Angleterre et la France, avant de s'installer dans la capitale où il passera dix ans.

« Les oiseaux se sont envolés ! », s'exclame La Fayette, en entrant dans la chambre de célibataire du cher Tom. Son hôte accueille la nouvelle avec un sourire de satisfaction.

Pour lui, passionnément républicain, cet événement simplifie les choses. Puisque le roi a décidé lui-même de s'en aller, la France va montrer aux autres pays qu'elle peut facilement se passer d'un monarque. On n'aura pas à le chasser ou à l'emprisonner pour changer de régime. Il ne faut surtout pas essayer de le récupérer. Qu'il reste là où il est, ou qu'il aille là où il veut. La République sera instaurée spontanément, naturellement, sans qu'une goutte de sang ne soit versée[3].

2. On sait que, durant cette période, La Fayette a facilité l'accès auprès de la reine à Axel de Fersen, son compagnon d'Amérique. D'aucuns écrivent qu'il lui aurait même donné une clé de ses appartements aux Tuileries. Et Stefan Zweig considère que c'est lors d'une de ces visites secrètes que Fersen serait devenu, enfin, l'amant de la reine.

3. Dix-huit mois plus tard, ce même Thomas Paine a l'idée de sauver Louis XVI en faisant partir le roi et sa famille vers la Louisiane avec l'accord de la Convention. Les procès-verbaux de la Convention des 15 et 19 janvier et du 1er février 1793 font clairement état de cette tentative. Cette prise de position venait renforcer celle des Girondins, également soucieux d'éviter la peine capitale au souverain, mais qui hésitaient à se mettre en flèche. Paine fait part du projet à Gouverneur Morris qui, à son tour, informe George Washington pendant que Charles-Edmond Genet arme une frégate à cet effet, l'*Embuscade*. Les époux Roland ainsi que Brissot appuyent cette demande auprès de la Convention que Paine formulera par écrit plusieurs fois jusqu'à la condamnation du roi : « Que les États-Unis soient donc la sauvegarde et l'asile de Louis Capet. Là, désormais à l'abri des misères et des crimes de la vie royale, il apprendra par l'aspect continuel de la prospérité publique, que le véritable système de gouvernement, ce ne sont pas les rois mais la représentation. »

Marat sera l'un de ceux qui s'opposeront le plus violemment au généreux projet de Paine, et la Convention votera la mort du roi.

La Fayette, cependant, ne peut partager cette vision optimiste, car il n'est pas en mesure de faire preuve du même détachement que son ancien camarade de lutte d'outre-Atlantique. N'avait-il pas déclaré qu'il répondrait sur sa tête du maintien de la présence du roi à Paris ? Comme le dira, dans la journée même, Danton qui commence à s'agiter beaucoup : il faut ou le roi à Paris, ou la tête de La Fayette... Ce dilemme inspire au commandant de la Garde nationale une idée qu'on a le droit de trouver géniale. Il invente la fable de l'enlèvement du roi. Celui-ci serait parti contre son gré, emmené par des comploteurs aux ordres des émigrés. A-t-il convaincu ses interlocuteurs à l'Assemblée et à l'Hôtel de Ville ? Il a donné une preuve de sa bonne foi en envoyant un ordre général de recherche et de prise de corps dans tout le pays. Si le roi n'a pas franchi une frontière, il sera récupéré. Pour donner plus de force à cet argument, un collaborateur de La Fayette lui suggère de dire qu'il sait qu'à l'heure où il parle le roi est déjà arrêté, ou si l'on préfère, délivré... C'est la vérité, avec quelques heures d'avance seulement, car les chargés de mission qu'il a envoyés dans l'est de la France (il se doute de l'itinéraire qu'à dû prendre le fugitif) rencontrent le messager de M. Sauce sur leur route, et celui-ci les informe de la situation...

À sept heures, la berline verte reprend la direction de Paris. Les passagers sont très abattus. Ils traversent villes et villages sous les huées et les crachats. À Châlons, un habitant qui les salue avec respect est lynché par la foule.

Trois députés sont envoyés d'urgence à la rencontre des souverains pour les protéger sur la route du retour : un monarchiste, Latour Maubourg, un jacobin assez dur, Pétion, et le beau et brillant Barnave, constitutionnel plutôt modéré. Les ordres qu'ils donnent aux gardes nationaux pour qu'ils écartent les manifestants rendent ce retour un peu moins pénible pour la famille royale. Ils ont d'ailleurs pris place dans le même véhicule et des rapports se nouent au cours d'un voyage qui paraît à tous d'une accablante lenteur ; la seule partie du trajet Meaux-Paris exigera treize heures de route. Au cours de ces longues heures, Barnave est progressivement conquis par le charme de la reine qui, de son côté, ne paraît pas insensible à l'élégance des manières et à l'esprit de cette étoile montante de la Révolution.

Pétion, avocat très moyen, rude personnage, s'humanise un peu. Très naïvement, il s'imagine que sa forte personnalité a inspiré un tendre sentiment d'admiration à Madame Royale. Le digne Latour Maubourg se tient sur la réserve, humilié d'être le témoin des humiliations que subit son roi.

L'entrée dans Paris est lugubre. Un lourd silence s'est abattu sur les quartiers traversés et il devient menaçant au fur et à mesure qu'on approche des Tuileries. Sur les Champs-Élysées, les gardes nationaux présentent les armes renversées, la crosse en l'air, comme si l'on célébrait les funérailles de l'institution monarchique. Lorsque les souverains sortent de la berline pour pénétrer dans le palais, le service d'ordre est débordé. La Fayette et quelques volontaires ont de la peine à assurer une haie de protection au couple censé régner sur la France. Louis XVI s'avance, impassible, sans prononcer un mot, suivi de la reine qui réussit à dominer son émotion. Seul détail de nature à leur apporter un peu de soulagement, le Dauphin et sa sœur, Madame Royale, sont applaudis.

Le lendemain, le bruit se répandra que Marie-Antoinette, à son réveil, au palais, s'est aperçue que ses cheveux sont devenus tout blancs. Peut-être songe-t-elle à ce que pourrait faire le « marquis » Léonard, compte tenu de cette transformation. Son fidèle coiffeur ne reviendra jamais plus auprès d'elle, ni auprès de ses belles amies. Comme le temps des grandes fêtes et des soirées de la reine paraît loin ! Quand il rentrera, croyant la tempête apaisée, Léonard, mettant son immense talent entre parenthèses, jugera prudent d'accepter un modeste emploi dans une remonte de chevaux. Cette discrétion ne lui évitera pas d'être arrêté comme complice d'un complot royal, d'être condamné à la peine de mort et envoyé à l'échafaud, le 7 thermidor, deux jours avant la chute de Robespierre, en même temps que le poète André Chénier.

L'histoire de cet équivoque coiffeur, si on en croit Lenôtre, n'a pas pour point final la chute du couperet de la guillotine. On voit, en effet, cette victime de la Terreur dont l'acte de décès a été établi dans les formes et le corps jeté dans la fosse de Picpus, réapparaître après la Restauration. Sa famille prétend qu'il n'a jamais quitté la région parisienne. D'anciennes clientes, de retour d'émigration, ont dû le reconnaître s'il s'est de nouveau aventuré dans les beaux quartiers de la capitale, mais, fait aussi étrange que sa réapparition, il n'exerce plus le métier qui lui avait valu la célébrité. Abandonnant les peignes, les fers et les ciseaux, qui pourraient lui rendre son lustre d'antan, il s'est fait engager comme ordonnateur de convois au service des inhumations de la Préfecture, et cet homme dont raffolaient les duchesses préférera la compagnie des cadavres à celle du Tout-Paris de l'élégance, jusqu'à son propre décès.

Faut-il conclure qu'un autre prisonnier avait été guillotiné à sa place, par erreur, ou qu'un marché avait été passé avec la Justice révolutionnaire pour qu'on lui permette de s'évader *in extremis*, en récompense de son rôle le 21 juin ? Comme disent les enquêteurs sérieux : le mystère demeure entier.

Si le retour du roi à Paris permet à La Fayette de pousser un soupir de soulagement, cet exploit lui vaut un surcroît de haine de la part des aristocrates qui ne lui pardonneront pas l'acharnement qu'il a mis à récupérer les fugitifs.

Du côté des ennemis de la monarchie qui n'ont pas avalé la fable de l'enlèvement, son étoile a singulièrement pâli. Beaucoup le soupçonnent d'avoir fermé les yeux sur les préparatifs d'évasion.

Barnave et La Fayette parviennent néanmoins à convaincre la majorité de l'Assemblée de ne pas faire traduire Louis XVI en jugement, contrairement au vœu exprimé par le club des *Cordeliers*, dont sont membres de nombreux députés qui appartiennent, par ailleurs, à l'aile gauche du club des *Jacobins*, véritable assemblée parallèle dont l'activité de plus en plus bruyante perturbe le fonctionnement des institutions.

Les deux hommes forment alors un club de modérés, qui attirera les esprits soucieux d'ordre, le club des *Feuillants*.

Le 17 juillet 1791, a lieu une des manifestations les plus sanglantes de l'histoire du Paris révolutionnaire, qui fera perdre au commandant en chef de la Garde nationale une grande partie du prestige qu'il lui reste.

Au Champ-de-Mars, des pétitionnaires extrémistes (la mode est aux pétitions) ont déposé sur l'autel de la Patrie, toujours en place, des listes destinées à recueillir des signatures en faveur de la mise en accusation du roi. En peu de temps, il y a foule. Deux clochards, cachés sous l'autel, pour voir les dessous des personnes du beau sexe montant les escaliers, sont découverts. Pris pour des agents provocateurs, ils sont massacrés. C'est le signal d'un affrontement général. Un bataillon de la garde, envoyé en renfort par La Fayette, essuie des jets de pierres, puis des coups de feu. Le général lui-même, qui intervient personnellement, est mis en joue. Un de ses proches officiers est blessé. Devant l'agressivité d'une foule qu'on ne pourra peut-être plus contenir longtemps sur le Champ-de-Mars, le maire, Bailly, décrète la loi martiale dans la capitale. Cette décision ne met pas fin aux attaques dont la garde est victime. Celle-ci tire d'abord en l'air, ce qui provoque une riposte de salves de l'autre camp, et une balle étant passée fort près de leur général, les soldats ouvrent le feu sur cette masse de gens que rien ne semble arrêter. Plusieurs dizaines de manifestants tombent. La Fayette, pour faire cesser un tir qui prend de plus en plus d'extension, appuie l'ordre qu'il donne de l'interrompre par un geste spectaculaire : il se place délibérément devant la bouche d'un canon que ses subordonnées s'apprêtent à utiliser.

Le bilan est lourd : plus de cinquante morts et mille blessés... Ce 17 juillet 1791, le commandant en chef de la Garde nationale a confirmé la prédiction de Mirabeau : « Un jour, il en viendra à faire tirer sur le peuple... »

Cela ne l'empêchera pas de faire décréter, le 13 septembre, une amnistie générale.

Trois jours plus tard, le roi, à qui les Feuillants veulent restituer une part de son autorité, prête serment à la Constitution, au cours d'une cérémonie. Le 1er octobre, une nouvelle assemblée, dite Législative, succédera à la Constituante dont les membres ne seront pas rééligibles.

Le 8 octobre, La Fayette démissionne, remet tous ses pouvoirs à la disposition de la Commune qui, reconnaissante de ses services, lui offre le buste de Washington sculpté par Houdon. Cette fois, on ne lui demande pas de revenir sur sa décision... À trente-quatre ans, il redevient un citoyen privé et prend la route de sa province natale.

32.

LE JEU INTERROMPU

Dans le vieux château forézien de Chavaniac, que le grand architecte Vaudoyer est en train de transformer partiellement, on se hâte de disposer, dans un vaste cabinet, des toiles de Jouy représentant des scènes de la vie américaine.

À la ferme dépendante, toute proche, un agriculteur britannique, M. Dyson, dont la réputation dans les méthodes d'élevage dépasse les frontières de son pays, s'occupe du cheptel. Tout est lavé, remis à neuf pour que le héros fatigué et déçu trouve un havre de paix, de tranquillité et des motifs de satisfaction, après toutes les émotions qu'il a connues au cours de ces trente derniers mois.

Entouré de souvenirs et d'images qui lui rappellent ce qui a été la plus belle période de sa vie, parlant anglais chaque jour avec son expert en zootechnie, peut-être aura-t-il le sentiment d'être un peu ce qu'a été Washington, une fois signée la paix avec l'Angleterre : un grand combattant qui, son devoir accompli, laisse à d'autres la lutte pour le pouvoir et se retire sur ses terres.

La Haute-Loire, c'est sa Virginie à lui. Il vit ici, mais il est en imagination assis sur les bords du Potomac, au milieu des érables, des sapins, des sassafras, écoutant monter des champs de tabac voisins la mélopée d'un travailleur noir.

En Auvergne, la noblesse le boude, bien sûr, mais les gens simples multiplient à son égard les gestes de reconnaissance et d'affection : il est leur protecteur et leur grand homme. À travers lui, c'est le Forez, ses paysans sobres et tenaces, ses champs de seigle, ses vaches rousses, qui rayonnent d'un vif éclat en France et dans tout le monde civilisé. C'est cela qu'il aime : se sentir aimé par la foule des hommes et des femmes ordinaires.

Dans la capitale, ceux qui lui restent fidèles ont l'idée de présenter sa candidature au poste de maire de Paris pour remplacer Bailly, très fatigué. Que de services l'ancien commandant en chef de la Garde nationale pourrait rendre, s'il devenait responsable de la capitale. Paradoxalement, ce sera Marie-Antoinette qui, dans sa folle rancune contre La Fayette, fera avorter le projet en demandant aux royalistes de reporter leurs voix sur Pétion, candidat de la gauche, pour empêcher l'élection de celui à qui elle attribue la responsabilité du sort que le roi et elle-même sont en train de subir. Pétion l'emportera par 728 voix contre 328, un score humiliant pour le général. Dans la foulée de Pétion, un autre représentant de la gauche, Manuel, est élu procureur-syndic de la Commune, avec pour substitut Danton qui, comme Mirabeau, percevra des subsides de la cour pour aider le monarque en sous-main, et qui compte désormais parmi les ennemis de La Fayette.

L'échec électoral de ce dernier ne lui permettra pas, hélas ! de prolonger son paisible séjour à Chavaniac auprès de sa famille qu'il adore et qui voudrait le retenir. D'autres amis parisiens, dont le duc de La Rochefoucauld, le font élire chef de légion de la Garde nationale, et quand Louis XVI, pressé par l'Assemblée législative dominée par les Girondins, mobilise 350 000 hommes répartis en trois armées, pour faire face aux intrigues de l'électeur de Trèves entouré d'émigrés turbulents, le ministre de la Guerre, Narbonne, insiste pour que le roi confie à La Fayette, le commandement de l'armée de l'Est, les deux autres armées étant placées sous les ordres du « père » Rochambeau et du vieux maréchal Luckner, officier allemand naturalisé français, qui combat depuis longtemps sous le drapeau à fleur de lys. Pour le nouveau promu, la paisible retraite est déjà terminée.

Le 24 décembre 1791, le lieutenant-général La Fayette (c'est son grade) remercie l'Assemblée de sa confiance et part pour Metz, siège de son quartier général. Il trouve une armée aux effectifs très insuffisants, très mal équipée, indisciplinée. Elle lui rappelle, toutes proportions gardées, celle dont il avait reçu le commandement, quatorze ans plus tôt à Albany, avec mission de libérer le Canada ; et, comme il l'avait fait à l'époque, il commence par réclamer des renforts. L'électeur de Trèves – est-ce parce que la présence de La Fayette l'effraie ? – donne aux émigrés l'ordre de se disperser. L'alerte est passée. En fait, elle ne l'est pas. Les ministres girondins ont décidé d'en découdre avec l'Autriche, dans l'espoir de susciter ainsi une véritable union nationale rendue nécessaire par la guerre, et, en même temps, d'exporter l'idéologie démocratique. Le roi les suit, persuadé au fond de lui-même que les revers, qu'il croit inévitables, de l'armée française mettront l'Assemblée dans l'obligation de renforcer son pouvoir à lui.

Les trois chefs d'armée sont convoqués à Paris pour mettre au point avec le gouvernement royal le plan des opérations. Rochambeau étant tombé malade, La Fayette va prendre en charge son armée, à sa place. Cet avancement non recherché lui vaut d'être l'objet d'attaques si nombreuses qu'elles paraissent concertées. C'est d'abord son ancien camarade des guerres d'Amérique, Lauzun, devenu Biron, qui affirme qu'il aurait mieux valu placer Luckner à la tête des deux armées et qu'il ne souhaite pas servir « ni la gloire, ni les bêtises » de celui avec qui il a combattu à Yorktown. Brissot, qui avait été longtemps son ami politique, dont il appréciait le talent, fait cause commune contre lui avec Robespierre et le dantoniste Collot d'Herbois. Même le doux poète André Chénier rejoindra le groupe de ses ennemis, et écrira à son propos des textes qu'il vaut mieux oublier.

Heureusement, sur le terrain, le général contesté est en mesure de montrer que ses troupes le suivent. Le 20 avril, la guerre contre l'Autriche, ou plutôt « le roi de Hongrie et de Bohême », a été déclarée. Le 30 avril, il occupe Bouvines, en territoire belge, alors que les soldats du malheureux Dillon, autre compagnon d'Amérique, se débandent et finissent par massacrer leur chef.

À Paris, c'est la valse des ministres de la Guerre. Après Narbonne, de Grave, puis l'énergique Servan ; ce sera bientôt Dumouriez, passé par le ministère des Affaires étrangères. Mais les effectifs et le matériel sont toujours très insuffisants. Le bruit court que l'électeur de Trèves ayant cédé, sur le conseil de l'empereur d'Autriche, Léopold, un souverain pacifiste [1], La Fayette fait sonder l'ennemi en vue d'une suspension des hostilités, par l'intermédiaire d'un ecclésiastique, l'abbé Lambinet. La guerre, cependant, continue, et le général français critiqué repousse les Autrichiens, lorsqu'ils attaquent à Glisvelle. Il a la douleur de perdre son subordonné et ami, Gouvion, tué par un boulet. Un autre ancien d'Amérique, le futur maréchal Berthier, est pour le moment attaché à son état-major et fait preuve à son égard d'autant de dévouement que de loyauté. Il en a bien besoin car on manœuvre contre lui. Le ministre de l'Intérieur, Roland, homme fort du gouvernement girondin soupçonne le général pourtant victorieux d'hésiter entre son ambition de se couvrir de gloire, face à l'ennemi, et son souci de sauver le roi. Il le lui écrit d'ailleurs, avec une belle franchise : « Il n'y a plus de milieu pour vous : il faut que vous soyez un des héros de la Révolution ou que vous deveniez le plus infâme des Français ; il faut que votre nom soit à jamais béni ou abhorré. »

La nomination de Dumouriez (qui pourtant ne l'aime guère) le remplit d'aise, car les Girondins lui ont toujours paru sectaires et dangereux. Mais pourquoi croit-il nécessaire de demander par écrit à l'Assemblée de substituer le règne de la loi à celui des clubs, et de l'adjurer de conserver intact le pouvoir royal ? Est-il concevable qu'un général, par définition soumis à l'autorité civile, et alors que le pays est en guerre, s'attribue le droit d'intervenir dans la vie politique ? Son message à l'Assemblée soulève un concert de protestations : Vergniaud dénonce son attitude ; Robespierre demande

1. Il sera bientôt remplacé par son frère, François II, absolutiste et belliqueux.

sa mise en accusation ; Danton le traitera de « chef de la noblesse coalisée » ; Fabre d'Églantine, le poète-affairiste, et son compère, Chabot, emboîteront le pas à Danton.

La Fayette a osé adjurer l'Assemblée de ne pas être aux ordres des clubs, visant par ce pluriel les *Jacobins* et les *Cordeliers* ; il a osé féliciter Louis XVI d'opposer son veto au décret proscrivant les prêtres réfractaires (qui refusent de prêter serment à la Constitution). Sans doute peut-on penser que du point de vue de la sauvegarde de la démocratie, de l'intérêt du pays, de la paix civile, l'homme public non mandaté a raison. Mais de la part d'un général qui devrait être sur le front, cette démarche est une folie. Peut-il, en agissant de la sorte, ne pas se poser lui-même en chef d'une opposition ? Ne se révèle-t-il pas en fait comme un général factieux en puissance qui commence à abattre ses cartes ? Désormais, La Fayette ne pourra plus convaincre les hommes au pouvoir de son innocence, de la totale pureté de ses intentions, et une fois retourné au sein de ses troupes, il constatera que l'atmosphère n'est plus tout à fait ce qu'elle était auparavant. Quant au roi, son attitude, pour courageuse qu'elle fût, n'arrange pas sa propre position. Le 20 juin 1792, une bande d'énergumènes, très excités, menés par de véritables professionnels de l'agitation comme le boucher Legendre, le brasseur Santerre et le marquis de Saint-Huruge, ancien homme lige du duc d'Orléans, demande à être reçue à l'Assemblée législative. Par faiblesse, Vergniaud, qui préside, accepte que ces délégués soient entendus. Le but de ce groupe « spontané » est de réclamer la suppression du pouvoir exécutif. Pas moins... Les Girondins, qui tiennent l'Assemblée, croient habile de détourner cette meute vers les Tuileries. Elle ne demande d'ailleurs que ça. Appuyés par d'autres manifestants disposant de canons, les forcenés marchent sur le palais sans rencontrer de vive résistance, forcent grilles et portes, envahissent les appartements royaux. Le roi est insulté. Legendre le traite de « perfide ». On le somme de rappeler les ministres « patriotes », qu'il vient de renvoyer, de renoncer au droit de veto. Louis XVI répond calmement aux envahisseurs, qui le malmèneront trois heures durant, qu'il agira selon la Constitution. En contrepartie de cette fermeté à maintenir les principes, il accepte de se coiffer d'un bonnet rouge phrygien et de boire un verre de vin avec les émeutiers, à la santé du peuple de Paris et de la nation. Fatigués, les « visiteurs » finissent par quitter le palais. Pétion, maire de Paris (élu grâce à Marie-Antoinette) et un représentant de l'Assemblée législative viendront, une fois « l'audience » terminée, présenter au souverain des excuses qui ne trompent personne.

Cette émeute du 20 juin a eu un témoin en la personne d'un jeune lieutenant d'artillerie révolté par la faiblesse de la défense opposée aux agresseurs. Il a vingt-trois ans, il est maigre, sec ; il a le teint olivâtre et de longs cheveux bruns tombant jusque sur ses épaules. Ses poings se sont serrés de rage lorsqu'il a vu ces brutes se précipiter à l'intérieur du palais, sans que les gardes leur opposent autre chose qu'une résistance symbolique, comme s'ils voulaient surtout ne prendre aucun risque pour eux-mêmes et il écrira qu'avec quelques canons, il lui aurait été facile de faucher le premier rang, ce qui aurait obligé les autres à s'enfuir... Au terme de cette journée, le jeune homme, écœuré, rentré dans sa chambre pour retrouver son calme, commence à rédiger un roman d'amour qu'il n'achèvera qu'en 1795.

Il en écrira d'ailleurs quatre ou cinq avant de passer à des sujets autrement sérieux. Le destin de ce lieutenant, ambitieux pour le moment de littérature, inconnu de tous, à Paris et ailleurs, et celui de La Fayette, célèbre dans le monde entier, seront appelés à se croiser plusieurs fois, au cours des vingt-trois années à venir. Son nom est Napoléon Bonaparte.

Ses livres, on pourrait en relire vingt fois les titres sans deviner jamais qui en était l'auteur. *Le Comte d'Essex, Le Masque prophète, La Nouvelle Corse, Le Souper de Beaucaire, Clisson et Eugénie*. Ce sont bien là, pourtant, les premières œuvres d'un écrivain inconnu qui se nommait alors Bonaparte. Le bruit de sa plume d'oie sur le papier allait faire moins de vacarme que le son du canon au soleil d'Austerlitz. Quel est donc ce rapport étrange qui attache le plus souvent les princes à l'écriture ? Le pouvoir donnerait-il le goût de posséder tous les pouvoirs, l'ambition d'arracher à la nature tous les dons ? Ou encore s'agit-il de transformer tellement le réel à son image qu'on cherche aussi à devenir maître de l'imaginaire ? César déjà rédigeait ses anti-Mémoires sur la guerre des Gaules, et souvenons-nous de l'empereur Marc Aurèle dont les *Pensées*, en finesse, en psychologie, en sens politique, en force et en profondeur, valaient largement celles, tant vantées, du défunt Mao. On pourrait encore citer beaucoup d'exemples de cette attirance éternelle et réciproque de la domination politique et de la volonté d'écrire. C'est comme un mariage qui n'en finirait pas et que consolideraient les luttes, la jalousie et finalement le plus grand amour.

Dans ce domaine contrasté, on peut distinguer deux genres. Celui des « chanceux », comme Charles d'Orléans, poète délicat des sentiments, admiré de la cour de France, et celui qui appartient à ceux qu'on appellera « les désirants », qui, comblés par le pouvoir, cherchent à étancher une autre soif à la fontaine des lettres. Citons alors Frédéric II voulant égaler Voltaire, ou Richelieu taquinant sans succès les Muses.

Les rapports de l'écrit avec la force, de la poésie avec les faits, de la littérature avec la puissance, se compliquent en vérité à plaisir à partir du moment où l'on comprend que la littérature est bien sûr un pouvoir égal à celui des rois, puisque, par un dessein à la fois original et absurde du Créateur, un parchemin ou un volume de papier durent bien plus qu'une vie humaine. Ainsi, ceux qui connaissent le fracas de la gloire cherchent le plus souvent, pour être assurés de leur consécration, à revenir à la ligne. Alfred de Vigny avait prôné à ce propos une phrase définitive[2], ces mots donnent le loisir de ne pas poursuivre et de revenir au cas de Bonaparte, qui, étrangement, ne semble pas avoir retenu l'attention des écrivains. Sans doute à cause de cette jalousie ridicule mais inhérente à la condition de ceux qui écrivent en louchant dangereusement vers les plus forts.

Comme l'avait judicieusement remarqué Chateaubriand dans les *Mémoires d'outre-tombe*, le petit monde des lettres jalouse l'écriture

2. « Les rois font des livres à présent, tant ils sentent que le pouvoir est là. »

des grands de la même façon minable qu'affectent les puissants pour censurer les génies : « Nonobstant ces exemples et mille autres, le talent littéraire, bien évidemment le premier de tous parce qu'il n'exclut aucune faculté, sera toujours dans ce pays un obstacle au succès politique : à quoi bon en effet une haute intelligence ? Cela ne sert à rien. Les sots de France, espèce particulière et toute nationale, n'accordent rien aux Grotius, aux Frédéric, aux Bacon... Jamais notre vanité ne reconnaîtra à un homme, même de génie, deux aptitudes, et la faculté de faire aussi bien qu'un esprit commun des choses communes... » Bonaparte, donc, malgré la boursouflure de son style et le ton emphatique qu'il employait avec délice, n'était pas un mauvais écrivain. Il aimait les aventures mélodramatiques qu'il assortissait toujours d'une trame historique véritable.

Clisson et Eugénie reflète un état d'âme mélancolique tout à fait attendrissant, d'autant plus attachant qu'il paraît sincère, puisque le tourment intérieur autant que l'émotivité mal maîtrisée y sont demeurés intacts. Ce livre plein de fièvre montre comment, sous le masque de Clisson, Bonaparte eut du mal à renoncer à Désirée Clary, petite bourgeoise de province vraiment exquise, pour se consacrer à son irrésistible ascension, dont la première marche fut la carrière militaire. Il s'agissait donc d'un roman autobiographique : Désirée s'appelait dans le roman Eugénie-Désirée, et Bonaparte cachait sa fière douleur sous le nom de connétable. C'était touchant mais ce n'était pas tout. Il y aurait beaucoup à creuser dans les singularités de tournures de Napoléon et dans sa fantaisie à prononcer les noms et les mots. De nombreux témoins s'en étonnèrent au cours de la vie de l'Empereur quand, depuis longtemps, il aura abandonné le roman.

La duchesse d'Abrantès, Bourrienne, Caulaincourt, Montholon, Roederer, l'avaient entendu commettre de ces altérations énormes mais aussi sympathiques qui consistaient, notamment, en parlant des arêtes, à se plaindre des *épines* de poisson. Il disait aussi, par analogie, *section* pour cession, *rente voyagère* pour rente viagère (l'économie moderne montrera qu'il avait raison sur ce point !). Son côté paternel envers ses soldats lui faisait prononcer *enfanterie* pour infanterie. Ce défaut constant lui permettait même de se moquer de ses amis.

Il écrivait volontiers *Colincourt* pour Caulaincourt, *Montesquieu* pour Montesquiou, et *Flaout* pour Flahaut.

Sa correspondance est encombrée d'animaux bizarres du genre *spectaque*, *amuzé*, *bultin*, *throne*, *entousiasme*, *halumette*, *comerse*, *senté*, *caractaire*, *painible*, etc. Pendant un moment, tellement amoureux de Marie-Louise, il prononçait *prinz* au lieu de prince. Les génies commencent par massacrer la syntaxe avant de parvenir à la pureté précise et presque froide d'un Benjamin Constant. L'exactitude vient après. Elle est comme ces carrosses solides tirés par des chevaux fous.

Si la journée du 20 juin 1792 – celle de l'émeute aux Tuileries – provoque chez le jeune officier corse une indignation contenue et impuissante heureusement canalisée dans une forte pulsion littéraire, elle inspire au général La Fayette une folle démarche qui, en moins de huit semaines, aboutira à le faire sortir de l'histoire de la Révolution française.

Ayant prévenu Luckner et laissé son commandement au général d'Hangest, il revient à Paris le 28 juin et, bien décidé à mettre les points sur les « i », il demande à l'Assemblée d'être entendu, ce qu'elle lui accorde.

À la tribune, il condamne sans restrictions le crime commis par ceux qui ont envahi les Tuileries et il demande que les meneurs soient punis. Que lui-même n'ait pas respecté la Constitution, en quittant son armée en temps de guerre, sans avoir sollicité l'autorisation du gouvernement, n'empêchera pas l'Assemblée de voter le principe des poursuites par 334 voix contre 234.

Ce succès peut pousser l'imprudent à croire que sa seule personnalité en impose et que, de toute façon, l'audace paie. Mais on n'est plus en 1777, quand le fait de passer outre à la volonté du roi en partant pour l'Amérique lui avait valu d'être interné une dizaine de jours au domicile de sa belle-famille. Cette fois, une campagne d'une rare violence est déclenchée contre lui. Brissot qui avait été son ami, avec qui il luttait, au sein de la Société des Amis des Noirs, pour l'abolition de l'esclavage, Brissot, l'admirateur des États-Unis, pays qu'il a visité, sur lequel il a écrit un ouvrage, prend la tête de ceux qui l'attaquent au club des *Jacobins*. Ce futur guillotiné affirme que La Fayette a levé le masque. Que son excès d'audace l'a déjà perdu. Lorsque, le lendemain, l'ex-commandant en chef de la Garde nationale veut passer celle-ci en revue, avec le roi, Pétion – qui semble avoir été prévenu par la reine[3] – empêche cette cérémonie d'avoir lieu. Il retourne au milieu de ses troupes, et, le 6 juillet, il se rend à Valenciennes pour rencontrer Luckner. Ayant fait le point sur la situation, compte tenu du rapport des forces, les deux chefs conseillent au roi d'ouvrir des pourparlers de paix. Ce conseil tombera dans le vide. La seule réaction du gouvernement est de faire permuter Luckner et La Fayette qui doit prendre le commandement du Nord ; décision que Dumouriez, jaloux, critique dans un message au roi. Tandis qu'on dépêche des provocateurs auprès de ses troupes pour fomenter une mutinerie, la campagne contre lui, à Paris, continue de plus belle. Ne rêve-t-il pas, dit-on, après avoir signé la paix, de faire marcher ses troupes sur la capitale, pour briser les forces populaires, rétablir le pouvoir du roi, ou exercer lui-même une dictature ?

Pour Robespierre, qui a la hantise des généraux factieux (à ses yeux, tout général victorieux est un factieux en puissance prêt a arracher le pouvoir à ses détenteurs légitimes), la présence de La Fayette au poste de responsabilité qui lui a été confié est une source d'angoisse. Il déclare à l'Assemblée : « Tant que La Fayette sera à la tête de notre armée, la liberté sera en danger. » Mais le vrai danger pour la liberté ce n'est pas le vainqueur de Yorktown, ce sont les 175 000 soldats ennemis qui ont été rassemblés sur le Rhin, sous les ordres du duc de Brunswick. Mal conseillé par des émigrés, ce dernier lance à la population parisienne un manifeste qui porte son nom. C'est une mise en garde aussi maladroite que menaçante,

3. Quant au roi, il avait refusé (une de ses dernières erreurs graves) de se rendre au camp militaire de Compiègne, dépendant de La Fayette, où il aurait été sous la protection directe des soldats de ce dernier...

à laquelle Fersen aurait collaboré. La capitale française est avertie qu'elle sera rasée s'il est fait la moindre violence au roi. À Paris, ce manifeste est reçu comme un intolérable défi. Sa publication par *Le Moniteur* du 3 août 1792 provoquera l'insurrection du 10 août. Une foule d'émeutiers marchera, ce jour-là, sur les Tuileries, pour montrer à Brunswick le cas que fait le peuple de ses menaces. Le commandant de la Garde, Mandat, et le procureur-syndic, Roederer, organisent mollement la défense du palais. Mais une commune insurrectionnelle s'installe à l'Hôtel de Ville, animée par Danton, chassant l'hypocrite Pétion. Le brasseur Santerre, chef des sans-culottes du 20 juin, se nomme lui-même à la tête de la Garde nationale, à la place de Mandat, destitué, qui sera massacré à sa sortie de l'Hôtel de Ville.

Avant que les assaillants ne donnent l'assaut aux Tuileries, défendues théoriquement par 4 000 hommes (dont 900 Suisses, 300 gentilshommes royalistes et 2 600 gardes nationaux), Roederer conseille à Louis XVI d'aller avec sa famille demander asile à l'Assemblée nationale qui tient séance. C'est ce qu'il fera. Vergniaud, qui préside, accueille le roi et les siens, les plaçant avec emphase sous sa protection. Ils y resteront toute la journée dans des conditions des plus inconfortables, tandis que les sans-culottes et les gardes nationaux de Santerre, auxquels se sont joints des volontaires marseillais, passent à l'attaque. Le roi ayant donné l'ordre aux Suisses de s'arrêter de tirer, les assaillants sont vite maîtres du palais qui est mis à sac. Six cents Suisses y auront laissé la vie, sans compter les autres victimes, pour défendre inutilement le monarque. L'Assemblée ne peut que prendre acte de l'événement et se dissoudre elle-même, puisque l'exécutif étant anéanti la Constitution de 1791 ne peut plus être appliquée. Une nouvelle assemblée, la Convention, sera élue au suffrage universel, qui établira les structures d'un autre régime assurant la liberté et l'égalité. En attendant que la Convention se prononce sur son sort, le roi est suspendu provisoirement et interné avec sa famille au palais du Luxembourg. Le gouvernement est exercé par un conseil exécutif provisoire de six ministres, animé par Danton, ministre de la Justice, avec, à ses côtés quelques-uns des Girondins dont le roi s'était séparé. Le 17 août, La Fayette passe ses troupes en revue à Sedan et tente, encore une fois, de leur faire prêter serment à la nation, à la loi, au roi. Nombreux sont les refus de mentionner le roi. Le général comprend que son initiative ne tient pas compte de l'actualité, qu'il n'est plus « en phase », comme on dirait de nos jours. La veille de cette revue, une motion du club des *Jacobins* avait proclamé la nécessité de l'arrestation et de la condamnation de La Fayette et le licenciement de son état-major « pour que les Autrichiens ne puissent plus disposer d'intelligences au sein de l'armée française »...

Le 17, toujours, on lui retire officiellement son commandement qu'il doit remettre à Dumouriez.

Le 19 août, son arrestation est décidée.

Il ne lui reste qu'à choisir entre une mort ignominieuse, s'il se rend, et la désertion.

N'ayant jamais eu le goût du suicide, il choisit la seconde solution. Mais désertion ne signifie pas pour lui rejoindre les émigrés qu'il continue à détester, ni la soumission à l'ennemi étranger. Il espère qu'en traversant les lignes sans armes, il pourra obtenir, comme un civil, en vertu du droit des gens, le libre passage vers un pays neutre.

Une désertion imposée par des circonstances exceptionnelles, mais dans l'honneur.

Le 19 août, donc, avec vingt-deux officiers d'état-major et son ami Lameth, également menacé d'arrestation, le lieutenant-général, ex-marquis de La Fayette, pénètre dans Rochefort, une petite ville du comté de Liège. Une patrouille autrichienne les arrête. Remis au général Clerfayt, ils sont traités par celui-ci en prisonniers de guerre, malgré leur protestation écrite.

Ils espèrent encore que le gouvernement impérial, saisi de leur cas, leur permettra de passer en pays neutre. L'empereur d'Autriche, François II, à qui rien d'ignoble n'est étranger, en décidera autrement.

33.

UNE VICTOIRE OU UNE ÉNIGME ?

Vers la mi-septembre 1792, reportons-nous encore une fois à Lenôtre, Beaumarchais – qui réussira miraculeusement à être épargné par la folie terroriste des années 1793-1794 – étant allé rendre visite au comédien Fleury, interprète apprécié de ses pièces, s'entendit répondre par le concierge qu'il était parti pour une huitaine de jours dans l'Est, du côté de Verdun. Étrange voyage en un moment où la guerre faisait rage et qu'on venait d'apprendre que Verdun était tombé sous les coups des Prussiens. Lorsqu'il revint à Paris, le comédien ne voulut rien révéler des raisons de son déplacement à l'auteur dramatique qui se perdit en conjectures sur les mystérieuses « vacances » de Fleury.

Beaumarchais n'était plus de ce monde lorsque, quarante-sept ans plus tard, en 1839, une information parue dans la presse permit à un de ses amis, encore en vie, d'échafauder une explication de l'énigme qui avait tourmenté le père du *Barbier de Séville*. Elle vaut ce qu'elle vaut, mais on ne peut la repousser *a priori*.

En 1792, après l'entrée de ses troupes dans la ville, le roi de Prusse, Frédéric-Guillaume, s'était rendu lui-même en inspection à Verdun, où se trouvaient déjà de nombreux émigrés royalistes, prêts à pénétrer plus avant en France. Un soir, à l'occasion d'un bal, un inconnu s'approche du souverain victorieux, lui glisse à l'oreille ce qui devait être le mot de passe d'une secte théosophique, sans doute les Rose-Croix, dont Frédéric-Guillaume, obsédé d'occultisme, faisait partie, et il l'avait entraîné, seul, sans accompagnement de gardes, dans un souterrain. Là, dans l'obscurité, le roi voit une forme humaine surgir d'une sorte de brume. Des flammes l'entourent, éclairant à moitié la scène qui va se produire. Le roi reconnaît la redingote, le chapeau bicorne et l'éternel gourdin que portait son oncle, le grand Frédéric. Les traits du visage devenant plus précis, il n'a plus de doutes : il est bien en présence du spectre de l'ancien roi. Glacé de terreur, il entend la voix du défunt s'élever. Elle proclame que le neveu, aujourd'hui sur le trône, est bien l'héritier de la gloire de son oncle et de sa puissance, mais que celui-ci, soucieux de l'avenir du pays, lui ordonne de ne pas pousser ses troupes en France, au-delà de Verdun, car une trahison dans ses rangs pourrait le conduire au désastre. Ayant lancé cet avertissement, le spectre s'était fondu de nouveau dans la brume, et les flammes s'étaient éteintes...

Le 20 septembre 1792, les troupes prussiennes, commandées par le duc de Brunswick, après quelques tirs d'artillerie, se retiraient dans des conditions incompréhensibles devant l'armée française de Dumouriez, établie sur les collines de Valmy. La première grande victoire militaire, et la plus symbolique, de la nouvelle république venait d'être remportée presque sans combat. L'écrivain allemand Goethe, témoin de l'événement, écrit que ce jour-là « commence l'histoire d'une ère nouvelle de l'humanité ».

Le vieil abbé Sabatier, ami de Beaumarchais, en lisant, en 1839, l'histoire de l'apparition de Verdun se souvient que l'auteur du *Mariage de Figaro* lui avait parlé, en 1792, de l'étrange séjour fait par son cher Fleury, dans la ville en question, à la mi-septembre. De là à imaginer que la ressemblance de Fleury avec le roi de Prusse défunt, dont il avait interprété le rôle à la scène, dans une pièce historique, avait été utilisée pour quelque sombre machination, il n'y avait qu'un pas, facile à franchir pour un dramaturge aussi inventif que Beaumarchais. Il s'en était ouvert, à l'époque même, à son ami Sabatier et, en 1839, celui-ci en avait trouvé dans le *Journal des Voyages et des Curieux* une confirmation plausible, compte tenu de la superstition du souverain et de son goût pour les pratiques magiques.

Résultat d'une supercherie ou non, la bataille de Valmy fit dire à Napoléon Bonaparte, quelque peu expert dans l'art militaire, qu'il n'y voyait pas de raison logique. L'armée française, en tout cas, comptait ce jour-là un absent de marque, le général La Fayette qui aurait tant aimé, il l'écrira plus tard, être partie prenante dans cette victoire [1].

Le 20 septembre 1792, l'ex-commandant en chef de l'armée de l'Est est prisonnier des Austro-Prussiens, et c'est au fond d'un cachot qu'il apprend le succès de Dumouriez et de ses volontaires, que les harangues de Danton sur la patrie en danger ont enflammés lorsqu'ils ont été dirigés vers le front. La France est sur le point de changer de régime, et lui se morfond, impuissant, dans les fers.

1. « Si je n'avais pas été proscrit, les fautes des ennemis et les hasards du temps auraient mis dans mes mains un succès infiniment plus marquant et beaucoup plus méritoire que ma campagne contre lord Cornwallis. Aussi, dès ce moment, suis-je devenu indifférent à toute ambition militaire. » (La Fayette, à propos de Valmy.)

34.

UN RETOUR EN FRANCE SUR LA POINTE DES PIEDS

À Paris, la République est proclamée le 21 septembre 1792. Le conventionnel Thomas Paine, l'Américain élu député du Pas-de-Calais quelques jours seulement après avoir été fait, par décret, Français d'honneur, applaudit à l'instauration d'un régime semblable dans son principe à celui qu'il avait contribué à faire naître outre-Atlantique. C'est la seconde monarchie qu'il voit défaite, et il ne doute pas que le peuple anglais, à son tour, puis tous les autres peuples d'Europe, suivront l'exemple donné par Philadelphie et par Paris. Mais la joie profonde de « Tom » Paine, en cette journée de triomphe, n'est pas exempte de mélancolie. Cette fois, il ne peut, en effet, la partager avec un ami et un compagnon d'armes très cher, aussi républicain que lui-même, sans être cependant convaincu que la France était assez unie, assez forte, son peuple assez vertueux, pour en terminer, de façon radicale, avec la monarchie capétienne [1].

1. Dans une éloquente lettre, écrite de son cachot de Magdebourg, le 27 mars 1793, à M. d'Archinholz, rédacteur à Hambourg d'un journal intitulé *La Minerve*, La Fayette s'explique sur ses relations avec Louis XVI : « Quant à mes rapports avec le roi, j'eus toujours son estime, jamais sa confiance, surveillant incommode pour lui, haï de ses entours, je cherchais à lui inspirer des sentiments et des démarches utiles à la Révolution, à garantir ses jours et sa tranquillité.

S'il y a quelqu'un qui mériterait bien d'être à Paris, ce jour-là, n'est-ce pas son ami, le général La Fayette ? Mais alors que sur les bords de la Seine on boit à la victoire du peuple, le général ronge son frein dans une prison. L'illusion – une de plus – qu'il avait entretenue de passer avec sa suite en territoire neutre, s'était vite dissipée. Tandis que ceux de ses compagnons qui n'avaient pas fait partie de la Garde nationale étaient renvoyés de l'autre côté de la frontière, les aides de camp étaient enfermés dans une forteresse, et les autorités décrétaient que La Fayette, Alexandre de Lameth, Latour Maubourg et Bureaux de Pusy, anciens membres d'une assemblée révolutionnaire, seraient traités en otages jusqu'à leur transfert à la Justice de Louis XVI, lorsque celui-ci serait replacé sur son trône, dans toutes ses prérogatives.

En France, tous les biens du « Héros des Deux Mondes » sont saisis par le nouveau régime républicain et le coin de la médaille gravée à son effigie est détruit par la main du bourreau. De leur côté, les monarques alliés contre la Révolution et les émigrés français se préparent à se venger de l'homme à qui ils attribuent la responsabilité des malheurs de la famille royale. Le sort de celle-ci empirant malheureusement, les conditions de détention de La Fayette, qui passe des mains des Autrichiens à celles des Prussiens qui le renverront aux premiers, se feront de plus en plus dures : privation d'air et de lumière, nourriture infecte, manque d'hygiène, gardiens grossiers et sadiques, rien ne lui sera épargné. Il réussit, cependant, à

Lorsque après son évasion, l'Assemblée constituante lui offrit de nouveau la royauté, je crus devoir unir ma voix à la presque unanimité des votants de ce décret, j'ai depuis réclamé contre la licence qui menaçait sa personne et arrêtait l'exécution des lois ; je proposais enfin, mais bien inutilement, qu'avec l'aveu de l'Assemblée et une garde patriote, il allât à Compiègne mettre ses jours en sûreté, manifester sa bonne foi, et par là peut-être assurer la paix ! La dernière fois que je le vis, il me dit en présence de la reine et de sa famille, que la Constitution était leur salut, que lui seul la suivait. Il se plaignit de deux décrets inconstitutionnels, de la conduite du ministère jacobin relativement à l'armée et souhaita que les ennemis fussent battus. Vous parlez, Monsieur, de sa correspondance avec eux ; je l'ignore encore ; mais d'après ce que j'ai pu apprendre de son horrible procès, je pense que jamais le droit naturel et civil, la foi nationale, l'intérêt public, ne furent violés avec tant d'impudeur. »

faire passer des messages dont certains écrits avec son sang, et il recevra des nouvelles. Le gouvernement américain pourra même, plus tard, lui adresser quelques fonds qui lui permettront d'améliorer son ordinaire. Les informations qui lui parviennent : exécution de Louis XVI, début de la Terreur, arrestation de son épouse, ajoutent à son angoisse ; mais jamais son moral ne faiblit. Il repousse avec mépris la proposition du roi de Prusse de rendre son sort moins rigoureux s'il accepte de livrer les plans de l'armée française qu'il a pu connaître.

Adrienne, de son côté, ne fait pas preuve de moins de courage. Arrêtée à Chavaniac, elle est, après deux mois passés à Brioude, transférée à Paris. Le transport a été prévu en charrette, mais ses domestiques se cotisent pour louer à son intention une chaise de poste. Elle restera en prison, à la Petite-Force et à Plessis jusqu'en janvier 1795. Ses grands-parents paternels, sa mère et sa sœur, Louise de Noailles, n'auront pas sa chance. Tous monteront sur l'échafaud.

Gouverneur Morris, ministre des États-Unis et son successeur à Paris, Monroe, l'aideront matériellement et moralement.

Il semble que dans quelque lieu où les La Fayette se trouvent, l'Amérique est toujours présente. C'est ainsi qu'en mars 1794, après vingt-six mois de détention, La Fayette, enfermé dans la forteresse autrichienne d'Olmütz, rate de peu une évasion organisée grâce à une aide vraiment très inattendue. Un de ses admirateurs allemands, réfugié à Londres, le Dr. Bollmann, s'est mis en tête de le libérer. Pour cela, il lui faut trouver, en Autriche, un complice en qui il puisse avoir toute confiance. Il se met en quête de cet homme sûr, et qui trouve-t-il prêt à courir l'aventure avec lui ? Un étudiant en médecine américain, Francis Huger qui n'est autre que le fils du major Huger, le patriote qui avait accueilli, en juillet 1777, La Fayette et ses amis, débarquant de la *Victoire*, dans un parc à huîtres, à South Inlet, sur la côte de la Caroline du Sud. N'est-on pas en plein Alexandre Dumas ?

En octobre 1794, se faisant passer pour des Anglais, Bollmann et Huger parviennent à établir un contact avec le prisonnier. Ce dernier est malade. Cependant, ses geôliers le soignent, car ils tiennent à le garder en vie jusqu'à son procès, à Paris, après le rétablissement de la monarchie. Il a droit à une sortie par jour dans le parc. Prévenus de l'heure de cette promenade, ses « libérateurs » réussissent à l'arracher aux gardes qui le suivent, mais le trio doit bientôt se séparer pour échapper aux recherches. La Fayette part à cheval avec Bollmann, puis le quitte. Malheureusement, il se trompe de route... Repris, il est mis au secret. Arrêtés de leur côté, Huger et Bollmann feront six mois de travaux forcés.

Adrienne, l'admirable Adrienne qui va jusqu'à donner des nouvelles de Gilbert à sa maîtresse, Madame de Simiane, parce qu'elle la sait aussi angoissée qu'elle-même, écrit à Washington en lui demandant d'intervenir. Le président des États-Unis exprime la douleur qu'il ressent à la pensée du sort infligé à son fils spirituel, mais, en tant que chef d'un État neutre, il estime ne pas être en mesure de faire une démarche qui risquerait d'apparaître comme une ingérence dans les affaires intérieures d'une autre nation. Il accepte, cependant, de recevoir dans sa famille, comme un parent, le fils du héros, George-Washington La Fayette, qui, sous le nom de Motier, partira pour les États-Unis en 1795.

Désespérée par le prolongement de cette détention, Adrienne se met en tête de partager la captivité de son époux, idée folle que, grâce à une énergie hors du commun, elle mènera jusqu'à son terme, au détriment, hélas ! de sa propre santé.

Avec le recul du temps, on a peine à imaginer la cruauté, la duplicité, la bassesse de l'empereur François II, du chancelier Thugut, son bras droit, et des autres grands personnages autrichiens qui eurent à décider des conditions imposées à la malheureuse Adrienne. Odieuses comédies, fausses promesses, choix délibéré du régime le plus pénible ; elle et ses deux filles, qui l'accompagnaient, eurent à subir jusqu'à la lie les caprices de maîtres impitoyables. Lorsqu'elles furent mises en présence du prisonnier, réduit à l'état de squelette, celui-ci sembla ne pas les reconnaître. Très vite elles se rendront compte qu'une seule chose en lui n'a pas changé : la fermeté de ses convictions libérales...

Adrienne, Anastasie et Virginie recevront une seule cellule pour trois personnes, située près des latrines des gardes, un endroit empuanti jour et nuit, sombre, malsain au possible. Elles n'auront que deux lits à se partager. Leurs chandelles seront éteintes à neuf heures, sans possibilité d'éclairage la nuit, en cas de besoin. Il est évident que les bourreaux se servent d'elles pour tourmenter davantage le prisonnier. Atteinte d'une fièvre maligne, le corps couvert d'abcès, souffrant d'atroces migraines, Madame de La Fayette n'est autorisée à consulter un spécialiste, à Vienne, que si elle prend l'engagement de ne plus revenir à Olmütz ; elle refuse avec hauteur.

Malgré les douleurs, la fatigue extrême, l'incertitude totale du lendemain, l'obscurité qui use les yeux, la puanteur, il faut que les époux trouvent chaque jour la force de sourire à ces deux petites jeunes filles qui partagent leur sort, mal nourries, manquant d'air, d'espace, de lumière, humiliées dans toutes les circonstances de la vie quotidienne, et qui doivent l'énergie, l'optimisme dont elles font preuve malgré tout, au spectacle de la douceur et de la patience que leur donnent leurs parents. Mais de quoi peuvent-ils parler, ces infortunés parents, lorsqu'ils sont seuls un moment ? Par sa femme, Gilbert obtient plus de détails sur les terribles événements qui se sont produits en France, après son arrestation par les Autrichiens. Que de morts – pour ne pas parler de celles des membres de la famille d'Adrienne qui le touchent directement –, que de morts et que de leçons[2] ! Ainsi, des êtres qu'il n'estimait guère, comme Brissot, Desmoulin, Danton, Hérault de Séchelles, et tant d'autres, après avoir joué un rôle important, ont, moins de deux ans plus tard, laissé leur tête sur l'échafaud. Marat, qui le poursuivait de sa hargne, Marat, l'ancien disciple de Mesmer, déjà paranoïaque, qui prétendait démolir les théories de Newton, a été assassiné par une jeune et pure justicière venue de Caen, qui n'avait fait sans doute que devancer la guillotine. Et Robespierre, comment cet orateur médiocre,

2. Il écrit à cette époque : « Je donnerais mon sang goutte à goutte pour la cause du peuple. Je me reprocherais chaque instant de ma vie qui ne serait pas uniquement dévoué à cette cause. Mais le charme est détruit. »

haineux et timide à la fois, qui avait réclamé son arrestation, avait-il pu devenir un dictateur, plonger le pays dans un bain de sang, avant de subir, à son tour le sort qu'il avait, dans sa folie, fait subir à ses collègues et même à certains dont il se disait l'ami ? Ils parlent de Condorcet, de Bailly, de Madame Roland, de Lavoisier, de toutes ces figures admirables, égorgées ou réduites au suicide. Comment n'évoqueraient-ils pas la famille royale malgré l'absurde suspicion, et même l'ingratitude, que Louis XVI et Marie-Antoinette avaient nourries contre celui qui n'est plus que le prisonnier d'Olmütz ?

N'avait-il pas sauvé, au moins une fois, la vie de la gracieuse souveraine, le 6 octobre 1789, lorsqu'il lui avait baisé la main, sur le balcon de Versailles, face à la foule déchaînée et soudain désarmée ; geste qui avait alimenté la rumeur ridicule d'une intrigue amoureuse entre la reine et lui. Comme si Fersen, l'irremplaçable Fersen, n'existait pas.

Leurs cœurs de père et de mère se serrent lorsqu'il est question du sort tragique du Dauphin, Louis-Charles, l'orphelin du Temple[3]. Gilbert le revoit, cet enfant, lors de la fête de la Fédération, le 14 juillet 1790. Il n'avait que cinq ans et il portait fièrement le même uniforme que lui, celui de la Garde nationale, que sa mère – inspiration heureuse, pour une fois – lui avait fait revêtir ce jour-là. Comment retenir ses larmes en évoquant le sort tragique de ce garçonnet avili par ses geôliers qui l'obligeaient à boire et à blasphémer, poussant l'ignominie jusqu'à le faire témoigner à charge pour pratiques contre nature lors du procès de la reine, sa mère !

Comment ne pas évoquer le poète André Chénier, l'auteur de *La Jeune captive* et autres pièces tendres qui, dans un moment d'aberration mentale, avait exalté en vers, en 1792, « le beau jour où La Fayette monterait à l'échafaud » et qui avait gravi, à sa place, les marches fatales, l'avant-veille de Thermidor ?

3. Le Dauphin Louis-Charles avait eu, tout petit, sa propre Maison, dont fit partie Mme de Saint-Brice, laquelle, inconsolable de la mort du jeune prince (1795), crut le reconnaître, en 1833, sous les traits de Naundorf.

La misère du couple, à Olmiütz, se détache sur fond de misères encore plus grandes.

Trop, c'est trop. Malgré son souci extrême de ne pas mêler ses sentiments d'homme privé et sa conduite de chef d'État, Washington finit par écrire, en mai 1796, une lettre à l'empereur d'Autriche, lui demandant de laisser son prisonnier se rendre en Amérique, en imposant les contraintes qu'il lui plaira pour le voyage. Madame de Staël, avec son énergie coutumière, presse, de son côté, Gouverneur Morris de se rendre auprès de Thugut pour solliciter la libération de son ami. Morris accomplira la démarche, sans rien obtenir. Madame de Staël presse aussi le général Pichegru de faire quelque chose, mais celui-ci hésite. Elle intervient auprès de Barras, devenu membre du Directoire.

Ce Barras est un curieux personnage raffiné et sans pitié dont la complexité du caractère donne un éclairage plus général sur les personnages de la Révolution qui ont été partagés entre la rigueur doctrinale et l'appétit de jouissance. Après avoir réprimé cruellement la révolte de Toulon, au cours de laquelle il a acquis l'amitié du jeune officier Bonaparte, Barras se vautre, sa faim de pouvoir comblée, dans un mélange baroque de luxe, de débauche et de privilèges anachroniques. Il invente le chic gauchiste et c'est grâce à lui qu'on assista sous le Directoire à la soudaine renaissance de la chasse à courre. L'exemple, il le donne lui-même, lorsqu'il s'empresse de monter un somptueux équipage en son château de Grosbois, en Seine-et-Marne. Les veneurs de l'Ancien Régime et les gardes-chasse sont sidérés de le voir apparaître sur une sorte de char de triomphe à la manière romaine, harnaché de cuir rouge. Par la suite, le grand veneur de l'Empire sera le maréchal Berthier également propriétaire de Grosbois et de Chambord, que nous avons déjà rencontré, jeune homme, sur les chemins d'Amérique et qui caracolera à la tête d'une meute prise aux Anglais dans un port. Napoléon avalisera ces exhibitions pour le moins extravagantes et appréciera plus tard cet exercice cynégétique à sa juste valeur en découvrant à la vénerie des vertus militaires : « Elle forme des hommes robustes et courageux, des cavaliers excellents, des soldats résistants et capables de supporter les dures fatigues d'une campagne. »

Le temps est venu, après Thermidor, où la certitude de survivre provoque une recherche effrénée de plaisirs. Quand la vie même paraît un privilège, tout devient folie et chacun peut en user. L'ivresse qui est menaçante dans l'air devient douce dans les verres. Quand dans le domaine de l'horreur la coupe est pleine, autant se désaltérer avec des flûtes de champagne. Les révolutionnaires les plus farouches avaient eux-mêmes subi l'influence de ce vin. Mirabeau, Fabre d'Églantine, Camille Desmoulins, Barbaroux, Danton, firent, comme leurs prédécesseurs des classes dirigeantes, sauter le bouchon de l'ay pétillant, en chantant « vive l'ay et vive la liberté ».

Les grands soupers démocratiques de Méot, dit « le Vigneron champenois », remplacèrent soudain les petits soupers amoureux de l'aristocratie française.

Et comme dans cette époque excessive et déclamatoire tout était excessif, Barras, dandy provocateur, prit un jour un bain dans une baignoire remplie de vin de Champagne.

Le Directoire verra aussi la renaissance de la mode qu'on avait abandonnée depuis Rose Bertin, la modiste de Marie-Antoinette, pour le style débraillé des sans-culottes. La réaction thermidorienne a créé de nouveaux dandys. Et curieusement, c'est la campagne d'Égypte du général Bonaparte sous le Directoire qui va relancer le goût des bijoux et la vogue des scarabées porte-bonheur, des cadenas et des camées. On les trouve partout.

Ainsi, la très belle Madame Leclerc, future Pauline Borghèse, a lancé en 1796, pendant la campagne d'Italie, la ceinture d'or bruni avec un « cadenas camée », et Joséphine mêle à ses cheveux les intailles que son mari, le général Bonaparte, lui envoie d'Italie.

Depuis 1743, on parle de Pompéi. On sait quelle énergie Murat va mettre à faire « activer » fouilles et découvertes.

Et joailliers et orfèvres de travailler dans ces deux sens ; retour d'Égypte et bijoux gréco-romains. Camées et intailles mosaïques. La mode est aux antiques ; l'Europe latinise. On note aussi des « *fishwives* », longues boucles d'oreilles pendantes, et beaucoup de sautoirs portés soit au ras du cou, soit en ceinture. Quant aux bagues, on les porte à tous les doigts y compris le pouce et le gros orteil. « Lorsque la Tallien relevant sa tunique faisait de ses pieds nus craquer les anneaux d'or, ses seins entourés de doubles cercles de diamants... » La « merveilleuse » Tallien deviendra princesse de Chimay et portera en diadème les émeraudes et les rubis des orteils de sa jeunesse.

Cette course effrénée au luxe ne fait que commencer sous le Directoire et se poursuivra avec éclat lors de la proclamation de l'Empire. Il s'agit alors d'oublier dans les ornements et dans l'ordre les horreurs de la Révolution. Lorsque dix-huit maréchaux sont promus – Berthier, Murat, Bernadotte, Lannes, Ney et les autres –, Napoléon, toujours soucieux des détails de l'apparence, crée une école des Arts et Métiers pour sourds-muets où ces derniers sont priés d'apprendre l'orfèvrerie et la taille des gemmes car il faut orner des maréchales qui devront scintiller à la cour du nouveau César. Et l'on ne scintille pas sans « parure ».

Elles commandent donc des tiares, des diadèmes, beaucoup de lauriers ornés de perles et de pierres. Diamants, rubis, émeraudes sont les pierres officielles. Napoléon pour son diadème de couronnement se contente de feuilles d'or rythmées de camées. Pour leur plaisir au quotidien, chez *Mellerio*, les dames passent commande. La maréchale Ney : une multitude de cachets avec scarabées, talismans, flacons en nacre de perle, colliers... La maréchale Berthier : des cachets, un éventail chinois, des colliers, encore des colliers... Toutes font monter des « antiques ». Quant à la duchesse de Rovigo, Madame Savary, femme du chef de la police de Sa Majesté, elle s'offre jour après jour des bagues à secret, des bagues tournantes à talisman, des cadenas et une emplette étrange, une chaîne de cou en acier (en 1809). Pendant le temps des feux de l'Empire, deux femmes précèdent la mode : Joséphine et Pauline. Après son divorce d'avec la première, Napoléon précisera que tous les bijoux achetés pendant leur mariage demeureront sa propriété. Quant aux bijoux de Pauline, elle les rassemblera pour aider son frère quand il sera à l'île d'Elbe – on les retrouvera dans sa voiture à Waterloo.

En attendant cette grandeur et cette décadence, Barras ne pense qu'à jouir du temps présent et à se défaire en faveur de plaisirs futiles de responsabilités qu'il estime déjà trop lourdes. Il n'a pas encore perdu le pouvoir mais il a déjà perdu la tête.

Lorsqu'on lui soumet le dossier de La Fayette séquestré, il trouve opportun de le passer au général Bonaparte.

Celui-ci vient de secouer durement les Autrichiens sur le champ de bataille ; il leur fait comprendre, alors qu'ils veulent engager des pourparlers de paix, qu'ils ont intérêt à libérer La Fayette et les siens. François II et son gouvernement obtempèrent. Les prisonniers quittent Olmütz, le 19 septembre 1797, « par déférence pour le gouvernement des États-Unis qui avait réclamé leur libération », formule qui permet à Vienne de sauver plus ou moins la face ; ils sont conduits à Hambourg et remis au consul américain dans ce port, M. Parish, conformément à l'accord signé. Gouverneur Morris a pu être prévenu à temps pour venir les saluer au consulat.

Libres ! La Fayette et les siens sont libres. Leurs amis américains et des admirateurs allemands leur font fête. Parmi les Français, par contre, il y en a qui leur font grise mine. Beaucoup d'émigrés royalistes sont installés à Hambourg. Leur haine pour La Fayette n'a pas désarmé[4]. L'ex-commandant en chef de la Garde nationale ne veut à aucun prix être confondu avec ces contre-révolutionnaires et il arbore ostensiblement une cocarde tricolore à son couvre-chef. Il n'est cependant pas question de rentrer en France, bien que le premier soin du prisonnier libéré ait été, avec La Tour Maubourg et Pusy, d'adresser un message de gratitude au citoyen-général Bonaparte, « ce héros qui a mis leur libération au nombre de ses miracles ». Ce dernier ne souhaite pas voir La Fayette recommencer une autre carrière sur les bords de la Seine. Sa seule présence à Paris pourrait compliquer ses propres desseins. Qu'il reste donc à l'étranger, au moins pour quelque temps. Libre, mais interdit de séjour dans son pays natal, La Fayette songe aussitôt à sa patrie spirituelle, les États-Unis. Quand il était enfermé à Olmütz avec Adrienne, souvent, les deux époux rêvaient de partir ensemble pour l'Amérique

4. Certains émigrés avaient osé demander à François II qu'il leur livre le prisonnier d'Olmütz, pour qu'ils le châtient eux-mêmes.

et d'organiser une ferme modèle en Virginie. Le moment n'est-il pas choisi par le destin lui-même pour qu'ils fassent de ce rêve une réalité ? Non, justement. Washington lui fait clairement comprendre que la détérioration des relations entre les États-Unis et le gouvernement du Directoire[5] a créé une atmosphère, sur place, qui serait pour lui, arrivant avec ses souvenirs de l'amitié franco-américaine du temps de la Révolution et des années qui avaient suivi, franchement pénible, sinon insupportable. En dépit de son anglophobie innée, va-t-il devoir se rendre en Angleterre où il s'est trouvé des hommes assez indépendants d'esprit pour exprimer leur admiration au vainqueur de Yorktown et réclamer sa libération ? Heureusement, il ne sera pas obligé de demander l'hospitalité à ses anciens ennemis. La tante d'Adrienne, Madame de Tessé, voltairienne, libérale, a choisi pour sa part, lorsqu'elle a dû fuir une Révolution devenue folle, de s'installer dans le duché de Holstein, non loin de Hambourg, région peuplée de Danois. C'est dans son château, à Withold, près du lac de Ploen, que le « Héros des Deux Mondes » et son épouse se remettront de leurs dures épreuves, auprès de tous leurs enfants réunis, car dès qu'il a entendu les premières rumeurs concernant l'éventuelle libération de son père, le jeune « Georges Motier » a abandonné précipitamment la Virginie pour rejoindre sa famille.

Adrienne consent à ce que son mari, qui a repris sa correspondance avec Diane de Simiane, invite celle-ci à venir passer quelques jours avec eux à Withold. Les souffrances endurées par les uns et les autres ont créé une situation dans laquelle les sentiments ordinaires n'ont pas leur place. Le duc d'Ayen, lui, s'est assez vite consolé de la mort tragique de son épouse, et il vit paisiblement en Suisse avec son amie russe, la comtesse Golotkine.

Les idées politiques de La Fayette n'ont en tout cas pas été altérées par ce qu'il a subi en captivité. Il est aussi intransigeant que

5. En représailles de la saisie de marchandises françaises sur des bateaux américains par la flotte anglaise, la marine du Directoire s'est emparée d'une centaine de navires battant pavillon étoilé. Les États-Unis ont renoncé à l'alliance de 1778, et les relations sont au bord de la rupture et, en 1798, au bord de la guerre.

par le passé dès qu'il s'agit des principes. Ainsi, le coup d'État du 18 Fructidor, opéré avec l'aide de Bonaparte, par lequel le Directoire chasse les nouveaux élus aux Conseils réputés monarchistes, pour les remplacer arbitrairement par des candidats républicains que le suffrage n'avait pas retenus, lui apparaît comme une grave violation de la règle démocratique dont le régime en place à Paris continue de se réclamer. Sa protestation ne fera pas avancer ses affaires...

Il n'absoudra pas, non plus, la majorité des Conventionnels de l'exécution du roi. « Ce malheureux Louis XVI, dont ses prétendus amis auraient mieux aimé la perte que de le voir sauvé par moi, ne tarda guère à être assassiné par la plus monstrueuse procédure », écrira-t-il dans ses *Mémoires*. Aux robespierristes, il ne pardonnera jamais la Terreur, le meurtre ignoble de ses amis Bailly, Barnave, Dietrich, chez qui Rouget de Lisle chanta *La Marseillaise* qu'il venait de composer[6]... Cela étant, il loue le courage des armées de la République « dont les magnifiques victoires sauvèrent l'indépendance de la France ». Il fait l'éloge des chefs de celles-ci, en particulier de Hoche qu'il avait connu et apprécié comme sergent-chef, à Versailles, lors des journées du 5 et 6 octobre 1789, et qui, devenu un général vainqueur, avait exercé des pressions, avec ses collègues, pour obtenir la libération de son ancien chef.

Pour ne pas trop gêner Madame de Tessé par sa présence, et surtout par les nombreuses visites qu'il reçoit, il loue lui-même un château, à Lemkühlen (s'endettant beaucoup pour ce faire), où, en mai 1798, il mariera sa fille Anastasie à Charles de La Tour Maubourg, le jeune frère de son ancien aide de camp et compagnon d'infortune.

6. Rouget de Lisle est l'auteur des paroles de notre hymne national, mais d'aucuns estiment que c'est son ami Ignaz Pleyel qui en aurait composé la musique. En effet, Pleyel, maître de chapelle de la cathédrale de Strasbourg, ayant assisté au dîner chez le maire, le baron de Dietrich, accompagne ensuite Rouget rue de la Mésange où les paroles du premier couplet à peine terminées, il aurait composé l'air que nous connaissons. Pleyel était royaliste et autrichien. Il possédait alors le château d'Ittenwiller, dans le village d'Andlau en Alsace. Monarchiste, il refusa de cosigner cette œuvre et se réfugia en Angleterre, quelques jours plus tard, pour y demeurer jusqu'en 1796.

À la fin de 1798, alors qu'Adrienne multiplie les démarches, en France, auprès de toutes ses relations pour que son mari soit autorisé à rentrer, ce dernier, pour se rapprocher de Paris, va planter ses pénates en Hollande, à Vianen, près d'Utrecht. Il y accueille beaucoup de visiteurs, dont Rouget de Lisle. Son épouse essaye de sauver ce qu'elle peut du patrimoine familial, mais à Vianen les ressources diminuent rapidement. Ni Sieyès, ni Talleyrand, pressentis, ne manifestent beaucoup d'empressement pour préparer le terrain qui permettrait le retour de leur ancien ami et collègue La Fayette. La prise de position de ce dernier contre le 18 Fructidor les a effrayés. À quelle initiative intempestive ne peut-on s'attendre avec ce diable d'homme ? Adrienne a même vu Bonaparte qui a choisi de demeurer énigmatique. Lorsque ce dernier rentrera d'Égypte, l'exilé de Vianen lui adressera une demande personnelle qui restera sans réponse. Il décide alors de forcer le destin et, muni d'un passeport avec une fausse identité, il retourne à Paris, au début de novembre 1799. Lorsqu'il l'apprend, le nouveau consul (Brumaire a eu lieu) entre dans une violente colère. Talleyrand conseille au « clandestin » de retourner dare-dare en Hollande, ce que son interlocuteur refuse, on s'en doute. Bonaparte finit par se calmer. Il veut bien « ignorer » la présence en France de La Fayette, à condition que celui-ci mène une existence aussi discrète que possible et « se garde de tout éclat ». C'est ce qu'il fera. Le mesquin nouveau maître de la France le croira à ce point oublié qu'il ne jugera pas utile de le faire inviter à la cérémonie funèbre à la mémoire de Washington organisée aux Invalides, le 1er février 1800. Il donnera même des instructions à Fontanes, futur grand-maître de l'Université de l'Empire, désigné pour faire l'éloge du premier président des États-Unis, pour qu'il évite de prononcer le nom de La Fayette, ce qui du seul point de vue de l'Histoire est un comble... L'homme tout-puissant ne pourra cependant empêcher le fils du héros de Yorktown de se glisser dans l'assistance venue pleurer le disparu dont il porte le nom en guise de prénom.

35.

LA VOLUPTÉ DE DIRE « NON »

À Marengo, dans le Piémont, le 14 juin 1800, une difficile bataille oppose depuis le matin l'armée française commandée par Bonaparte, Premier consul, à l'armée autrichienne du maréchal Melas. Après la reprise des hostilités, au début de l'année, Moreau avait réussi à refouler l'ennemi au-delà du Danube. Les forces de celui-ci, en Allemagne, sont coupées de celles qui se trouvent en Italie.

Avec l'armée qu'il a constituée aussi discrètement que possible, en Bourgogne et dans le Lyonnais, Bonaparte va s'engouffrer dans l'espace laissé vide entre les deux formations ennemies. Il fait passer la sienne par le col du Grand-Saint-Bernard, ce qui constitue à l'époque, compte tenu de l'état des voies de communication, un bel exploit sportif, et déferle sur la plaine du Pô. Le maréchal autrichien Melas a concentré ses forces sur la rivière Bormida. Il dispose de 50 000 hommes bien reposés. Tel n'est pas le cas des soldats de Bonaparte. Ce dernier, pour affronter la plus grande quantité possible d'ennemis, commet l'imprudence d'étaler son armée. L'éventail est si large que les troupes qui sont les plus éloignées du point où s'engagera le combat risquent de ne pas avoir le temps d'arriver en renfort. C'est cette même erreur qui sera fatale à Napoléon, à

Waterloo, l'éloignement de Grouchy ne lui permettant pas de fournir à temps sa force d'appui.

À Marengo, Melas se sentant en force attaque les Français qui ressentent durement les effets de leur infériorité numérique. Au début de l'après-midi, les Autrichiens dominent nettement la situation. Bonaparte se demande si son étoile ne va pas l'abandonner. Il continue, cependant, à stimuler l'ardeur de ses officiers et de ses soldats, et s'expose avec beaucoup d'imprudence au feu de l'ennemi. Roederer, l'ancien procureur-syndic de la Commune de Paris, rallié au Consulat et devenu un fidèle de son chef, conseille à celui-ci de ne pas risquer sa vie inutilement. Les soldats français auraient-ils encore le cœur à se battre s'ils savaient leur général tué, ce général corse à qui ils prêtent des vertus presque surhumaines ?

Le Premier consul tient plus ou moins compte de cette sage mise en garde et évoque quelques instants la situation politique qui serait créée en France par sa disparition.

Selon ce qu'il confie à Roederer, il n'y aurait que deux hommes capables de le remplacer : Carnot et La Fayette.

Vers quinze heures, la conjoncture militaire est si périlleuse que Bonaparte songe sérieusement à donner l'ordre de la retraite. Pourtant, les troupes tiennent encore un moment. Et ce qui n'arrivera pas à Waterloo – hélas ! – arrive à Marengo. Celui que Bonaparte avait imprudemment envoyé, avec un gros détachement, vers Gênes et le Pô septentrional, a pu être touché par un courrier – d'après certains récits, il aurait été attiré par le bruit du canon... – et il arrive avec une division toute fraîche. Il est dix-sept heures. Ce sauveur s'appelle le général Desaix, l'admirable Louis Desaix de Veygoux, Auvergnat comme La Fayette. Officier à quinze ans, noble rallié à la Révolution, qui s'est couvert de gloire à l'armée du Rhin et qui, ayant suivi Bonaparte en Égypte, s'y est conduit avec tant de générosité et de compréhension qu'il a été, surnommé « le Sultan juste », Desaix n'est d'ailleurs que depuis quelques mois de retour en France. Son arrivée avec la division Boudet, son allant, sa vivacité vont renverser la tendance. Les Autrichiens sentent que la victoire qu'ils croyaient tenir s'éloigne d'eux à grands pas. À vingt et une heures, ils décrochent et repassent la Bormida. Le lendemain, ils demandent une suspension d'armes. Bien que dans les bulletins officiels et les récits qui seront publiés Marengo soit présentée comme une des victoires de Bonaparte, il ne fait pas de doute que ce fut la victoire de Desaix. L'ingratitude à l'égard de sa mémoire de la part du Premier consul, et, surtout des thuriféraires de celui-ci, est d'autant plus choquante que Desaix trouva la mort au cours des combats. Il n'avait que trente-deux ans.

Cependant, la confidence faite à Roederer dans la journée du 14 juin 1800 a plus d'importance politiquement que la recherche des vraies causes de cette victoire. Il semble curieux que les seuls noms mis en avant par Bonaparte pour désigner les hommes aptes à le remplacer soient ceux de Carnot et de La Fayette. Ces deux hommes sont loin d'être des inconditionnels de sa personne et de son action. Carnot, baptisé « l'Organisateur de la victoire » quand les quatorze armées de la République mises sur pied par lui faisaient l'admiration du monde, mérite ce surnom. Il s'est rallié au nouveau régime mais sans renoncer à ses convictions profondes qui sont celles d'un ami de la liberté. Bonaparte le sent bien, qui lui a confié le ministère de la Guerre en raison de sa compétence. Carnot protestera publiquement au Tribunat, lorsque Napoléon créera sa propre dynastie, et il abandonnera la politique pour se consacrer à ses recherches scientifiques.

Quant à La Fayette, l'histoire de ses relations avec Bonaparte, puis avec Napoléon, jusqu'en 1814, sera l'histoire d'une impossible amitié et d'une incompréhension grandissante. Sa reconnaissance pour l'homme à qui il doit d'être sorti d'Olmütz ne se démentira pas. Il ne cachera pas non plus, lorsqu'il écrira sur lui, qu'il ne pouvait s'empêcher d'éprouver un certain attrait pour sa personne, mais s'il reconnaît, dans une lettre adressée au Premier consul, que Brumaire a sauvé la France, il ne fait aucune concession sur le fond et se comportera, pendant tout le temps que le Corse passera à la tête des affaires du pays, comme un opposant toléré parce qu'éloigné de toute opposition active.

Après une rencontre très brève et formelle aux Tuileries, provoquée par Lebrun, qui fut la première entre Bonaparte et La Fayette, le hasard va placer entre les deux hommes un intermédiaire d'importance, Joseph Bonaparte lui-même, l'aîné de la famille, futur roi de Naples, puis d'Espagne, avant de connaître un long et confortable exil aux États-Unis, après la Restauration, sous le nom de comte de Survilliers. C'est un homme fin, bienveillant, cultivé, qui est loin d'approuver toujours son génial frère, mais qui a la faiblesse de lui obéir le plus souvent. Entre La Fayette et lui naît une sympathie spontanée, lorsqu'il fait sa connaissance chez Talleyrand, et leurs relations amicales survivront aux vicissitudes de l'Histoire.

C'est Joseph qui offre à l'ex-prisonnier d'Olmütz l'occasion de revoir le Premier consul, en l'invitant à la brillante réception que lui-même offre en son château de Mortefontaine, le 20 octobre 1800, aux délégués des États-Unis avec qui la France vient de signer, le 30 septembre, un nouveau traité remplaçant celui de 1778. L'attention est délicate, car La Fayette n'est plus rien qu'un citoyen privé dont la présence n'est tolérée que depuis quelques mois à Paris ; mais ne continue-t-il pas à symboliser l'amitié entre les deux républiques d'Amérique et de France ?

Au cours des festivités, le héros de Yorktown s'entretiendra longuement à plusieurs reprises, avec le nouveau maître de la France. Celui-ci lui ayant rappelé les combats d'outre-Atlantique où La Fayette s'est couvert de gloire, l'ancien aide de camp de George Washington réplique par la formule célèbre qui correspond davantage à son désir de ne pas se vanter qu'à la vérité historique : « Ce furent les plus grands intérêts de l'univers décidés par des rencontres de patrouille. »

En fait, Bonaparte tâte son interlocuteur dont il voudrait se faire un allié, ou du moins un complice ou un obligé ravi. S'il l'estime assez pour imaginer qu'il puisse un jour le remplacer, tant que lui est vivant, il ne peut être question pour l'autre de vivre et de prospérer autrement que dans son entourage et à son service. Bonaparte voudrait lui faire reconnaître que les Français, après tout ce qu'ils ont vécu et souffert, n'ont plus pour la liberté le même enthousiasme qu'au début de la Révolution. Tel n'est pas l'avis de La Fayette. Ce dernier revient à l'assaut sur ce sujet qui restera entre eux comme une pomme de discorde. « Je n'ignore pas, lui dit-il, les crimes et les folies qui ont profané le nom de la liberté, mais je le répète, les Français sont, plus que jamais peut-être, en état de la recevoir, *c'est à vous de la donner, c'est de vous qu'on l'attend.* »

Est-ce une perche qu'il lui tend, sans grande illusion ? Sans doute. Lors de chacune de ses rencontres avec Bonaparte, jusqu'en 1802 (il cessera de le voir à la suite de la proclamation du Consulat à vie), et dans chacune de ses lettres, il insistera sur cette liberté que la France attend de Bonaparte et que celui-ci lui refuse.

Les rapports entre les deux hommes ne cesseront de se détériorer, surtout à partir de 1802, parce que leurs tempéraments sont trop différents. Bonaparte sait bien que La Fayette est un homme d'honneur ; il ne manquera jamais de le souligner devant des témoins. Il admire le fait que La Fayette soit le personnage de la Révolution le plus haï par toutes les têtes couronnées d'Europe. Il s'est plu à lui dire combien il avait été surpris par la haine des rois contre le malheureux prisonnier d'Olmütz, lorsqu'il avait négocié sa libération après ses victoires sur l'Autriche. Si on peut affirmer que La Fayette est toute sa vie durant l'homme d'une seule idée, on ne saurait en dire autant de Bonaparte. Il se prétend l'héritier de la Révolution, celui qui accomplit les promesses de celle-ci, et peut-être le croit-il lui-même quand il l'affirme, mais il n'en tire nullement les conséquences et il reconstitue à sa manière la tyrannie que la Révolution avait pour raison d'être de détruire. Son scepticisme, à propos des principes et surtout des personnes, sa croyance innée qu'on peut manipuler n'importe qui, soit par la ruse, soit par la flatterie et la corruption, ne sont pas compatibles avec le véritable esprit républicain qui comporte une part d'optimisme et implique la confiance en ce que tout homme a de meilleur.

Bonaparte respecte La Fayette tout en se méfiant de lui, car il le tient pour un mélange de militaire courageux et de missionnaire laïque, obstiné jusqu'à l'irréalisme. Ce n'est pas un politicien, et il le déplore, car avec un politicien, on peut toujours s'arranger.

La Fayette, si passionné qu'il soit par l'action, est capable, comme son père spirituel et ami Washington, de se retirer à la campagne et d'attendre qu'on fasse appel à lui, si on le veut bien. Cette façon de prendre les choses est étrangère à Bonaparte, tempérament essentiellement dominateur et qui se croit le sauveur suprême. Ce dernier essaye tout de même d'attacher La Fayette à son char par des faveurs, des avances flatteuses. On ne sait jamais...

En fait, il perdra son temps. L'autre est décidé à refuser tout ce qui lui sera proposé. Il refuse, à deux reprises, un siège de sénateur. Il refuse le conseil général de la Haute-Loire, sachant pourtant que ce refus est péniblement ressenti par les habitants du département qui lui restent très attachés.

Il refuse d'être nommé ambassadeur aux États-Unis (une idée soufflée au chef de l'État par Talleyrand), sous prétexte qu'étant Américain lui-même (il a reçu la citoyenneté pour services rendus), il ne peut pas être diplomate auprès des autorités de son propre pays.

Il refusera d'ailleurs, en 1803, la proposition que lui fait le président Jefferson, son vieil ami, d'être nommé gouverneur de la Louisiane, que les États-Unis viennent d'acheter à la France.

Il refusera le grand cordon de la Légion d'honneur, lorsque le maître de la France voudra le lui offrir, sous prétexte qu'il n'est pas en accord avec l'esprit de cette institution. Il n'acceptera qu'une seule intervention du Premier consul le concernant, parce qu'il s'agit selon lui d'un droit et non d'une faveur, c'est le règlement de sa retraite de lieutenant-général de l'armée française, tâche dont son ancien collaborateur Berthier, devenu une des étoiles montantes de l'*establishment* militaire, s'acquittera très rapidement et dans les meilleures conditions.

Toutes les autres demandes adressées à Bonaparte ou à ses proches par La Fayette le seront au bénéfice de tiers qui ont été victimes d'injustices. C'est ainsi qu'il contribuera à faire radier de la liste des proscrits des gens de bonne foi, comme sa tante la comtesse de Tessé et son mari, et bien d'autres, qui s'étaient installés à l'étranger pour sauver leur vie.

Tous ces refus irritent Bonaparte comme l'irritent les propos tenus par La Fayette au cours de dîners en ville au sujet de sa politique, au point qu'il lui reproche ce qu'il a dit devant lord Cornwallis, le vaincu de Yorktown, chez son frère Joseph qui avait fait se rencontrer les anciens adversaires. Il y a d'ailleurs quelque naïveté chez le futur empereur des Français, s'il se croit en mesure d'amener son interlocuteur à s'auto-censurer dans les salons et les réunions familiales ou amicales. Il souhaitait le voir se retirer à la campagne et éviter les éclats : c'est bien ce qu'il fait. Mais il l'exprime dans cette formule un peu cavalière : « Le silence de ma retraite est le maximum de ma déférence », qui met à vif les nerfs du Corse impatient ; comme les mettra à vif le « non » motivé par lequel il répond, en mai 1802, au plébiscite sur l'institution du Consulat à vie. Le « oui » a recueilli 3 568 000 voix et le « non » 9 000 voix seulement ; mais parmi cette infime minorité de votes négatifs, celui de La Fayette s'accompagne de ce commentaire sur le registre municipal : « Je ne puis voter une telle magistrature jusqu'à ce que la liberté publique soit garantie. Alors, je donnerai ma voix à Napoléon Bonaparte. »

Il fait d'ailleurs suivre ce commentaire lapidaire d'une lettre personnelle au Premier consul, très explicite, dans laquelle il l'exhorte, puisqu'il veut que sa magistrature soit permanente, de « la fonder sur des bases dignes de la nation et de lui-même ». Le conseil en dit long sur ce qu'il pense du régime.

De ce rebelle souriant, courtois, jamais ingrat, qui reconnaît ses immenses mérites passés, qui lui adresse des « vœux sincères pour sa personne », mais incorruptible par quelque bout qu'on le prenne, intraitable sur les principes, Napoléon, et c'est là une de ses faiblesses majeures, se venge par des décisions mesquines, de véritables petitesses. Ses réactions sont même parfois incohérentes.

Ainsi du cas de George-Washington La Fayette, le fils du héros. Ayant rejoint son père lorsque celui-ci décida de se fixer à Vianen, en Hollande, le jeune homme (il est né en 1779) combat avec les patriotes hollandais contre les armées anglo-russes qui seront défaites par le maréchal Brune et les patriotes en question. Rentré en France, il demande à être intégré dans l'armée française pour se battre partout où on l'enverra. Bonaparte est touché par ce geste et lui accorde sans peine une sous-lieutenance.

Digne fils de son général de père et de ses ancêtres, l'officier se bat vaillamment à Ulm, en 1805. Il est alors lieutenant et sa conduite au feu constituerait une raison suffisante pour sa promotion au grade de capitaine. La proposition de ses supérieurs se heurte à l'incompréhensible veto de l'Empereur qui garde un œil sur l'avancement des officiers. George-Washington – qui a épousé en 1802, Émilie Destutt de Tracy, la fille du philosophe idéologue, ancien révolutionnaire, et une des vedettes de l'Académie française –, outré par cette injustice alors que tant de camarades moins brillants que lui sont déjà devenus lieutenants-colonels, n'en continue pas moins à faire son devoir avec ardeur. Au cours de la bataille d'Eylau, contre les Russes et les Prussiens, les 7 et 8 février 1807, une des plus sanglantes victoires remportées par Napoléon Ier, secondé par Murat, Davout, Soult, Lannes, Ney, Augereau, et qui laisse sur le terrain 40 000 morts, le lieutenant La Fayette sauve la vie du général Grouchy dont il était l'aide de camp ; ce fameux Grouchy dont le retard, au soir de Waterloo, devait avoir des conséquences fatales pour l'Empire. L'aide de camp de ce général de valeur, aristocrate rallié à la Révolution, beau-frère de Condorcet, aurait-il été moins audacieux, le sort de la France eut-il été différent ? Compte tenu de l'erreur commise à Waterloo par Napoléon d'étaler ses troupes sur un trop large éventail, il y aurait sans doute eu un autre Grouchy pour se faire battre de vitesse par Blücher. Quoi qu'il en soit, l'exploit du lieutenant La Fayette, lors de cette affreuse boucherie que fut la bataille d'Eylau, était de nature à lui valoir enfin ses galons de capitaine. Il n'en fut rien. Sa valeureuse conduite à Friedland, en juin de la même année, bataille qui précéda la paix de Tilsit, ne lui valut pas non plus la récompense tant espérée et méritée, malgré l'appui de Murat lui-même, beau-frère de l'Empereur. Le nom de La Fayette, peut-être parce qu'il sonnait comme un remords, était devenu insupportable au tyran [1].

Le jeune Louis de Lasteyrie, qui avait épousé, en 1803, Virginie, la sœur de George-Washington, engagé volontaire dans les dragons après son mariage, fut plus maltraité encore, puisqu'il ne put dépasser le grade de sous-officier, et les deux beaux-frères tirèrent de la basse vengeance impériale la seule conclusion possible en démissionnant de l'armée.

Comprenant que la mégalomanie de Napoléon rend tout dialogue impossible, le héros de Yorktown, washingtonniste jusqu'au bout, vit retiré au château de La Grange [2], domaine provenant des Noailles, qu'Adrienne a pu récupérer. Elle y a même fait procéder à quelques transformations par l'architecte Vaudoyer qui avait laissé à Chavaniac des traces de son grand talent. À La Grange-Bléneau, le maître aménagea notamment un appartement pour Émilie, épouse de son fils, et une bibliothèque circulaire, au second étage, dans l'une des tours. Composée de trois corps, cette salle de lecture contient des rayons soutenus par des colonnes blanches.

Les La Fayette mènent une existence paisible de châtelains provinciaux, recevant souvent des membres de la famille, quelques intimes, et des amis étrangers, surtout anglo-saxons, de passage en France.

En 1803, le général fait une très mauvaise chute sur le verglas. Plutôt que d'accepter l'amputation d'une jambe, il préfère subir, pendant plusieurs semaines, un traitement affreusement douloureux qui n'épargnera pas au membre blessé une raideur qui durera toute sa vie. Dès ce jour, La Fayette sera obligé d'avoir recours à une canne lorsqu'il sortira de chez lui.

1. Dans une lettre du 20 février 1807, écrite du château de La Grange, La Fayette constate à propos de son fils : « George a dû renoncer à l'espoir d'obtenir de l'Empereur aucun avancement. »

2. Le château de La Grange est aujourd'hui la propriété du comte René de Chambrun, descendant de La Fayette, qui se consacre depuis de nombreuses années, avec Madame de Chambrun, au dépouillement et au classement de la masse considérable d'archives laissée par son ancêtre.

Gentleman-farmer, comme le sont ses grands amis d'outre-Atlantique, entre deux mandats, le général s'intéresse avec passion aux questions agricoles. Il n'a pas été élevé pour rien à la campagne. Très habilement, il diversifie les cultures céréalières ; il fait du seigle, de l'orge, du blé, du maïs. Il apporte surtout ses soins à l'élevage, lance le mérinos et parvient à former un troupeau de sept cents têtes.

L'année 1807 est marquée par un deuil qui va l'affecter très profondément. Traumatisée par la mort de ses proches sur l'échafaud pendant la Terreur, précocement usée par les mauvais traitements subis à Olmütz, qui avaient eu des conséquences graves sur sa santé, Adrienne, atteinte d'un ulcère du pylore, meurt à l'hôtel de Tessé, 24, rue d'Anjou, où elle a été transportée en septembre 1807[3], le 24 décembre de la même année, à l'âge de quarante-huit ans.

Sa conduite tout au long de sa douloureuse agonie a été exemplaire de courage, de douceur, de patience, de sérénité. Le récit qu'en fait La Fayette devenu veuf (et qu'on pourra lire en annexe) prouve que s'il ne fut pas un mari fidèle – combien l'étaient à l'époque ? –, il n'en aimait pas moins très profondément sa femme ; qu'il était conscient de la valeur exceptionnelle de sa personnalité, et de tout ce qu'il lui devait depuis le jour, où, à quatorze ans et demi, elle était devenue l'épouse d'un adolescent maladroit, dont le nom devait devenir célèbre dans le monde entier.

3. En cette année 1807, qui fut pour La Fayette celle de sa plus grande douleur, devait s'installer à la campagne un autre opposant célèbre à Napoléon ; le vicomte de Chateaubriand, à la Vallée-aux-Loups.

36.

LE RETOUR SANS GLOIRE D'UNE DYNASTIE

Paris, 12 avril 1814. Le ciel est bleu, plus bleu qu'il ne l'est d'ordinaire au début du printemps ; le soleil, aussi, est en avance sur la saison ; pourtant l'atmosphère n'est pas à la gaieté. Le 31 mars, à 2 heures du matin, l'armée qui défendait la capitale a capitulé. À 11 heures, les souverains alliés et leurs troupes, entrés par la porte Saint-Denis, défilent en vainqueurs sur les boulevards. L'Empire a vécu. Après tant de gloire accumulée sur tous les champs de bataille d'Europe, du Tage à la Moskova, la France connaît, à son tour, l'humiliation et la tristesse de l'occupation étrangère. Comment les Parisiens pourraient-ils avoir le cœur gai lorsqu'ils voient les soldats ennemis, pleins d'arrogance, bivouaquer dans les jardins des Champs-Élysées ? Pourtant, ils sont nombreux dans les rues en ce matin du 12 avril. Bien que l'heure soit à la gravité, la curiosité l'emporte peut-être sur les autres sentiments. C'est sur un événement de politique intérieure que la foule, oubliant un moment une occupation qu'elle espère très brève, concentre son attention.

Six jours plus tôt, le 6 avril, au petit matin, Napoléon, prenant acte du refus de ses maréchaux de poursuivre les combats, a remis à Caulaincourt son abdication inconditionnelle.

Le même jour, à 20 heures, le Sénat adopte à l'unanimité un projet de constitution qui débute ainsi :

« 1/ Le gouvernement français est monarchique et héréditaire de mâle en mâle par ordre de primogéniture ;

2/ le peuple français appelle librement au trône de France Louis-Stanislas-Xavier de France, frère du dernier roi, et, après lui, les autres membres de la maison de Bourbon, dans l'ordre ancien. »

Tandis que l'idole d'hier, aujourd'hui prisonnière, roule, morose, vers la côte méditerranéenne où elle s'embarquera pour vivre à l'île d'Elbe, une retraite sous surveillance, le représentant de la famille royale, après un exil d'un quart de siècle va faire son entrée dans Paris. Cet homme n'est pas le roi, c'est Monsieur, autrement dit le comte d'Artois, que le Sénat nommera, le 14 avril, lieutenant-général du royaume en attendant que Louis-Stanislas-Xavier, appelé au trône, ait accepté la charte constitutionnelle. Le comte d'Artois, désormais Monsieur, cinquante-sept ans, a le physique qui convient pour représenter une dynastie que la majorité des Français avait répudiée, et que les moins de quarante ans n'ont pratiquement pas connue. Il est mince, la taille bien prise, avec de beaux cheveux argent, des traits réguliers ; ses gestes sont élégants, il se tient sur sa monture comme un jeune officier de cavalerie. De sa personne émane une autorité gracieuse, bienveillante et sûre d'elle-même, l'attitude qu'on attend d'un souverain. Il caracole sur un cheval blanc dont la selle est recouverte d'un tapis écarlate ayant pour motif de décoration des fleurs de lys. Choix éminemment politique, il porte l'uniforme de la Garde nationale : veste bleue à parements rouges, culottes blanches, épaulettes dorées, bicorne à plumet. Là s'arrête l'emprunt. Détail symbolique mais qui incarne à lui seul ce qui constitue sans doute l'erreur fondamentale des Bourbons remontant sur le trône : la cocarde, sur le bicorne à plumet, n'est pas tricolore, elle est blanche, comme si, depuis 1789, rien ne s'était passé. Il n'empêche que Monsieur est applaudi sur son parcours, de la barrière de Bondy à Notre-Dame où l'on célébrera un Te Deum. Même dans la longue rue Saint-Denis, très populaire, il y a beaucoup de fenêtres pavoisées et fleuries. Mais célèbre-t-on le retour de la monarchie bourbonienne ou celui de la paix, après tant de guerres qui ont épuisé le pays ? La Fayette, qui se trouve à Paris, le 12 avril, avouera qu'il a été quelque peu ému, en tant que combattant de la liberté, haï par les amis des princes, en revoyant cette Altesse Royale, qui a son âge et qui lui rappelle ses débuts à la cour de Versailles, aux bals masqués de l'Opéra et autres soirées de plaisir. Il lui adresse un court message de bienvenue dans lequel il se dit heureux de voir dans son retour « un signal et un gage de bonheur et de liberté publique ». Monsieur ne répondra pas par écrit, mais il fera adresser ses compliments au général par le neveu de celui-ci, Alexis de Noailles.

Le roi lui-même, Louis XVIII, lorsqu'il entre dans Paris, le 3 mai, non sur un cheval blanc, mais affalé au fond d'une calèche, dissimulant mal son obésité dans l'uniforme bleu trop serré, le visage soufflé et fatigué, sous un énorme bicorne, fera moins d'effet que son cadet. Il a, à ses côtés, sa nièce, la duchesse d'Angoulême, fille de Louis XVI. Elle ne peut surmonter sa tristesse et s'évanouira en pénétrant dans le palais des Tuileries qu'elle avait quitté lors de l'émeute sanglante du 10 août 1792. Son mari, le duc d'Angoulême, fils de Monsieur, n'a pas eu le temps de troquer son uniforme britannique pour une tenue de général français.

Handicapé par son physique, Louis XVIII est devenu, avec l'âge, un homme plutôt bienveillant. Oubliant que La Fayette s'était moqué de lui à Versailles, avant de s'embarquer pour l'Amérique – pour ne pas parler du reste –, il le reçoit aimablement. Mais l'attitude hostile des aristocrates de la nouvelle cour à l'égard de l'ancien prisonnier d'Olmütz, fait presque regretter à celui-ci de s'être dérangé. Il ne retournera pas de sitôt au palais. Par contre, il est fort bien reçu au Palais-Royal par le duc d'Orléans, fils de Philippe Égalité, ancien général de la Convention comme La Fayette, et qui, grâce à ce dernier, deviendra roi, seize ans plus tard, sous le nom de Louis-Philippe.

La seule rencontre intéressante pour lui au cours de la Première Restauration, c'est celle de l'empereur de Russie, Alexandre, à qui il est présenté par sa chère Germaine de Staël. Esprit lucide, libéral à sa manière, mêlant des analyses politiques très pertinentes à des divagations mystiques, le tsar semble avoir apprécié La Fayette. Les deux hommes ont parlé très ouvertement de l'incapacité des Bourbons à instaurer une véritable monarchie constitutionnelle, répondant aux aspirations démocratiques des Français, après tant d'années d'étouffement sous la dictature impériale.

Certes, la liberté est plus grande qu'auparavant, mais elle est très insuffisante dans bien des domaines, et les anciens émigrés paraissent décidés à mettre en cause les acquis sociaux égalitaires de la Révolution, ce qui pourrait ouvrir la voie à une nouvelle guerre civile. L'ancien commandant de la Garde nationale devra se défendre contre un flot de calomnies répandues par les ultra-royalistes, sur son rôle au cours des années 1789-1792. L'évasion inopinée de Napoléon de l'île d'Elbe va le délivrer provisoirement de ces attaques. Il ne se réjouit pas pour autant de savoir son ancien libérateur près de remonter sur le trône. Loin d'assister indifférent à ce retournement de situation, il va, au contraire, dans cette période de confusion politique extrême que sont les Cent Jours, jouer, après une période d'abstention, un rôle de premier plan.

37.

QUAND LA PAROLE EST AU SILENCE

Ayant, le 20 mars 1815, retrouvé aux Tuileries sa chambre et son bureau que Louis XVIII vient d'abandonner en hâte, Napoléon nourrit deux grands projets : repousser les alliés au-delà des frontières, dégoûter à jamais les Français de la dynastie bourbonienne.

Le premier objectif dépend de la reconstitution aussi rapide que possible d'une armée forte et bien commandée ; son énergie et son génie militaire feront le reste.

Le second objectif repose sur une opération psychologique : il doit séduire l'opinion. Il sait qu'il ne peut pas revenir à l'administration impériale telle qu'elle était avant son abdication du 6 avril 1814. Pour mettre la population de son côté, il doit se donner une image de souverain libéral, bien plus libéral que celui qu'il vient de chasser.

Il ne recule pas devant la démagogie la plus outrancière. Aux habitants d'Autun, en montant sur Paris, il a parlé en pur jacobin : « Vous vous êtes laissés mener par les prêtres et les nobles qui voudraient rétablir la dîme et les droits féodaux. J'en ferai justice. Je les lanternerai ! »

Ces discours violents ne suffisent cependant pas. Pour mettre de son côté les classes moyennes et l'intelligentsia, il faut un instrument politique, apparemment solide, un cadre institutionnel. L'Empereur a alors l'idée de faire appel à un homme dont le talent et l'intelligence ne sont pas contestés, et qui s'est montré particulièrement hostile à sa politique ; l'effet n'en sera que plus spectaculaire. Ce bel esprit versatile, c'est Benjamin Constant. Après avoir tenu contre Napoléon des propos injurieux, la veille de son retour sur le trône, allant jusqu'à le comparer à Attila et à Gengis Khan, en « plus terrible et plus odieux parce que les ressources de la civilisation sont à son usage », il se rallie dans les jours qui suivent. Reçu le 14 avril aux Tuileries, nommé conseiller d'État, c'est cet opposant de toujours, ex-amant de Madame de Staël, aujourd'hui amoureux éperdu et non payé de retour de Madame Récamier, qui rédige pour son nouveau maître, l'*Acte additionnel aux constitutions de l'Empire*, le paravent libéral de Napoléon. C'est une copie de la Charte accordée par Louis XVIII à ses sujets, en 1814, avec une apparence plus démocratique : Chambre des pairs nommée par l'Empereur, Chambre des députés élue par le peuple, libertés d'opinion, des cultes et de la presse garanties.

À ce programme idyllique, il faut des cautions. De toutes celles qui sont souhaitables, celle de La Fayette serait la plus éclatante. Qui, en France, symbolise mieux la liberté ? Mais celui-ci, qui n'a pas quitté son château de La Grange, ne croit pas à la sincérité de la conversion de l'Empereur. Cela, il l'écrit de la façon la plus nette à Benjamin Constant qui lui fait des ouvertures. Il craint que l'homme « qui vient de soulager tant d'amours propres et tant d'intérêts, et qui succède à tant de sottises, ne finisse par tromper, comme il y a quinze ans, l'honnête espérance des patriotes. Il ne peut exister de liberté dans un pays, à moins qu'il n'y ait une représentation librement et largement élue, disposant de la levée et de l'emploi des fonds publics, faisant toutes les lois, organisant la force militaire et pouvant la dissoudre, délibérant à portes ouvertes dans des débats publiés dans les journaux ; à moins qu'il n'y ait une liberté de la presse soutenue par tout ce qui garantit la liberté individuelle... » Quand on lit cette définition de la démocratie qui constitue le fond de sa pensée politique, on comprend que, s'agissant de son éventuelle acceptation par Napoléon, La Fayette termine sa lettre par ces mots : « Je vous offre mon incrédulité, et j'y joins mille amitiés. »

Pressenti par Benjamin Constant, il l'est aussi par Joseph Bonaparte, dont il ne doute pas de la bonne foi, mais son scepticisme n'est pas pour autant ébranlé, bien que l'ex-roi d'Espagne fasse appel davantage à son patriotisme qu'à ses convictions politiques. Les alliés ne sont-ils pas les ennemis que la France doit combattre en priorité ? Le héros de Yorktown qui s'était enfermé toute une journée dans sa chambre pour pleurer, lorsque les troupes étrangères avaient fait leur entrée dans Paris, en 1814, n'en disconvient pas, même s'il ne croit pas que Napoléon soit en mesure d'écraser, en 1815, les armées coalisées. Joseph, cependant, reviendra à l'assaut. Pourquoi La Fayette n'entrerait-il pas dans le système pour éprouver sa validité au lieu d'opposer un scepticisme *a priori* ? La Chambre des pairs, ajoute Joseph Bonaparte, lui est ouverte. Quelle erreur de psychologie de la part de cet homme intelligent ! La Fayette, pair de France, par la seule volonté de Napoléon ? Cette suggestion est proche de l'injure... Accepterait-il de jouer un rôle dans une assemblée, l'ex-constituant ne voudrait tenir son siège que du suffrage populaire. Il refuse d'ailleurs l'invitation de Joseph de se rendre à l'Élysée, où Napoléon s'est installé[1]. Néanmoins, comme pour prendre le régime au mot, il présente sa candidature à la Chambre des représentants, en Seine-et-Marne. Il est élu député, à Melun, le 8 mai, ce qui ne l'empêche pas d'exprimer des réserves lors du plébiscite sur l'Acte additionnel qui a lieu le même jour. Ses commentaires inédits sur le registre électoral sont cosignés par son fils. « Il (l'Acte additionnel) renferme des articles que tout ami de la liberté doit à mon avis adopter, d'autres que je rejette pour ma part, sans que le mode imposé permette de les distinguer, encore moins de les discuter ici, mais que je me réserve de désigner ailleurs. Je dis oui,

1. En 1812 déjà, Napoléon disait de lui : « Tout le monde en France est corrigé ; un seul ne l'est pas, c'est La Fayette. Il n'a jamais reculé d'une ligne. Vous le voyez tranquille ; eh bien, je vous dis, moi, qu'il est prêt à tout recommencer. »

malgré les illégalités et sous les réserves ci-dessus, parce que je veux hâter de tout mon pouvoir la réunion d'une assemblée représentative, ce premier moyen de salut, de défense et d'amendement. »

Ainsi, le nouveau député est bien décidé à agir à l'intérieur du régime. Son langage est celui de l'opposant qu'il sera à la Chambre, qu'il est déjà.

Il refuse toujours d'aller à l'Élysée à titre personnel, et n'acceptera de s'y rendre, ès qualités, que lors de la réception officielle du bureau de la Chambre, laquelle l'a élu vice-président, en troisième position seulement, par 257 voix alors que Flauergues a obtenu 403 voix et Dupont de l'Eure 270, la présidence ayant échu à l'ancien constituant Lanjuinais. Son entrevue avec l'Empereur, lors de la réception, par son ton sec et glacé, où le silence, le non-dit, ont plus d'importance que les mots prononcés, est un modèle de dialogue pour le cinéma :

« Il y a douze ans que je n'ai eu le plaisir de vous voir, dit le monarque.

– Oui, Sire, il y a ce temps-là.

– Je vous trouve rajeuni, l'air de la campagne vous a fait du bien.

– Il m'en a fait beaucoup. »

L'Empereur passe de La Fayette à son voisin.

Onze jours plus tard, ce sera Waterloo.

Que Napoléon, rentré à Paris le 20 juin, estime qu'il a perdu une bataille mais pas la guerre, cela peut se concevoir, car il a les moyens de reconstituer une armée de 150 000 hommes avec laquelle il espère rejeter l'ennemi hors des frontières ; mais qu'après Waterloo, il soit obsédé par la politique intérieure, qu'il veuille reprendre le pouvoir que l'Acte additionnel a reconnu aux Chambres, et exercer une large dictature, seule façon selon lui de sauver le pays, cela relève de la pathologie. La Fayette, qui l'a observé depuis 1797 avec la clairvoyance que donne le recul et le fait d'avoir refusé toutes les charges, le comprend mieux que personne. Après avoir servi cet étrange « converti à la liberté », sur le plan patriotique, en sollicitant l'intervention du ministre américain Crawford, en vue d'une négociation de paix honorable, il va se faire, et avec quel éclat ! le justicier de cette liberté qu'un autocrate maniaque voudrait encore crucifier.

Lorsqu'il monte à la tribune, c'est la Révolution de 1789, dans ce qu'elle avait de grand et de pur, que ses collègues croient entendre.

Il présente une motion qui porte le coup fatal à celui qui menace de rétablir un pouvoir illimité ; on pourrait dire l'estocade.

La Chambre est invitée à déclarer que : l'indépendance de la nation est menacée ; qu'elle se déclare en permanence et que toute tentative de la dissoudre est un crime de haute trahison ; quiconque se rendrait coupable de cette tentative serait traître à la patrie et, sur-le-champ, jugé comme tel ; Davout, Caulaincourt, Carnot et Fouché, respectivement ministres de la Guerre, des Relations extérieures, de l'Intérieur et de la Police, sont invités à se rendre aussitôt dans le sein de l'Assemblée.

Ainsi, Napoléon, s'il persiste à vouloir reprendre ce qu'il a accordé, s'expose à être accusé de haute trahison. Sa fureur est extrême. Il parle de dissoudre cette Chambre rebelle, de faire un nouveau Brumaire. Mais ce sont des mots, des menaces verbales de la part d'un homme qui sent que ses nerfs commencent à le lâcher. Son frère Lucien a beau le pousser à la fermeté, lorsqu'il passe de la crise de colère à la phase de lucidité, il sent bien qu'il devra abdiquer, s'il veut éviter de plonger Paris dans un bain de sang qui ne le renforcera pas contre l'étranger. Sa rancune contre La Fayette est profonde, d'autant plus profonde qu'il ne doute pas que ce dernier sortira vainqueur de ce duel final. Il tente, cependant, d'user de procédés dilatoires, fait demander par Lucien que la Chambre des représentants et la Chambre des pairs constituent une commission de douze membres pour aviser aux mesures d'urgence à prendre, y compris les négociations en vue de son abdication et les contacts avec les alliés pour signer la paix. Mais des négociations internationales, affirme La Fayette, sont impossibles à envisager tant que Napoléon n'aura pas abdiqué, et il propose – car il veut épargner au vaincu la pure et simple déchéance – d'aller avec ses collègues de la Chambre chez l'Empereur pour le mettre en face de ses responsabilités. Il ne sera pas suivi sur ce terrain. Les heures passant, et toutes les manœuvres tournant court, la question de la déchéance devait inévitablement être posée. Un député, le général Solignac, propose de donner une heure de délai à l'Empereur pour abdiquer. Napoléon, reconnaissant sa défaite, cède. Le 22 juin, tout est consommé. Une délégation de la Chambre se rend auprès de Napoléon pour le remercier et lui rendre hommage. La Fayette en fait partie. En dépit de la discrétion que ce dernier avait marquée au cours des dernières heures et dont il ne se départit pas lors de l'ultime visite protocolaire, Napoléon sait que c'est à lui, surtout, qu'il doit d'avoir été acculé à abdiquer. Il n'échange quelques phrases qu'avec le président Lanjuinais et, dans son exil, il ressassera longtemps, très longtemps, sa rancune contre La Fayette.

38.

UN RÉGICIDE QUI ROULE POUR LE ROI

Au cours des journées dramatiques qui vont de la défaite de Waterloo aux débuts de la Seconde Restauration, un homme qu'on pourrait croire parti à l'étranger ou caché dans une ferme perdue, tant il a accumulé de ressentiment contre lui et tant son nom soulève l'opprobre, tire les ficelles des intrigues qui se nouent et se dénouent. On dirait que certains hauts personnages, civils et militaires, s'en remettent à lui, en raison même de sa réputation de machiavélisme. Détail à noter, il a tout à fait le physique de l'emploi. Cet ancien oratorien est maigre et sec, avec un teint blafard, une bouche à peine dessinée, un visage étroit, tout en angles. On a souvent comparé ses yeux à ceux d'un poisson mort à cause de leur froideur extrême et de leur couleur grise, sans éclat. Il a l'air d'être épuisé, absent, fragile et de ne s'intéresser à rien de ce qui se passe autour de lui. En fait, il voit tout, sait tout. Sa puissance de travail est hors du commun, et son indifférence aux souffrances des hommes lui a permis de se donner une carapace que rien ou presque ne peut percer. On aura reconnu Fouché. L'ex-bourreau de Lyon – devenu ministre de la Police, espion en chef de l'Empereur et exécuteur de ses basses œuvres, avant de se brouiller avec lui, puis de revenir sur le devant de la scène – obtient 293 voix à l'Assemblée, devancé seulement par Carnot (324 voix), pour faire partie d'une commission exécutive provisoire qui tiendra lieu de gouvernement.

Fouché n'aime pas La Fayette, qui a tout pour lui déplaire : il est intègre, sincère, désintéressé, intransigeant sur les principes. De plus, il est populaire, et cela le rend dangereux. Accessoirement, il le trouve brouillon et irréaliste. Pour écarter cet homme qui pourrait, par des initiatives audacieuses ou des foucades, compromettre ses combinaisons, le plus simple, lui semble-t-il, est de faire appel à son patriotisme – un terrain sûr – et de l'envoyer discuter avec les chefs des puissances alliées pour tenter d'arrêter la marche de leurs troupes. La Fayette accepte, après avoir reçu l'assurance qu'on ne profiterait pas de son éloignement pour décider de proclamer une régence de Napoléon II (le roi de Rome), comme le voudraient les bonapartistes, encore nombreux et attachés à celui qui deviendra l'Aiglon.

Il se retrouve donc sur les routes avec Sébastiani, fidèle de l'ex-empereur, d'Argenson, membre comme lui-même de l'Assemblée, Pontécoulant, qui représente la Chambre des pairs, Laforêt, un diplomate de carrière, et un secrétaire d'une très grande qualité littéraire, en la personne de Benjamin Constant.

Cette commission éprouve quelques difficultés pour établir le contact avec les alliés. Toujours optimiste, La Fayette s'imagine que la sympathie que le tsar Alexandre Ier lui avait manifestée, en 1814, va lui permettre d'obtenir des concessions. C'était sans compter avec l'humeur fantasque de ce souverain à la personnalité attachante mais au comportement imprévisible, qui s'excusera de ne pouvoir le recevoir. Les Anglais et les Prussiens, de leur côté, ne semblent pas intéressés par un armistice. Ils veulent qu'on leur livre Bonaparte et entendent continuer leur marche sur Paris. Le représentant de Sa Gracieuse Majesté ayant réclamé à ses interlocuteurs qu'ils remettent l'ex-empereur entre leurs mains avant d'ouvrir les négociations de paix, La Fayette se fâche tout rouge et se dit étonné qu'on propose un acte aussi lâche au peuple français, par le truchement de l'ancien prisonnier d'Olmütz. C'est l'échec. La commission reprend le chemin de Paris. Lorsque ses membres y arrivent, le 4 juillet, la capitulation est déjà signée ; les troupes françaises non engagées doivent se retirer vers la Loire. Pourquoi, dans ces conditions, renvoyer la commission, étoffée de quatre nouveaux participants, vers les lignes alliées, porteuse d'une déclaration aux souverains ? Manœuvre de diversion sans doute, conçue par Fouché, pour dissimuler ses tractations avec l'ennemi et les représentants de Louis XVIII. D'ailleurs, les membres de la commission ne peuvent franchir les barrages aux portes de Paris. Blücher, l'impitoyable maréchal prussien, est dans la capitale et s'y oppose ; la commission exécutive annonce sa démission. Le préfet de police, Decazes, acquis aux Bourbons, empêche, le 7 juillet, les députés d'entrer dans l'Assemblée. Louis XVIII, qui considère que son règne n'a pas été mis en cause mais simplement interrompu par les Cent Jours, s'apprête à faire sa seconde entrée. La Fayette a été floué, bien floué. Il ne lui reste plus qu'à retourner à La Grange.

39.

DE LA FRAGILITÉ DES COMPLOTS

21 septembre 1822. Paris. Place de Grève. Une fois encore, en ce lieu marqué par une histoire sinistre, l'échafaud a été dressé. Plusieurs milliers de personnes sont là, silencieuses, tendant l'oreille pour deviner le bruit que font sur les pavés les roues d'une charrette pas trop connue. Le service d'ordre, troupes à pied et à cheval, est important, sur le chemin qui mène à la machine et autour. On craint des incidents. Des hommes en civil, à l'expression inquiète, se déplacent sans cesse dans la foule, scrutant les visages, épiant chaque geste des spectateurs, cherchant dans les vêtements et les coiffures le détail qui pourrait trahir un travestissement. Est-ce de nouveau le grand spectacle macabre, la fête sanglante, comme cette place en a tant connus ? Pas tout à fait. Nous ne sommes plus en 1793, même si le rituel de la cérémonie qui se prépare ressemble à celui d'alors, au point d'inspirer un rapprochement. Car dans leur immense majorité, les gens qui sont présents ici ne sont pas venus pour hurler à la mort. Bien au contraire. Cette foule immense impressionne par son silence. La tristesse se lit dans les regards. Lorsque le roulement de la charrette se fera entendre, les yeux de bien des femmes se rempliront de larmes, et quand tout sera consommé, beaucoup d'hommes ne pourront plus retenir leurs san-

glots. Ce qui va s'accomplir, en place de Grève, en ce début d'automne 1822, est un assassinat légal, comme la France en a beaucoup connu depuis trente ans. Et les quatre victimes que l'on jette aujourd'hui au bourreau méritent autant de compassion que les plus touchantes victimes de la folie terroriste de la fin du siècle précédent.

Ces victimes sont des hommes jeunes. Aucun n'a trente ans. Ils viennent de milieux simples ; soldats tous les quatre, leurs carrières n'ont pas été éclatantes, puisqu'ils n'ont pas dépassé le grade de sous-officier. Ils s'appellent Bories, Pommier, Raoulx, Goubin, et ils passeront à la postérité, comme ils ont été jugés collectivement, sous le nom des Quatre Sergents de la Rochelle.

Qu'ont-ils fait pour avoir, en ce 21 septembre 1822, rendez-vous avec la mort sur une place publique ? Aucun crime ne peut leur être imputé. Ils vont périr parce qu'ils se sont comportés en hommes d'honneur, en ne révélant pas une action clandestine dont ils avaient connaissance, et à laquelle, certes, ils souhaitaient s'associer, mais sans avoir eu l'occasion de le faire. Ils ont donc été condamnés pour un silence et pour des intentions.

La France vit depuis 1820, plus précisément depuis l'assassinat du duc de Berry, fils du comte d'Artois, par un déséquilibré nommé Louvel, sous un régime étouffant, bien que la Charte accordée par Louis XVIII à ses sujets, en 1814, et qui leur reconnaît certaines libertés soit toujours théoriquement en vigueur. Après cet assassinat, les modérés, appelés *Constitutionnels*, dont le principal représentant est le duc Decazes, ont dû laisser le pouvoir aux ultra-royalistes, les *Ultras*, qui ne rêvent que de vengeance. Débordant le roi – doué d'une certaine intelligence politique et soucieux d'unir le maximum de Français autour du trône –, les Ultras s'efforcent de détruire tout ce qui s'est fait de bon ou d'acceptable entre 1789 et 1814 ; en un mot, leur objectif demeure la contre-révolution. L'action parlementaire se révélant inefficace pour l'opposition libérale, les sociétés secrètes vont apparaître comme les seuls refuges souhaitables pour ceux qui veulent changer les choses. Durant la Seconde Restauration, ces sociétés vont devenir à la mode, aussi bien à droite qu'à gauche, puisque le système prétendument démocratique ne fonctionne pas normalement, que la liberté individuelle et la liberté de la presse sont très menacées, dès 1820, par le gouvernement Villèle qui succède à celui, modéré et relativement ouvert, de Martignac. Dans la France d'alors, les rancœurs s'accumulent : rancœur des bonapartistes, qui reprochent aux Bourbons d'avoir sacrifié les intérêts de la nation à ceux de leur dynastie ; rancœur des républicains qui voient les acquis de la Révolution réduits, l'un à la suite de l'autre, après une courte phase d'apaisement, entre 1815 et 1820 ; rancœur des anciens émigrés et des Ultras, qui trouvent que la répression a été très insuffisante et que les partisans de la monarchie absolue n'ont pas retrouvé ce qui leur a été arraché. Dans ce climat, la délation, la calomnie, les intrigues, et bientôt les complots, petits et grands, constituent la trame des jours. La religion catholique elle-même, qui bénéficie pourtant de son alliance avec le pouvoir, n'est pas absente dans la galaxie des associations secrètes. Les dévots de la Congrégation avancent souvent masqués. Les *Chevaliers de la Foi*, au service du Trône et de l'Autel, ont calqué leurs structures sur celles d'une certaine franc-maçonnerie ; de même que les *Francs-Régénérés*, qui agissent dans le sens des intérêts du comte d'Artois, jaloux de son frère et impatient de lui succéder. Du côté de l'opposition, la principale société secrète est la *Charbonnerie*. Ses origines sont obscures bien qu'on sache qu'elle joue un rôle important dans les mouvements révolutionnaires d'Italie et d'Espagne. Elle a d'ailleurs été importée d'Italie en France par deux jeunes républicains français, Joubert et Dougier, à leur retour de Naples, où ils avaient été initiés par les *carbonari* locaux.

La cellule de base de la *Charbonnerie* est la « vente », en général composée de dix membres. La « vente ordinaire » reçoit ses ordres d'une « vente centrale », avec laquelle elle a le minimum de contacts, les noms de ses membres devant être ignorés. Au-dessus de la « vente centrale », la « haute vente » possède l'autorité suprême sur l'organisation pour tout le territoire national. Bien que des francs-maçons puissent être, à titre individuel, affiliés à la *Charbonnerie*, il n'y a aucun lien entre les deux sociétés, une des règles essentielles de la franc-maçonnerie, dans tous les pays où elle existe, étant de respecter les pouvoirs établis et de ne pas se mêler de politique. Le but de la *Charbonnerie*, dans l'Europe du XIXe siècle est, au contraire, de travailler au renversement de gouvernements jugés oppresseurs, en recourant à la violence, de préférence sélective, c'est-à-dire aux complots, aux coups de main, à l'assassinat de responsables. La règle du secret est absolue. Les *charbonniers*, qui sont astreints à porter en permanence un poignard – moyen de défense ou d'attaque immédiate, facile à dissimuler, en même temps que symbole –, se doivent aide et assistance en quelque lieu qu'ils se trouvent, et quelles que soient leurs fonctions sociales. Entre eux ils s'appellent « cousins » ou « bons cousins ».

En 1821, éclate l'affaire dite du complot du Bazar, ainsi appelée parce que le siège du Bazar Français, rue Cadet, à Paris, sert de couverture aux principaux conjurés. L'âme de ce complot, qui ne semble pas avoir été l'œuvre de la *Charbonnerie* en tant que telle, est un colonel du nom de Sauzet. Les objectifs politiques semblent flous, car les bonapartistes et les orléanistes, qui sont impliqués dans l'opération, ne sont pas d'accord entre eux sur le gouvernement provisoire qu'ils envisagent d'installer à Vincennes. Ils espèrent, en effet, s'emparer facilement de cette place, dans laquelle ils possèdent des intelligences.

Des indiscrétions ont permis, cependant, à la police d'avoir vent de l'affaire avant le passage aux actes. Une partie des comploteurs est arrêtée ; les autres ont le temps de s'enfuir et de se cacher. Le gouvernement croit habile de ne pas essayer de remonter jusqu'aux plus hauts responsables, et d'entreprendre contre eux une action publique. La Fayette, député libéral, est soupçonné, comme il le sera chaque fois qu'un complot éclatera ou qu'un autre sera découvert – noblesse oblige – ; mais, s'il a été informé par certains conjurés du Bazar, il a refusé de s'associer à l'opération, et il n'existe aucune preuve contre lui.

Une seconde affaire, l'année suivante, fera beaucoup plus de bruit : le complot dit de Saumur et de Belfort, noms des deux villes où devaient éclater, dans l'armée, des insurrections servant de signal à d'autres. Des rescapés du Bazar sont présents dans cette nouvelle tentative de subversion qui, cette fois, est bien l'œuvre de la *Charbonnerie.* Les ramifications de l'organisation sont nombreuses dans l'est de la France : Belfort, Huningue, Neuf-Brisach, Épinal, Metz, et les moyens techniques sont importants. C'est la « haute vente » qui les a fournis... Et qui trouve-t-on parmi ces dignitaires que l'immense majorité des affiliés ne soupçonnent pas d'être leurs chefs : La Fayette lui-même, qui semble occuper la fonction la plus élevée, et ses collègues de l'Assemblée, de Schonen, d'Argenson, Koechlin, Manuel, ainsi que quelques personnalités connues à Paris, comme les artistes Ary Scheffer et Horace Vernet.

Au programme : la prise de Vincennes et des Tuileries ; ensuite, l'installation provisoire, en Alsace, d'une commission gouvernementale animée par La Fayette, d'Argenson et Koechlin.

Le jour « J », pour le déclenchement de l'opération, est fixé au 24 décembre 1821. Un obstacle d'ordre sentimental va empêcher La Fayette de quitter La Grange un peu à l'avance, pendant la période de vacances de l'Assemblée. Le 24 décembre est la date anniversaire de la mort d'Adrienne, et chaque année, depuis 1807, il a l'habitude de passer une journée entière, ce jour-là, à méditer, sinon à prier dans la chambre qui était celle de son épouse défunte. Il ne quittera le château que le 25 décembre avec son fils et un domestique qui s'est présenté spontanément pour l'accompagner, ayant deviné que son maître s'en allait pour accomplir une mission dangereuse et exaltante.

En fait, le général en retraite-député doit gagner Belfort. Mais les choses tournent mal. À Vincennes, une explosion accidentelle à la poudrière provoque l'arrivée de renforts. Le dispositif insurrectionnel est annulé. À Belfort même, le commandant de la place, un Ultra, Toustain, repère des mouvements suspects. Il fait procéder à des arrestations préventives et, après un incident au cours duquel il essuie un coup de feu, il décide de fermer les portes de la ville.

Prévenu sur la route, La Fayette se cache chez un de ses amis qui habite la Haute-Saône et détruit les documents qu'il transporte. Le gouvernement s'attend à d'autres opérations et observe.

À Saumur, le responsable de la *Charbonnerie*, le général Berton, ne passe à l'action que le 22 février 1822. Ayant rassemblé quelques troupes aux environs, il marche sur la ville, mais une grande partie des hommes prend peur et se disperse. Conscient de son impuissance, Berton va se cacher à La Rochelle ; mais, trahi, il est arrêté avec deux autres membres du complot dont l'un, le Dr Coffié, se suicide aussitôt. Berton et l'autre complice, Sauge, pris avec lui, seront condamnés à mort et exécutés.

Au cours du procès, l'avocat général, sans aucune preuve à l'appui, lancera les noms de La Fayette, de Benjamin Constant, de Manuel, comme étant ceux des vrais responsables de cette affaire.

À La Rochelle, un régiment, le 45e de ligne, est arrivé dans la ville au début de février 1822. Il a été déplacé de Paris par précaution, le colonel ayant entendu dire qu'une « vente militaire » avait été formée à l'intérieur de son unité. Il n'en connaît pas, cependant, la composition. Les Quatre Sergents, malheureux héros de cet épisode, appartiennent au 45e de ligne et à la *Charbonnerie*. En quittant Paris, on leur a remis des cartes coupées en deux pour rencontrer le long de leur route des affiliés qui se feront connaître en leur présentant l'autre moitié des cartes. Dirigés vers l'ouest de la France, il est vraisemblable qu'ils seront appelés à soutenir le mouvement déclenché à Saumur. Lorsque Berton, après son échec, se cache à La Rochelle, il rencontre Pommier et d'autres *charbonniers* qui font partie de la « vente » du 45e de ligne. Bories, le plus intelligent et responsable des Quatre Sergents, a été malheureusement placé aux arrêts pour avoir répondu à une provocation de militaires étrangers, incident sans rapport avec le complot. Un des affiliés, mis dans la confidence de la « traque » de Berton, dénonce ses camarades. Il s'appelle Goupillon. Arrêté avec vingt-quatre autres militaires, après l'interrogatoire auquel les suspects sont soumis par le général Despinois, Goupillon sera acquitté lors du procès, en sa qualité de « révélateur ». Certains accusés, impressionnés par Despinois, ont lâché quelques renseignements au sujet de la « vente centrale », mais ils se rétracteront devant la Justice et ils se tairont sur tout le reste.

Le procureur Marchangy, violent, cruellement sarcastique demandera douze têtes. Il en obtiendra quatre, les autres inculpés recevant des peines de prison. Les avocats de la défense : Boulay de la Meurthe, Mocquart, Boinvilliers, Chaix d'Est-Ange, Delangle, appartiennent également à la *Charbonnerie*. Au cours du procès, Bories, né en 1795 dans l'Aveyron d'une famille paysanne, et qui avait été présenté à La Fayette, dominera les débats par sa sérénité, son éloquence, son abnégation. Jusqu'au bout, sans révéler les noms que le pouvoir est impatient de connaître, il tente de prendre sur lui toutes les responsabilités, s'adressant en ces termes aux jurés : « Monsieur l'avocat général, en déclarant que toutes les puissances oratoires ne sauraient me soustraire à la vindicte publique, m'a désigné comme le principal coupable. Eh bien, j'accepte cette position, heureux si, en portant ma tête sur l'échafaud, je puis faire prononcer l'absolution de tous mes camarades. » Les jurés ne l'entendront pas de cette oreille. On promet la vie sauve aux condamnés à mort s'ils révèlent les noms des membres de la « haute vente ». Ils répondront par un silence méprisant. Le 21 septembre, les condamnés sont menés en place de Grève. Ils se tiennent bien droit. Sur le parcours, Bories réussit à envoyer un petit bouquet à une jeune fille qui s'est approchée du convoi. Elle se croyait sa fiancée, et la chronique veut qu'elle soit allée, jusqu'en 1864, fleurir plusieurs fois par an la tombe du héros.

Au pied de l'échafaud, les quatre hommes s'embrassent, et chacun trouvera la force de crier « Vive la liberté ! » avant d'être basculé sur la planche. La foule est atterrée.

En choisissant de sacrifier leur vie, les Quatre Sergents de La Rochelle ont mérité d'être appelés des martyrs. Au-delà de la cause à laquelle ils croyaient, ces simples sous-officiers ont donné une immense leçon d'honneur à tous les ministres, aux généraux chargés de gloire, aux diplomates, aux préfets, aux hommes de lettres, à tous les notables, qui, au cours des années succédant à la chute de l'Empire, se sont distingués par leurs trahisons et leurs reniements. L'avocat général Marchangy, lors du procès des hommes du 45e de ligne, s'était efforcé de flétrir les « seigneurs de la haute vente » qui poussaient des malheureux à commettre des crimes et restaient confortablement installés chez eux, tandis que les subalternes subissaient, seuls, les rigueurs de la loi. L'argument laissera de marbre ces sergents à l'âme de chevaliers. Après l'exécution, d'odieuses caricatures montreront un La Fayette contemplant d'une fenêtre, place de Grève, à demi-dissimulé, l'air satisfait, le supplice de ses jeunes subordonnés. La haine des anciens émigrés et des Ultras pour l'ex-commandant en chef de la Garde nationale se nourrit de toutes les circonstances qui offrent une possibilité de le salir.

Il faut rappeler, cependant, que la *Charbonnerie* n'avait pas ménagé ses efforts pour sauver les condamnés. Une tentative d'évasion de la prison de Bicêtre faillit même réussir. Un intermédiaire, le chirurgien de l'établissement, avait réussi à soudoyer le directeur qui demandait une somme de 70 000 francs-or, pour fuir à l'étranger avec sa famille, après avoir ouvert les grilles des Quatre Sergents. La Fayette avait fourni l'essentiel de la somme avec l'aide d'Ary Scheffer, d'Horace Vernet et du colonel Fabvier. Ayant pris sa difficile décision, le directeur, honnête homme, se confie à son ami, l'aumônier de la prison, afin que quelqu'un d'absolument sûr partage avec lui ce lourd secret. Mais il a bien mal placé sa confiance ; l'étrange ecclésiastique n'a rien de plus pressé que d'aller tout révéler au préfet de police. Le directeur et le chirurgien sont arrêtés. Une somme de 10 000 francs est saisie. Le reste, sauvé par un étudiant en médecine, est restitué au comité secret. D'autres dispositions sont prévues pour faire évader les condamnés sur le parcours de la prison à la place de Grève. Des hommes décidés ont été placés en différents points. Mais la densité de la foule, l'importance des forces militaires et policières, feront avorter l'opération, comme avait avorté, le 21 janvier 1793, une tentative similaire, mise au point par le baron de Batz pour récupérer Louis XVI sur le chemin du supplice.

Reportons-nous quelques années en arrière.

Ayant contribué à l'abdication de Napoléon Bonaparte, La Fayette retourne à La Grange, retrouve ses arbres, ses fleurs, ses étables bien tenues, pleines d'animaux de qualité. Il reçoit beaucoup. Aux yeux de gens qui n'aiment pas le régime de Louis XVIII il fait figure de patriarche de l'opposition. Le roi le déteste mais ne lui montre en rien l'aversion qu'il éprouve à son égard. Decazes et le parti constitutionnel voudraient bien trouver une formule moyenne entre la monarchie démocratique et la contre-révolution, mais la voie est étroite. Le pouvoir n'a rien, en principe, contre la liberté, mais il craint très fort ses possibles débordements, surtout dans le domaine de la presse. On vient de toute la France, et même de l'étranger, à La Grange, pour voir La Fayette. Les uns pour lui demander des conseils, les autres mus par la curiosité. L'homme qui, chaussé de bottes a piétiné le jour durant dans la terre détrempée et le fumier des étables est, le soir, en habit dans son salon, un hôte éblouissant, d'une courtoisie raffinée disparue avec l'Ancien Régime, et que la Restauration n'a pas été capable de faire renaître. Sa conversation, par la richesse de ses souvenirs, sa franchise, est reçue comme un don précieux par ceux qui l'écoutent.

S'étonnera-t-on, si on le pousse à jouer de nouveau un rôle dans la vie publique, à la mesure de son talent et de son expérience ? Il se laisse convaincre. En 1817, il n'obtient pas la majorité pour le siège à renouveler qu'il voudrait obtenir à Paris. Mais un an plus tard, trois départements, la Seine, la Seine-et-Marne, la Sarthe, lui offrent de faire partie de leurs représentants. Il choisit la Sarthe et obtient 569 voix sur 1 055.

Le jour de l'ouverture de la session, il garde un silence glacial, alors que s'élèvent les cris de « Vive le roi », et il n'affrontera la tribune que le 22 mars 1819. L'opposition libérale, qui compte vingt-huit députés dont certains sont connus et courageux, comme Manuel, d'Argenson, de Schonen, Perier, a trouvé en l'ex-prisonnier d'Olmütz, ennemi constant du despotisme qu'il soit le fait des Bourbons ou de Bonaparte, un porte-parole qui a déjà une légende.

Il sera de tous les combats pour plus de liberté. Il défend l'abbé Grégoire, ancien évêque constitutionnel, élu député de l'Isère, et dont la majorité réactionnaire réussira à invalider le mandat. Il demande l'application intégrale de la Charte de 1814 que le pouvoir ne cesse d'interpréter dans un sens restrictif, au point de lui faire perdre peu à peu l'essentiel de son contenu.

Il s'oppose à la manipulation du suffrage censitaire qu'on voudrait plus favorable aux gros contribuables alors que lui-même voudrait l'élargir en attendant de le rendre universel. Chacune de ses apparitions déchaîne des ricanements et des injures sur les bancs conservateurs. Chacune de ses prises de position, de ses attitudes, est reçue par la masse de ses adversaires comme une provocation. Serait-il une statue à la recherche d'un piédestal, fût-ce un échafaud, comme Laffitte qui ne lui voulait pas de mal, le lui déclara un jour ? Lui-même, à cette question, répondit : « Peut-être » ; et il n'y a pas de raison, quand on connaît sa conduite passée, de douter de sa sincérité.

Faut-il voir dans cette sombre vision de son destin, une raison qui explique son affiliation à la *Charbonnerie* et son accession à la « haute vente » ? Ce n'est en tout cas pas la seule. La Fayette, tempérament optimiste, enthousiaste et quelque peu naïf, n'est pas devenu méfiant avec l'âge. Il accepte facilement les arguments qui vont dans le sens de ce qu'il souhaite. Des affiliés l'ont vraisemblablement fait rêver d'un « grand coup », dont la réussite serait fortement consolidée, si, acceptant de donner sa caution publique, au soir de la victoire, il révélait qu'il était lui-même au premier rang de la conjuration... La voie parlementaire lui paraissant bloquée, il avait accepté de mettre la main dans l'engrenage. On sait ce qui en résulta. L'échec des complots du Bazar, de Saumur, de Belfort, et surtout la fin tragique des sergents de la Rochelle, lui firent mesurer la vanité et les dangers des conjurations et il revint à l'action ouverte, publique, pour autant que le permettaient la charte et son interprétation partisane pour le gouvernement Villèle.

En 1823, il combat la politique de soutien à Ferdinand VII d'Espagne, chassé par son parlement, les Cortes, et que la France replacera sur son trône en intervenant militairement.

En mars, il défend, avec une particulière véhémence son collègue, le député libéral Manuel, qui, après avoir attaqué cette politique d'intervention en Espagne, refuse de quitter la tribune alors qu'il est menacé d'être expulsé de la Chambre, et qui ne cèdera qu'aux gendarmes, après que les gardes nationaux, requis en premier lieu, eurent désobéi à l'ordre d'arrestation.

Le 24 décembre 1823, la Chambre était dissoute. Aux élections du 25 février 1824, à Meaux, circonscription dont dépend La Grange, La Fayette est battu par 152 voix contre 184 à son adversaire conservateur, le baron de Pinteville de Cernon.

Plus que de repos, à soixante-sept ans, l'ex-général, ex-député, a besoin de se changer les idées. Pour ce faire, il choisit le retour aux sources.

40.

« OÙ PEUT-ON ÊTRE MIEUX QU'AU SEIN DE SA FAMILLE ? »

Le 15 août 1824, le port de New York, qui est en train de devenir le plus important de la côte est[1], connaît une frénésie inaccoutumée.

Plus de trente mille personnes sont rassemblées sur les quais. Ce n'est pas pour admirer les bateaux à vapeur, invention de Robert Fulton, l'imaginatif américain dont Napoléon avait refusé les offres de service.

Des salves d'artillerie retentissent à intervalles réguliers, déchirant l'air chaud et humide de cette journée d'été. Tous les navires présents dans le port ont hissé leurs pavillons et signaux. Ce sont des milliers de taches de couleur qu'agite le vent léger sur une profondeur de plusieurs kilomètres. Les soldats en armes et leurs officiers, arborant leurs décorations, attendent dans un ordre impeccable. Parmi ces militaires, certains sont très âgés, et, parmi eux, il y en a beaucoup qui ne peuvent se déplacer qu'avec des béquilles ou une canne ; d'autres qui portent un bandeau noir sur l'œil qu'ils

1. Au XIXe siècle, les émigrants venus d'Europe ne débarqueront plus à Philadelphie, comme au siècle précédent, mais à New York.

ont perdu. Ce sont les vétérans d'une guerre qui s'est terminée il y a plus de quarante ans.

Pourquoi tout ce déploiement de banderoles, d'hommes en armes, chamarrés, ces fanfares, ces barques fleuries, ces navires de guerre avec leur équipage à la bande ? Attend-on une flotte rentrant après une victoire remportée contre la marine d'un pays ennemi, ou la visite d'un chef d'État étranger ? En fait, c'est un navire de commerce américain très ordinaire qui entre dans la rade, le *Cadmus*. Pour l'accueillir dans le grand port de la côte est, un vaisseau de guerre, le *Chancellor Livingston* va à sa rencontre, avec, à son bord, les autorités de la ville et quelques-uns de ces vétérans, comme il y en a sur les quais. Du *Cadmus*, débarqueront trois voyageurs en civil, dont un homme grand, de soixante-sept ans, s'appuyant sur une canne. Il a des cheveux blancs, en abondance, coiffés en hauteur, selon la mode du temps. Près de lui, un homme à l'air très jeune, bien qu'il ait déjà quarante-cinq ans ; le plus âgé serre parfois le bras de l'autre, soit pour maintenir son équilibre, soit pour dominer son émotion. Le troisième personnage les suit, à distance respectueuse.

Lorsqu'ils posent pied à terre, des applaudissements éclatent et des vivats sont poussés par des dizaines de milliers de témoins. C'est tout juste s'ils ne couvrent pas la musique de l'orchestre qui vient d'attaquer un air d'origine française : *Où peut-on être mieux qu'au sein de sa famille ?*

Ces trois voyageurs accueillis avec une chaleur exceptionnelle par la ville de New York, ce sont un ex-général américain, Gilbert du Motier de La Fayette, accompagné par son fils, George-Washington La Fayette, et suivi de son secrétaire, M. Levasseur. Les membres du détachement qui sera affecté à sa garde personnelle portent sur leur uniforme un écusson avec son portrait et l'inscription « *La Fayette's guard* ».

Pour la quatrième fois de sa vie, il a traversé l'Atlantique. Après une absence de quarante ans, il revient, invité officiellement par son ami James Monroe, président des États-Unis, dans le pays où il a vécu les heures les plus exaltantes de sa jeunesse.

Le choix de la musique par laquelle il est accueilli est bien plus qu'une attention délicate. C'est un symbole dont seuls ceux qui connaissent bien la vie du héros de cette journée peuvent comprendre toute la portée.

Où peut-on être mieux qu'au sein de sa famille, en effet ? Car c'est bien sa famille que le passager du *Cadmus* retrouve aujourd'hui. Sa famille spirituelle véritable, tout aussi importante que sa famille selon la chair. Une famille qui va le réchauffer dans son sein pendant plus d'un an ; auprès de laquelle il va reprendre des forces, reconstituer son identité, se redécouvrir lui-même après tant d'épreuves douloureuses.

Ce qu'il ne peut soupçonner, bien qu'il n'ait pas cessé d'entretenir des relations amicales avec des Américains, dont certains lui rendent visite en France, c'est l'étendue de sa popularité aux États-Unis. Il entre dans une ville en liesse, où des fleurs sont jetées en masse des fenêtres sur le char de triomphe attelé de quatre chevaux blancs préparé à son intention. À chaque carrefour, lorsqu'il traverse, un orchestre joue un hymne composé spécialement pour sa visite : *Voyez le héros vainqueur qui arrive.* La traversée-défilé de New York, dont la population a décuplé depuis son précédent voyage, durera deux heures. Le maire, en le recevant au nom de la cité et du pays tout entier, traduit des sentiments dont l'expression bouleverse le héros : « Le peuple des États-Unis vous chérit comme un père vénéré ; la patrie vous considère comme son fils bien-aimé. » Toujours l'image familiale que les historiens, plus tard, confirmeront en classant La Fayette parmi les *Founding Fathers*, les Pères Fondateurs de la nation. Le titre de la chanson est d'une profonde vérité. Où serait-il mieux, à ce moment de sa vie, qu'en Amérique, berceau de sa personnalité ?

Ce débordement de chaleur, d'affection, venant de toutes les classes de la société américaine, classes sociales comme classes d'âge, lui font oublier les injures, les calomnies, les basses manœuvres perpétrées contre lui en France. Au fond, le roi et ses ministres ne sont pas fâchés que l'ancien commandant de la Garde nationale se soit éloigné. Aurait-on disposé d'assez de preuves contre lui pour l'arrêter, qu'il aurait polarisé toute l'opposition, par son nouveau rôle de martyr. Un immense mouvement aurait pu se former autour de son seul nom, entraînant la jeunesse, les milieux populaires ; et cela, le gouvernement ne le souhaitait pas. Agir sur l'électorat pour l'empêcher de retrouver son siège était déjà, pour le pouvoir, un résultat positif.

À des milliers de kilomètres de ses médiocres ennemis, le héros de l'Ancien et du Nouveau Monde (surtout du Nouveau) est pris dans un tourbillon. Les banquets succèdent aux bals, les discours aux concerts. Au bal de Boston, donné en son honneur, il y a six mille invités. Partout, il doit s'exprimer, rappeler des souvenirs, répondre à des centaines de questions, des milliers. Car il sera reçu officiellement par 132 municipalités, et, chaque fois qu'il sera obligé de s'arrêter pour prendre un repas ou passer la nuit dans un village ou une bourgade, la population viendra le voir, lui serrer la main, toucher ses vêtements, l'entendre parler.

Et s'il n'y avait que les municipalités et les grandes institutions nationales ou locales ! Mais l'Amérique est un pays religieux, et, au surplus, riche en confessions diverses. La Fayette doit subir des prêches et des concerts spirituels dans les temples de tous les cultes : épiscopalien, presbytérien, méthodiste, unitarien, dans les églises catholiques, les synagogues, et bien d'autres. Il fait preuve d'un œcuménisme total. Mais la vraie famille spirituelle de l'ex-général américain, on ne le souligne pas assez en France, c'est la franc-maçonnerie.

Aucun accueil n'est peut-être plus émouvant pour lui, en tant que maçon, que sa réception solennelle par la Grande Loge de Pennsylvanie, à Philadelphie, dont Benjamin Franklin fut un des grands maîtres et George Washington un des grands maîtres-adjoints. C'est là qu'il retrouve ce souffle pur, cet esprit de fraternité, au-delà des clivages politiques et religieux, qui animaient ceux qui ont jeté les vrais fondements du pays et dont lui-même, frère venu de loin, avait eu l'honneur de partager les travaux et les combats, et dont le souvenir demeure, puisque trente-sept loges maçonniques des États-Unis portent déjà son nom.

À travers La Fayette, qui, ayant quitté l'Amérique en 1784, n'a pas été usé par les affrontements politiques qui ont suivi, dont l'image par la force des choses est restée intacte alors qu'il est vivant, c'est l'esprit des années 1776-1781 que l'Amérique retrouve, l'espace de la visite d'un ami sûr et d'une inébranlable fidélité ; c'est cet immense courant d'enthousiasme, d'optimisme des hommes qui avaient été appelés, selon le mot de Thomas Paine, « à recommencer l'histoire du monde ».

C'est son cher Jefferson, ancien président des États-Unis, qu'il ira voir deux fois au cours de son séjour, qui résume le mieux et avec humour les dangers qui guettent le héros de Brandywine au cours de sa tournée triomphale : « Je crains qu'on vous tue à force de tendresse. Ne perdez pas, dans les embrassements d'une affection enthousiaste, une vie qu'on voudrait tellement conserver. »

La Fayette veut revoir les champs de bataille où s'était joué le sort du pays et sans doute du monde. Ce sera un pieux pèlerinage et, à chaque fois, hélas ! une occasion d'évoquer de chers absents. La visite est autant celle de la piété, du souvenir, de la nostalgie, et pour tout dire du chagrin, que celle de l'allégresse. À Mount Vernon, la propriété où a vécu et où est mort George Washington, l'homme qui a le plus compté dans sa vie, l'émotion éprouvée à descendre, seul, dans la crypte mortuaire, est difficile à dominer. Lorsqu'il remontera pour rejoindre le neveu du premier président des États-Unis, et le petits-fils de Martha Washington, Jack Custis, La Fayette restera un long moment sans pouvoir prononcer une parole. Son séjour en Virginie se prolonge par un pèlerinage à Yorktown. Une délégation de la marine française est présente, mais se manifeste aussi peu que possible, comme si elle avait reçu l'ordre de ne rien faire qui soit de nature à contribuer à la gloire de celui qui avait tant fait pour cette victoire. Il séjourne aussi, pendant quinze jours, chez un illustre Virginien, un des plus francophiles parmi les anciens présidents des États-Unis, le doux et cultivé James Madison, retiré dans sa chère propriété de *Montpellier*, comme Jefferson s'est installé dans son imposant domaine de *Monticello*, chez qui l'hôte du gouvernement, avant de quitter l'Amérique, passera plusieurs jours, à titre privé.

Le 10 décembre a lieu à Washington, la capitale fédérale qu'il découvre, car elle a été entièrement construite depuis son dernier séjour, sur les plans du major du corps expéditionnaire de Rochambeau, L'Enfant, sa réception officielle par le Congrès, après sa visite au chef de l'État, James Monroe, ancien ambassadeur à Paris. Vingt-quatre députés viendront le chercher à sa résidence pour l'accompagner jusqu'au palais où l'accueille le *speaker*, Henry Clay. Les représentants du peuple ont voulu donner le plus de formalisme possible à cette cérémonie, à laquelle assistent les sénateurs et le corps diplomatique.

Dans son discours, Henry Clay ne s'adresse pas simplement à l'ancien combattant des années glorieuses, mais aussi à l'homme tel que la destinée l'a façonné jusqu'à ce jour, à travers toutes ses actions : « La constante fermeté de votre caractère, votre imperturbable dévouement à la liberté fondée sur l'ordre légal, pendant toutes les vicissitudes d'une vie longue et périlleuse, ont droit à notre profonde admiration. Souvent, on a formé le vain désir que la providence permît au patriote de visiter son pays après sa mort et d'y contempler les changements auxquels le temps a donné naissance... Votre visite actuelle offre l'heureux accomplissement de ce vœu. Vous êtes ici au milieu de la postérité. » À cet éloge, le général (c'est ainsi que le *speaker* l'a nommé dans son discours) répond, avec modestie, « qu'une seule heure des réceptions dont il est l'objet depuis quatre mois ferait plus que compenser les travaux d'une vie entière et que, quarante ans plus tôt, il lui avait été permis d'exprimer devant le comité d'un Congrès de treize États, les vœux ardents d'un cœur américain ». Il ne fait pas de doute, en ces journées, que son cœur était, est resté et restera américain, jusqu'à sa mort. Exemple rare d'une parfaite situation de double nationalité.

Le 20 décembre, la Chambre des représentants et le Sénat décidaient, « en considération des services et sacrifices du général La Fayette pendant la guerre de la Révolution », de lui accorder une somme de deux cent mille dollars ainsi qu'une pièce de terre prélevée sous l'autorité du Président, sur les surfaces non encore concessionnées aux États-Unis. Plusieurs États voulurent ajouter des dons particuliers à cette dotation fédérale. Le général dut insister pour refuser efficacement ces gestes de générosité qu'il jugeait excessifs.

En janvier 1825, le héros comblé prend à bord d'un *steam-boat* le chemin de la Louisiane, cet État dont il aurait pu devenir le gouverneur – il lui aurait suffi, en 1803, d'accepter le poste qui lui était offert –, où a été fondé une ville qui porte son nom. Le voyage de plusieurs mois comportera de nombreuses étapes et lui permettra de découvrir des régions jamais visitées. Mais c'est aussi un voyage du souvenir, dans le Sud, où il pose la première pierre de monuments à la mémoire de très chers compagnons : le baron Kalb, qui était à ses côtés sur la *Victoire*, en 1777, et à qui il devait tant ; Kalb, l'ancien agent secret du maréchal de Broglie, tombé à Camden ; et le général Nathanaël Greene, que ses origines quaker n'avait pas empêché d'être un rude guerrier, un joyeux drille et un franc buveur, Greene, un des rares généraux de l'époque avec qui il pouvait assouvir de temps en temps son besoin de rire, mort à Savannah (Georgie) en 1786[2].

En Caroline du Nord, il découvre le « Fayette County » (comté de La Fayette), fondé en mutilant légèrement son nom, et rend visite à son vieil ami Huger, qui avait organisé son évasion ratée de la forteresse d'Olmütz, trente ans plus tôt. Par une délicate attention des autorités, le courageux Huger sera invité à des festivités officielles en l'honneur du général. Dans les rues comme dans les boutiques, on vend le portrait du visiteur et d'innombrables produits avec son effigie.

À New York, où il est retourné après une tournée dans le Nord, parmi un flot d'invitations si nombreuses qu'il ne peut répondre à

2. À Richmond (Virginie), au premier rang de la foule qui acclame le visiteur, se trouve un adolescent de quinze ans. Son cœur bat très fort, car son grand-père, ancien combattant de la Révolution, lui avait parlé avec admiration et affection de ce général venu de France pour combattre avec les révoltés. Cet adolescent génial, encore inconnu, a une des plus belles imaginations de son époque. Il s'appelle Edgar Poe.

toutes, il en a trouvé une à laquelle il ne peut en conscience se dérober. Elle émane de Joseph Bonaparte, l'ex-roi de Naples et d'Espagne, qui vit aux États-Unis sous le nom de comte de Survilliers. Il a acquis un très beau domaine à Point Breeze, près de la ville de Bordentown, dans le New Jersey. C'est là qu'il aimerait recevoir l'hôte officiel du pays, à l'amitié de qui il a toujours été fidèle, en dépit du rôle joué par ce dernier en 1815.

Cette visite ne représente pas un long détour, Bordentown étant situé entre New York et Philadelphie, prochaine ville à visiter dans le programme du héros du jour.

La Fayette débarque donc chez un émigré de luxe, qui a eu le privilège, dans sa vie, de porter deux couronnes, sans que le pouvoir lui soit monté à la tête.

L'accueil est des plus cordiaux. L'ancien roi d'Espagne vit dans cette grande maison, entourée d'un immense parc, au sein d'une nature très riche, avec sa fille aînée, la princesse Zénaïde, le mari de celle-ci, Charles, prince de Canino, qui est le fils de Lucien Bonaparte (les mariages entre cousins germains ne choquent pas encore l'opinion), et l'ex-dame de compagnie de la seconde fille de Joseph, Charlotte, qui, elle, a déjà quitté l'Amérique. Cette dame française, Madame Lacoste, est si charmante, que le père l'a gardée pour sa propre compagnie, et comme il y avait un mari dans le paysage, on l'a envoyé gentiment fonder une maison de commerce à Saint-Domingue... Recevant régulièrement d'Europe des caisses entières de livres, ayant la chance d'avoir un gendre-neveu intelligent, s'intéressant aux sciences, féru d'ornithologie, cet homme cultivé et sage qu'est Joseph vit une existence plus conforme à ses goûts profonds, à Point Breeze, que celle qu'il connaissait dans ses palais de Naples ou de Madrid.

Avec son illustre visiteur, la masse de souvenirs à évoquer est impressionnante ; et certains sont, disons, délicats. On peut imaginer, sans risque de se tromper beaucoup, qu'ils ont commencé leurs longs entretiens en prononçant le nom d'un homme qui aurait pu mourir sur cette terre américaine, refuge de tous les proscrits du monde entier, quelle que soit la cause de leur exil forcé : Napoléon lui-même... L'Empereur, quand il se sentit acculé à l'abdication, le 25 juin 1815, avait prévu, en effet, de se rendre aux États-Unis, et quitté l'Élysée pour la Malmaison, afin d'y attendre ses passeports dans le calme, le palais du faubourg Saint-Honoré étant assiégé par une foule décidée cette fois à veiller sur lui. Il révélera même à la reine Hortense son intention de faire venir près de lui, en Amérique, un petit garçon, fils d'une demoiselle Denuelle, dont il est peut-être le père, et qui ressemble fort à son fils légitime, le roi de Rome.

C'est à Niort, le 2 juillet, sur la route de Rochefort, où il espérait embarquer, que Napoléon reçoit de Joseph, parti après lui, les passeports français et américain. Il a deux frégates à sa disposition, à Rochefort : la *Saâle* et la *Méduse*. Mais le préfet maritime, de Bonnetoux, lui fait croire que le port est bloqué par une escadre anglaise. Il faudrait donc pour naviguer en toute sécurité un sauf-conduit britannique, document qu'il serait naïf d'espérer. Louis XVIII est rentré à Paris, et il souhaite, comme Fouché, que Napoléon soit dirigé sur l'Angleterre. Après avoir un moment envisagé de forcer le blocus sur un chasse-marée, solution proposée par six aspirants de marine audacieux qui envisagent, une fois passés sous le nez des navires de Sa Gracieuse Majesté, d'attaquer un bateau marchand pour poursuivre la route jusqu'à un port de la côte américaine, l'Empereur pense à se rendre purement et simplement aux Anglais. L'arrivée de Joseph, son frère, le 12 juillet, fait rebondir le suspense. L'ex-roi d'Espagne a trouvé un brick qui accepte (au prix fort, celui de sa cargaison) de les transporter de l'autre côté de l'Atlantique. Pour tromper l'ennemi, Napoléon filera seul, en prenant l'identité de son frère qui lui ressemble beaucoup, alors que ce dernier, se faisant passer pour l'Empereur, s'enfermera sous prétexte de maladie dans la chambre du commandant de l'île d'Aix, où réside le plus illustre des Bonaparte. Au dernier moment, Napoléon renoncera, en alléguant que ce serait une fuite indigne de lui. Joseph partira donc seul et arrivera sans encombre à New York, sur le brick, tandis que l'ex-empereur, dédaignant le conseil de Montholon de ne pas faire confiance aux Anglais, monte sur le *Bellerophon*, battant pavillon de l'Union Jack, le 15 juillet, à 6 heures du matin, convaincu, comme il l'a écrit dans son message adressé de Rochefort au prince régent, à Londres, d'aller « s'asseoir, comme Thémistocle, au foyer du peuple britannique, réclamant la protection du plus constant et du plus généreux de ses ennemis ».

Le monde devait savoir très vite ce que valait cette générosité.

Joseph et son hôte ont dû, en effet, évoquer les détails de cette dernière aventure manquée du vaincu de Waterloo. Que celui-ci, à Sainte-Hélène, ait écrit cette phrase terrible : « Les deux issues si malheureuses des invasions de la France, lorsqu'elle avait encore tant de ressources, sont dues aux trahisons de Marmont, Augereau, Talleyrand et La Fayette. Je leur pardonne ; puisse la postérité française leur pardonner comme moi », on peut le comprendre, compte tenu de son immense amertume. En tout cas, Joseph Bonaparte, qui n'a jamais renié Napoléon, n'a pas cru, pour sa part, à la trahison de La Fayette ; sans quoi ce dernier ne serait pas à Bordentown, en cette fin d'été, assis à ses côtés, alors que, dans le parc, les feuilles des érables ont déjà viré au rose et seront franchement rouges dans quelques jours...

Napoléon est mort à Sainte-Hélène, après une captivité dont les conditions seront pour l'Angleterre un souvenir de honte ; Joseph vit un exil confortable ; et La Fayette connaît, à soixante-sept ans, une gloire que peu d'hommes d'action ont connue, car elle n'est liée à la possession d'aucun pouvoir : l'affection profonde et durable de tout un peuple.

Il avait promis à Jefferson de revenir une fois à *Monticello* avant de quitter l'Amérique, et il tint parole, au cours de l'été 1825. Il revit les montagnes bleues qui barraient l'horizon de Virginie, ces Blue Ridges qui faisaient rêver autrefois les enfants de la région des mystères de la frontière. En approchant de la maison de son ami, une impression nouvelle lui serra le cœur. Les feuilles des arbres étincelaient dans la splendide lumière virginienne, mais ce n'était plus la même atmosphère que lors de sa précédente visite, quelques mois plus tôt. À l'enchantement de l'arrivée, succédait la mélancolie de la fin de ce pèlerinage sentimental, au cours duquel sa vie tout entière avait trouvé sa pleine justification. Bientôt, il allait devoir s'embarquer pour retrouver la France, sa famille bien-aimée, mais aussi une situation politique incertaine, et peut-être des menaces contre sa personne. Dans quelles conditions allait-il reprendre son action en faveur de la liberté, tandis qu'ici, par le miracle de l'amitié, se prolongeait sa jeunesse, pour quelques semaines encore ?

Ce second passage à *Monticello* – il sentait bien qu'il n'y en aurait plus jamais d'autre –, Jefferson avait voulu lui donner le caractère d'une fête exceptionnelle ; elle n'avait pas besoin de lampions, de guirlandes, de feux d'artifice, puisque c'était une cérémonie tout intérieure, une fête de la mémoire. Pour le décor, la nature éclatante, autour d'eux, suffisait. Étaient conviés, Madison et Monroe. Ainsi, l'ancien volontaire de l'armée des *insurgents* se retrouvait avec trois anciens présidents des États-Unis. Comme dans toute fête, serait-elle de l'âme, il faut de la musique ; Jefferson, qui venait de recevoir d'Europe un nouveau Stradivarius, allait en jouer pour ses amis, lui qui se prétendait le meilleur violoniste de l'État, malgré ses doigts devenus, avec l'âge, un peu gourds. Si la nostalgie avait sa place dans les conversations de ces quatre compagnons, sur la terrasse parfumée par le vent chargé de toutes les senteurs de la flore ambiante – pouvait-elle être absente ? –, elle ne tenait pas toute la place. Ces hommes, parvenus au soir de leur vie, avaient bâti ensemble une œuvre solide, durable, dont l'histoire ne faisait que commencer. Fidèles à l'idéal de leur jeunesse, ils pouvaient reprendre le propos de l'Écriture : « J'ai mené le bon combat, j'ai gardé la foi. » Leurs regards, ils avaient le droit de les tourner vers l'avenir ; le combat n'était pas terminé – aucun l'est-il jamais ? –, mais s'ils savaient qu'ils devaient se battre encore, ils avaient déjà posé des pierres d'un édifice dont la construction se poursuivrait dans les temps à venir.

Après cette rencontre entre Pères Fondateurs, La Fayette retourna à Washington pour faire ses adieux au nouveau président qui venait d'être élu : Quincy Adams, fils de John Adams. Il devait revenir à celui-ci de prononcer le dernier discours officiel, pour remercier l'hôte de sa visite et lui exprimer les vœux de la nation. « Quand plus tard, lui dit-il, dans sa harangue, on demandera à un Français de choisir l'individu symbolisant le mieux sa nation, dans le temps que nous vivons, le sang d'un noble patriotisme colorera ses joues, le feu d'une inébranlable vertu brillera dans ses yeux, et il prononcera le nom de La Fayette ! »

Le 7 septembre, le lendemain de son soixante-huitième anniversaire, le visiteur de sa propre patrie spirituelle s'embarquait sur un bateau à vapeur portant le nom de *Mount Vernon*, qui devait l'emmener dans la baie de Chesapeake où l'attendait, prêt à appareiller, le dernier vaisseau construit par les chantiers américains. En l'honneur de son illustre passager, il avait été baptisé *Brandywine*. Dans sa cale, il contenait une caisse immense, emplie de terre recueillie sur le champ de bataille même de Brandywine par La Fayette, lors de sa visite, en vue de la faire répandre sur son cercueil, le jour de ses obsèques. Ainsi, serait-il enterré dans cette terre d'Amérique qu'il avait tant aimée.

Treize salves de canon retentirent, au moment où il embarqua. Une pour chacun des treize États libérés, lors de la Révolution, par cette armée d'*insurgents* dans laquelle il avait servi avec gloire et honneur[3].

À l'arrivée au Havre, le capitaine du navire remit à son hôte, en hommage, le drapeau étoilé qui avait flotté au mât durant la traversée.

Il n'est pas excessif de dire que jamais une nation n'honora autant un ami étranger.

Lorsqu'il posa le pied sur le sol de sa patrie charnelle, la foule voulut se porter à sa rencontre et l'acclamer. La gendarmerie du roi chargea ces admirateurs enthousiastes qui risquaient de crier trop fort leur amour de la liberté !

3. Ce voyage triomphal, dont seules les tournées de stars peuvent, aujourd'hui, donner l'idée, a provoqué à l'époque une production massive de souvenirs et d'objets, marqués du nom ou de l'effigie du général La Fayette : gants, écharpes, brosses, bouteilles, carafes, services de table, céramiques, tasses à café, mouchoirs, édredons, chaises, tables, parapluies et cravates, qui sont réunis désormais en une exposition au Queen's Museum de New York.

41.

QUAND L'HISTOIRE SE RÉPÈTE

Quatre mille personnes qui se rassemblent dans une petite commune de Seine-et-Marne, d'ordinaire très tranquille, cela se remarque ; d'autant plus, qu'aucune fête religieuse, aucune cérémonie exceptionnelle ne justifie, en ce début d'octobre 1825, un tel déplacement de population. Le fait a d'ailleurs moins de chance de passer inaperçu qu'en un autre lieu, puisque le château de La Grange, objet de cette curiosité, est surveillé discrètement depuis des années par une police vigilante, qui dispose de nombreux indicateurs.

Le télégramme et le téléphone n'ont pas encore été inventés, mais on peut être certain que le préfet du département, dans son hôtel de Melun, est informé plusieurs fois par jour du mouvement des arrivées et des départs aux grilles de ce château, et que les noms des visiteurs, seraient-ils de simples agriculteurs de la région, sont scrupuleusement rapportés au représentant du pouvoir royal.

Ces milliers de Français ne sont pourtant pas animés d'intentions subversives. Ils ne portent pas d'armes ni de pancartes, l'ordre public n'a rien à redouter de leur présence. Ils viennent, simplement, saluer le châtelain, de retour après une absence de plus d'une année. Ils savent qu'il a ête reçu dans un lointain pays, ami de la France, mieux qu'un chef d'État. Comment ne seraient-ils pas fiers de leur voisin, qu'ils ont l'habitude de voir, portant un vieux pantalon de laine et de grosses bottes crottées, inspectant les champs et les étables, discutant familièrement avec les paysans, n'hésitant jamais à donner un coup de main à un vacher qui fait rentrer ses bêtes, ou au conducteur d'une charrette de foin embourbée. Il aimerait répondre à chacun de ceux qui sont venus le saluer, l'applaudir, qui lui crient, en toute simplicité, qu'il a rajeuni, qu'il a même grossi ; mais ils sont trop nombreux. Il est obligé de s'adresser à des groupes, pour remercier, exprimer sa joie de retrouver ses compatriotes. Ne dirait-on pas que c'est la fête américaine qui continue, la plaine de Louisiane qui se prolonge par la plaine de la Brie ?

La fête américaine qui continue ?

Si le châtelain de La Grange avait nourri, sur son bateau qui le ramenait, quelques illusions de ce genre, les autorités françaises, dès les premières heures de son retour, s'étaient chargées de lui ouvrir les yeux : sympathisants venus l'accueillir à son débarquement au Havre repoussés sans ménagement ; aubade en son honneur prévue à Rouen et rendue impossible par la gendarmerie ; commentaires aigres des journaux proches du gouvernement.

Il n'empêche que cet ex-député, battu aux dernières élections dans le département, soupçonné d'avoir trempé dans des complots, donne la preuve à tous que sa popularité est intacte, renforcée même. Cette tournée triomphale en Amérique lui a fait retrouver une nouvelle ardeur militante. Il a vu de près ce que le système démocratique peut faire d'une nation. Pourquoi la France, à son tour, ne cueillerait-elle pas les fruits de la liberté ? N'a-t-elle pas assez souffert et lutté ; n'a-t-elle pas reçu des promesses solennelles ? Le nouveau roi qui est monté sur le trône durant son absence, il le connaît depuis longtemps, c'est l'ex-comte d'Artois, devenu Charles X, le 16 septembre 1824. La Fayette est trop bien informé sur ce qui se passe aux Tuileries, il a trop de parents, d'amis qui gravitent autour du pouvoir, pour ignorer que le roi a de l'estime pour lui. Ce sentiment, Charles X l'exprimera dans une formule qu'il veut flatteuse pour l'intéressé, mais qui le condamne lui-même : « Il n'y a que deux hommes, dit-il, qui n'ont pas varié du tout dans leurs idées, depuis 1789, c'est moi et Monsieur de La Fayette. »

Ce que le roi considère comme devant être mis à son crédit, sous le nom de constance ou de fidélité, c'est en fait son manque de discernement, pour ne pas dire son aveuglement. En 1789, il était attaché si fermement au principe de la monarchie absolue de droit divin, si opposé à toute réforme constitutionnelle, qu'il fut le premier grand personnage de l'État à émigrer. Était-ce de la clairvoyance, mis à part le fait qu'en s'éloignant il sauvait probablement sa tête ? Mais, en 1824, après tout ce que la France avait subi, dix ans après l'octroi par Louis XVIII de la Charte qui devait réconcilier les Français avec les Bourbons, s'efforcer de rétablir la monarchie absolue relevait du délire ; même un contre-révolutionnaire aussi déterminé que Metternich condamnait, comme contraire à la raison, cette politique de « folle dictature ».

La Fayette, en tout cas – que Metternich n'apprécie pas davantage qu'il n'apprécie Charles X –, est bien décidé à lutter de nouveau contre les Ultras, qui n'ont toujours « rien appris ni rien oublié », et il se sent plus enthousiaste que jamais, convaincu d'aller, comme on dira plus tard, dans le sens de l'Histoire.

Au cours de la Révolution, ses biens ont été saisis, vendus à l'encan, et si Adrienne a pu, en partie, reconstituer son patrimoine, lui-même n'a jamais récupéré cette belle fortune qui faisait tant d'envieux, lorsqu'il était devenu millionnaire, à treize ans.

Cette spoliation est le seul trait qu'il ait eu en commun avec les aristocrates qui le haïssent [1].

Quand Charles X, objet, après Louis XVIII, d'incessantes réclamations de la part de ceux à qui leurs biens ont été arrachés, décide, après beaucoup de discussions, de leur accorder une indemnité, qui devient l'affaire du « milliard des émigrés », l'ex-prisonnier d'Olmütz n'hésite pas à percevoir le montant qui lui est alloué, et qui se monte (pour ses terres d'Auvergne) à 325 767 francs.

1. Encore que certains d'entre eux se soient enrichis sous l'Empire, ce qui n'a pas été le cas de La Fayette.

Cette attitude peut surprendre de sa part, quand on songe à son immense désintéressement au cours de la guerre d'Amérique et de la Révolution, mais il faut bien voir qu'il ne s'agit ni d'un don ni d'un salaire, mais de la restitution d'une modeste partie de sa fortune familiale, et il n'a pas de raison d'en faire abandon à un gouvernement qu'il combat. Il a aussi des obligations envers ses enfants, et on peut compter sur sa générosité pour utiliser cet argent au profit des persécutés qu'il ne cessera de soutenir jusqu'à sa mort.

En juin 1827, il récupère, sur la proposition de l'électorat de Meaux, le siège de député qu'il avait dû abandonner, en février 1824, au baron de Pinteville de Cernon, décédé en mai 1827.

Dès son retour à l'Assemblée, il montre qu'il n'a rien perdu de son mordant. En août, il prononce l'éloge funèbre de son collègue et cher compagnon de lutte, Jacques Antoine Manuel, en usant de termes qui sont un appel à l'esprit de résistance contre le pouvoir. Le journaliste Mignet, qui en fait un compte rendu admiratif, sera traduit pour cela en correctionnelle.

Si Charles X donnera quelque espoir d'une ouverture aux libéraux, en intervenant en faveur des Grecs contre les Turcs, et en relâchant un peu le contrôle de la presse, la façon dont il reviendra sur cette dernière mesure lui aliénera ceux qui croyaient possible un compromis. Toutes les mesures décidées par le pouvoir royal étant l'objet d'âpres discussions, le souverain, cédant à la tentation de la facilité, décide de dissoudre la Chambre, sûr qu'il est de voir élus un plus grand nombre de députés à sa dévotion. Le résultat étant contraire à ses prévisions, le souverain rend responsable de cette déconvenue le Premier ministre, Villèle, proche des Ultras mais relativement modéré, qu'il veut remplacer par Jules de Polignac, un Ultra sans nuance, candidature qui fait grincer des dents jusqu'à la cour ; le roi y renonce, et appelle auprès de lui un méridional jovial et apprécié pour sa souplesse, qui restera en place jusqu'en août 1829 : Martignac.

Au cours de ces deux années, La Fayette se manifeste à la Chambre avec véhémence. Il n'est pas excessif de dire qu'il est l'âme de l'opposition libérale.

C'est ainsi qu'il défend la thèse de l'instruction nationale obligatoire. L'instruction, dit-il, est le premier besoin de la population française, la première dette que le pouvoir a envers elle. Le gouvernement propose un budget de cinquante mille francs pour ce département, le député de Meaux contre-propose de le multiplier au moins par cent ! C'est ce qu'exige « ce grand devoir social ».

Précurseur de l'enseignement de masse, lorsqu'il s'agit de l'Université, il dénonce l'envahissement de celle-ci par les jésuites, ce qui ne fait guère plaisir au très pieux Charles X, qui n'apprécie pas davantage les attaques de son ex-collègue au bureau de l'Assemblée des notables en 1787 contre les dépenses excessives de la cour et l'importance démesurée de la liste civile.

En 1829, La Fayette, qui s'est efforcé d'éviter la rupture avec Martignac, tente d'obtenir l'abolition de la loi électorale. Partisan du suffrage universel, il demande qu'au moins tous les contribuables (quel que soit le montant de leurs impôts) participent par eux-mêmes, ou par l'intermédiaire de leurs représentants, au vote des charges publiques.

Le roi ne comprend pas que cet élargissement de la loi serait finalement à son avantage, puisqu'il transformerait en électeurs des agriculteurs, conservateurs par nature, puisqu'ils tiennent à conserver la terre qui est leur moyen d'existence. Mal conseillé, et surtout très têtu, Charles X chasse Martignac, trop souple à son gré, et revient à son choix initial, celui du prince de Polignac, qui, par son obéissance aveugle, le conduira à sa perte.

La Fayette n'est pas à Paris au moment du changement de gouvernement. Il fait, en province, à *Chavaniac*, puis à Grenoble où Nathalie, la fille de son fils George-Washington, a épousé un frère du banquier libéral Perier, une tournée qu'on peut qualifier de triomphale. En même temps, il renforce par ses discours, à l'issue de banquets, une opposition qui va devenir plus structurée et efficace, servie qu'elle est, surtout, par les erreurs de ses adversaires.

À Grenoble, le maire, Rosset-Brézon lui tend une couronne d'argent et de lauriers, sous les applaudissements d'une foule considérable. C'est presque la tournée d'Amérique qui, cette fois, recommence. Le député de Meaux salue, en la capitale du Dauphiné, la ville où « flotta le premier pavillon de la liberté ». À Vizille, autre haut lieu de l'effervescence de 1789, l'accueil de la population et du maire est d'une telle ferveur, que ce dernier sera révoqué par le pouvoir.

À Voiron, à Bourgoin, à Vienne, à Lyon, c'est le même accueil enthousiaste et les mêmes mises en garde, adressées par le député et ses amis, dont l'ancien membre de la « haute vente » charbonnière, de Schonen, au gouvernement, à qui la tentation est prêtée – non sans raison – de vouloir liquider totalement la Charte, par la voie d'ordonnances.

Le ton de La Fayette est parfois menaçant, comme à Lyon, où il se dit rassuré par « cette fermeté calme et même dédaigneuse d'un grand peuple qui connaît ses droits, sent sa force et sera fidèle à ses devoirs ».

Il soupçonne le pouvoir royal de vouloir prendre des mesures illégales et le dit haut et fort, mais il faudra attendre que celles-ci soient publiées pour que la riposte populaire se manifeste.

Si son but était, en entreprenant cette tournée, de galvaniser les énergies dans le camp libéral, La Fayette a atteint l'objectif. Cent mille exemplaires d'une brochure consacrée à ce voyage triomphal et aux positions prises publiquement dans les villes traversées sont imprimés et distribués.

Rentré à La Grange, il peut attendre que Charles X et son trop fidèle exécutant, Polignac, continuent à accumuler les erreurs politiques. En 1829, il pousse la candidature de Guizot à la chambre pour remplacer Vauquelin, dans l'Eure. Bien qu'il ne le tienne pas pour assez démocrate, il admire sa culture, son talent et sa probité.

Pour couvrir sa tentative de reprise en main des institutions, le roi a besoin de succès, à l'extérieur. Pour cela, il faut un ennemi. Le monarque en possède un qui est vraiment idéal ; qu'on peut combattre efficacement avec de grandes chances de succès et sans prendre le risque de mettre l'Europe entière à feu et à sang : c'est le dey d'Alger. L'expédition est organisée. Le débarquement des forces françaises commence, le 13 juin 1830 ; le 5 juillet, la ville d'Alger est prise.

En France, malgré le tapage de la presse des Ultras, qui exalte cette victoire de nos armées, ce ne sont pas de grandes illuminations qui accueillent la nouvelle. Les citoyens sont trop absorbés par les élections qui se déroulent du 23 juin au 19 juillet. La prise d'Alger ne profite pas à la droite, au contraire ; l'opposition, qui comptait 221 députés, en a maintenant 274.

À ce résultat, vexant pour le gouvernement en place, le roi répond par un défi. Un défi qui va se révéler suicidaire. Comme La Fayette l'avait prévu, il se lance dans un coup d'État qui a les apparences de la légalité. Quatre ordonnances, préparées en secret, paraissent, le 26 juillet, dans *Le Moniteur*. Leur contenu peut se résumer ainsi :

1) suspension de la liberté de la presse, rétablissement de l'autorisation préalable ;

2) cens d'éligibilité et de suffrage basés sur les seules contributions foncières ;

3) dissolution de la Chambre à peine élue ;

4) fixation de la date des prochaines exécutions.

Thiers déclare : « Le régime légal est interrompu, celui de la force est commencé... L'obéissance cesse d'être un devoir. »

L'aveugle Charles X a donné lui-même le signal pour le déclenchement d'une révolution. La presse qui paraît sans autorisation, contrairement aux dispositions des ordonnances, répond, la première, au défi, en donnant l'exemple de « la résistance à l'autorité qui s'est dépouillée du caractère de la loi » (*Le National*, journal orléaniste).

Le roi, de son côté, laisse au général Marmont, duc de Raguse, la responsabilité de maintenir l'ordre, avec dix mille hommes disposant de réserves de vivres et de munitions insuffisantes, et, sans quitter sa résidence estivale de Saint-Cloud, consacre ses journées à la chasse.

« C'est à la France de juger jusqu'où doit aller sa propre résistance », avait précisé Thiers dans son manifeste sur la résistance de la presse. Les députés, pour leur part, au cours de la journée du 27 juillet, n'envisagent pas encore de passer à la phase insurrectionnelle. La plupart des libéraux, derrière Casimir Perier et Guizot, veulent s'en tenir, pour le moment, à une action légale, et protester contre les ordonnances. Mais la situation va rapidement leur échapper. Dans la soirée, des coups de feu sont tirés par la troupe sur des manifestants, à la Bourse et au Palais-Royal. Il y a des morts.

La Fayette rentre précipitamment de La Grange à Paris. Polignac a signé à son sujet un ordre d'arrestation que Marmont n'osera pas faire exécuter. Dès son retour dans la capitale, la popularité du député de Meaux ne cesse de grandir. Son nom se répand comme une traînée de poudre. L'homme à qui il revient de mettre à bas le régime monarchique, c'est lui. Il en est conscient, et il bouscule ses collègues, dont Guizot, qui veulent poursuivre le dialogue avec le roi sur des bases légales. Pour lui, la Charte a bel et bien été violée, et la troupe a osé tirer sur des citoyens innocents. C'est le roi et ses ministres qui ont choisi d'entrer dans l'illégalité, non le peuple. L'insurrection, selon une formule qu'il a rendu célèbre en d'autres temps, est devenue le « plus sacré des devoirs ». Celle-ci est commencée, quoi que disent, veuillent ou fassent les députés « légalistes ». Marmont regroupe ses hommes autour du Louvre et des Tuileries, et appelle des renforts de province. Pendant que les parlementaires réfléchissent aux dispositions qu'ils devront prendre le 29, lors de leur réunion – La Fayette n'a-t-il pas parlé d'instituer un gouvernement provisoire ? –, les *charbonniers* forment des comités insurrectionnels, durant la nuit, dans les douze arrondissements que compte alors Paris. En même temps, des délégations de citoyens vont demander au député de Meaux de prendre, comme en 1789, la tête de la Garde nationale. Ses collègues de la Chambre, dès qu'ils se seront réunis sous la présidence de Laffitte, entérineront cette nomination. Chargé de la sécurité de la capitale, le nouveau chef de la Garde nationale s'empresse d'enfiler – à soixante-treize ans ! – le vieil uniforme taillé quarante et un ans plus tôt. Une commission municipale de cinq membres est créée par les députés. Elle comprend Laffitte, Perier, Lobau, de Schonen et Audry de Puyraveau. Un sixième membre sera choisi en la personne d'un jeune révolutionnaire, qui s'est révélé dans la rue, Mauguin.

Dans la foule des manifestants, il y a un garçon de vingt ans qui suit avec enthousiasme et un certain trouble ces événements. La révolution représente pour lui, comme pour tous les jeunes, l'espérance. Mais peut-être pressent-il déjà qu'il sera déçu par le résultat des Journées de juillet. Ce garçon s'appelle Alfred de Musset. Quatre ans plus tard, au cours de l'année même où l'on enterrera le plus grand déçu de juillet, le vieux général La Fayette, le tout jeune écrivain mettra la dernière main à son drame *Lorenzaccio*. Il contient cette réplique qui en dit long : « Le duc est mort, il faut en élire un autre, et cela le plus vite possible. Si nous n'avons pas un duc ce soir ou demain, c'en est fait de nous. Le peuple est en ce moment comme l'eau qui va bouillir... »

Comment pourrait-il ne pas penser, en évoquant un événement politique à Florence, au XVIe siècle, à l'effervescent entre-deux-règnes dont il avait été le témoin à Paris, en 1830 [2].

Si on tient compte du fait que les comités insurrectionnels sont contrôlés par des *charbonniers*, et qu'il y a des *charbonniers* dans la commission municipale elle-même, ainsi que de la popularité croissante de La Fayette, à qui on vient, spontanément, et de tout côté, demander ordres et instructions, on peut affirmer que, comme à aucun autre moment de sa vie, le « Héros des Deux Mondes » ne s'est trouvé en situation de décider seul de l'avenir de la France. Il a la force à sa disposition et la confiance du peuple. Marmont recule sur des positions toujours plus exiguës. Aucun de ses collègues n'est en mesure de se poser en rival. Il pourrait, d'un bâtiment officiel de son choix, proclamer la République : il soulèverait l'enthousiasme populaire, et on le supplierait de se porter candidat à une présidence qui lui serait acquise par avance. Cette chance de devenir le chef d'une authentique démocratie, de s'élever au rang d'un Washington

2. Musset, l'amer, écrira : « La fortune est moins que la vie, la vie moins que l'amour, l'amour moins que la liberté ! Oui, la liberté ! Il faut bien que ce mot soit quelque chose, puisque voilà cinq mille ans que les peuples s'enivrent lorsqu'il traverse l'air. »

français, il la possède, au cours des Trois Glorieuses de 1830. Pourquoi le rêve ne devient-il pas réalité, alors qu'il pourrait prendre forme – autre mérite – sans effusion de sang ?

Parce que ce rêve d'être le Washington français, s'il a été le sien autrefois, et si les autres continuent de le lui prêter aujourd'hui, n'est plus ce qui l'anime, en juillet 1830. La République est-elle le régime qui convient enfin à la France ? Il n'en est pas certain. Lorsque des manifestants, qui l'applaudissent à son retour à Paris, et le lendemain, lui demandent quand cette République sera établie, il ne répond rien. Quelques jours plus tôt, le 21 juillet, lui-même avait interrogé le ministre des États-Unis à Paris, Rives, pour savoir ce que diront les amis d'Amérique lorsqu'ils apprendront que la République a été proclamée à Paris, et il s'était attiré cette réponse : « Ils diront que quarante ans d'expérience ont été perdus pour la France. » Ainsi, son pays n'était pas encore mûr pour instaurer la forme de régime la plus chère au cœur du vieux combattant de la liberté. Mûre, quand la France le sera-t-elle ? Le fait que ce scepticisme ait été exprimé par un diplomate de la libre Amérique, sa patrie spirituelle, au sein de laquelle il s'était retrempé, cinq ans plus tôt, a dû impressionner La Fayette. Son attitude, en juillet 1830, prouve aussi que cet ambitieux, ce rêveur, n'a pas vraiment le pouvoir pour ambition, puisque le pouvoir, au cours de la semaine, il pouvait le prendre, sans difficulté. Qui oserait, de bonne foi, mettre en doute sa sincérité lorsqu'il écrit qu'il était « ambitieux de la gloire, non de la puissance » ?

Au cours des Trois Glorieuses, gardant son secret pour lui seul, il se contente d'organiser sérieusement la défense de ce peuple parisien dont il dira que son courage, son intelligence, son dévouement, sa vertu (et cela s'applique aussi « aux dernières classes de la société », ajoutera-t-il), ont été admirables.

Le 29 juillet, alors qu'il y a déjà 800 morts et 5 000 blessés du côté du peuple de Paris, Charles X, comprenant trop tard son erreur, rapporte les ordonnances, nomme un Premier ministre qu'il croit acceptable par les libéraux, Mortemart, et il envoie ce dernier annoncer à Paris, ses décisions. Prudent, le nouveau Premier ministre du gouvernement, de Saint-Cloud, dépêche un collaborateur à la Chambre pour établir le contact. Il s'appelle Colin de Sussy, et il s'entend répondre par le député libéral Benjamin Constant que le gouvernement n'est plus reconnu.

Pendant que La Fayette s'efforce de donner une tournure courtoise à la rupture avec Charles X et ses ministres, un groupe actif, mené par Adolphe Thiers, manœuvre pour faire perdre au chef de la Garde nationale sa position d'arbitre, et pour lui couper l'herbe sous les pieds, dans le cas où – sait-on jamais ? – il poursuivrait des visées républicaines personnelles.

Thiers et ses amis, partisans d'une monarchie vraiment constitutionnelle, qui ne peut être qu'orléaniste, commencent par couvrir les murs d'affiches qui font appel au duc d'Orléans, et lui-même convainc La Fayette que ce prince, ancien général de la Convention, garantira les libertés mieux que personne, s'il est mis en situation de ne tenir sa couronne que de la volonté du peuple français.

Les événements, dès lors, vont se précipiter, bien que le futur Louis-Philippe, personnage des plus rusés derrière son apparente bonhommie, fasse semblant d'hésiter à monter sur ce trône qu'on semble lui tendre et dont il rêve. Mais il ne croit pas être assez populaire. La Fayette répond négativement aux amis venus lui demander s'il souhaite devenir président de la République et recommande, comme lieutenant-général du royaume, ce duc d'Orléans qui fut « un des patriotes de 1789 ».

Un conflit éclate, cependant, entre la commission municipale et la Chambre des députés sur la façon de présenter les choses à la nation, et sur le processus de l'accès du duc à la lieutenance-générale. C'est encore La Fayette qui devra arbitrer. Même le ministre des États-Unis lui demande d'accélérer le mouvement en faveur des Orléans.

Le 31 juillet, à 14 heures, le fils de Philippe Égalité, qui sait qu'il ne peut tenir sa légitimité que de l'Hôtel de Ville, se rend à cheval en uniforme de général, cocarde tricolore au couvre-chef, vers le siège du pouvoir parisien, suivi par quatre-vingt-neuf députés.

Il est hué au passage, mais conserve son sang-froid. Il joue une partie serrée. Il sait qu'il peut être bousculé, voire molesté par les activistes républicains, nombreux à l'Hôtel de Ville, et il sait aussi que la caution populaire qu'il recherche, il ne peut la recevoir qu'à travers La Fayette. Il doit, à tout prix, plaire à ce dernier. Aussi, à son arrivée, se pose-t-il en ancien garde national qui rend visite à son ancien général. La formule est habile. L'ancien général, qui siège au premier étage, le reçoit, et l'ancien garde, respectueusement, choisit de lui rappeler qu'il s'est battu, à Valmy et à Jemmapes, dans les rangs républicains... La Fayette peut-il encore différer l'instant d'une prise de position publique définitive ? Sur la place, la foule attend, frémissante. Le « Héros des Deux Mondes », retrouvant le sens médiatique qui est un des aspects essentiels de sa personnalité, n'hésite plus. Entraînant le duc par le bras, en tenant lui-même, de l'autre main, un drapeau tricolore, il se dirige vers le balcon de l'Hôtel de Ville. Des milliers de regards sont braqués sur les deux hommes. Alors, La Fayette, en grand communicateur, sentant que cette foule est suspendue, haletante, à chacun de ses gestes, prend le prince dans ses bras – avec dans le cœur plus de résignation que d'enthousiasme – et l'embrasse dans les plis du drapeau tricolore.

Qu'en cette circonstance, il ait lancé ou non la fameuse phrase « Voilà la meilleure des Républiques » n'ajoute ni ne retranche rien à la puissante charge symbolique de la scène du balcon, du 31 juillet 1830, qui met fin, définitivement, à une branche dynastique et fera faire un pas en avant à la liberté.

42.

LA SAISON DES ADIEUX

Le soir du 13 décembre 1830, dans un Paris froid et humide, on enterre un grand mort. Un de ces hommes en qui le libéralisme, depuis 1815, s'est incarné. Moins de cinq mois plus tôt, le 31 juillet, à demi paralysé, il avait suivi, dans une chaise portée par deux solides Savoyards le cortège des quatre-vingt-neuf députés, ses collègues, accompagnant le duc d'Orléans, du Palais-Royal à l'Hôtel de Ville, alors que celui-ci allait, selon le mot de Chateaubriand, « mendier la couronne ». Ce défunt, c'est Benjamin Constant. Il n'a guère survécu à la création d'une monarchie constitutionnelle, qu'il appelait pourtant de tous ses vœux, se rangeant dès les débuts du nouveau régime parmi les orateurs de l'opposition. Le pouvoir ne lui mesure pas, cependant, au moment où il quitte ce monde, les marques de respect et de reconnaissance. Ministres, généraux, pairs de France, députés, et tous les dignitaires du royaume sont là, sans compter le peuple de Paris, dont la présence a une toute autre signification. Six légions de la Garde nationale précèdent le cercueil. Six autres le suivent. Un escadron de cavalerie ouvre la marche. Les tambours sont voilés et des rubans de crêpe flottent avec les drapeaux. La foule qui suit est si dense que le convoi s'étire plus lentement que prévu. La nuit tombe lorsque le corbillard pénètre dans le cimetière, et l'inhumation se fera à la lueur des torches.

Parmi les ombres qui se pressent autour du tombeau ouvert, l'une domine les autres par la taille. On la voit s'avancer vers la fosse tandis que d'autres s'écartent. On l'entend prononcer quelques phrases.

Les torches éclairent un visage très pâle, et que, soudain, tous les assistants reconnaissent : c'est La Fayette, son vieil ami, son compagnon de lutte à la Chambre, qui lance quelques mots d'adieu à celui qui s'en va...

Mais l'émotion et le froid ont raison de l'énergie du vieux lutteur. Il éprouve soudain un malaise, perd son équilibre et manque de peu de tomber dans la fosse où l'on vient de descendre le cercueil.

Témoin de la scène, Louis Blanc écrit : « Tout fut dit alors et cette multitude s'écoula dans les ténèbres. »

En ce mois de décembre 1830, la mort et les obsèques de Benjamin Constant ont, hélas ! pour La Fayette, une portée symbolique. Lui-même n'a plus que trois ans et cinq mois à vivre, et, au cours de cette dernière période de sa vie, les funérailles d'amis auront, comme nous le verrons, des conséquences sur sa propre destinée. Mais dans la tombe de Constant, ce n'est pas simplement le corps d'un ami, plus jeune que lui de dix ans, qu'on enterre, ce sont aussi les illusions, qu'ensemble, ils ont partagées, en juillet.

On a dit de La Fayette que, républicain, il avait fait un roi. Cela est surtout vrai sur le plan médiatique. Louis-Philippe et ses partisans avaient besoin d'une bénédiction de sa part, d'un geste public venant de lui, de l'appui que leur fournissait son immense popularité, mais il n'était pas le chef de file des orléanistes. Il n'avait pas imaginé, dans la solitude, cette solution de remplacement, avant de s'efforcer de convaincre les autres de ses avantages. Le duc d'Orléans était, d'abord, le candidat de Thiers, du banquier Laffitte, d'Odilon Barrot, de Carrel. Il fallait à ce groupe, qui savait ce qu'il voulait, l'aval de La Fayette. Il l'obtint. Et sans le poids que ce dernier jeta dans la balance au dernier moment, les choses se seraient passées moins facilement, car, du côté républicain, les gens décidés à combattre ne manquaient pas. Le « Héros des Deux Mondes », par son intervention, avait permis d'éviter une révolution longue, sanglante et incertaine. Mais à la différence de Thiers, il ignorait ce qu'il voulait, sinon faire abroger les ordonnances détestables, chasser le gouvernement Polignac qui les avait décidées, et instaurer un régime de vraie liberté, fidèle à l'esprit de la Charte, et s'efforçant de dépasser celle-ci par des mesures de démocratisation progressive. Pour engager le pays dans cette voie, le duc d'Orléans, parce qu'il allait tenir son pouvoir des Chambres, c'est-à-dire, théoriquement du peuple, parce qu'il acceptait le drapeau tricolore et le titre de « roi des Français », parce qu'il renonçait au sacre à Reims, et parce qu'il se liait à ceux qui l'avaient mis en avant par un programme démocratique, dit « programme de l'Hôtel de Ville », faisait figure de président de la République couronné. Mais figure seulement...

Devenu roi, Louis-Philippe déclare à l'ancien prisonnier d'Olmütz qu'il est d'accord avec lui, lorsque ce dernier avance que ce qui convient au peuple français, c'est « un trône populaire entouré d'institutions tout à fait républicaines ». Est-il sincère ? La suite des événements permettra d'en douter. Au début, il s'agit de contraindre Charles X, encore à Saint-Cloud, feignant de croire et déclarant qu'il représente toujours le pouvoir légitime, à abdiquer. Il devra renoncer à transmettre la succession à son petit-fils, le duc de Bordeaux, et prendre avec dignité le chemin de l'exil. Il s'agit ensuite d'arrêter et de juger Polignac et ses ministres, responsables d'avoir violé la Charte en promulguant les ordonnances du 26 juillet, et d'avoir fait tirer sur le peuple de Paris qui ne réclamait que le respect de ses droits. Polignac, Guernon-Ranville, Peyronnet et Chantelauze sont capturés avant de pouvoir s'enfuir à l'étranger. Ils seront jugés par la Chambre des pairs et condamnés à de lourdes peines de prison, après que La Fayette les eut fait échapper – vieille habitude – à une tentative de lynchage.

Le 9 août, conséquence d'une décision parlementaire, Louis-Philippe est proclamé roi, au Palais-Bourbon, où des pairs se sont joints aux députés. L'hémicycle est garni de drapeaux tricolores. Quatre maréchaux d'Empire apportent au nouveau souverain les insignes de cette royauté sans précédent, sur des coussins de velours.

Comme nous sommes loin de Reims et de ses pompes ! Aucun État étranger n'a encore reconnu le régime, né en juillet. Pour la population, cependant, cet événement historique est bien l'œuvre de La Fayette. Les Parisiens lui offrent deux canons, destinés à être placés, symboliquement, à l'entrée de son château de La Grange. Le 15 août, la ville de Paris donne en son honneur un banquet de 350 couverts, en présence des ministres du nouveau gouvernement.

Un chanteur célèbre, Nourrit, entonne un hymne composé à la gloire du héros, que l'assistance, debout, reprend en chœur. Le nouveau préfet de la Seine, son ami Alexandre de Laborde, fait son éloge public. Le lendemain, le roi le nomme commandant-général des Gardes nationales pour tout le pays, alors que son pouvoir sur ces forces, né de l'insurrection, ne s'exerçait jusqu'ici que pour Paris. Il est bien, en ce jour, le rempart de la liberté.

Est-ce la gloire, enfin, cette gloire qu'il a poursuivie avec des fortunes diverses, depuis l'âge de dix-neuf ans ?

Elle en a toutes les apparences. Il ne manque ni les titres, ni les honneurs, ni les vivats, ni les hymnes, ni les acclamations populaires, ni les éloges de la presse, ni les succès dans les salons ; mais cette gloire est ambiguë, pour ne pas dire empoisonnée.

La Fayette est un symbole, un immense symbole, une admirable statue qui tient une place considérable dans le nouveau paysage de la France, mais le roi et ses plus proches ministres, redoutables politiciens, voudraient qu'il ne soit que cela. Louis-Philippe est impatient d'épuiser envers lui sa dette de reconnaissance. Il admet lui devoir beaucoup ; il ne souhaite pas l'avoir pour mentor. Le roi a beau se donner des allures de simple bourgeois, aussi démocrate dans ses manières qu'un sénateur américain, il est assoiffé de pouvoir, possède une très haute idée de ses capacités, un grand sang-froid et beaucoup d'obstination. Pour lui, La Fayette est à la fois un personnage du passé et un allié politique encombrant. Si on lui laisse la bride sur le cou, le régime, dont il s'estime partie prenante, risque de connaître une dérive à gauche dangereuse, le pays n'ayant pas encore retrouvé la stabilité.

Déjà, le 7 août, ce « disciple de l'école américaine » (c'est ainsi qu'il se définit lui-même) a demandé la suppression de l'hérédité pour les pairs. Le 17 août, il réclame l'abolition de la peine de mort, proposition qu'il avait déjà exprimée à l'Assemblée constituante, quarante ans plus tôt...

Le nouveau régime n'est pas encore tout à fait en place qu'il réclame, notamment, la suppression de la traite des Noirs, l'érection d'un monument à la gloire des Quatre Sergents de La Rochelle et leur transfert au Panthéon, la présentation au roi de tous les condamnés politiques depuis 1815, la levée de la proscription qui empêche les membres de la famille Bonaparte de vivre en France, la réduction de la liste civile accordée au souverain.

Jusqu'où n'ira-t-on pas, si l'on suit ce terrible vieillard, plus enthousiaste et agité que lorsqu'il avait trente ans ?

Le roi ne l'a-t-il pas trop gâté en lui attribuant le commandement en chef de cette Garde nationale à laquelle La Fayette ose lancer, dans un ordre du jour, un peu avant Noël 1830 : « Tout a été fait pour l'ordre public. Notre récompense est de penser que tout va être fait pour la liberté. » Qu'entend-il par cette dernière phrase ? Le roi n'aurait-il pas encore fait tout ce qu'on pouvait attendre de lui pour la liberté ; et quelles sont les limites de cette liberté dans l'esprit de celui qui semble n'avoir que ce mot à la bouche ? Le temps semble venu pour Louis-Philippe, plus tôt qu'il n'avait prévu, et qu'il n'espérait sans doute, de freiner sérieusement celui qui croit l'avoir fait roi.

Le procédé choisi manque singulièrement d'élégance. Mais quand la lutte politique peut-elle se montrer élégante ? Le 24 décembre 1830, la Chambre approuve un texte organisant la Garde nationale. Il dispose qu'il n'y aura de commandement qu'à l'échelon local... La Fayette est donc, de par la loi, dépossédé d'un outil qui lui donnait un pouvoir réel dans le pays. Du jour au lendemain, il se trouve relégué au rang de chef de la Garde nationale pour la seule ville de Paris. Il refuse le titre de commandant honoraire qu'on veut lui décerner pour le calmer, et offre sa démission, que le roi enregistre avec de « vifs regrets », et non sans avoir tenté de le faire revenir sur sa décision, en lui envoyant des émissaires qui passent pour avoir du crédit auprès de lui, comme son cousin le général de Ségur.

Louis-Philippe a peut-être agi trop tôt. Dès la fin de cette année 1830, moins de cinq mois après la Révolution, La Fayette reprend son rôle d'opposant qui semble être taillé pour lui sur mesure.

Il va, désormais, défendre toutes les causes, en France et dans le monde, qu'il trouve justes, sans se soucier de la conjoncture politique, convaincu que dans quelques années, le roi perdra son trône s'il s'obstine à ne pas jouer franchement la carte de la démocratie, tout comme Charles X a perdu le sien.

Il ne veut plus être qu'un drapeau, se partageant entre La Grange et Paris, ne fréquentant que quelques rares salons.

Il se bat pour la défense des droits de la Pologne, intervenant en faveur de la patrie de son ami de la guerre d'Amérique, Kosciuszko, auprès de l'Angleterre et de la Suède, pressant le gouvernement français d'agir. Il se bat pour la liberté de l'Irlande et réclame l'indépendance de la Belgique, où certains patriotes veulent faire appel à lui, non comme chef d'une troupe insurrectionnelle, ni comme Président, mais comme roi, proposition qu'il trouve à la fois touchante et humoristique... Le voit-on, sur un trône, lui qui n'a soutenu qu'à contrecœur le nouveau pouvoir monarchique « populaire » instauré à Paris ?

Aux élections de juin 1831, il est de nouveau élu député de Meaux, sa circonscription, dans laquelle il est candidat, et à Strasbourg où des admirateurs ont, sans qu'il se manifeste, mis son nom dans l'urne. Par fidélité, il choisit de représenter Meaux. Il est d'ailleurs conseiller général de Seine-et-Marne, et maire de Courpalay, petite commune dont dépend son château.

À la Chambre, il est spontanément reconnu comme le plus grand des opposants. Il s'efforce, en vain, de faire modifier la loi électorale, pour la rendre aussi proche que possible du suffrage universel. À la place de la Chambre des pairs, il voudrait voir un Sénat élu. Cette réforme, il ne l'obtient pas non plus. Les pairs resteront en place, mais, au moins, leur siège ne sera-t-il pas transmis par voie héréditaire. Fort de ce succès, le député de Meaux tentera de faire réduire à quinze ans la durée de leur mandat. Casimir Perier, le Premier ministre « à poigne », qui a remplacé Laffitte, et dont le neveu a épousé une petite fille du héros, s'oppose à ses vues, malgré l'estime qu'il éprouve pour son caractère.

En mai 1832, La Fayette, qui a perdu toutes ses illusions sur le nouveau régime, participe à un banquet au cours duquel on boit à la République, ce qui en dit long sur son état d'esprit.

Le 5 juin, il suit le cortège funèbre de son ami, le général libéral Lamarque, qui vient de mourir et dont on transporte le corps, solennellement, jusqu'au pont d'Austerlitz, où le cercueil doit être pris en charge jusqu'à Mont-de-Marsan, ses obsèques étant prévues dans cette ville dont il est originaire. La Fayette fait l'éloge de Lamarque comme il a fait celui de Constant, exaltant les grandes espérances de 1789 et de la fin du règne de Charles X, mais il empêche des partisans trop excités de s'emparer du corps pour le porter au Panthéon. Cela lui vaut d'être hué copieusement, et d'entendre certains activistes parler de le jeter à la Seine, dans l'espoir de faire attribuer ce crime au gouvernement. Il rentre chez lui fort déçu. Mais l'émeute reprend et s'étend, de façon tout à fait imprévue. Des drapeaux rouges apparaissent. Une partie de la Garde nationale (commandée maintenant par le général Mouton de Lobau) refuse de réprimer les troubles, contrairement aux ordres reçus.

Le lendemain, il faudra réduire au canon les insurgés, qui ont formé un noyau dur autour du cloître Saint-Merri. La force reste à la loi, mais la répression a fait huit cents victimes. Choqué par cette férocité qu'il qualifie de « contre-révolutionnaire », La Fayette démissionne de ses fonctions de maire et de conseiller général, charges qu'il détient d'un pouvoir à qui il reproche d'avoir renié ses engagements.

Les deux dernières années, il est plus qu'un membre de l'opposition de Sa Majesté, critique mais courtois et jouant le jeu des institutions : c'est un adversaire déclaré de ce régime dont il a été un des principaux « pères fondateurs ». Il assiste à des banquets politiques où les toasts qui sont portés ne laissent aucun doute sur les sentiments des participants à l'égard du roi et de son gouvernement. À la Chambre même, en janvier 1834, à l'occasion de la discussion de l'adresse au souverain, il affirme que le pays est mené dans des voies rétrogrades.

On entendra encore sa voix s'élever pour réclamer la liberté d'association, protester contre l'abandon de la Pologne. Son dernier discours sera d'ailleurs pour appuyer une demande d'aide aux réfugiés polonais, ces réfugiés dont certains sont abrités par ses propres soins, dans son château de La Grange[1].

Le 1er février 1834, un troisième enterrement d'un ami aura des conséquences directes sur sa destinée. Cette fois, c'est le député libéral de l'Eure, Dulong, tué en duel par le général Bugeaud, qui est conduit à sa dernière demeure. Du domicile du défunt, rue de Castiglione, au Père-Lachaise, la distance est importante. La Fayette la parcourt cependant à pied, par un froid vif, en dépit de son handicap qui l'oblige toujours à s'appuyer sur une canne. Comme à l'enterrement de Constant, à force d'être debout, il est victime d'un malaise. Mais plus grave, cette fois. On le transporte à son domicile de la rue d'Anjou. Après deux mois de soins, la congestion semble maîtrisée. Il garde encore la chambre, mais il lit et écrit beaucoup. En avril 1834, Paris, après Lyon, connaît de nouvelles épreuves. Des émeutiers se rendent maîtres du quartier du Marais. La répression sera encore plus dure qu'en 1832. Une fois de plus, La Fayette proteste contre la brutalité du pouvoir et contre ses menaces de limiter les libertés. Paradoxe : les seules bonnes nouvelles politiques sont celles qui lui viennent d'Angleterre, où le Parlement discute de lois en faveur de l'émancipation des Noirs. Comment cet anglophobe passionné n'applaudirait-il pas à ce geste positif, même s'il vient d'un pays qu'il a combattu ? Il sort, de temps en temps, pour des soirées en ville. Stendhal l'observe dans un salon ami : « M. de La Fayette, dans cet âge tendre de soixante-quinze ans, a le même défaut que moi. Il se passionne pour une jeune Portugaise de dix-huit ans qui arrive dans le salon de M. de Tracy,

1. Il existe encore aujourd'hui dans ce château, possession du comte René de Chambrun, un couloir baptisé « couloir des Polonais ».

où elle est l'amie de ses petites-filles, Melles George La Fayette, de Lasteyrie, de Maubourg. Il se figure, pour cette jeune Portugaise, et pour toute autre jeune femme, qu'elle le distingue ; il ne songe qu'à elle, et ce qu'il y a de plaisant c'est que, souvent, il a raison de se le figurer. Sa gloire européenne, l'élégance foncière de ses discours, malgré leur apparente simplicité, ses yeux qui s'animent dès qu'il se trouve à un pied d'une jolie poitrine, tout concourt à lui faire passer gaiement ses dernières années, au grand scandale des femmes de trente-cinq ans (Madame la marquise de Mesnier, Madame de Choiseul, Madame de Perret et autres) qui viennent dans ce salon. »

Le 9 mai 1834, il se croit suffisamment rétabli pour faire un tour en voiture. Erreur de calcul. Le temps n'a pas encore viré franchement au beau ; le malade rechute. Cette fois, les soins les plus diligents du Dr Cloquet, qui admirait la robustesse de sa constitution, se révéleront inutiles.

Le 20 mai 1834, à 16 heures, le major-général de l'armée américaine, lieutenant-général de l'armée française, député de la Seine-et-Marne, Gilbert du Motier, marquis de La Fayette, membre du *Suprême Conseil du Rite Écossais, Ancien et Accepté*, rend l'âme, après avoir baisé un médaillon d'or contenant le portrait d'Adrienne, son épouse.

À Paris, capitale de sa patrie charnelle, les obsèques nationales, le 22 mai 1834, se déroulent dans un ordre parfait, de la rue d'Anjou au cimetière de Picpus, où il sera enterré auprès de sa femme, dans un cercueil qu'on recouvrira avec la terre qu'il a ramenée, en 1824, de Brandywine.

Le pouvoir a tout prévu pour que la ferveur populaire ne puisse, en aucun cas, causer le moindre débordement de la cérémonie. La sécurité publique est confiée à l'armée, et celle-ci a balisé la totalité du parcours. Députés et pairs de France ainsi que des représentants des corps constitués, les plus hauts dignitaires civils et militaires, suivent le char funèbre, encadré par la troupe. Trois mille gardes nationaux avec, en tête, leur chef, le maréchal Mouton, comte de Lobau, suivent en uniforme, mais sans armes. Sait-on jamais ?

La cérémonie dure six heures et demie. Personne, à part quelques officiels, n'a pu s'approcher du tombeau. Au peuple de Paris, il reste ses larmes. Et ses souvenirs. Parmi les députés qui suivent le cortège, il en est un tout nouveau – il ne siège à la Chambre que depuis 1833. Son nom est connu pour des raisons qui n'ont rien à voir avec la politique. C'est un poète romantique et non des moindres. Ses *Méditations poétiques* (1820) sont connues par cœur par les jeunes gens des deux sexes. Il a quitté la carrière diplomatique pour se lancer dans le combat libéral (sans renoncer à la poésie) et deviendra député d'opposition, au moment où La Fayette quittera ce monde. Quatorze ans plus tard, il sera ministre de la IIe République, avant de voir ses espérances balayées, comme La Fayette avait vu les siennes balayées après 1830. Ce nouveau député – qui, au moment du décret instaurant la IIe République en France, lancera cette proclamation lyrique : « Nous allons faire la plus sublime des poésies. » – s'appelle Alphonse de Lamartine.

Si les obsèques en France ont été celles de la raison, en Amérique – sa patrie spirituelle –, le deuil sera celui du cœur, même au plan officiel. Le 24 juin, Chambre des représentants et Sénat expriment leurs regrets et décrètent un deuil de trente jours pour toute la nation. L'éloge funèbre prononcé, le 31 décembre, par le président du Congrès, Quincy Adams, sera imprimé et tiré à soixante mille exemplaires. Tous les drapeaux des régiments et des navires de guerre ont été mis en berne ; d'innombrables services ont lieu dans les églises de toutes les confessions ; des « tenues funèbres » sont organisées dans toutes les loges maçonniques, tendues de noir avec larmes d'argent.

À Paris, un drapeau américain est planté à côté du tombeau du héros, sur lequel il flotte en permanence depuis, étant renouvelé, chaque année, le 4 juillet, date de l'Independance Day, fête nationale des États-Unis, par les soins de l'ambassade.

43.

LA FAYETTE, FRANC-MAÇON EXEMPLAIRE

La franc-maçonnerie, on a pu le constater, a tenu une grande place dans la vie de La Fayette.

Ayant choisi de solliciter son initiation à Paris, alors qu'il n'avait que dix-huit ans, il a été fidèle à ce choix jusqu'à sa mort. Certes, la maçonnerie était à la mode lorsqu'il fut reçu en son sein, surtout parmi les aristocrates qui se piquaient d'idées libérales, admiraient les philosophes des Lumières, se voulaient à l'avant-garde dans tous les domaines, science, politique, art, littérature. Cela n'empêchait pas les loges d'accueillir en même temps des roturiers : hommes de loi, médecins, artistes, artisans. Beaucoup de représentants de la haute noblesse n'entraient en maçonnerie que par pur snobisme, pour qu'on sache qu'ils en étaient, qu'ils participaient à de « sublimes travaux », et, aussi, pour se parer de titres ronflants. Ceux-là pour la plupart n'ont fait que passer.

« Ils en sont tous. » Ainsi parle Marie-Antoinette à propos des gens de la cour qui appartiennent à des loges maçonniques dans une correspondance avec son frère. C'est vrai que la franc-maçonnerie est toute-puissante sous la Royauté et que les plus grands noms de France fréquentent les loges. Les Beauharnais, les Clermont-Tonnerre, les Cossé-Brissac, les Crillon, les Crussol, les Coigny, les Choiseul, les Colbert, les Durfort, les Dreux-Brézé, les Gramont, les Harcourt, les La Rochefoucauld, les Maison-rouge, les Montesquiou-Fezensac, les Vendœuvre, ont presque tous été initiés. Parmi eux, certains sont entraînés par le snobisme.

Tel n'est pas le cas du « Héros des Deux Mondes » qui a pris l'enseignement maçonnique très au sérieux, et s'est toujours efforcé de se comporter d'une façon conforme à l'idéal professé dans les loges. Il est assez curieux de constater que c'est un historien spécialiste du XVIIIe siècle, de grand talent, mais adversaire acharné de la franc-maçonnerie, Bernard Faÿ, qui a le mieux caractérisé, de ce point de vue, l'attitude du général-marquis : « La Fayette offrait à l'univers charmé l'image la plus brillante d'un grand seigneur philosophe et maçon... La Fayette était un maçon perpétuel, universel et multiple. »

À Paris, c'est à la loge *La Candeur* que Gilbert, parrainé par l'oncle d'Adrienne, Ségur, qui en avait été le *vénérable* (président), fait ses premiers pas. Il y retrouve son beau-frère, Louis de Noailles, qui restera un de ses plus chers amis jusqu'à sa disparition prématurée, en 1804. Cette expérience coïncide – comment s'en étonner ? – avec une crise de curiosité intellectuelle. Il lit Rousseau, Montesquieu, l'abbé Raynal, surtout, qui le fait rêver d'Amérique. Il fréquente d'autres loges célèbres, comme *Saint Jean du Contrat Social et les Neuf Sœurs* qui accueillera Voltaire au soir de sa vie, et que cette grande figure de la maçonnerie américaine qu'est Benjamin Franklin aura l'occasion de présider. C'est dans les loges que La Fayette découvre l'importance, le pouvoir d'attraction, des notions de liberté, de vertu et d'égalité entre les hommes, les trois piliers de l'idéal de sa vie.

En Amérique, lorsque devenu aide de camp de Washington, maçon de grande qualité lui-même, il lui dévoile son appartenance, leurs relations, comme il l'écrit à son épouse, Adrienne, s'en trouvent fortement améliorées et elles deviendront vraiment fraternelles. Le jeune major-général peut fréquenter des loges locales de combattants, comme *l'Union Américaine*, à Charlotte, et *Les Quatre* de Wilmington. De même fréquentera-t-il la loge des *Trois Amis*, formée d'officiers du corps expéditionnaire de Rochambeau, lieu de rencontre entre maçons français et américains, sous l'uniforme.

Lorsqu'il écrit à sa femme que « l'Amérique va devenir le sûr et respectable asile de la vertu, de l'honnêteté, de l'égalité et d'une tranquille liberté », cette formule est très proche de ce qu'on peut appeler l'idéal maçonnique, le franc-maçon étant, par définition, selon le rituel du Ier degré de l'époque, « également ami du riche et du pauvre s'ils sont vertueux ».

À son retour des États-Unis, il retrouve avec joie, à Paris, son « frère » Benjamin Franklin.

Adrienne, son épouse, brode de ses mains le tablier maçonnique que George Washington portera le jour de la pose de la première pierre du Capitole (18 septembre 1793), dans la ville qui allait devenir la capitale fédérale de la nouvelle nation. On peut voir, aujourd'hui encore, ce tablier exposé dans le musée de la Grande Loge de Pennsylvanie, à Philadelphie.

Pendant la Révolution française, quoi qu'on en ait dit, la franc-maçonnerie éclate. Des maçons vont se retrouver dans des partis opposés, et d'autres émigreront. Dès octobre 1789, La Fayette, comme nous l'avons vu, est opposé pour des raisons politiques, à Philippe Égalité, duc d'Orléans, grand maître du Grand-Orient de France, mais maçon de parade, qui se déshonorera en avalisant l'interdiction de son obédience, en 1793, sous le prétexte que les républiques n'ont pas besoin de sociétés secrètes...

Le « Héros des Deux Mondes » se contente de visiter les maçons de province, d'Auvergne notamment. Il est même membre honoraire de la loge *Sully*, à Saint-Flour.

Napoléon ayant mis la main sur les loges, qui sont surtout composées, sous son règne, d'opportunistes et d'arrivistes, l'activité maçonnique de La Fayette sera des plus faibles jusqu'à la Restauration.

Son voyage en Amérique, en 1824-1825, est par contre un véritable festival maçonnique.

À Charlotte, il accède au plus haut grade du *Rite Écossais* (33e) et il est nommé *garant d'amitié* (c'est-à-dire représentant) du

Suprême Conseil des États-Unis auprès du Suprême Conseil de France. À son retour, il est reçu triomphalement dans de nombreuses loges, surtout dans la région qu'on appelle aujourd'hui Rhône-Alpes. Ainsi, *Le Parfait Silence*, à Lyon, lui réserve-t-il un accueil d'un faste sans précédent.

On peut dire que la franc-maçonnerie, la musique maçonnique, bercent ses dernières années, comme elles ont bercé les années de ses débuts, en France et en Amérique. Le 30 octobre 1830, le duc de Choiseul, *souverain grand commandeur* du *Rite Écossais*, préside le banquet rituel donné en son honneur à l'Hôtel de Ville, assisté par le *frère* Odilon Barrot qui occupe le *plateau* (poste) de grand orateur. Mais le vieux lutteur ne se laisse pas davantage griser par les honneurs maçonniques que par les honneurs profanes. Il s'attache surtout à défendre, chaque fois qu'il le peut, ses frères encore persécutés de par le monde, et il continue modestement, en authentique maçon, à assister aux travaux d'une petite loge de Seine-et-Marne, à Rozoy-en-Brie, composée essentiellement de fonctionnaires subalternes et de cultivateurs.

Fidèle, et le prouvant par ses actes, aux principes de liberté, de tolérance, d'égalité et de fraternité, profondément convaincu qu'il n'est de source de progrès réels pour les sociétés qu'à travers le perfectionnement intellectuel et moral que chaque individu doit s'efforcer de rechercher par lui-même, tel fut le *frère* Gilbert de La Fayette, dont la mémoire est vénérée dans le monde maçonnique, sans distinction de frontières, à l'instar de celles d'autres très grands maçons comme Washington, Franklin, Bolivar, Garibaldi. C'est pourquoi de si nombreuses loges, en Europe, en Amérique du Nord, en Amérique latine, aujourd'hui encore, portent son nom.

Conclusion

L'ESPACE DU DÉSIR

Comment fixer, à la fin de ce livre, une image de La Fayette qui ne trahisse pas la vérité ? Ni la sienne propre, ni celle de l'Histoire ?

Si agitée que fut sa vie, une passion constante la domine, et c'est peut-être là son paradoxe. On s'acharne – sans peine – à le trouver hésitant, sinueux, incapable de jouer les grands rôles que le destin lui offre plus d'une fois ; on souligne sa naïveté, ses illusions, ses brusques reculs, et, pourtant, il fut un personnage d'une seule pièce. Dans une époque marquée plus que beaucoup d'autres par des retournements d'attitude spectaculaires – pour ne pas parler de reniements purs et simples –, il est difficile de trouver un homme moins versatile que lui. L'enfant qui admire les chevaux rebelles, indomptables, défend la liberté, à dix-neuf ans, les armes à la main, sur un terrain qu'il a choisi lui-même. Ce combat, il ne cessera de le mener jusqu'à son dernier souffle, par l'épée quand il le faut, comme par la parole et l'action politique, et toujours dans l'honneur. Cette liberté qu'il chérit par-dessus tout, il la veut noble et pure. Elle ne connaît jamais, en ce qui le concerne, de dérive vers la licence, l'anarchie, ni le crime, même s'il lui arriva de croire pendant un court moment qu'un complot pouvait se substituer à une révolution, pour rendre au peuple un bien imprescriptible qu'on lui a retiré.

À la différence de tant d'esprits qu'on a connus « avancés » dans leur jeunesse, et fort modérés, voire conformistes, avec l'âge et l'expérience – itinéraire classique dans tous les pays –, La Fayette est un combattant de la liberté et de l'égalité, plus déterminé, plus ardent, à la veille de sa mort que dans sa vingtième année parce que son idéal, dans sa vieillesse, n'a plus à souffrir de la coexistence avec d'autres inclinations.

Pour cet optimiste foncier, jamais blasé, jamais gagné par le scepticisme ni la lassitude, le combat ne peut s'arrêter. La vie n'avance qu'avec la vision de l'espace du désir.

Il n'est pas de catégorie de victimes de l'oppression et de l'injustice rencontrée sur sa route qu'il n'ait défendue. Défenseur des colons d'Amérique révoltés contre le joug britannique, il s'élève contre l'esclavage que subissent les Noirs, et traite les Peaux-Rouges en frères. De retour en France, il défend les protestants et les juifs dont la situation lui paraît inacceptable. Il défend les Irlandais contre les Anglais, les Américains du Sud contre l'Espagne, les Polonais contre les Russes, les Grecs contre les Turcs, les Belges contre l'Autriche. Le marquis de La Fayette peut nous apparaître aujourd'hui, à juste titre, comme un précurseur de l'idée européenne dont nous connaîtrons, en 1992, la consécration. À peine sorti de sa prison d'Olmütz, envisageant de se rendre en Hollande, ne se définit-il pas lui-même (entre autres choses) comme un « patriote batave » ?

Aurait-il connu l'épreuve, la terrible épreuve du pouvoir, son combat n'aurait pu que perdre de sa pureté, sa mystique se dégrader en politique.

Paladin de la liberté – au prix de son sang –, porte-drapeau, héros romantique, il est heureux que La Fayette n'ait été que cela. Ainsi, son personnage n'a pris aucune ride. Grâce à lui, le visage de la liberté conserve sa fraîcheur, toute sa fraîcheur. Aux nombreux titres que lui reconnaît la postérité, nous nous contenterons d'ajouter celui de poète de l'action.

La Fayette aura toute sa vie tenté de faire entrer la probité dans la politique. Tandis que Barras proclame que « les temps de guerre civile ne sont pas des temps de morale », La Fayette prône le contraire, et il sera toujours fidèle à son idéal. De plus, sa dimension dépasse l'Histoire de son temps, il pousse le vent de l'actualité vers le futur et cet avenir, espace du désir, dont il est l'artisan, c'est la création d'un continent démocratique au-delà de l'océan.

Les narines frémissantes, cet intuitif génial a déjà senti le vent d'Amérique. Il faut mesurer que le double mot « Nouveau Monde » a vraiment, alors, un sens par rapport à la vicille Europe dont est issu le marquis. Fraîcheur de la pensée, élan du jeune homme, Jefferson juge La Fayette d'un trait : « Son faible est une faim canine pour la popularité et la renommée, mais il s'élèvera au-dessus de cela. »

La Fayette présage le XXIe siècle et ce monde de stars qui nous gouvernent. Des gens, qui cherchent plus l'amour du public que la domination de la décision, des êtres plus friands de popularité que de pouvoir. Des personnes qui pensent que le vrai pouvoir n'est pas dans sa démonstration avec les moyens finalement étroits qui le servent dans le cœur des hommes, mais dans la réputation, la gloire, le « glamour », qui enchantent jusqu'à l'ivresse d'une éternité invisible des cœurs affamés de rêves éperdus. Là encore, c'est l'espace du désir. La Fayette fait sa propre radioscopie dans une lettre à Washington : « Je ne dirais pas que j'ai du mérite, mais je peux dire que j'en ai ses conséquences, c'est-à-dire des ennemis. Ma popularité est grande, dans le royaume et dans cette ville, mais il y a, parmi les grands, un nombreux parti contre moi, parce qu'ils sont jaloux de ma réputation ; en un mot, le parterre tout entier est pour moi et il y a division dans les loges. » La perversion de Versailles a encore frappé ; soleil de la jalousie. Et la postérité, pendant longtemps, fera les mêmes caprices.

Car il vient un moment où le succès de ses idées devient un grand chagrin. Est-ce à dire que le naïf marquis va se retrouver stupéfait que ses belles pensées américaines passent au cou des cousins dans la ronde du docteur Guillotin ? Le crime de La Fayette, pour tous, c'est sa naïveté, cette fameuse faculté d'enfance poursuivie, à tort, dans l'Histoire. Cette idée toute faite mérite, cependant, d'être corrigée. Une étude sérieuse de la réalité des faits montre à quel point il est dépassé de faire à La Fayette ce faux procès, qui revient à l'accuser de tous les méfaits de la Révolution sans jamais laisser parler la défense. En vérité, La Fayette aura tenté de faire une révolution d'idées qui amène une monarchie constitutionnelle et une liberté des citoyens égale à celle dont jouissaient ses compatriotes des États-Unis. Il est hors de propos de le tenir pour responsable, devant le Tribunal de l'Histoire, de débordements qu'aucune force humaine n'a été, à son époque, capable de juguler dans un esprit de justice. Bien des fois, La Fayette a fait ce qui était en son pouvoir pour sauver les personnes royales, malgré la méfiance injustifiée de la reine Marie-Antoinette. Il y avait, entre ces deux étoiles du temps, comme une incompréhension réciproque qu'on ne connaît qu'aux stars ayant atteint au firmament de la célébrité une égale dimension. Ceci était notamment vrai au moment des journées d'octobre 1789, et jusqu'en 1792, lorsque La Fayette voulut faire acclamer par les troupes placées sous son commandement leur fidélité à la nation, à la constitution et au roi. Ne tient-on pas de la bouche même de la duchesse d'Angoulême – la fille de Louis XVI –, après sa libération, cet aveu capital qui clôt pour nous définitivement le débat tant relancé sur la responsabilité de La Fayette dans la tragique destinée des souverains : « Si l'on avait fait davantage confiance à Monsieur de La Fayette, mes parents seraient encore en vie. »

Jacques de Launay, dans sa remarquable étude sur *La Croisade européenne pour l'indépendance des États-Unis* (Albin Michel, 1988), apporte une contribution considérable à cette vision de l'histoire de la Révolution française. Il écrit :

« Les Américains et les francs-maçons eux-mêmes, acquis à un ordre nouveau qu'ils voient dégénérer, tenteront vainement de contenir ses débordements. La plupart ne pourront finalement choisir qu'entre la mort, la fuite et l'émigration.

La Rochefoucauld, le traducteur de la déclaration d'Indépendance américaine, sera lapidé à mort devant sa mère.

Philippe d'Orléans, grand maître de la franc-maçonnerie française, Philippe de Noailles, prince de Poix, Lauzun, le chevalier vice-amiral de Rohan, le général de Beauharnais, l'amiral d'Estaing, tous francs-maçons, seront décapités. Sans parler des maçons qui se suicidèrent, comme Chamfort ou Condorcet. Certains eurent la chance de pouvoir émigrer, comme Fersen, La Fayette, le vicomte de Noailles, le marquis de Laval-Montmorency, le marquis de Bouillé, Ségur, Sartines, Castries, Lameth, le duc de Montmorency-Luxembourg, substitut du grand maître du Grand-Orient. Ils seront accueillis par leurs frères étrangers. D'autres furent emprisonnés, comme Beaumarchais qui parvint à quitter la France, le marquis de Ségur ou Claude de Saint-Simon. Le comte de Rochambeau fut condamné à mort par le Tribunal révolutionnaire. Au moment où il allait monter dans la charrette fatale, déjà pleine, un des conducteurs l'écarta de la main : "Vieux maréchal, lui dit-il, ce sera pour demain !" Ce qui lui sauva la vie, car le lendemain marqua la fin de la Terreur qui avait fait 17 000 morts, dont 15 % "seulement" de nobles et de prêtres. »

La Fayette incarne un rêve français, qui provoque bien des agacements, mais que l'avenir, peut-être, réclamera de bon cœur. Ce faux centriste est un aristocrate social. Il est le tout premier partisan de la cohabitation, le pionnier prévoyant de l'ouverture.

La Fayette, lors de son retour triomphal aux États-Unis – il n'était déjà plus le jeune navigateur de la *Victoire* –, était tellement populaire, que les femmes portaient à leurs poignets un ruban avec son effigie. Déjà, son « image » parcourait les deux mondes dont il était le héros. En 1781, il devient le super-ambassadeur des États-Unis en Europe ; toujours le flux et le reflux du « *go-between* ». Dans l'espace du désir, La Fayette, messager des peuples, figure emblématique, mandataire de l'Histoire, est le média vivant de la Providence. La Fayette devient le Messie des États-Unis, Washington est le Cincinnatus de Mount Vernon. Son drame, pour la postérité, est d'avoir importé une révolution fraîche et joyeuse dans une nation qui allait transformer son rêve fraternel en bourbier sanglant. Apprenti sorcier, Watteau au pied de la guillotine, homme providentiel dépassé par les événements, il sauvera provisoirement Marie-Antoinette, en lui baisant la main, devant la foule en furie, un instant ébahie. C'est cette image qui demeurera de lui. Un sens trop évident de la pose historique. Mais La Fayette, précurseur, connaît le monde médiatique avant même qu'il n'existe. Son instinct le guide au-devant de nous. Il joue sa chanson de geste. Cependant, sa noblesse est dans sa fidélité absolue à sa ligne, et Charles X saura le reconnaître, qui dira aux Tuileries : « Je hais la Révolution française et ses auteurs » ; mais pour ajouter ceci : « Monsieur de La Fayette et moi avons ceci de commun que nous n'avons jamais changé d'opinion. » La Fayette mourra vieux, ayant connu Napoléon, son ascension et sa chute, et ayant placé Louis-Philippe sur le trône de France, au balcon de l'Hôtel de Ville, enveloppé dans les plis du drapeau tricolore, au moment même où l'opinion le réclamait, lui, le marquis libertaire, en personne, comme le premier président de la République de France. Ainsi, fut la vie de ce chérubin impétueux, qui mourut, en mai 1834, à la fois éternel dans sa renommée et toujours libre, son vieux front sans lauriers avancé dans les âges nouveaux.

Un écrivain croit avoir compris La Fayette et l'a, en vérité, bien aimé, c'est Joseph Delteil. Dans une biographie qui tient plus d'une lettre ouverte à l'Histoire et d'un poème lyrique adressé au héros, que d'un jugement sur son action, il lance des flammes qui nous éclairent sur La Fayette, tout en brûlant parfois l'idole. Ainsi, dans son chapitre « Pourquoi je l'aime ? », écrit-il, plein de feu : « Et d'abord c'est un raté, le plus grand raté de l'Histoire. J'aime ces chutes, le bûcher de Jeanne, la croix du Christ. L'injustice sied aux héros. La foudre est la suprême couronne. Le bonheur, la gloire, à la longue, ont quelque chose de fade. Avant tout, l'homme est un personnage tragique. À deux reprises, il eut la gloire. À trente ans, il était à son apogée. Après quoi, une dégringolade de cinquante ans, à la lueur de la guillotine, à travers les geôles, la haine, l'oubli... Nul ne siégea si haut, ni si bas. » Delteil rapproche le Gilbert d'Amérique de la Jeanne de France : « Le joli duo, ces deux enfants de dix-neuf ans, la fille des prairies et le marquis du siècle, partant du même pas, le même jour, à la conquête de l'idéal ! Il s'embarque pour le Nouveau Monde ; quels purs lauriers, quand, à vingt-quatre ans, aux antipodes, il fonde les États-Unis ! L'essentiel de La Fayette est là, dans son geste printanier, dans sa gloire en herbe. »

On doit au livre de Joseph Delteil, achevé à Versailles, le 25 décembre 1927, un des plus émouvants portraits de La Fayette : « Il a la grâce, et toutes les grâces. C'est un vrai Français de France, le type même du Français. Sensible, héroïque, chevaleresque, généreux. La vaillance et le courage sont sa main droite et sa main gauche. Les petits défauts aussi (qui peut-être en sont de grands) du Français : léger, idéaliste, romanesque, un peu fol. Marquis, parbleu, jusqu'aux ongles. Et fier ; il dit quelque part des Grands d'Espagne : "J'ai fait ce matin ma cour au roi d'Espagne ; j'ai vu des Grands bien petits, surtout quand ils étaient à genoux." Mais, marquis washingtonisé, baptisé de simplicité américaine. L'enthousiasme : à foison ! Pour les nègres, les protestants, les Polonais, etc. C'est, avant la lettre, un personnage de Rostand. L'Amérique, dans son cœur, joue le rôle de la Princesse Lointaine. La devise de La Fayette est : *cur non* ? [pourquoi pas ?] N'est-ce pas la devise même de la France ? »

*

*   *

La Fayette a eu beaucoup d'ennemis. Pouvait-il en être autrement ? Parmi ces derniers, qu'ils fussent mûs par la jalousie ou la passion politique, beaucoup doivent être écartés, en raison même de la médiocrité de leur jugement. Ainsi du comte d'Espinchal, seigneur de Massiac, voisin, en Auvergne, du « Héros des Deux Mondes », à qui il ne trouve que des défauts, et les pires...

On peut tenir pour négligeables les nombreux libelles, tissus de calomnies, qui pullulent à l'époque, et les chansonnettes du genre de celle-ci (sur l'air de *Malbrough*) :

« Honneur à La Fayette
Mironton, tonton, mirontaine,
Honneur à La Fayette
Sa tête est toujours nette
Car il ne pense à rien,
Aussi dort-il fort bien. »

De tous les jugements sévères portés sur lui, le plus dur, le plus injuste, mais aussi le plus brillant, est celui de Rivarol qui a cru pouvoir l'immortaliser, sous le nom de Philarète, dans *La Galerie des États Généraux* : « Philarète est parvenu à se croire l'auteur de la révolution d'Amérique, et il s'arrange pour être un des premiers auteurs de la révolution de France. Il prend le bruit pour la gloire, un événement pour un succès, une épée pour un mouvement, un compliment pour des titres à l'immortalité, des grâces pour des récompenses, et la valeur pour l'héroïsme... »

Talleyrand, qui avait souvent des œillères à propos des gens qu'il n'aimait pas, le tenait pour un esprit faible, « en deçà de la limite où l'on est réputé un homme d'esprit ».

Pour Napoléon, « sa bonhomie politique devait le rendre constamment dupe des hommes et des choses ».

Chateaubriand, qui ne l'aimait guère non plus, lui reconnaît des qualités, au moment où il disparaît : « En cette année 1834, M. de La Fayette vient de mourir. J'aurais été jadis injuste en parlant de lui ; je l'aurais représenté comme une espèce de niais à double visage et à deux renommées : héros de l'autre côte de l'Atlantique, Gilles de ce côté-ci. Il a fallu quarante années, pour qu'on reconnut dans M. de La Fayette des qualités qu'on s'était obstiné à lui refuser. À la tribune, il s'expliquait facilement et du ton d'un homme de bonne compagnie. Aucune souillure ne s'est attachée à sa vie : il était affable, obligeant, généreux. »

Par contre, Madame de Staël, une femme de premier plan, qui eut tout le loisir de l'admirer, se montre entière dans son jugement : « Il a sacrifié toute sa fortune à ses opinions avec la plus généreuse indifférence. Dans les prisons d'Olmütz, comme au pinacle du crédit, il a été également inébranlable dans son attachement aux mêmes principes. »

Pour Stendhal, La Fayette était, tout simplement, « un héros de Plutarque », et l'auteur de *La Chartreuse de Parme* ne lui a jamais ménagé son estime et son admiration.

Thiers, méfiant, sceptique, très éloigné, par le tempérament et les idées, du héros de Yorktown, a tout de même été impressionné par la constance de celui-ci et son désintéressement. « Les partis, dit-il, qui l'avaient trouvé incorruptible, accusaient son habileté, parce qu'ils ne pouvaient pas accuser son caractère. »

Guizot, bien qu'il lui reproche de manquer de jugement politique et de discernement dans l'appréciation des circonstances et des hommes, reconnaît, cependant, « qu'il n'a point connu de caractère plus généreux, plus bienveillant pour tous, plus ami de la justice envers tous ».

Quant aux Américains, ils ne l'oublieront jamais : « Nous vous regarderons toujours comme nous appartenant », déclare John Quincy Adams, futur président des États-Unis, en 1824.

Sainte-Beuve, qui admire en lui le « chevalier et le galant adversaire », fait sien le jugement de Saint-Marc Girardin, selon qui, La Fayette, s'il avait vécu au Moyen Âge, aurait fondé un ordre religieux, avec la puissance d'une idée morale fixe. Et Odilon Barrot va dans le même sens : « Je n'ai jamais rencontré un homme de plus de grandeur d'âme, de plus de bonté et de simplicité, une foi plus entière dans les droits du peuple, unie à un dévouement plus absolu, à un courage plus héroïque pour les faire triompher ; et si on peut même adresser un reproche à cette noble nature, c'est l'exagération de ses qualités. »

Achevons le parcours de sa biographie sur un témoignage qui nous paraît restituer l'essentiel du personnage, celui de Madame de Staël, qui, dans l'une de ses lettres, écrit au Marquis de La Fayette, le 20 juin 1797 : « Vous êtes, comme héros et comme martyr, tellement uni à la liberté, qu'indifféremment, je prononce votre nom et le sien pour exprimer ce que je désire pour l'honneur et la prospérité de la France. »

À soixante-dix-sept ans, La Fayette s'est taillé un siècle à lui, entre le XVIIIe et le XIXe. Sa vie a fait de lui un symbole : le La Fayette des Lumières.

« Héros des Deux Mondes » et prophète des deux révolutions, il a découpé dans les étoffes du temps l'habit neuf de sa perpétuelle présence.

ANNEXES

1.

LETTRE
DE GEORGE WASHINGTON
À LA FAYETTE
AU MOMENT DE SON DÉPART
8 décembre 1784

« Au moment de notre séparation, sur la route, pendant le voyage et depuis lors à toute heure, j'ai ressenti profondément tout ce que le cours des années, une étroite union et votre mérite m'ont inspiré d'affection, de respect, d'attachement pour vous.

« Pendant que nos voitures s'éloignaient l'une de l'autre, je me demandais souvent si c'était pour la dernière fois que je vous avais vu, et malgré mon désir de dire non, mes craintes répondaient oui. Je rappelais dans mon esprit les jours de ma jeunesse, je trouvais qu'il y avait bien longtemps qu'ils avaient fui pour ne point revenir, que je descendais à présent la colline que j'ai vu cinquante-deux fois diminuer devant moi, car je sais qu'on vit peu de temps dans ma famille, et quoique doué d'une constitution forte je dois m'attendre à reposer bientôt dans la funèbre demeure de mes pères. Ces pensées obscurcissaient pour moi l'horizon, répandaient un nuage sur l'avenir, par conséquent sur l'espérance de vous revoir. Mais je ne peux pas me plaindre, j'ai eu mon jour.

« Je n'ai pas de mots qui puissent exprimer toute l'affection que j'ai pour vous, et je ne l'essaie même pas[1] !... »

1. Lettre de Washington à La Fayette, 8 décembre 1784, *Mémoires, correspondances, manuscrits.*

2.

RÉPONSE DE LA FAYETTE
21 décembre 1784

« Non, mon cher général [écrivait-il, à bord de la *Nymphe* qui devait le reconduire en France], notre récente séparation ne sera pas un dernier adieu. Mon âme se révolte à cette idée, et si je pouvais un instant accueillir une telle pensée, en vérité elle me rendrait bien malheureux. Je vois bien que vous ne viendrez jamais en France ; je ne puis espérer l'inexprimable bonheur de vous embrasser dans ma maison, de vous recevoir dans une famille où votre nom est adoré, mais je reviendrai, et souvent encore, sous le toit de Mount Vernon, nous parlerons du vieux temps. Mon ferme propos est de visiter de temps en temps mes amis de ce côté-ci de l'Atlantique et le plus aimé de tous les amis que j'ai jamais eu ou que j'aurai jamais nulle part.

« Adieu, adieu, cher général, c'est avec une peine indicible que je sens que je vais être séparé de vous par l'Atlantique. Tout ce que l'admiration, le respect, la gratitude, l'amitié et l'amour filial peuvent inspirer se réunit dans mon cœur pour le dévouer bien tendrement à vous... Veillez sur votre santé, donnez-moi des nouvelles tous les mois. Adieu, adieu ! »

3.

UN PORTRAIT D'ADRIENNE

Lettre de La Fayette à La Tour Maubourg
lors du décès d'Adrienne
24 décembre 1807

« Je ne vous ai pas encore écrit, mon cher ami, du fond de l'abîme de malheur où je suis plongé. J'en étais bien près, lorsque je vous ai transmis les derniers témoignages de son amitié pour vous, de sa confiance dans vos sentiments pour elle. Ma douleur aime à s'épancher dans le sein du plus constant et cher confident de toutes mes pensées, au milieu de toutes les vicissitudes où souvent je me suis cru malheureux ; mais jusqu'à présent, vous m'avez trouvé plus fort que les circonstances. Aujourd'hui la circonstance est plus forte que moi. Je ne m'en relèverai jamais.

« Pendant les trente-quatre années d'une union où sa tendresse, sa bonté, l'élévation, la délicatesse, la générosité de son âme charmaient, embellissaient, honoraient ma vie, je me sentais si habitué à tout ce qu'elle était pour moi, que je ne la distinguais pas de ma propre existence. Elle avait quatorze ans et moi seize, lorsque son cœur l'amalgama à tout ce qui pouvait m'intéresser. Je croyais bien l'aimer, avoir besoin d'elle, mais ce n'est qu'en la perdant que j'ai pu démêler ce qui reste de moi pour la suite d'une vie qui m'avait paru livrée à tant de distractions et pour laquelle, néanmoins, il n'y a plus ni bonheur, ni bien-être possible...

« Le jour où elle reçut les sacrements, elle mit du prix à voir que j'y assistais. Elle tomba ensuite dans un délire constant, [...] et en même temps une douceur inaltérable et cette obligeance qui cherchait toujours à dire quelque chose d'agréable ; cette reconnaissance pour tous les soins qu'on prenait d'elle, cette crainte de fatiguer les autres, ce besoin de leur être utile, tels qu'on aurait trouvé tous ces sentiments, toute cette bonté en elle, dans l'état de parfaite raison. Il y avait aussi une définition de pensées, une finesse dans ses définitions, une justesse, une élégance d'expressions qui faisaient l'étonnement de tous les témoins ou de ceux à qui on transmettait les paroles admirables ou charmantes qui sortaient de cette tête en délire.

« Ne croyez pas que ce cher ange eût des terreurs pour la vie future, sa religion était tout amour et confiance...

« La crainte de l'enfer n'avait jamais approché d'elle. Elle n'y croyait même pas pour les êtres bons, sincères et vertueux, d'aucune opinion. "Je ne sais ce qui arrivera au moment de leur mort, disait-elle, mais Dieu les éclairera et les sauvera..." [...] Que j'ai été heureuse, disait-elle le jour de sa mort ; quelle part d'être votre femme !" Et lorsque je lui parlais de ma tendresse : "C'est vrai ! répondait-elle d'une voix si touchante, quoi, c'est vrai ! Que vous êtes bon ! Répétez encore. Cela fait tant de plaisir à entendre !... Si vous ne vous trouvez pas assez aimé, disait-elle, prenez-vous-en à Dieu, il ne m'a pas donné plus de facultés que cela. Je vous aime, disait-elle au milieu de son délire, chrétiennement, mondainement, passionnément."

[...] Je ne l'ai vue se tromper sur moi qu'un ou deux moments, en se persuadant que j'étais devenu chrétien fervent. – Vous n'êtes pas chrétien ? me disait-elle un jour. Et, comme je ne répondais pas : – Ah ! je sais ce que vous êtes, vous êtes fayettiste. – Vous me croyez bien de l'orgueil, répondis-je, mais vous-même ne l'êtes-vous pas un peu ? – Ah ! oui, s'écria-t-elle, de toute mon âme, je sens que je donnerais ma vie pour cette secte-là.

« Un jour, je lui parlais de sa douceur angélique. – C'est vrai, dit-elle, Dieu m'a faite douce, ce n'est pourtant pas comme votre douceur ; je n'ai pas de si hautes prétentions vous êtes si fort en même temps que si doux ; vous voyez de si haut ! Mais je conviens que je suis douce et vous êtes si bon pour moi ! – C'est vous qui êtes bonne, répondis-je, et généreuse par excellence. Vous souvenez-vous de mon premier départ pour l'Amérique ? Tout le monde était déchaîné contre moi, vous cachiez vos larmes au mariage de M. de Ségur. Vous ne vouliez pas paraître affligée, de peur qu'on ne m'en sût mauvais gré. – C'est vrai, me dit-elle, c'était assez gentil pour une enfant, mais que c'est aimable à vous de vous souvenir de si loin.

[...]

« Sans doute elle avait l'idée de sa mort prochaine lorsque, après m'avoir dit d'une manière touchante, comme elle le faisait souvent : – Avez-vous été content de moi ? Vous avez donc la bonté de m'aimer ? Eh bien ! bénissez-moi... lorsque je lui répondis : – Vous m'aimez aussi, vous me bénirez, elle me donna sa bénédiction pour la première et la dernière fois, avec la plus solennelle tendresse. Alors chacun de ses six enfants s'approcha tour à tour, lui baisa les mains et le visage. Elle les regardait avec une affection inexprimable. Plus sûrement encore elle avait l'idée de la mort lorsque, craignant une convulsion, elle me fit signe de m'éloigner, et, comme je restais, elle prit ma main, la mit sur ses yeux avec un regard de tendre reconnaissance, m'indiquant ainsi le dernier devoir qu'elle attendait de moi. C'est sans apparence de souffrance, avec le sourire de la bienveillance sur son visage et tenant toujours ma main, que cet ange de tendresse et de bonté a cessé de vivre. J'ai rempli le devoir qu'elle m'avait indiqué...

« Vous savez comme moi tout ce qu'elle a été, tout ce qu'elle a fait pendant la Révolution. Ce n'est pas d'être venue à Olmütz que je veux la louer ici, mais c'est de n'être partie qu'après avoir pris le temps d'assurer, autant qu'il était en elle, le bien-être de ma tante et les droits de nos créanciers ; c'est d'avoir eu le courage d'envoyer George en Amérique.

« Quelle noble imprudence de cœur à rester la seule femme de France compromise par son nom et qui n'eût jamais voulu en changer. Chacune de ses pétitions ou déclarations commençait toujours par ces mots : la femme La Fayette. Jamais cette femme, si indulgente pour les haines de partis, n'a laissé passer, lorsqu'elle était sous l'échafaud, une réflexion contre moi sans la repousser, jamais une occasion de manifester mes principes sans s'en honorer et dire qu'elle les tenait de moi...

« Ma lettre ne finirait pas, mon cher ami, si je me laissais aller aux sentiments qui la dictent. Je répéterai encore que cette femme angélique a été environnée de tendresses et de regrets dignes d'elle...

« Je vous embrasse en son nom, au mien, au nom de tout ce que vous avez été pour moi depuis que nous nous connaissons.

« Adieu, mon cher ami. »

LES GRANDES DATES DE LA VIE DE LA FAYETTE

1757	Naissance de Gilbert (Marie, Joseph, Paul, Yves, Roch) de La Fayette, à Chavaniac, Haute-Loire.
1759	Mort de son père, tué à la bataille de Minden, en Allemagne, au cours de la guerre de Sept Ans.
1768	Études au collège du Plessis à Paris.
1770	Mort de sa mère.
1774	Gilbert de La Fayette épouse Adrienne, fille du duc d'Ayen.
1775	En garnison à Metz, comme officier des grenadiers. Initié à la franc-maçonnerie à Paris.
1777	Premier voyage en Amérique, premiers combats.
1781	Participe à la victoire de Yorktown.
1783	Assiste à la signature, à Paris, du traité consacrant l'indépendance des États-Unis d'Amérique.
1789	Élu général en chef de la Garde nationale (15 juillet).
1790	Triomphe personnel lors de la fête de la Fédération au Champ-de-Mars (14 juillet).
1791	Nommé par Louis XVI à la tête de l'armée de l'Est, à Metz.
1792	Tombe entre les mains des troupes autrichiennes (19 août). Reste prisonnier jusqu'en 1797.
1797-1799	Exil en Allemagne et en Hollande.
1799	Retour en France.
1807	Mort d'Adrienne.
1815	Obtient l'abdication de Napoléon après Waterloo.
1818	Élu député de la Sarthe.
1824	Battu aux élections à Meaux.
1824	Voyage triomphal aux États-Unis.
1827	Élu député de Meaux.
1830	Participe aux journées révolutionnaires de juillet. Aide Louis-Philippe à monter sur le trône.
1834	Mort de La Fayette.

BIBLIOGRAPHIE

ADAMS (John Quincy) :

Oration on the life of Gilbert Motier de La Fayette (Washington, 1835).

Life of General La Fayette (New York, 1851).

ALSOP (Susan Mary) :

Yankees at the Court (1 vol., New York, Doubleday).

Les Américains à la cour de Louis XVI (1 vol., Paris, J.-C. Lattès, 1983).

ANDRÉ (R. Edouard) ; ENGERAND (Roland) ; HALLAYS (André) :

Chanteloup – Le Château – La Pagode (1 vol., Imprimerie Mame, Tours, 1928).

ANON :

Reception of General La Fayette in Savannah (Savannah, 1825).

Vie privée de M. le Marquis de La Fayette (Paris, n. d.).

Soirées amoureuses du Général Mottié (Paris, n. d.).

Adresse à l'Assemblée nationale (Paris, 1792).

ARASSE (Daniel) :

La guillotine et l'imaginaire de la Terreur (1 vol., Paris, Flammarion, 1987).

BACOURT (A. de) :

Correspondance entre le comte de Mirabeau et le comte de Lamarque (Paris, 1851).

BALAYE (Simone) :

Madame de Staël (Lumières et Liberté, Klincksieck, Paris, 1979).

BARDOUX (Agénor), de l'Institut :

La jeunesse de La Fayette (1757-1792) (1 vol., Paris, Calmann-Lévy).

Les dernières années de La Fayette (1792-1834) (id., 1892-1893).

BARBAROUX et LARDIER :
Voyage du général La Fayette en Amérique en 1824-1825 (1 vol., Paris, L'Huilier, 1826).
BARRAS (Paul, vicomte de) :
Mémoires (Paris, 1895).
BARROT (Odilon) :
Mémoires posthumes (Paris, 1876).
BAUMANN (Émile) :
Marie-Antoinette et Axel de Fersen (1 vol., Paris, Grasset, 1931).
BEAUMONT-VASSY (vicomte de) :
Les salons de Paris sous Louis-Philippe Ier (Paris, 1866).
BERENGER (L. P.) :
Mémoires historiques et pièces authentiques sur M. de La Fayette pour servir à l'Histoire des révolutions (Paris, Le Tellier, 1790) (B.N. L B39 4353).
BERNIER (Olivier) :
La Fayette hero of two worlds (1 vol., New York, E. P. Dutton).
BERTAUD (Jean-Paul) :
La Révolution armée – Les soldats-citoyens et la Révolution française (1 vol., Paris, Robert Laffont, 1979).
C'était dans le journal pendant la Révolution française (1 vol., Paris, Librairie Académique Perrin, 1988).
BERTIER de SAUVIGNY (G. de) :
La France et les Français vus par les voyageurs américains – 1814-1848 (1 vol., Paris, Flammarion, 1982).
BIZANDEL (Yvon) :
Les Américains à Paris pendant la Révolution (Calmann-Lévy).
BOUILLE (marquis de) :
Mémoires sur la Révolution française (Paris, 1821).
BLANCHARD (Claude) :
Guerre d'Amérique – 1780-1783 – Journal de campagne (1 vol., Paris, Librairie militaire de J. Dumaine, L. Baudoin & Successeurs, 1881).
BLUCHE (François) :
La vie quotidienne au temps de Louis XVI (1 vol., Paris, Hachette littérature, 1980).
Danton (Paris, Librairie Académique Perrin, 1984).
BRISSOT (J.) :
De la France et des États-Unis (Paris, 1786).
BROGLIE (Achille, duc de) :
Souvenirs du feu duc de Broglie (Paris, 1886).

BRUGUIÈRE (Michel) :
Gestionnaires et profiteurs de la Révolution (1 vol., Paris, Olivier Orban, 1986).
BUDINGER (Max) :
La Fayette in Osterreich (Vienne, 1878 in 8°).
CARPENTIER (Alejo) :
Le siècle des Lumières (1 vol., Paris, Gallimard Folio, 1977).
CASTELOT (André) :
My friend La Fayette, mon ami Washington (1 vol., Paris, 10/18,1975).
CASTRIES (duc de) :
Maréchal de Castries, serviteur de trois rois (1 vol., Paris, Albatros, 1979).
Les rendez-vous de l'Histoire – XVIIIe-XIXe siècle (1 vol., Paris, Librairie Académique Perrin, 1979).
CERBELAUD SELAGNAC (Georges) :
La révolte des métis – Louis Riel héros ou rebelle (1 vol., Paris, Mame, les dossiers ressuscités, 1971).
CHAFFANJON (Arnaud) :
La Fayette et sa descendance (1 vol., Paris, Berger-Levrault, 1976).
CHAMBRUN (René de) :
Les prisons de La Fayette (Paris, 1977).
CHANSON (Paul) :
La Fayette et Napoléon (1 vol., Éditions de Lyon, 1957).
La Fayette et sa femme (Les Belles Amours, Éditions familiales de France).
CHARAVAY (Étienne) :
Le général La Fayette 1757-1834 (Paris, Siège de la Société d'Histoire de la Révolution, 1898).
CHATEAUBRIAND (François-René de) :
Mémoires d'outre-tombe (Paris, 1954).
CHAVIGNY (Jean) :
Le château de Ménars, un des joyaux du Val-de-Loire (Librairie des Champs-Élysées, 1954).
CHIAPPE (Jean-François) :
Le roi Louis XVI (1 vol., Paris, Perrin, 1987).
CLOQUET (Jules) :
Souvenirs sur la vie privée du général La Fayette (1 vol., Paris, Galignari, 1836).
CONDORCET O'CONNOR (Arthur) :
Lettre du général Arthur Condorcet O'Connor au général La Fayette sur les causes qui ont privé la France des avantages de la Révolution de 1830 (1 vol., Paris, Alexandre Mesnier Librairie, 1831).

CONTADES (Arnold de) :
Hérault de Séchelles ou la révolution fraternelle (1 vol., Paris, Librairie Académique Perrin, 1978).
COUTY (Mathieu) :
La vie aux Tuileries pendant la Révolution – 1789-1799 (1 vol., Paris, Tallandier, 1988).
DEBU-BRIDEL (Jacques) :
La Fayette (1 vol., Paris, Del Duca, 1957).
DECKER (Michel de) :
La princesse de Lamballe – Mourir pour la reine (1 vol., Paris, Librairie Académique Perrin, 1979).
DEFFAND (Mme du) :
Lettres à Horace Walpole (Paris, 1864).
DELAVIGNE (Casimir) :
La Parisienne (Paris, 1830).
DELTEIL (Joseph) :
La Fayette (1 vol., Paris, Grasset, 1930).
DESGRAVES (Louis) :
Montesquieu (1 vol., Paris, Mazarine, 1986).
DESLANDRES (Maurice) :
Histoire constitutionnelle de la France (Paris, 1933).
DESMOULINS (Camille) :
Révolutions de France et de Brabant (Paris, 1790).
DONIOL (Henri) :
Une correspondance administrative sous Louis XVI (épisode de la vie du général La Fayette) (Orléans, Colas, 1875).
La famille, l'enfance, la première jeunesse du marquis de La Fayette (Orléans, Ernest Colas, 1876).
DOUSSET (Émile) :
La Fayette (1757-1834) (1 vol., Paris, Éditions de Châteaudun, 1953).
DUMONT-WILDEN (L.) :
La vie de Charles-Joseph de Ligne, prince de l'Europe française (1 vol., Paris, Librairie Plon, Le roman des grandes existences, 1927).
DUMUR :
La Fayette, nous voici (1 vol., Paris, Albin Michel, 1933).
EHRARD (Jean) et VIALLANEIX (Paul) :
Les fêtes de la Révolution – Colloque de Clermont-Ferrand (juin 1974) (1 vol., Paris, Société des Études Robespierristes, 1977).
ELIAS (Norbert) :
La société de Cour (1 vol., Paris, Champs Flammarion, 1985).

FAY (Bernard) :
Louis XVI ou la fin d'un monde (1 vol., Paris, La Table Ronde, 1981).
FIGARELLA (Jean) :
Suffren ou les caprices de la gloire (1 vol., Aubanel, 1984).
FLEXNER (James Thomas) :
Washington the indispensable man (1 vol., U.S.A., New American Library, 1984).
FRANCE (Anatole) :
Les Dieux ont soif (1 vol., Paris, Calmann-Lévy, 1912).
FRANKLIN (Benjamin) :
The Writings of Benjamin Franklin (New York, 1905-07).
FRUGIER (Jean-Raymond) :
L'Amérique ou la guerre des héros – Prospective et polémologie (La Pensée Universelle, 1978).
GANIÈRE (Paul) :
La Fayette compagnon de la Liberté (1 vol., 1977).
GIRAULT de COURSAC (Paul et Pierrette) :
Guerre d'Amérique et liberté des mers – 1783-1983 (Mairie de Paris).
Le voyage de Louis XVI autour du monde – L'expédition La Pérouse (1 vol., Paris, La Table Ronde, 1985).
GODECHOT (Jacques) :
La Grande Nation (1 vol., Aubier collection historique, 1983).
La Révolution française – chronologie commentée – 1787-1799 (1 vol., Paris, Librairie Académique Perrin, 1988).
GONCOURT (Edmond et Jules de) :
Histoire de la société française pendant la Révolution.
GOTTSCHALK (Louis R.) :
Lady in Waiting (Baltimore, 1939).
La Fayette between the American and the French Revolution (Chicago, 1950).
La Fayette joins the American Army (Chicago, 1965).
La Fayette comes to America (Chicago, 1965).
GUENIN (Micheline) :
Le duel sous l'Ancien Régime (1 vol., Paris, Presses de la Renaissance, 1982).
GUILHOU (Marguerite) :
Life of Adrienne d'Ayen, marquise de La Fayette (1 vol., Chicago, 1918).
GUIZOT (François) :
Mémoires (Paris, 1858-67).
GUTH (Paul) :
Moi Joséphine impératrice (1 vol., Paris, Albin Michel, 1982).

HÉRON DE VILLEFOSSE (René) :
L'anti-Versailles ou le Palais-Royal de Philippe Égalité (1 vol., Jean Dullis Éditeur, 1974).
Holland (Lord) :
Foreign Reminiscences (London, 1850).
HUISMAN (Philippe) et JALLUT (Marguerite) :
Marie-Antoinette – L'impossible bonheur (1 vol., Edita Lazarus, Italie, 1970).
HUME (E. E.) :
La Fayette and the Society of the Cincinnati (Baltimore, 1934).
IDZERDA (Stanley) :
La Fayette in the Age of the American Revolution (Cornell University Press, 1978).
JANNEAU (Guillaume) :
L'époque Louis XVI (1 vol., Paris, Presses Universitaires de France, 1964).
JEFFERSON (Thomas) :
The Writings of Thomas Jefferson (Washington, 1904-05).
KAPP (Friedrich) :
Leben des Amerikanischen Generals Johann Kalb (Stuttgart, 1862).
KERMINA (Françoise) :
Fersen, le plus aimé, le plus aimant des hommes (1 vol., Librairie Académique Perrin, 1985).
KEYSER (Jacques) :
La vie de La Fayette (Paris, Gallimard, 1928).
KLAMKIN (Marian) :
The Return of La Fayette (New York, 1975).
KROPOTKINE (Pierre) :
La Grande Révolution – 1789-1793 (1 vol., Stock, Paris, 1976).
KUNSTLER (Charles) :
La vie privée de Marie-Antoinette (1 vol., Hachette, collection les Vies Privées, 1938).
LA FUYE (Maurice de) et Babeau (A.) :
La Fayette, soldat de deux patries (Amiot-Dumont, Paris, 1953).
LAMETH (Théodore de) :
Mémoires (Paris, 1913).
LASTEYRIE (marquise de) :
Notice sur Mme de La Fayette par sa fille (Monographie, H. C.).
Vie de Madame de La Fayette (Paris, 1868).
La ROCHEFOUCAULT (J. D.) ; C. WOLIKOW ; G. IKNI :
Le duc de La Rochefoucault Liancourt – De Louis XV à Charles X, un grand

seigneur patriote et le mouvement populaire (1 vol., Paris, Librairie Académique Perrin, 1980).

LAUNAY (Jacques de) :

La croisade européenne pour l'indépendance des États-Unis (Paris, Albin Michel, 1988).

LEBEY (André) :

La Fayette ou le militant franc-maçon (2 vol., Librairie Mercure, Paris, 1937).

LE BLANC (Paul) :

Portrait de La Fayette par le comte d'Espinchal (Revue « *Rétrospective* », 1894).

LEISEN (Herbert van) :

Mirabeau et la Révolution royale (1 vol., Paris, Grasset, 1927).

LESSAY (Jean) :

Washington ou la grâce républicaine (1 vol., Paris, J.-C. Lattès, 1985).

L'Américain de la Convention, Thomas Paine, professeur de révolutions (1 vol., Paris, Librairie Académique Perrin, 1987).

LEVRON (Jacques) :

Choiseul, un sceptique au pouvoir (1 vol., Paris, Librairie Académique Perrin, 1976).

LEWAK (Adam) :

Le général La Fayette et la cause polonaise (Warsaw, 1934).

MAKKOX (Margaret) :

La Fayette in the French Revolution throught the October Days (Chicago, 1969).

MARAT (Jean-Paul) :

C'en Est Fait de Nous (Paris, n. d.).

Infernal Projet des Ennemis de la Révolution (Paris, n. d.).

MARCHOU (Gaston) :

La Fayette, 1er cavalier de la chimère (1 vol., Paris, Letouzey et Ané, 1959).

MAUROIS (André), de l'Académie française :

Adrienne ou la vie de Mme de La Fayette (1 vol., Hachette, Paris, 1959).

MEYER (Daniel) :

Quand les rois régnaient à Versailles (1 vol., Fayard, 1982).

MIRABEAU (Honoré-Gabriel de Riquetti, comte de) :

Œuvres érotiques (1 vol., Fayard, 1984).

MITFORD (Nancy) :

Frederick the Great (Londres, 1970).

MORNET (D.) :

La pensée française au XVIIIe siècle (Armand Colin, Collection U2, 1973).

MORRIS (Gouverneur) :

The Diaries and Letters (New York, 1888).

NABOUR (Eric Le) :
Louis XVI, le pouvoir et la fatalité (1 vol., Paris, J.-C. Lattès, 1988).
NATZKO :
La Fayette (Paris, Grasset, 1935).
NECKER (Jacques) :
De l'administration des Finances de la France (Paris, 1785).
NODIER (Charles) :
Portraits de la Révolution et de l'Empire (1 vol., Collection In-Texte, Tallandier, 1988).
NOLHAC (Pierre de) :
Marie-Antoinette Dauphine (1 vol., Paris, Calmann-Lévy, 1927).
La reine Marie-Antoinette (1 vol., Paris, Louis Conard, 1929).
ORLIAC (Jehanne d') :
La duchesse de Choiseul (1 vol., Tours, Arrault & Cie, 1947).
ORMESSON (Jean d'), de l'Académie française :
Mon dernier rêve sera pour vous ; une biographie sentimentale de Chateaubriand (Paris, Jean-Claude Lattès, 1982).
PAINE (Thomas) :
Le sens commun – Common Sense (1 vol., Aubier, collection bilingue, 1983).
PELET DE LA LOZÈRE :
La Fayette en Amérique et en France (Paris, 1867, in-18°).
PINSSEAU (Pierre) :
L'étrange destinée du chevalier d'Éon (1728-1810) (1 vol., Paris, Raymond Clavreuil Librairie, 1945).
PLUCHON (Pierre) :
Nègres et juifs au XVIIIe siècle – Le racisme au siècle des Lumières (1 vol., Tallandier, Paris, 1984).
QUINEL (Ch.) et MONTGON (A. de) :
La Fayette (1 vol., Fernand Nathan Éditeur, Paris, 1937).
RAUSKY (Franklin) :
Mesmer ou la révolution thérapeutique (1 vol., Paris, Payot, 1977).
RAVIGNANT (Patrick) :
Les Empires secrets de Napoléon (1 vol., Paris, Encre, 1979).
RIBADEAU-DUMAS (François) :
La destinée secrète de La Fayette (1 vol., Paris, Robert Laffont, 1973).
RIVAROL :
Vie politique de M. de La Fayette (Londres, 1792).
ROCHAMBEAU (comte de) :
Mémoires (Paris, 1809).

ROUSSELOT (Jean) :
La Fayette, Vervies, Gérard (L'Inter, 1962).
SAINT-AMAND (Imbert de) :
Wife of the first consul (1 vol., New York, Charles Scribner's Sons, 1893).
Marie-Antoinette at the Tuileries – 1789-1791 (1 vol., idem, 1902).
SAINTE-BEUVE :
Portraits littéraires (Paris, Garnier Frères, s. d., t. II).
SARS (comte Maxime de) :
Le cardinal de Fleury apôtre de la paix (1 vol., Hachette, 1943).
SARRANS (B., le jeune) :
La Fayette et la Révolution de 1830 (2 vol., Librairie Thoisier Desplaces 1832).
SÉGUR (comte de) :
Mémoires (Paris, 1824-26).
SOLOVIEFF (Georges) :
Madame de Staël, ses amis, ses correspondants ; choix de lettres (1 vol., Limoges, 1970).
SOLNON (Jean-François) :
La cour de France (1 vol., Paris, Fayard, 1987).
STAËL-HOLSTEIN (Germaine de) :
Considérations sur la Révolution française (Paris, 1843).
TAITTINGER (Claude) :
Monsieur Cazotte monte à l'échafaud (1 vol., Paris, Librairie Académique Perrin, 1988).
TALLEYRAND (Charles-Maurice, prince de) :
Mémoires (Paris, 1891).
THIEBAULT (Général, baron)
Mémoires (Paris, 1897).
THOMAS (Jules) :
Correspondance inédite de La Fayette (1793-1801) (Paris, 1903).
TOCQUEVILLE (Alexis de) :
Correspondance d'Alexis de Tocqueville et de Louis de Kergorlay (2 vol., Paris, Gallimard N.R.F., 1977).
TOUDOUZE (G. G.) :
Le costume français (1 vol., Paris, Larousse, 1945).
TOWER (Charlemagne) :
Le marquis de La Fayette et la Révolution d'Amérique, traduit de l'anglais par Mme Gaston Paris (2 vol., Paris, Plon, 1902).
TROUSSON (Raymond) :
Jean-Jacques Rousseau – La marche à la gloire (1 vol., Tallandier, 1988).

TUCKERMAN (Bayard) :
Life of general La Fayette with a critical estimate of his character and public acts (2 vol., New York, Dodd Mezand and C°, 1882, in-16°).
TULARD (Jean) :
Les révolutions (Tome 4, Fayard, 1985).
WASHINGTON (George) :
The Writings of George Washington (Washington, 1931-44).
WHILLOCK :
La Fayette (2 vol., New York, D. Appleton and Cie, 1929).
WILLETTE (Luc) :
Le Tribunal révolutionnaire (1 vol., Paris, Denoël, 1981).
WILSON (W.) :
George Washington (1 vol., Paris, Payot, 1981).
WINOCK (Michel) :
1789, l'année sans pareille (1 vol., Paris, Olivier Orban, 1988).
WOODWARD (Samuel) :
Ode (New York, 1830, printed on silk scarves).
WRIGHT (Constance) :
Mme de La Fayette, the story of a patriot's wife (New York, Henry and Cie, 1929).
ZIESENISS (Jérôme) :
Berthier, frère d'armes de Napoléon (1 vol., Paris, Belfond, 1985).
ZWEIG (Stefan) :
Marie-Antoinette (1 vol., Paris, Grasset, 1983).

INDEX

A

ABOVILLE (d'), 161
ABRANTÈS (duchesse d'), 270
ADAMS (John), 128, 172, 178, 339
ADAMS (Quincy), 339, 362, 375
ADÉLAÏDE (princesse), 16, 30
AGUESSEAU (d'), 45
AIGUILLON (duc d'), 79
ALEMBERT (d'), 110
ANDLAU (d'), 57
ANDRÉ (major), 164
ANGOULÊME (duc d'), 305
ANGOULÊME (duchesse d'), 305, 370
ANVILLE (d'), 216
ARBUTHNOT, 165
ARCHINHOLZ (d'), 279
ARGENSON (d'), 24, 314, 321, 325
ARLANDES (d'), 185
ARNOLD (général B.), 164, 165, 166, 168
ARTOIS (comte d'), 55, 65, 81, 202, 203, 204, 244, 304, 319, 342
AUGEREAU (maréchal), 300, 338
AUMONT (d'), 21
AUTIÉ (Léonard), 253, 254, 255, 256, 259
AYEN (d'), 21, 29, 30, 45, 46, 47, 64, 66, 71, 96, 97, 100, 102, 106, 122, 141, 289
AYEN (Mme d'), 102

B

BACHELARD, 103
BACON, 270
BAILLY, 187, 210, 211, 261, 264, 284, 290
BALZAC, 110
BANCROFT (Dr), 94
BARBAROUX, 286
BARENTIN (de), 210
BARNAVE, 206, 216, 249, 258, 260, 290
BARRAS, 249, 285, 286, 287, 368
BARRAS (de Saint-Laurent), 167
BARROT (Odilon), 354, 366, 375
BARRY (Mme Du), 15, 16, 18, 20, 22, 23, 30, 79, 90, 176
BATZ (de), 324
BAUDOIN, 24
BAVIÈRE (Louis II de), 230
BEAUHARNAIS, 363, 370
BEAUMARCHAIS, 30, 59, 68, 89, 90, 91, 92, 93, 98, 100, 275, 276, 371
BEAUTERNE (de), 38
BEAUVAU-CRAON (de), 63
BECKEL (Miss Lise), 136
BÉCOURT, 237
BEDOULX, 105
BERGASSE, 188
BERGHES, 189
BERNADOTTE, 287
BERNARDIN DE SAINT-PIERRE, 204

BERRY (duc de, fils du comte d'Artois), 21, 31, 51, 318
BERRY (duc de, futur Louis XVI), 53
BERTHIER (Charles), 160
BERTHIER (Louis Alexandre), 106, 160, 192, 266, 285, 287, 298
BERTHIER DE SAUVIGNY, 217
BERTIN (R.), 286
BERTON, 322
BESENVAL (de), 211, 217
BILLAUD-VARENNE, 195, 249
BLANC (Louis), 354
BLANCHARD (Claude), 185
BLÜCHER, 300, 315
BOINVILLIERS, 323
BOISGELIN, 56
BOLLMANN, 281, 282
BONAPARTE (Joseph), 296, 309, 336, 338
BONAPARTE (Lucien), 336
BONAPARTE (Napoléon), 157, 167, 171, 228, 268, 269, 270, 277, 285, 286, 288, 290, 291, 293, 294, 295, 296, 297, 298, 299, 300, 314, 324, 325
BONAY (de), 239
BONVOULOIR (chevalier de), 84, 85, 86, 87, 88, 93, 98, 140
BORDEAUX (duc de), 355
BORIES, 318, 322, 323
BOUCHER, 16, 17
BOUDET, 294
BOUGAINVILLE, 148
BOULAY DE LA MEURTHE, 323
BOULET, 38
BOURBON (duchesse de), 185
BOURGOGNE (duc de), 50, 77
BOURRIENNE, 270
BRETEUIL, 19, 211, 250
BRETON (Guy), 237
BREUGNON, 148
BRISSAULT (La), 23
BROGLIE (maréchal de), 47, 67, 68, 69, 70, 72, 73, 91, 95, 97, 98, 100, 102, 105, 121, 125, 210, 335
BROGLIE (prince de), 163
BRUNSWICK (duc de), 193, 272, 273, 276
BUACHE, 75, 79
BUFFON, 39
BUGEAUD (général), 360
BUREAUX DE PUSY, 280

C

CABARRUS (Teresia, Mme Tallien, puis princesse de Caraman), 25
CAGLIOSTRO, 185
CALABRE (de), 23
CALDER (J.), 117
CALONNE (de), 113, 201, 202, 203, 204
CANDON, 105
CANINO (prince Charles de), 336
CAPITAINE, 105
CARLISLE (lord), 150
CARMICHAEL, 99, 179
CARNOT, 294, 295, 311, 314
CARPENTIER (Alejo), 195
CARRA, 188
CARREL, 354
CASANOVA, 24
CASTRIES (duc de ; de l'Ac. Fr.), 167, 371
CASTRIES (maréchal de), 196
CATHERINE II, 175, 193
CAULAINCOURT, 270, 271, 303, 311
CAZOTTE (J.), 198
CHABOT, 267
CHAFFAULT (du), 112
CHAIX D'EST-ANGE, 323
CHALGRIN (Mme), 19
CHALON (de), 57
CHAMBRUN (René de), 301, 360
CHAMFORT, 198, 371
CHAMPLAIN (Miss), 163

CHANTELAUZE, 355
CHARDIN, 16
CHARLES III, 179
CHARLES X, 55, 342, 343, 344, 345, 346, 347, 350, 351, 355, 358, 359, 372
CHARTRES (duc de), 62, 64, 148, 154, 178, 220
CHASTEL, 39
CHASTELLUX (de), 161, 162, 164
CHATEAUBRIAND, 108, 247, 269, 353, 374
CHAVANIAC (Mme de), 33, 35
CHÉNIER (André), 259, 265, 284
CHOISEUL (duchesse de), 115
CHOISEUL (Étienne de), 19, 25, 26, 27, 28, 51, 54, 79, 80, 81, 82, 112, 191, 254, 255, 256, 366
CHOISEUL (Mme de), 361
CHOISEUL-BEAUPRÉ (Mgr De), 38
CHOISY (de), 169
CLARY (Désirée), 270
CLAY (H.), 334
CLERFAYT, 274
CLERMONT DE CRÈVECŒUR, 162
CLERMONT-TONNERRE (de), 363
CLINTON (général anglais), 149
CLINTON (général U.S.), 100
CLOQUET (Dr), 361
CLOSEN (de), 161
COCHRAN (Dr), 152
COFFIÉ (Dr), 322
COIGNY (de), 57, 64
COLIN DE SUSSY, 351
COLLOT D'HERBOIS, 195, 249, 265
CONDORCET, 56, 195, 209, 216, 284, 300, 371
CONSTANT (Benjamin), 271, 308, 309, 314, 322, 351, 353, 354, 359, 360
COOLIDGE (président Calvin), 172
CORDAY (Charlotte), 244
CORDIER (abbé), 217
CORNWALLIS (lord), 129, 135, 166, 167, 169, 170, 173, 191, 192, 277, 299
CORNY (Mme de), 216
COSSÉ-BRISSAC (de), 363
COTTE (de), 53
COUDRAY (du), 130, 131
CRAWFORD, 310
CROZAT, 27
CUSTINE (de), 161, 192
CUSTIS (Jack), 333

D

DAMAS (de), 161, 255, 256
DANTON, 110, 221, 248, 258, 264, 267, 273, 277, 283, 286
DAVID, 19
DAVID (Mlle), 24
DAVOUT, 300, 311
DAYMON, 83, 84, 85, 86
DEANE (Silas), 88, 93, 94, 98, 99, 107, 120, 121, 122, 126, 139, 148
DECAZES (duc), 315, 318, 325
DELANGLE, 323
DELTEIL (Joseph), 372, 373
DENNEVAL, 38
DENUELLE, 337
DESAIX, 294, 295
DÉSENDROUINS, 161
DESMOULINS (Camille), 221, 248, 249, 250, 286
DESMOULINS (Lucile), 248
DESPINOIS, 322
DESTUTT DE TRACY, 300
DEUX-PONTS (prince de), 161
DEVRIGNY, 105
DHOSMONT, 23
DICKINSON (J.), 84
DIDEROT, 71, 110
DIETRICH (de), 290
DILLON (de), 57, 64, 161, 169, 185, 266

DINDAS, 170
DOUGIER, 319
DRAKE, 168
DREUX-BRÉZÉ (de), 210
DUBOIS (René), 183
DUBOIS-MARTIN, 99, 105
DUER (W.), 123
DUHAMEL, 38
DULONG, 360
DUMAS (Alexandre), 281
DUMAS (Mathieu), 160
DUMOURIEZ, 171, 196, 266, 272, 274, 276, 277
DUPONT DE L'EURE, 310
DUPONT DE NEMOURS, 209
DUPORT, 188, 209, 216
DURFORT, 64
DUVAL, 24
DUVAL D'ÉPRÉMESNIL, 188, 205
DYSON, 263

E

EISENHOWER (président Dwight), 172
ELISABETH (princesse, Madame Royale), 78
ÉON (d'), 90, 91, 92
EPERNON (d'), 45
ESPINCHAL (d'), 197, 373
ESTAING (d'), 148, 149, 150, 151, 155, 164, 179, 370
ESTRÉES (Gabrielle d'), 175
EURIPIDE, 20

F

FABRE D'ÉGLANTINE, 267, 286
FABVIER, 324
FARMER, 86
FAVRAS, 246
FAŸ (B.), 364
FAYOLS (de), 105
FAYON, 36, 40
FERDINAND VII, 326
FERSEN, 57, 58, 161, 162, 163, 232, 250, 255, 257, 273, 284, 371
FLAHAUT (Mme de), 215
FLAUERGUES, 310
FLEUREY, 24
FLEURY, 275, 276
FONTANES, 291
FOUCHÉ, 311, 313, 314, 315, 337
FOULON, 217
FRAGONARD, 17, 18, 19, 20, 21
FRANCE (Anatole), 110
FRANÇOIS II, 266, 274, 282, 288
FRANKLIN (B.), 13, 84, 86, 87, 92, 94, 96, 99, 111, 115, 122, 123, 126, 139, 140, 151, 154, 155, 156, 157, 178, 186, 187, 197, 200, 237, 240, 332, 364, 365, 366
FRANKLIN (William Temple), 187
FRANVAL, 105
FRÉDÉRIC-GUILLAUME, 275, 276
FRÉDÉRIC Ier, 189, 191
FRÉDÉRIC II, 190, 191, 192, 269
FROMENT, 87
FULTON, 329

G

GARAT, 57
GARIBALDI, 366
GATES (H.), 115, 129, 134
GENET (C. E.), 257
GENGIS KHAN, 308
GENLIS (Mme de), 154, 222, 241
GEORGE III, 28, 71, 72, 83, 92, 99, 104, 110, 111, 114, 122, 150, 169, 192, 198
GÉRARD (Conrad), 148
GERMAIN (lord), 100
GIMAT (de), 105
GIORDANO, 189

GLOUCESTER (duc de), 71, 72, 73, 95, 97
GLUCK, 57
GOETHE, 276
GOISLARD DE MONTSABERT, 205
GOLDONI, 59
GOLOTKINE (comtesse), 289
GONCOURT (de), 20, 23
GOUBIN, 318
GOUPILLON, 322
GOURDAN, 23
GOUVION (de), 193, 266
GRAMONT (de), 19, 364
GRAMONT (Mme de), 27, 198
GRASSE (amiral de), 167, 168, 172, 173
GRAVE (de), 266
GRAVES, 168
GREENE (N.), 130, 167, 174, 335
GRÉGOIRE (abbé), 325
GRÉTRY, 57
GRIMM, 57
GROTIUS, 270
GROUCHY, 294, 300
GUERNON-RANVILLE, 355
GUILLAUME (Le Conquérant), 84
GUILLOTIN (Dr), 187, 369
GUINES (de), 57, 85, 86, 87
GUIZOT, 346, 348, 375

H

HAMILTON, 164, 174
HANCOCK (J.), 120
HANGEST (d'), 271
HAVRÉ (d'), 64
HEMMINGS (Sally), 216
HÉNIN (princesse d'), 178
HENRI IV, 175, 208, 241
HÉRAULT DE SÉCHELLES, 249, 283
HOCHE (Lazare), 231
HOOD, 168
HOUBIGANT, 31
HOUDON, 97, 197, 262
HOWE (général anglais), 129, 134, 135, 149, 166, 173
HOWE (Robert, général U.S.), 117
HUGER, 108, 117, 120, 281, 282, 335
HUGO (Victor), 110, 138
HUME (David), 78
HUNOLSTEIN (Aglaë d'), 64, 154, 177, 233
HUNTER (Mrs.), 163
HUTTES (des), 230

I

IZARD (Ralph), 139

J

JACOB (G.), 183
JAY (J.), 84
JEANNE D'ARC, 372
JEFFERSON, 398
JEFFERSON (Thomas), 165, 172, 174, 178, 187, 214, 215, 216, 217, 298, 333, 338, 339, 369
JOLY DE FLEURY, 201
JONES (Paul), 240
JOSEPH (Archiduc Joseph, puis Joseph II), 176, 193
JOSÉPHINE (Impératrice), 286
JOUBERT, 319

K

KALB (de), 98, 99, 101, 105, 107, 121, 123, 169, 335
KALENHALA, 180
KAUNITZ, 193
KAYEWLA, 143, 145, 169, 180
KNOX, 129, 164
KOECHLIN, 321
KOSCIUSZKO, 169, 358

L

L'ENFANT (Major), 334
LABORDE (Alexandre de), 356
LA CHALOTAIS, 24
LACLOS (Choderlos de), 62, 158, 222, 223, 224, 225, 226, 227, 228, 233, 244
LA COLOMBE (de), 105
LA FAYETTE (Anastasie), 283, 290, 383
LA FAYETTE (George-Washington), 155, 282, 299, 300, 330
LA FAYETTE (Henriette), 96, 145
LA FAYETTE (Mme de La Fayette, auteur de *La Princesse de Clèves*), 33
LA FAYETTE (Mlle de, qui tient tête à Louis XIII), 34
LA FAYETTE (marquise Adrienne de, née d'Ayen), 29, 45, 46, 47, 61, 66, 96, 101, 102, 105, 106, 110, 115, 116, 122, 140, 154, 177, 178, 180, 196, 281, 282, 283, 288, 289, 291, 301, 302, 321, 343, 361, 365, 381, 382, 383
LAFFITTE, 326, 348, 354, 359
LAFLEUR, 144
LA FONTAINE (de), 110
LA HARPE, 198
LAMARQUE, 246, 247, 359
LAMARTINE (de), 362
LA MARTINIÈRE (de), 15
LAMBINET (abbé), 266
LAMETH (A.), 280, 371
LA MOTTE-PICQUET, 148
LANJUINAIS, 310, 312
LANNES (maréchal), 287, 300
LA PÉROUSE, 114, 164, 167
LA RIVIÈRE (Julie de), 33
LA RIVIÈRE (marquis de), 39, 41, 43
LA ROCHE-AYMON (de), 16
LA ROCHEFOUCAULD (de), 264, 370
LA ROUËRIE, 131
LASTEYRIE (de), 301, 361
LA TOUR MAUBOURG (de), 258, 259, 280, 288, 290
LAUBARDIÈRE (de), 161
LAUNAY (de), 370
LAURENS (H.), 135, 151, 174
LAURENS (J.), 170
LAUZUN (de), 57, 161, 162, 169, 185, 234, 265, 370
LAVAL (de), 161
LA VAUGUYON (de), 78, 79, 80
LAVOISIER, 187, 284
LE BOURCIER, 101, 104
LEBRUN, 296
LE CAMUS, 25
LECLERC (Pauline, née Bonaparte), 286
LEE (A.), 92, 139
LEGENDRE, 267
LENÔTRE, 254, 256, 259, 275
LERAY, 156
LEROY (J. A.), 23
LESSEPS (de), 114
LESSER, 105
LEVASSEUR, 330
LEVER (E.), 177
LINCOLN (A.), 172
LOBAU (maréchal MOUTON, comte de), 348, 359, 361
LOMÉNIE DE BRIENNE, 205
LOUIS (abbé), 239
LOUIS-FERDINAND (père de Louis XVI), 78
LOUISON, 24
LOUIS-PHILIPPE (ex-duc d'Orléans), 170, 200, 227, 305, 351, 354, 355, 356, 357, 358, 372
LOUIS XIII, 23, 34, 207
LOUIS XIV, 30, 51, 56, 144, 219
LOUIS XV, 15, 19, 20, 21, 22, 23, 25, 28, 30, 31, 39, 45, 49, 52, 55, 68, 69, 77, 79, 81, 89, 90, 91, 112, 144, 176

LOUIS XVI, 31, 32, 49, 50, 53, 54, 61, 62, 65, 66, 71, 72, 76, 77, 78, 79, 80, 81, 86, 92, 93, 111, 112, 114, 118, 140, 148, 151, 153, 155, 160, 164, 171, 173, 176, 177, 185, 196, 197, 199, 200, 201, 202, 205, 208, 210, 211, 215, 220, 223, 224, 227, 229, 230, 231, 240, 243, 244, 247, 248, 250, 251, 255, 256, 259, 260, 264, 267, 273, 280, 281, 284, 290, 305, 324
LOUIS XVIII, 305, 307, 308, 315, 318, 325, 337, 343
LOUVEL, 318
LOVELL (John), 126
LUCKNER (maréchal), 264, 265, 271, 272
LUR-SALUCES, 215

M

MADISON, 333, 339
MAINTENON (de), 45
MAISONROUGE, 19
MALESHERBES (de), 198
MANDAT, 273
MANUEL, 264, 321, 322, 325, 326, 344
MAO, 269
MARAIS, 24
MARAT, 110, 188, 244, 248, 250, 257, 283
MARC-AURÈLE, 269
MARCHANGY, 323
MARIE-ANTOINETTE, 19, 21, 28, 45, 50, 51, 53, 54, 57, 58, 59, 61, 80, 90, 91, 155, 161, 162, 169, 176, 177, 193, 208, 220, 224, 227, 230, 231, 232, 240, 247, 254, 255, 259, 264, 268, 284, 286, 363, 370, 371
MARIE-THÉRÈSE (impératrice d'Autriche), 59
MARMONT, 57, 338, 347, 348, 349
MARMONTEL, 57
MARTIAU (N.), 180
MARTIGNAC, 319, 344, 345
MASCLET, 381
MATIGNON (de), 19
MAUGUIN, 349
MAUPÉOU (de), 79
MAUREPAS (de), 62, 65, 80, 101, 110, 115, 141, 154, 167
MAUROY (de), 98, 105, 121
MELAS, 293, 294
MELLERIO, 287
MÉOT, 286
MERCATOR, 76
MERCY (de), 59
MÉRICOURT (Théroigne de), 224
MERTEUIL (Mme de), 62
MESMER, 184, 185, 186, 187, 188, 244, 283
MESPLET, 140
METTERNICH, 343
MIGNET, 344
MIOMANDRE DE SAINT-MARIE, 230
MIRABEAU (Gabriel Riquetti de), 209, 210, 216, 245, 246, 247, 248, 250, 261, 264, 286
MOCQUART, 323
MONCLAR, 45
MONK, 250
MONROE, 281, 330, 334, 339
MONTAGU (de), 45
MONTCALM (de), 144
MONTESPAN (de), 219
MONTESQUIEU, 198, 364
MONTESQUIOU, 271
MONTESQUIOU-FEZENSAC, 364
MONTGOLFIER (de), 185
MONTHOLON, 270, 337
MONTMORENCY-LAVAL (de), 71
MONTMORENCY-LUXEMBOURG, 371
MONTMORIN (de), 211
MONTRÉAL (Mme de), 24
MOREAU, 79, 293

MORRIS (Gouverneur), 178, 214, 215, 216, 257, 281, 285, 288
MORRIS (Robert), 120, 121
MORTEMART (de), 350
MOTIER, 32, 133, 282, 289, 330, 361
MOTIER (Mme du), 33
MOULTRIE, 117
MOUNIER, 229
MOZART, 57
MURAT, 286, 287, 300
MURPHY, 24
MUSSET (de), 349

N

NARBONNE (de), 264, 266
NAUNDORF, 284
NECKER, 112, 201, 203, 210, 211, 217, 230
NEWTON, 188, 283
NEY (maréchal), 287, 300
NICOLAÏ (de), 198
NOAILLES (comtesse de), 51
NOAILLES (famille), 61, 153, 162, 230
NOAILLES (Louis de), 29, 61, 71, 73, 95, 97, 161, 170, 209, 217, 364
NOAILLES (Louise de), 45, 281
NOURRIT, 356

O

O'HARA (général), 168, 169, 170
ORLÉANS (Charles d'), 269
ORLÉANS (duc d', appelé aussi Philippe Égalité), 62, 185, 202, 205, 208, 211, 220, 222, 233, 234, 236, 241, 243, 267, 305, 351, 353, 354, 355, 365, 370
OSMON, 19

P

PAINE, 128, 174, 178, 198, 240, 257, 279, 333
PAPILLON DE LA FERTÉ, 19, 52
PARIS DU VERNEY, 93
PARISH, 288
PARMENTIER, 199, 200
PAUL Ier (empereur de Russie), 176
PENTHIÈVRE (de), 219
PERIER, 325, 345, 348, 358
PÉTION, 258, 259, 264, 268, 272, 273
PETIT (N.), 183
PEYRONNET, 355
PHILIPS, 33, 166
PICCINNI, 57
PICHEGRU, 195, 285
PIGALLE, 189
PILÂTRE DE ROZIER, 185
PINTEVILLE DE CERNON, 327, 344
PITT (W.), 179
PLEYEL (Ignaz), 290
PLUTARQUE, 35, 374
POE (Edgar), 335
POIX (prince de), 47, 63, 70, 71, 100, 370
POLASTRON (Mme de), 56
POLIGNAC (Diane de), 57
POLIGNAC (Gabrielle de), 56
POLIGNAC (Jules de), 56, 344, 345, 348, 355
POMMIER, 318, 322
POMPADOUR, 18, 25, 30, 91
PONTÉCOULANT (de), 314
PRICE (L.), 105
PROCOPE (Café), 110
PROVENCE (comte de), 65, 66, 202, 208, 246, 253
PROY, 34
PUGET DE BARBENTANE, 64

R

RACINE, 59
RAMEAU, 57
RAOULX, 318
RAYNAL (abbé), 71, 364

REAGAN (président Ronald), 172, 173, 408
RÉCAMIER (Mme), 308
REVEILLON, 209
RICHARDOT, 24
RICHELIEU (de), 24, 34, 269
RIGOLEY D'OIGNY, 76
RIVAROL, 374
RIVES, 350
ROBERT (Hubert), 19
ROBESPIERRE, 110, 248, 259, 265, 266, 272, 283
ROCHAMBEAU, 155, 159, 160, 161, 162, 163, 164, 167, 168, 169, 170, 171, 172, 188, 192, 255, 264, 265, 334, 365, 371
ROCHFORT (lord), 92
ROCHON DE CHABANNES, 154
ROEDERER, 209, 270, 273, 294, 295
ROHAN (cardinal de), 247
ROHAN (vice-amiral), 370
ROHAN-GUÉMÉNÉ (de), 53
ROLAND (ministre), 266
ROLAND (Mme), 188, 284
ROMANS, 24
ROOSEVELT (Théodore), 172
ROSINE, 59
ROSS (Major), 170
ROSSET-BRÉZON, 345
ROUGET DE LISLE, 290, 291
ROURE (du), 45
ROUSSEAU (Jean-Jacques), 18, 31, 35, 60, 71, 78, 110, 145, 364
RUTLEDGE (John), 117

S

SABATIER (abbé), 276, 277
SADE (de), 158, 168
SAINT-BRICE (M. de), 284
SAINT-HURUGE, 267
SAINTE-BEUVE, 375
SAINT-JUST, 248
SAINT-MARC GIRARDIN, 375
SAINT-MESME (de), 160
SAINT-PRIEST, 211, 229
SAINT-SIMON (de), 30, 64, 371
SANDWICH (lord), 114
SANTERRE, 267, 273
SARTINES (de), 90, 92, 112, 371
SAUCE, 256, 258
SAUGE, 322
SAUZET, 320
SAVOIE (Marie-Thérèse de), 56
SAXE (princesse Marie-Josèphe de), 78
SCHEFFER, 321, 324
SCHONEN (de), 321, 325, 346, 348
SÉGUR, 47, 64, 65, 66, 96, 97, 98, 162, 185, 364, 371, 386
SÉGUR (général de), 357
SÉGUR (maréchal), 196
SERVAN, 266
SIEYÈS, 209, 216, 217, 291
SIMIANE (Charles-François de), 178
SIMIANE (Diane de), 178, 282, 289, 387
SOLDINI (abbé), 78
SOLIGNAC, 312
SOPHIE (princesse), 30
SOULT, 300
STAËL (Germaine de), 285, 305, 308, 374, 375
STENDHAL, 360, 374
STEUBEN (de), 169
STIRLING, 130
STORMONT (lord), 94, 99, 102, 106, 109, 110, 111, 114
SUFFREN (bailli de), 147, 148, 149, 150
SULLIVAN, 135, 150
SURVILLIERS (comte de), 296, 336
SYMONDS, 170

T

TAITTINGER (Claude), 198
TALLEYRAND, 206, 215, 249, 291, 296, 298, 338, 374

TALLIEN, 25, 287
TARLÉ, 161
TERNAY (de), 159, 160, 164, 165
TERRAY (abbé), 79
TESSÉ (Mme de), 101, 216, 289, 290, 298
THÉSAN, 45
THÉVENEAU DE MORANDE, 90, 92
THIERS, 347, 351, 354, 355, 374
THUGUT, 282, 285
TOUCHES (Des), 165
TOURZEL (Mme de), 255
TOUSTAIN, 321
TRACY, 360
TRÉMOILLE (de La), 33
TREPTOW, 172
TURGOT, 54, 55, 57, 201
TURLETON, 169

V

VALMONT (de), 62
VARICOURT (de), 230
VAUDOYER, 34, 263, 301
VAUDREUIL (de), 57
VAUQUELIN (de), 346
VERGENNES (de), 81, 84, 85, 86, 87, 92, 93, 98, 110, 114, 115, 140, 149, 154, 155, 160, 161, 188, 203
VERGNIAUD, 266, 267, 273
VERI, 19
VERNET (H.), 321, 324
VIGNY (A. de), 269
VILLÈLE (de), 319, 326, 344
VIOMENIL (de), 161, 170
VOLTAIRE, 25, 28, 57, 71, 97, 110, 115, 128, 192, 269, 364

W

WASHINGTON (général George), 96, 110, 115, 124, 126, 127, 128, 129, 130, 131, 134, 136, 137, 139, 141, 145, 149, 150, 151, 152, 155, 163, 164, 165, 167, 168, 169, 170, 171, 173, 174, 180, 181, 186, 187, 192, 193, 194, 197, 213, 214, 216, 250, 251, 262, 263, 282, 285, 289, 291, 296, 298, 332, 333, 364, 365, 366, 369, 371
WASHINGTON (Martha), 333
WAYNE (général), 167

Y

YORK (duc d'), 192

Z

ZIESENISS (Jérôme), 193
ZWEIG (Stefan), 57, 58, 257

REMERCIEMENTS

Après vingt ans de recherches et de rédaction en France et aux Etats-Unis d'Amérique, mes pensées vont vers ceux qui ne sont plus et qui m'ont encouragé au premier jour : le duc de Castries, de l'Académie française, lui-même auteur d'une excellente biographie du « Héros des Deux Mondes » ; Edmond Giscard d'Estaing, de l'Institut, qui m'a reçu à Chanonat en Auvergne et guidé vers les travaux d'Agénor Bardoux, dont il avait épousé la petite-fille ; le comte Guy de Lasteyrie du Saillant, descendant de Louis de Lasteyrie qui avait épousé Virginie la fille de La Fayette ; Edgar Faure, de l'Académie française, président de la Mission du bicentenaire, qui avait fait de moi l'un de ses proches conseillers et Jean-Charles Lessay, ancien journaliste de politique étrangère, remarquable historien des hommes de la liberté, biographe de George Washington et de Thomas Payne, qui fut à la fois mon maître et mon ami.

Cette biographie n'aurait pu être menée à bien sans l'aide, l'information, les documents inconnus et les archives classées, que j'ai obtenus d'un grand nombre de personnes sur les deux rives de l'Océan. Je ne peux qu'exprimer ma reconnaissance à Ketty Maisonrouge qui m'a apporté un appui constant à New York ; au comte et à la comtesse René de Chambrun dont la Fondation conserve, au château de La Grange, un gisement d'archives prodigieux ; à Helie et Nadège de Noailles, duc et duchesse d'Ayen, qui m'ont reçu à Washington où ils étaient alors en poste à l'Ambassade de France ; à Chantal de Tourtier-Bonazzi, conservateur en chef des Archives nationales, dont les conseils et les études m'ont énormément éclairé, notamment sur les rapports du marquis de La Fayette avec la famille Bonaparte.

Je voudrais exprimer ma gratitude à ceux qui m'ont ouvert leurs archives de famille, papiers privés et correspondances avec La Fayette, me permettant de découvrir l'inlassable activité du général et les réactions de son caractère en des circonstances précises : le comte et la comtesse Jean de Rohan Chabot ; le comte Jean de Mouy ; le baron de Montesquieu, à Paris, et sa belle-fille, la baronne Charles-Henri de Montesquieu, qui fut à l'origine de la Fondation Montesquieu à Washington D.C. ; le baron Gérard, descendant de Conrad

Alexandre Gérard, lequel a signé le premier traité secret de la France avec Benjamin Franklin, à Paris. Mais aussi à ceux qui, me donnant accès à leurs dossiers, permirent une vision originale de certains aspects de l'époque et des relations de La Fayette avec ses contemporains. Je pense notamment à Suzanne Mary Alsop, descendante de John Jay, l'un des *Founding Fathers*, qui est l'auteur d'une somme sur la vie des Américains à la cour de Versailles et à feu Arnaud Chaffanjon, dont la recherche sur *La Fayette et sa descendance* donne une vue d'ensemble de la famille du marquis libertaire, sans oublier bien sûr Madame Alain Saman, née Anita de Vaulogé, qui m'a confié à New York les archives de son ancêtre, le chevalier de Bonvouloir, premier espion de Louis XVI à avoir pris contact avec le Congrès de Philadelphie, ni Madame Martin Bouygues, originaire de Bâton Rouge, Louisiane.

J'aurai un mot aussi pour le La Fayette College, sur le campus duquel j'ai séjourné à Easton, Pennsylvanie, et pour son équipe de professeurs qui ont organisé le Symposium du sesquicentenaire de la mort de La Fayette. Je mentionnerai le professeur Jean-Pierre Cap au dévouement duquel j'ai été particulièrement sensible. Je n'oublie pas le rôle qu'a joué dans ma recherche la ville de Philadelphie où j'ai travaillé tout l'été 1986, sous la direction bienveillante de l'Historical Park dont le responsable était alors Hobart Cawood. Je citerai notamment : Charles E. Peterson, historien émérite et architecte à qui l'on doit la restauration de Society Hill, qui m'a permis de revivre les heures glorieuses de Carpenter's Hall, et Thomas Muldoon, président du Convention and Visitors Bureau, qui m'a accueilli dans cette première capitale des États-Unis, où j'ai été remarquablement assisté par l'équipe de « We The People Two Hundred » qui préparait le bicentenaire de la Constitution américaine. Ma quête du parcours de La Fayette m'a amené en des lieux où lui-même n'avait jamais posé le pied. Je pense ici à la Guyane française où le journaliste Bernard Pradinaud et son frère le Dr Roger Pradinaud ont organisé l'expédition sur la rivière Comté qui m'a permis de découvrir dans la forêt amazonienne, sur un rio, à la hauteur de Cacao, les trois îlots où La Fayette avait fait installer la ferme idéale de La Gabrielle qu'il destinait à l'affranchissement des esclaves. De part et d'autre de l'Atlantique, les correspondants de la Nouvelle Alliance, ce mouvement d'amitié franco-américaine, que j'avais créé sur les deux rives de l'océan, m'ont également aidé, notamment John Kelly III à Philadelphie et Jean-Jacques Vitrac à San Francisco. Sans oublier le soutien infatigable du secrétaire général de cette association, Philippe Legrand, à qui je suis heureux d'exprimer ici toute ma reconnaissance. À cet égard, j'ai plaisir à saluer aujourd'hui ceux qui œuvrent pour la réconciliation franco-américaine, dont Frédéric Bard, président du « Collectif Respect », qui a organisé un hommage à la mémoire des héros américains sacrifiés sur le sol français au cimetière de Colleville, Jean-Pierre Heim, co-président de « French will not forget », qui a fait déposer soixante-dix mille roses sur les tombes des soldats américains morts pour la France, ainsi que Pierre Bercis, qui mène le combat de la réhabilitation du rôle de La Fayette avec l'association « Nouveaux Droits de l'Homme » et qui m'a montré la Déclaration des droits de l'homme et du citoyen signée par Louis XVI, avec cette curieuse mention « accepté pour être exécuté ».

Nombre d'erreurs ou de maladresses m'ont été épargnées, au terme d'un travail de vérification mené en harmonie avec les directions éclairées des services des grandes bibliothèques américaines, où la qualité des personnes et des sources n'a cessé de faire mon admiration, que ce soit à la Librairie du Congrès, à Washington, à l'American Philosophical Society Library, à Philadelphie, ou à la New York Public Library.

Enfin, je tiens à évoquer particulièrement le souvenir du président de la République française, François Mitterrand, dont j'étais l'un des invités lors du voyage d'État aux États-Unis, au printemps 1984. Ce fut l'occasion pour moi d'une rencontre, à la Maison-Blanche, avec le président des États-Unis, et de la naissance d'une amitié avec Ronald Reagan, et d'une conversation approfondie sur un sujet qui lui était familier : la vie quotidienne des *insurgents* durant la guerre d'Indépendance, l'appui du général La Fayette à la nation américaine naissante et l'esprit des volontaires et de leurs alliés au moment de la bataille de Yorktown. Aujourd'hui, c'est avec une émotion colorée par le souvenir du salon Vert de John Adams où il eut lieu, que je me rappelle cet entretien, alors même qu'après deux mandats, le président Reagan allait quitter en 1989 la magistrature suprême des Etats-Unis, tandis que s'ouvraient en France les célébrations du bicentenaire de la Révolution.

Au moment de remettre à mon éditeur Stéphane Watelet, les ultimes épreuves corrigées de cet ouvrage, j'ai une pensée particulière pour Jaquine et Robert J. Arnold. L'accueil qu'ils m'ont réservé aux États-Unis pendant le temps d'écriture a constitué un encouragement à cette téméraire entreprise. Comment ne pas exprimer aussi mes remerciements à ceux qui m'ont permis de découvrir, en avant-première, au 250e anniversaire de la naissance du Héros des deux mondes, la ville de Lafayette en Louisiane : Jean-Louis Testud, maire adjoint de Suresnes où Jefferson, premier ambassadeur de la jeune république américaine à Paris, aimait à se promener jadis parmi les vignes ; Robert Lafayette, professeur émérite, université de l'État de Louisiane ; Joey Durel, maire président de la ville et paroisse civile de Lafayette, Louisiane ; et enfin Philippe Gustin, le dynamique directeur du Centre international de Lafayette.

Achevé d'imprimer par N.I.I.A.G.
en septembre 2007
pour le compte de France Loisirs, Paris

N° d'éditeur : 49837
Dépôt légal : août 2007
Imprimé en Italie